HISTOIRE
DU GOUVERNEMENT
DE LA
DÉFENSE NATIONALE
EN PROVINCE

4 Septembre 1870 — 8 Février 1871

PAR

F.-F. STEENACKERS & F. LE GOFF

Ancien député,
ancien Directeur général
des Télégraphes et des Postes

Docteur ès lettres,
ancien Secrétaire général
des Télégraphes et des Postes

TOME PREMIER

PARIS
G. CHARPENTIER ET Cie, ÉDITEURS
13, RUE DE GRENELLE, 13

1884

HISTOIRE

DU

GOUVERNEMENT DE LA DÉFENSE NATIONALE

EN PROVINCE

I

IL A ÉTÉ TIRÉ

Vingt-cinq exemplaires numérotés sur papier de Hollande

Prix : 7 francs.

OUVRAGE DE M. STEENACKERS

PUBLIÉ DANS LA BIBLIOTHÈQUE-CHARPENTIER

à 3 fr. 50 le volume.

———

Histoire des Postes et des Télégraphes pendant le Siège (1870-1871)............................... 1 vol.

Paris. — Imp. E. CAPIOMONT et V. RENAULT, rue des Poitevins, 6.

HISTOIRE

DU GOUVERNEMENT

DE LA

DÉFENSE NATIONALE

EN PROVINCE

4 Septembre 1870 — 8 Février 1871

PAR

F.-F. STEENACKERS & F. LE GOFF

Ancien député,
ancien Directeur général
des Télégraphes et des Postes

Docteur ès lettres,
ancien Secrétaire général
des Télégraphes et des Postes

TOME PREMIER

PARIS

G. CHARPENTIER ET Cie, ÉDITEURS

13, RUE DE GRENELLE, 13

—

1884

HISTOIRE

DU

GOUVERNEMENT DE LA DÉFENSE NATIONALE

EN PROVINCE

INTRODUCTION

Le 13 septembre 1870, vers onze heures du soir, nous étions dans une des salles d'attente du chemin de fer de Paris à Orléans. Le train qui devait porter le personnel politique et administratif de la Délégation à Tours, se préparait à partir.

La foule qui quittait Paris, grossissait à tout instant. Le départ, annoncé pour onze heures, en fut considérablement retardé. Minuit approchait que l'on

ne paraissait pas plus avancé qu'à la première heure,
au moment même de notre arrivée.

Rien ne fatigue comme les révolutions. Cela se
voyait sur tous les visages. L'un de nous avait pris le
parti de se jeter dans un fauteuil. Beaucoup de nos
compagnons en avaient fait autant. Quelques-uns, les
plus vaillants, se promenaient, s'arrêtaient, regar-
daient leur montre, trépignaient d'impatience. Ceux
qui tenaient à faire bonne contenance, se sachant
en vue, ou qui se piquaient de philosophie, assis ou
debout, fumaient leur cigare, en dépit des règlements
et sans y songer sans doute.

Çà et là, cependant, des groupes s'étaient formés,
la plupart, mornes et silencieux, ou ne parlant qu'à
voix basse et ne causant, on peut le croire, que de ce
dont on pouvait causer en ce moment, c'est-à-dire de
la guerre, de l'invasion qui approchait de Paris, du
siège imminent, de l'avenir probable, que l'on voyait
bien triste.

Dans un de ces groupes, le seul qui fût non pas
bruyant, mais un peu animé, un jeune homme d'une
trentaine d'années, d'une physionomie originale, rele-
vée par des traits fortement accusés et des yeux pleins
de feu et d'esprit, attirait l'attention par son verbe
haut et son accent méridional. Nous ne le connaissions
pas. Nous apprîmes que c'était un de nos amis politiques, de réputation un peu boulevardière, qui faisait
partie du personnel de la Délégation. Il parlait depuis
assez longtemps. Après l'avoir écouté de loin, nous
nous approchâmes du groupe pour mieux entendre.

— Qui sait, disait M. L***, si finalement cette
victoire de l'Allemagne sur la France ne tournera
pas au profit de la civilisation, et, par ricochet,
au profit de la France ? Nous aurons perdu quelque
chose de notre prestige guerrier ; nous perdrons
quelques milliards — plaie d'argent n'est pas mor-

telle — juste rançon d'ailleurs de nos infatuations, de nos ignorances, de nos impardonnables oublis. Et après ?... Nous aurons été débarrassés du Césarisme, qui menaçait de s'acclimater chez nous ; puis la Révolution française, travestie, exploitée, refoulée de fait depuis vingt longues années, reprendra son cours, invinciblement liée cette fois à la forme qui est la sienne, et clora son cycle d'épreuves, de tâtonnements, d'agitations stériles, de grands et de petits avortements.

— Alors, dit quelqu'un, il ne faut pas trop se plaindre ni en vouloir à la Prusse ; et je ne désespère pas d'entendre dire quelque jour que nous n'avons pas été vaincus à Sedan. Cousin a bien dit, si je ne me trompe, aux applaudissements de la jeunesse d'alors, que nous n'avions pas été vaincus à Waterloo.

— Et Cousin a eu raison, et je trouve que la jeunesse qui l'écoutait, n'avait pas tort de l'applaudir, lorsque, dans sa chaire de Sorbonne, se levant et se dressant de toute sa taille, comme nous l'apprennent les contemporains, il s'écriait : « Non, nous n'avons pas été vaincus à Waterloo. » — Il y a des paradoxes d'apparence qui sont de grandes vérités de fait. Ce n'était pas de la philosophie transcendante que Cousin faisait ce jour-là ; c'était de la philosophie pratique, autant que du patriotisme. Et moi aussi, comme vous, Monsieur, mais avec plus de conviction, je ne désespère pas non plus qu'un jour quelque philosophe nous relève de nos malheurs. Pourquoi non ? Car enfin, par qui la France a-t-elle été vaincue à Sedan ? Par la science stratégique de M. de Moltke ? Non ; elle a été vaincue par elle-même, par ses propres armes, par les idées de sa Révolution, par deux institutions démocratiques, l'instruction obligatoire et le service obligatoire [1]. Ce sont des forces tirées de son sein, des enfants

---

1. Cela n'est pas tout à fait exact historiquement en ce qui concerne l'instruction obligatoire, établie en Prusse avant la Révolution française.

qu'elle a méconnus, mais qu'elle a portés, qui l'ont frappée et abattue.

— C'est à merveille, reprit le même interlocuteur ; battants ou battus, puisque nous sommes contents, à ce qu'il paraît, il faut en finir tout de suite.

— Halte là! fit l'autre ; je ne l'entends pas ainsi.

— Mais si la Prusse vous laisse la République avec la paix ?

— De ses mains, je ne veux ni l'une ni l'autre. Je ne veux pas plus d'une République octroyée que d'une France humiliée. M. Veuillot l'a dit lui-même : « On humilierait plus la France par une paix impatiente que par des défaites répétées. » La France, qui a dans son histoire une date comme celle de 89, ferait-elle moins qu'une simple Pologne, qui, Copernic ôté, n'a rien donné à l'humanité ? Vous allez me dire peut-être que nous n'avons pas à craindre le sort de la Pologne, que la nécessité de l'équilibre des forces est une égide toute-puissante qui nous protège contre le démembrement ; cela se dit dans les salons, dans les Bourses, dans les Chancelleries, dans le cabinet des banquiers. Ce n'est pas là un argument qui me touche. Nous avons dans la lutte plus d'un enjeu. Nous ne périrons pas comme nation ; soit ; mais est-ce de cela que je me soucie ? Est-ce que je me soucie, moi, de la France expression géographique ? Ce qui m'intéresse, ce qui me remue, c'est la France facteur puissant de la civilisation, tête de colonne de l'humanité. Vous me garantissez que, comme corps, elle ne périra pas. Me garantissez-vous qu'elle ne périra pas comme esprit ? Cousin n'aurait pas osé dire ce qu'il a dit de Waterloo, s'il n'y avait pas eu auparavant la campagne de France et le rayonnement de vingt victoires non encore oubliées. Nous autres, nous aurons notre campagne de France après, à défaut de victoires avant, et cela vaudra mieux peut-être... »

Un flot d'arrivants coupa la parole à l'orateur et rompit le groupe. On se dispersa.

Quelques instants après, le sifflet de la locomotive se faisait entendre, et nous roulions sur les rails pour nous rendre à Tours.

Le hasard voulut que nous fussions dans le même wagon que le causeur à la parole ardente et d'apparence paradoxale.

Nous avions prêté l'oreille à ce qu'il avait dit, y applaudissant quelquefois de la tête et du regard : cela avait été comme une présentation. Il savait qui nous étions, et que, comme lui, à un autre titre, nous faisions partie de la Délégation.

La nuit était belle ; le ciel était tout constellé d'étoiles. Il y avait là, indépendamment de la guerre et de la politique, bien des occasions pour nous rapprocher et nous faire échanger nos observations.

On en profita et nous avouons, pour notre part, que le trajet n'en parut pas allongé.

Le matin, à l'aube, nous étions à la gare d'Amboise. Le train s'était arrêté. Un bataillon de mobiles (des mobiles de l'Ain, croyons-nous) dont le train se croisait avec le nôtre, était aussi en gare. Quelques-uns étaient descendus sur le quai. Quand les jeunes soldats surent que le convoi venant de Paris était celui du gouvernement, ils le saluèrent des cris répétés de : Vive la République ! Vive le Gouvernement de la Défense nationale !

— Cela n'est-il pas de bon augure ? dit l'un de nous à M. L.....

— Oui, et non ; oui, pour l'effort, non pour le succès.

— L'effort après tout est l'essentiel, et il peut amener le succès.

— Pour être franc, moi, je n'ai guère confiance. Ces démonstrations me touchent peu ; la jeunesse sera toujours la jeunesse. Le point est de savoir ce qu'il y a au delà, dans les masses profondes d'où elle sort, s'il s'y trouve une réserve et quelque reste du feu sacré pour l'animer, pour la faire surgir des sillons. L'empire a desséché le vieux chêne. Nous ne verrons plus les bouillonnements de la sève. Il faudrait un miracle. Hélas ! non : Lazare ne se relèvera pas : on a trop bien scellé le tombeau. Et qui ferait le miracle ? Où est la main capable de ressusciter le mort ?

— A défaut de quelqu'un, fit un des interlocuteurs, il y a tout le monde. Le mort ressuscitera tout seul.

— Il faut toujours des conducteurs aux peuples ; les forces d'impulsion doivent aussi venir d'en haut dans les grandes crises pour remuer le dessous ; et où sont ces forces là en province ? Dieu veuille que, là où elles existent, elles n'arrêtent pas l'élan, les épreuves croissant, et qu'au lieu d'aviver la flamme, elles ne l'amortissent. Après tout ce n'est pas une raison de nous abstenir. »

Cette conversation nous fut bien des fois rappelée à l'esprit par ce que nous vîmes ou entendîmes à Tours, et particulièrement par une visite que l'un de nous reçut, quelque temps après notre arrivée, et qui doit être contée tout de suite.

Un soir, M. Georges Blay, un de nos collaborateurs, entra sur le tard dans notre cabinet à la préfecture. Il arrivait de Blois, où il avait eu une mission à remplir. Il était accompagné d'un homme, qu'il nous présenta, et qui, disait-il, avait une communication à faire au Gouvernement.

L'homme était étrangement accoutré, en blouse et en sabots, la tête couverte d'un large feutre usé, un vrai paysan de Sologne. Il avait le visage noirci de terre, la barbe et les cheveux incultes, le regard vague et terne, l'air d'une parfaite stupidité.

Celui d'entre nous qui le recevait, regardait sans rien comprendre, se demandant quelle communication ce personnage pouvait avoir à faire.

Cependant il s'était assis, avait pris contenance et commençait à parler.

Ses paroles d'abord ne firent pas cesser le premier étonnement : elles ne démentaient ni son costume, ni sa mine. Mais cela dura peu. On entendit bientôt (ce fut comme une transfiguration) le langage de l'homme bien élevé. Le visage aussi s'éclaira ; l'air stupide disparut. Visiblement, on jouait un rôle. Nous assistions à une répétition.

Cela était vrai. Notre faux paysan de Sologne dit son nom, sa situation et la cause de son déguisement. Il venait de l'armée de la Loire et se proposait, en effet, comme l'avait dit M. Georges Blay, de faire une communication au Gouvernement.

Nous n'avons pas à dire quelle était cette communication. Seulement, et c'est par là que l'anecdote a sa place ici, nous eûmes une longue conversation où notre visiteur exprima des idées et des sentiments qui, sur certains points, se rapprochaient de ceux de M. L...

Il arrivait de Russie, où il habitait depuis plusieurs années, sur les bords du Dniéper. Exilé volontaire, dès qu'il avait appris l'invasion et la chute de l'Empire, il était accouru. Ancien officier de dragons, il apportait son épée au service de sa patrie.

« Remarquez, dit-il en s'interrompant au moment où il venait de prononcer le mot de patrie, que je dis la *patrie*. L'empire tombé, nous avons une patrie ; nous n'en avions plus auparavant. Les nations barbares ou à demi-barbares ont une patrie, par la religion chez le peuple, par la prééminence chez l'aristocratie. Cela se voit, par exemple, en Russie et en Turquie. Les nations civilisées n'en ont une que par la liberté. La terre où l'on est né, manque sans cela de sa plus ferme attache. Tout y vacille ; elle tremble sous les pieds : on n'y tient que par les intérêts vulgaires. Mais l'esprit, il n'y sait à quoi se prendre ; il n'a autour de lui que des perspectives bornées, vagues, étroites ; il étouffe, se rapetisse, s'étiole. Il a la gloire, dit-on. Mais qu'est-ce que la gloire, et combien y a-t-il de sortes de gloire dans nos sociétés modernes? La meilleure n'y paraît pas celle que le despotisme ou la dictature fait miroiter aux regards; et puis celle-ci, sous sa surface brillante, cache un terrain où souvent le pied glisse.

« Oui, Monsieur, et j'espère que vous ne prendrez pas ceci à mal, ni pour un crime de lèse-nation, ni pour un paradoxe, cet empire empêchait de voir la France.

« Prenez les légitimistes : pourquoi la moitié de leur cœur était-elle dans un vieux château à l'étranger? Parce qu'ils ne trouvaient pas chez eux, à défaut de leur principe, cette grande compensation du pouvoir et de la prééminence que donne la liberté, même dans une démocratie, ou qu'ils ne trouvaient quelque équivalent, les satisfactions de l'ambition, par exemple, que par des compromissions humiliantes. Et parmi les républicains, pensez-vous que, libres, vous en eussiez tant vu rêver une patrie idéale, sans drapeau et sans frontières? Les catholiques eux-mêmes auraient beaucoup moins obstinément tenu leurs regards attachés sur Rome, et surtout y auraient attiré avec moins de succès ceux de la foule, si vous aviez eu un gouvernement franchement assis sur ce large terrain de la liberté où tout le monde a sa place, au lieu de ce régime étroit, équivoque, bâtard, fait de principes contradictoires, mixture indigeste de démocratie et de césarisme, de révolution et de réaction, où personne ne se reconnaissait.

« Les peuples, et cela ne fera que grandir avec le progrès des choses aujourd'hui si accéléré, sont comme les maris qui se désintéressent et se détachent de chez eux quand ils n'y trouvent pas ce qu'il leur faut, leur idéal, comme on dit à présent. Pour moi, et j'y ai bien réfléchi, j'ai la conviction que ce qu'on a appelé l'*Internationale rouge*, ne pouvait naître que sous l'empire, et que ce que j'ai entendu appeler l'*Internationale noire*, ne pouvait s'étendre et se fortifier que dans cette ombre. Mais Bonaparte tombé, la France reparaît.

« C'est pourquoi, Monsieur, vous me voyez ici, et bien d'autres qui, comme moi, habitaient loin de la France, sur la terre étrangère.

« Maintenant y trouverons-nous la force morale d'autrefois, le sentiment du vieil honneur national, le ressort nécessaire pour rebondir, qu'on aurait eu certainement en 1848 et même en 1850? C'est ce que nous verrons bientôt.

« Vous dirai-je ma pensée tout entière ? Eh bien ! plus
d'une fois dans mes steppes, méditant sur les conséquences
du régime inauguré dans une nuit funeste, à jamais lamentable, qui nous a jetés si loin en arrière de toutes nos traditions, je me suis demandé, non sans me sentir le cœur
soulevé de rage, si, parmi toutes celles que l'on pouvait
redouter, il n'y aurait pas à compter l'affaissement, l'abâtar-
dissement du patriotisme. »

Tout en partageant quelques-unes des idées de notre
compagnon de route de Paris à Tours et de notre visiteur de Russie, nous avions une peine infinie à admettre
une France châtiée dans son orgueil et finalement humiliée. Nous avions foi dans le tempérament national,
dans son ressort, dans son élasticité. Il ne nous paraissait pas possible que le régime que l'on flétrissait et
dont on marquait avec justesse, assurément, une des
pires influences, eût eu le temps d'achever son œuvre.

« L'armée, après tout, disions-nous, a fait son devoir ;
pourquoi la nation ne ferait-elle pas le sien à son tour ?
Qu'est-ce d'ailleurs que la révolution du 4 Septembre,
si ce n'est pas une explosion de patriotisme ? »

I

Le cercle où nous nous renfermons, est nettement tracé :
cette histoire commence et finit avec la Délégation.
Quelques mots cependant sur l'état des esprits au moment de notre arrivée à Tours, et par conséquent sur la
Révolution du 4 Septembre en province, sont indispensables. Notre dessein étant surtout de montrer ce qu'a
été le sentiment national durant l'invasion, nous ne
saurions sans inconvénient laisser de côté le changement politique qu'il a produit dans sa première explosion. L'histoire du 4 Septembre est une préface obligée ;
elle est le premier anneau de la chaîne des événe-

ments auxquels se rattachent nos impressions personnelles et celles que nous avons recueillies autour de
nous.

A propos de quelque diatribe bonapartiste saugrenue
contre les hommes du 4 Septembre, où l'on rappelait le
mot d'Abraham Lincoln : « il ne faut pas changer l'attelage pendant que l'on passe un gué, » quelqu'un disait:
« Mais il n'y avait pas qu'un gué à passer, et ils ou-
blient, les malheureux, que nous qui étions dans le char
et même ceux qui avaient été le plus naïfs et le plus
crédules, n'avaient aucune confiance dans l'attelage
ni dans ce qu'il pouvait y avoir aux mêmes écuries pour
le remplacer. »

Certes, toute l'explication et la justification de la
Révolution du 4 Septembre est dans ces mots. Avant
de nous transporter en province, il convient d'autant
plus d'entrer dans quelques développements sur le sentiment de Paris, sur les dispositions dominantes de la
population au moment précis de la révolution, sur le
caractère du mouvement qui jetait le gouvernement
aux mains des adversaires les plus ardents du pouvoir
si misérablement déchu.

La Révolution du 4 Septembre a cela de particulier
que personne, au moment où elle s'accomplit, ne songea à protester contre sa légitimité. Elle était une
explosion irrésistible de la conscience nationale, une
nécessité de salut public. Elle ne relevait d'aucune
théorie, d'aucune doctrine politique, et elle avait toute
la puissance, toute l'universalité d'un principe. La
question d'origine et de forme n'était même, ce qui est
toujours rare, que superficielle : c'est à peine si elle
effleurait l'opinion. La République proclamée à l'Hôtel
de Ville parut à tous le symbole, sinon le gage, du
salut public. Elle ne fut pas moins acceptée par les
sages que par les ardents. Ce ne fut pas Belleville seulement qui acclama les noms de MM. Trochu, Jules
Favre, Gambetta, Jules Simon, Crémieux, Jules Ferry,

Pelletan, Rochefort, Arago, Magnin, Picard, Glais-Bizoin : la composition du personnel du Gouvernement de la Défense nationale fut généralement approuvée. Les hommes d'ordre ne trouvaient pas de garantie exclusivement dans le nom du général Trochu. Celui de Rochefort lui-même ne parut avoir une signification sinistre qu'aux yeux de ceux que ses pamphlets avaient frappés. Si l'on pouvait douter de l'unanimité d'approbation que rencontra à Paris l'événement qui aboutissait à la proclamation et à la constitution du gouvernement de la Défense nationale, il faudrait relire les journaux de l'époque, non pas ceux de l'ancienne opposition, qui pourraient paraître suspects, mais ceux qui étaient les moins sympathiques jusqu'alors à la forme de gouvernement qui s'imposait.

Il suffira de citer le *Figaro* et le *Moniteur universel*, qui sont comme aux deux extrémités de la chaîne des partis conservateurs ou monarchiques :

« Paris, disait le *Figaro*, a accompli hier une révolution.

« L'empire a cessé d'exister.

« La République a été proclamée.

« Elle a pris le titre de *Gouvernement de la Défense nationale*, et ce titre suffit à lui rallier, sans distinction d'opinions, toutes les classes de citoyens...

« En quinze heures, un trône, fondé depuis dix-neuf ans, s'est écroulé ; l'édifice, dont l'invasion étrangère a été le couronnement, s'est effondré comme une masse fragile et friable, dont les dehors sont brillants et l'intérieur fait de cendres...

« La révolution qui substitue la République à l'empire a été faite par l'élément essentiellement conservateur de Paris, par la bourgeoisie armée, c'est-à-dire par la garde nationale. Elle a voulu et autorisé l'envahissement du Corps législatif, qui a fait passer avant les résolutions du Parlement la volonté du peuple de créer spontanément un gouvernement capable de sauver la France.

« Dans cette entreprise virile, faite avec calme et résolution, la garde nationale a eu pour auxiliaires les corps francs de volontaires et l'armée elle-même. Tous les soldats qui étaient debout ont levé la crosse de leur fusil pour laisser accomplir l'œuvre indispensable de la justice nationale.

« De fait, la France n'avait plus de gouvernement...

« Qui donc pouvait s'emparer de la situation, se mettre à la tête du peuple et chasser l'étranger en maintenant l'ordre public et la sécurité sociale?...

« Était-ce le Corps législatif? Était-ce le Sénat?

« Il n'est pas besoin d'examiner longuement cette hypothèse pour se convaincre que le régime des deux Assemblées ou de l'une d'elles n'eût enfanté que l'anarchie.

« Ce qui devait être institué, c'était un gouvernement composé d'hommes honorables, fermes, résolus, prêts à tous les sacrifices pour assurer le salut du pays.

« Nous n'avons pas à mettre en parallèle aujourd'hui les avantages ou les inconvénients d'une monarchie ou d'une république. Peu nous importe le nom, c'est un gouvernement qu'il nous faut.

« La France n'a pas le temps de délibérer [1]. »

Le *Moniteur universel* disait de son côté :

Paris, 4 septembre.

« La déchéance de l'empereur et de la dynastie impériale est prononcée.

« La République est proclamée.

« Grand enthousiasme dans Paris.

« La foule parcourt les rues aux cris de : Vive la République ! vive la Nation ! vive la France !

« Pas le moindre désordre.

« La France donne en ce moment un grand spectacle à l'Europe par cette révolution pacifique.

« Vive la France !

La vérité frappait tous les yeux et s'exprimait par la voix de tous les journaux, dans des termes presque identiques, qui variaient à peine du ton de l'approbation à celui de l'enthousiasme.

La réflexion ne démentit pas l'impression de la pre-

1. Le *Figaro*, numéro du mardi 6 septembre.

mière heure. L'imminence menaçante du danger, l'écrasante évidence de la responsabilité qui allait peser si lourdement sur les hommes hardis portés et en quelque sorte précipités au pouvoir dans la crise suprême, faisaient taire les passions les plus invétérées; et en même temps que l'on prenait son parti de l'événement inévitable, on ne pouvait s'empêcher d'être juste envers ces hommes; et ce que dans d'autres temps, quelques semaines plus tôt, on se serait plu à imputer à l'ambition, on n'hésitait pas aujourd'hui à l'attribuer au patriotisme. Les adversaires, les anciens officieux, les sceptiques s'accordaient à reconnaître qu'il y avait plus que du désintéressement à accepter le fardeau du gouvernement dans une situation aussi extraordinaire.

Le *Figaro*, par la main de son rédacteur en chef, après avoir rédigé une profession de foi de neutralité politique, traçait la ligne de conduite qu'il prétendait suivre, et n'avait que des paroles de sympathie et d'estime pour les hommes qui faisaient partie du nouveau Gouvernement.

« Ce serait manquer de patriotisme, disait M. de Villemessant, que de discutailler pendant que l'ennemi est à nos portes et quand notre pauvre pays est dans une situation si critique qu'on ne sait pas si l'on doit frémir ou pleurer! Argutier dans un pareil moment serait un crime.

« Je ne vois qu'une chose à faire, qu'une ligne à suivre. C'est d'emboîter le pas derrière le groupe d'hommes qui, en acceptant le titre de Gouvernement de la Défense nationale, donnent une preuve de grand courage. Ils sont honnêtes, ils sont sages; je leur fais donc la promesse, tant en mon nom qu'en celui de mes rédacteurs qui veulent bien m'y autoriser, de ne pas nous livrer à la moindre opposition, directe ou indirecte, tant que la paix ne sera pas signée...

« Ils me verront même disposé à les soutenir, en ce sens que le *Figaro* fera une guerre acharnée aux braillards qui se prétendent républicains et qui croient faire du bien à la République en effrayant les citoyens disposés à accepter une forme de Gouvernement qui est peut-être, après tout, celle qui offre le plus de garanties à l'ordre [1]...

Le *Constitutionnel* tenait un langage analogue, rendant aussi témoignage de l'abnégation des hommes, constatant, comme il disait, que :

« M. Henri Rochefort [2] lui-même, dont le parti conserva-

1. Le *Figaro*, numéro du lundi 19 septembre 1870.
2. Le nom de M. Rochefort nous rappelle un incident qui prouve que l'opinion avait quelques raisons de compter sur lui. Il s'agit de la lettre qu'il écrivit à la *Gazette de France*, à propos d'un article du général Cluseret paru dans la *Marseillaise*.

Paris, le 8 septembre 1870.

« MONSIEUR LE RÉDACTEUR,

« Au moment où toutes les opinions désarment et où tous les citoyens s'unissent contre l'ennemi, un article odieux intitulé *la Réaction*, signé général Cluseret, et qui est une véritable excitation à la guerre civile, a paru ce matin dans la *Marseillaise*. Permettez-moi de rappeler au public que je ne fais plus en quoi que ce soit partie de ce journal.

« Agréez, monsieur le rédacteur, l'assurance de mon dévouement.

« HENRI ROCHEFORT. »

Voici l'article de la *Marseillaise* dont il est question dans la lettre de M. Henri Rochefort :

LA RÉACTION

« M. Gambetta, l'ex-candidat du peuple à Belleville, commence par donner des gages à ses nouveaux alliés de la Chaussée-d'Antin.

« Il a publié hier un décret par lequel il exclut le peuple de la garde nationale.

« Ne voteront que les gardes nationaux armés, dit le décret, et comme on n'a armé que les bourgeois bonapartistes ou trembleurs, eux seuls votent, et par conséquent élisent des officiers.

« Le peuple, lui, comme sous l'empire, n'est bon qu'à produire et se faire tuer pour ceux qui consomment. Silence aux pauvres ! disait la monarchie de Juillet. Arrière la canaille ! dit M. Gambetta, l'élu du peuple. Et les Prussiens sont à la porte de Paris. Et les princes d'Orléans sont dedans. Et les gardes municipaux avec les armes chargées, attendent dans leurs casernes le signal !

« Et la préfecture de police est dans les mains de Kératry, et Paris est dans les mains de Trochu, comme aussi l'armée.

« Quant au peuple, on lui a laissé l'instruction publique à fonder, la justice à attendre.

« Est-ce assez ?

« L'armée, Paris, la police et l'administration aux d'Orléans. Les cultes et l'instruction à la République.

« A bientôt les casse-têtes, Mazas et l'exil.

« En éloignant le peuple de la garde nationale, en le traitant en suspect

teur s'était fait un épouvantail, montrait dans le concours qu'il apportait à ses collègues une modération qui n'était égalée que par son dévouement [1]. »

Il y a dans les grandes crises une heure digne d'être méditée, où toutes les intelligences sont entraînées dans le même courant, où toutes les volontés se réunissent et marchent vers un but commun, où toutes les divergences d'opinion et d'intérêt s'effacent, où toutes les cordes de l'âme de la nation vibrent à l'unisson, comme si une main mystérieuse et divine les touchait : heure unique, pleine de trouble et de délices, heure rapide aussi, d'ordinaire, qui semble ne pouvoir paraître, si nous osons ainsi parler, sur le cadran mobile des événements que pour laisser après elle des regrets, qui mérite d'être saisie pourtant au passage et d'être fixée : car c'est grâce à elle que nous voyons ce qu'il y a de plus haut et de plus noble dans notre nature; c'est à elle que nous devons de jouir avec plénitude de nous-mêmes, et peut-être aussi de trouver dans l'image qui nous en reste, une force et un idéal.

Le souvenir de nos malheurs ne doit pas nous faire oublier que le 4 Septembre a vu ce beau et rare spectacle, cette heure solennelle et sacrée. La pensée des discordes qui suivirent, la vue même de nos dissentiments présents n'en effaceront pas la mémoire. Qui sait si le temps et la réflexion ne nous feront pas comprendre que le sentiment qui nous réunit alors, qui groupa tous les partis autour du Gouvernement de la Défense nationale et autour du drapeau arboré par lui, est le seul qui puisse accomplir notre relèvement et mettre un terme à nos discussions intestines? Ce qu'il y a de certain, c'est que l'opinion d'alors n'admettait

comme on traite la garde mobile, Gambetta a plus fait pour Guillaume que Steinmetz. Il a bien mérité de la Prusse; au peuple de dire s'il a bien mérité de la patrie.

« GÉNÉRAL CLUSERET. »

[1]. Le *Constitutionnel,* numéro du 20 septembre 1870.

pas d'autre remède au mal présent ; que le seul Gouvernement qui, chez nous, soit ouvert à tous, parut aussi le seul capable de tout sauver ; que tout le monde enfin comprit alors, dans leur sens large et profond, les deux grands mots de patrie et de république. Les arrière-pensées, les vues particulières et personnelles, les intérêts, les intrigues de parti ont pu se produire plus tard ; mais, à cette heure, la préoccupation dominante, unique, était celle de la défense et des meilleurs moyens de sauver l'indépendance et l'honneur du pays.

On pouvait différer sur les moyens, on ne différait pas sur le but. Millière, assurément, ne comptait pas sur les mêmes voies de salut que l'archevêque de Paris. Si nous écoutons les orateurs des Folies-Bergère, nous y entendons développer des systèmes de défense où le pétrole joue un rôle considérable[1] ; et, si nous lisons la circulaire que Mgr Darbois adressait aux curés de son diocèse, c'est de la Providence qu'il attend le salut. Plus d'un lien cependant existe entre des pensées et des volontés si différentes. Les orateurs des Folies-Bergère veulent tous la République et presque tous le Gouvernement de la Défense nationale. Millière propose, le 7 septembre, de constituer un comité de défense, qui se mettrait à la disposition du Gouvernement, pour centraliser les moyens d'action. De son côté, l'archevêque de Paris prie pour la République et le Gouvernement qui vient de l'établir. Les paroles qui terminent sa circulaire sont significatives. — « Une seule chose, dit-il, doit nous occuper tous et nous réunir fraternellement dans une commune prière et un commun effort : c'est de sauver la France en sauvant Paris. Que Dieu protège notre pays et vienne en aide, par ses lumières et sa force, à ceux qui travaillent à le défendre[2]. »

Ainsi, les deux extrêmes se touchent par plus d'un

1. Séance du 7 septembre 1870.
2. Circulaire du 8 septembre.

point. Si l'esprit de parti tend à relever ce qui les séparent, à rétablir les différences qui subsistent au fond, à scruter les intentions, à discuter la sincérité ou le degré des convictions, à fouiller dans les consciences sous la passion et les attitudes de tribune ou sous le costume officiel, l'histoire impartiale n'a qu'un devoir : celui de noter les faits au moment où ils se produisent, de montrer le concert de l'heure présente, quitte à rechercher plus tard les causes secrètes d'un accord superficiel, d'un baiser Lamourette éphémère, avec les raisons de système et de passion, les calculs d'intérêt ou de parti qui ont rompu les dispositions premières et convergentes.

L'unanimité de la population de Paris dans la résolution de résister sérieusement à l'invasion d'une part, et, de l'autre, de se grouper autour du Gouvernement qui avait cherché son titre dans cette résolution, qui l'avait inscrite sur son drapeau, n'était pas cependant exclusive de l'idée de paix. Le *Réveil* disait bien, à propos de la mission médiatrice de M. Thiers :

« Qu'on ne nous parle pas de traités, d'intervention monarchique, de tribut payé à Guillaume.

« Quand le dernier des soldats prussiens aura mordu la poussière, quand son territoire ne sera plus souillé par l'ennemi, la France pourra traiter. Jusque-là, non ! »

Et ce langage n'était que l'écho des réunions publiques. Dans la salle de la rue d'Arras, un soir, sous la présidence de Blanqui, un délégué formulant l'*ultimatum* qu'il voulait transmettre au Gouvernement et imposer à sa politique, déclarait : 1° qu'on ne traiterait avec les Prussiens qu'après les avoir expulsés du territoire ; 2° qu'on ne leur céderait ni un pouce de notre territoire, ni une pierre de nos forteresses, ni un vaisseau de notre flotte, ni un écu de notre budget. Et pour atteindre ce but, il *exigeait* du Gouvernement la levée en masse. — Mais, à cette heure, avant l'entrevue

de Ferrières, la guerre à outrance, dans le sens où elle
s'offrait à l'exaltation patriotique, excédait le tempérament moyen de la population. Ceux qui, en ce moment,
rappelant la forme solennelle dont la Rome antique
avait usé un jour vis-à-vis l'étranger envahisseur,
déclaraient, fièrement et sincèrement, à coup sûr, qu'ils
ne traiteraient avec la Prusse, que lorsqu'elle ne serait
plus sur notre territoire, paraissaient faire de l'ar-
chaïsme bien plus que de la politique, ou même du
patriotisme. Les hommes les moins suspects en fait
d'amour national, les moins empressés à se résigner à
l'abaissement de la France, les plus susceptibles sur le
point d'honneur et les plus résolus à tenir haut et
ferme le drapeau du pays et l'idéal de la Révolution, ne
pensaient à la paix qu'en frémissant, mais ils y pensaient.

L'éloquent *appel* qu'adressait Victor Hugo aux Allemands, le 9 septembre, cinq jours après la révolution,
au moment où la marée de l'invasion approchait et
allait toucher les pieds de la capitale de la France,
mérite à cet égard d'être rappelé :

..... « Paris, disait le grand poète, n'est autre chose
qu'une immense hospitalité.

« Aujourd'hui vous y revenez.

« Comment?

« En frères, comme il y a trois ans?

« Non. En ennemis !

« Pourquoi?

« Quel est ce malentendu sinistre ?

« Deux nations ont fait l'Europe. Ces deux nations sont
la France et l'Allemagne. L'Allemagne est pour l'occident
ce que l'Inde est pour l'orient, une sorte de grande aïeule.
Nous la vénérons. Mais que se passe-t-il donc et qu'est-ce
que cela veut dire? Aujourd'hui, cette Europe, que l'Allemagne a construite par son expansion et la France par
son rayonnement, l'Allemagne veut la détruire....

« Est-ce possible?

« L'Allemagne déferait l'Europe en mutilant la France...

« Pourquoi cette invasion ? Pourquoi cet effort sauvage contre un peuple frère ?...

« Cette guerre, est-ce qu'elle vient de nous ?

« C'est l'empire qui l'a voulue ; c'est l'empire qui l'a faite. Il est mort. C'est bien.

« Nous n'avons rien de commun avec ce cadavre...

« Nous sommes la République française ; nous avons pour devise : *Liberté, Égalité, Fraternité !* Nous écrivons sur notre drapeau : *États-Unis d'Europe.* Nous sommes le même peuple que vous.

« Le même rayon fraternel, trait d'union sublime, traverse le cœur allemand et l'âme française.

« C'est avec cette fraternité dans le cœur que nous accepterions votre guerre !...

« Mais cette guerre, Allemands, quel sens a-t-elle ? Elle est finie, puisque l'empire est fini. Nous avons tué votre ennemi, qui était le nôtre. Que voulez-vous de plus ?... »

La pensée de la paix trouvait un autre interprète, également autorisé et éloquent, dans M. Edgar Quinet, qui, le même jour, au lendemain de son retour d'un exil de dix-neuf ans, égal en durée à celui du poète, invoquait en faveur de la même cause les mêmes raisons de moralité politique, de fraternité et de civilisation.

La sincérité de ces appels à la paix n'était pas moins certaine que leur vanité. Le sentiment qui les dictait, était, sans contredit, le sentiment dominant. Nous le retrouvons, non pas seulement dans les déclarations de la *Ligue de la Paix*, ce qui était trop naturel, ou dans le manifeste des pasteurs évangéliques de Paris aux protestants d'Allemagne ; il est presque partout dans la population de Paris ; et c'est lui qui devait prévaloir aussi dans les conseils du Gouvernement. Mais ce qui n'était pas moins général, c'est qu'on n'entendait pas accepter des conditions humiliantes. La confiance où l'on était que le Gouvernement nouveau ne trahirait pas l'honneur du pays, fut pour beaucoup dans l'unanimité qu'il rencontra. Personne ne se faisait illusion sur la gravité de la situation, sur l'énormité de la tâche, sur la disproportion des forces que la continuation de la guerre mettrait en présence : la perspective d'une longue lutte inégale n'effrayait pas. En ce moment il n'y avait place dans les esprits que pour l'impossibilité d'une déchéance nationale, qu'une paix honteuse aurait prononcée.

Les clubs, chaque soir, sous les formes les plus diverses et par les orateurs les plus séparés les uns des autres d'habitudes, d'éducation, de situations sociales, mettaient à tout instant en évidence le sentiment public sur cette question d'honneur national. Ce que nous avons rappelé des motions de la salle de la rue d'Arras, nous permet de supprimer ici les preuves. Les journaux les plus calmes, les interprètes les plus modérés de l'opinion de la bourgeoisie, ne sentaient pas autrement : ils ne différaient des plus ardents que par le ton et la mesure, quelquefois aussi par le vague des exigences de leur patriotisme. Le *Journal de Paris*, organe de l'orléanisme, disait, le 12 septembre, que la République ne pouvait pas céder avant d'avoir au moins livré bataille. — « Le sentiment de Paris et de la France, ajoutait-il, s'appuie dans cette attitude patriotique. » — Les légitimistes qui avaient pris cette même attitude dès les premiers jours, y étaient raffermis par une lettre du comte de Chambord. Le prétendant, par calcul politique, comme par un sentiment de patriotisme, facile dans l'homme qui pensait représenter en sa personne et symboliser dans son drapeau le glorieux passé de la France, mettait nettement de côté, en ce moment, toute arrière-pensée, et déclarait qu'il fallait sauver à tout prix l'honneur du pays.

« Au milieu de toutes ces poignantes émotions, disait le prince, c'est une grande consolation de voir que l'esprit public, l'esprit de patriotisme, ne se laisse pas abattre et grandit avec nos malheurs.

« Je suis heureux que nos amis aient si bien compris leurs devoirs de citoyens et de 'Français. Oui, avant tout, il faut repousser l'invasion, sauver *à tout prix* l'honneur de la France, *l'intégrité de son territoire.*

« Il faut oublier en ce moment tout dissentiment, mettre de côté toute arrière-pensée ; nous devons au salut de notre pays toute notre énergie, notre fortune, notre sang.

« La vraie mère préférerait abandonner son enfant plutôt que de le voir périr. J'éprouve ce sentiment, et je dis sans cesse : Mon Dieu, sauvez la France, dussé-je mourir sans la revoir !...

« HENRY. »

Un personnage politique, qu'on ne pouvait pas soupçonner d'arrière-pensée personnelle, non plus que de sentimentalité vulgaire ou d'exagération en fait d'honneur national, M. Guizot, quelques jours avant l'explosion de colère du 4 Septembre et ses manifestations diverses, que nous venons de rappeler, n'admettait pas non plus la possibilité, d'une capitulation devant le parti pris de guerre et de conquête que révélaient les premiers actes des vainqueurs, ni devant leur prétention de faire de la France une puissance humiliée et résignée. Il écrivait, le 30 août, à un de ses amis d'Angleterre une longue lettre, publiée par le *Daily-news*, dont quelques passages sont caractéristiques.

« Mon cher ami, disait le vieil homme d'État, si nous ne faisions que commencer cette malheureuse guerre, je vous dirais franchement ce que je pense de sa funeste origine et de ses lamentables erreurs... Mais pour le moment, nous ne devons nous occuper, et, en fait, nous ne nous occupons que de la guerre.

« Nous sommes absorbés par cette pensée, non seulement à cause des revers inattendus que nous avons subis, mais aussi et par-dessus tout à cause des desseins que les Prussiens manifestent et du caractère qu'ils ont donné à cette guerre. De leur part, c'est évidemment une guerre d'ambi-

tion et de conquête. Ils proclament hautement qu'ils veulent
reprendre l'Alsace et la Lorraine, provinces qui nous appar-
tiennent depuis deux siècles et que nous avons conservées
à travers toutes les vicissitudes et toutes les chances de la
guerre.

« Les Prussiens font plus encore. Bien qu'ils occupent ces
provinces seulement partiellement et temporairement, ils
prétendent y exercer les droits de souveraineté. Ils ont
publié en Lorraine un décret qui abolit nos lois sur la cons-
cription et le recrutement de l'armée. Demandez au premier Allemand honnête que vous rencontrerez si ce n'est pas
là un de ces actes de l'ambition victorieuse qui engage une
nation dans une lutte indéfinie, une lutte qui ne peut se
terminer que par un de ces désastres qu'une nation n'accepte jamais, qu'elle peut subir, mais que jamais elle ne
pardonne.

« Soyez-en sûr, mon cher ami, la France n'acceptera
jamais le caractère et les conséquences que la Prusse veut
donner à la guerre. A cause de nos premiers revers, nous
avons notre honneur national à sauver, et à cause des exigences de la Prusse nous devons défendre et maintenir notre
territoire national.

« Nous soutiendrons ces deux causes à tout prix et jusqu'à
la fin...

Val-Richer, 30 août 1870.

« GUIZOT. »

Nous en avons dit assez pour indiquer les caractères
de la Révolution du 4 Septembre, les dispositions
qu'elle avait rencontrées dans la grande majorité de
la population parisienne, les sentiments qu'elle y avait
suscités. Pour qui veut bien se reporter à cette époque
et se mettre en face de ses souvenirs, aucun doute
n'est possible sur l'unanimité de colère et de réprobation qui frappait la cause de nos désastres, d'adhésion
et de concours, enthousiaste ou résigné, dont le Gouvernement de la Défense nationale fut entouré aux
premiers jours.

L'état des esprits n'était pas autre en province.

II

M. Louis Veuillot, quelques heures après la Révolution de Paris, disait, faisant allusion à un mot connu de Lamartine, qu'elle était « la vraie Révolution du mépris. » C'était fort bien dit, et le mot est significatif dans la bouche d'un homme qui avait été naguère presqu'un complice. Mais il ne marque pas tous les sentiments dont les cœurs étaient remplis ce jour-là. Le plus puissant, le plus général est oublié. Le mépris est une passion en quelque sorte aristocratique. Le 4 Septembre a été un grand mouvement de colère nationale. Si l'on méprisait beaucoup l'empire, et pour beaucoup de choses, on lui en voulait surtout de l'égoïsme dynastique qui l'avait précipité dans la guerre, et de l'imprévoyance qui avait présidé aux préparatifs, imprévoyance à laquelle on ne trouvait d'égale que l'énormité des désastres. Ses fautes paraissaient telles qu'il avait cessé pour tous, même pour ses partisans, d'être le représentant de la nation et de paraître en avoir jamais été digne. Il venait de lui faire, à cette nation, une telle blessure, une telle injure, qu'il s'était creusé tout à coup entre elle et lui un abîme où il ne pouvait pas ne pas s'engloutir.

C'est surtout en se plaçant à ce point de vue que l'on comprend l'unanimité d'adhésion qui consacra en France le mouvement de Paris. Nous ne trouvons plus aujourd'hui que les hommes aveuglés par la passion ou feignant de l'être, qui voient dans la Révolution du 4 Septembre un mouvement politique où le patriotisme aurait eu moins de part que l'esprit de parti. Les juges impartiaux, en France et à l'étranger, savent bien que là même où la passion politique a eu le plus d'emportement, elle n'a été qu'au second rang. Les ennemis les plus acharnés de l'empire — je parle des hommes politiques — déploraient la fatalité de sa chute dans les circonstances où elle s'accomplissait. Ils subissaient la Révolution parce qu'ils la savaient inévitable, et ils s'y prêtèrent sans hésitation, mais avec un sentiment de dévouement bien plus que d'enthousiasme, quelques-uns aussi par crainte de la voir tomber dans d'autres mains que les leurs, — dans des mains que, naturellement, ils jugeaient moins dignes.

Lorsqu'on parcourt les dépêches télégraphiques, aux dates du 4 ou du 5 septembre, il est impossible de ne pas voir que le mouvement, dans les départements comme à Paris, est avant tout national, que la première pensée est pour la défense, jugée impossible avec l'empire.

A Marseille, à Lyon, à Grenoble, à Avignon, à Carcassonne, au Havre, à Albi, à Quimper, à Besançon, à Toulouse, à Niort, à Thonon, dans toute la province, on veut la même chose, on tient le même langage, on prend les mêmes résolutions.

« Tous les citoyens sans exception, disait M. Ricard, sont résolus à tout faire pour la défense de la patrie.

« Tous les grands instincts de l'honneur national et de la société sont réveillés comme en 92, » disait M. Marcou.

Le maire de Thonon écrivait le 6 septembre :

« Le maire et le conseil municipal de la ville de Thonon (Haute-Savoie) envoient au Gouvernement provisoire l'expression de leur adhésion la plus complète. Ils veulent de suite l'assurer de leur concours et de leur dévouement le plus absolu. Ils veulent surtout lui dire qu'ils comptent sur lui pour sauver la patrie en danger et qu'ils ne reculeront devant aucun sacrifice pour l'aider dans cette noble tâche. »

A Grenoble, le *Réveil du Dauphiné*, dès 11 heures du matin, le dimanche, dans une proclamation où était annoncé le désastre de Sedan, demandait au pays de se lever contre l'envahisseur, en entonnant la *Marseillaise de la République.*

Il ne serait que littéralement exact de dire que, ce jour-là, dans cette grande crise, la France eut une seule voix et poussa partout le même cri.

Plus on voit de près le mouvement, plus son caractère se marque, et plus on se persuade que la haine de l'empire, comme l'adhésion à la République, n'est plus qu'une forme du patriotisme. Dans les villes les plus républicaines elles-mêmes, comme Marseille, Lyon, Bordeaux, le Havre, le passé de l'empire se perd presque dans la préoccupation du présent. On le renverse moins parce qu'il est l'empire, parce que, après avoir usurpé le pouvoir, il en a fait un mauvais usage à l'intérieur, que parce que, après avoir appelé la tempête du dehors, il est regardé comme impuissant à la conjurer.

A entendre la Commission d'enquête, le patriotisme n'aurait été pour rien dans l'accueil fait, à Marseille, à la nouvelle du désastre de Sedan, ni dans l'agitation qui suivit. « Prête depuis longtemps, dit M. de Sugny, la démagogie attendait l'heure favorable, et elle se tenait pour si assurée de la victoire qu'elle devança le signal qui, jusque-là, semblait ne pouvoir partir que de Paris. »

L'accusation est brève et tranchante; elle n'en est pas plus fondée. Et qu'on ne croie pas qu'elle s'adresse uniquement, dans la pensée de son auteur, à une fraction de la population; la démagogie, pour M. de Sugny (il le dit expressément), comprend les internationaux et les radicaux, entre lesquels il semble ne mettre aucune différence. Or, comme les radicaux, c'est-à-dire les républicains, font la majorité à Marseille, c'est la ville tout entière qui est visée par l'accusation. Sans doute, on se contredit quelquefois : on montre la population « frappée de stupeur et enflammée de colère » à la nouvelle de la catastrophe; mais c'est pour la repré-

3

senter aussitôt livrée aux plus mauvaises passions, aux
pires suggestions de l'esprit de secte, jusqu'à être, dans
l'ivresse de coupables espérances, « oublieuse du désastre de la patrie. »

Il existe une façon commode de faire l'histoire; on
ne regarde dans une situation que les accidents de la
surface; on ne prend dans un ensemble de faits que
ceux qui sont favorables à sa cause et à sa thèse, en
faisant abstraction du reste. C'est la façon de l'esprit
de parti; c'est le piège que la passion lui tend et dans
lequel tombent même les natures les plus droites. M. de
Sugny n'y a pas échappé. Le drapeau de l'*Internationale* a été arboré au balcon de la préfecture; il n'y a
paru que quelques minutes, cela a suffi pour cacher
tout le reste à l'historien prévenu. La population tout
entière lui a semblé complice des sentiments de quelques-uns, de doctrines venues du dehors, qu'elle ne
partageait pas, dont elle ignorait le rôle et la part
d'action dans les scènes auxquelles elle assistait.

Le sentiment des malheurs du pays était à Marseille
ce que nous l'avons vu à Paris. Un peu de réflexion aurait
fait comprendre que c'était cela même qui rendait possible ce que l'on blâmait et condamnait. L'attitude de la
foule, la conduite du conseil municipal qui, nouvellement élu, était bien le représentant légitime et vrai de
la cité, le léger conflit même qui s'éleva un moment entre
la population et l'armée, tout proteste contre l'historien
officiel de l'Assemblée. Non, il n'y a pas là une population livrée exclusivement à l'esprit du mal, comme
l'insinue M. de Sugny, dont les ardeurs ont été surexcitées depuis longtemps par ses meneurs, comme il le
dit expressément, qui oublie la patrie pour l'esprit de
secte ou de parti, et dont la première pensée, dans le
malheur public, est d'en tirer avantage pour le succès
d'un système d'organisation sociale ou de quelque chimérique entreprise. Cela est clair comme la lumière du
jour. Mais rien ne prévaut contre l'impression produite

par la vue du drapeau rouge. L'emblème sinistre n'a été arboré que par surprise ; M. Labadié, le nouvel administrateur du département et maire de la ville, n'a eu aucune peine à l'enlever et à y substituer le drapeau tricolore. M. de Sugny ne peut l'ignorer, puisque cela résulte de son récit ; il cite une dépêche arrivée de Paris presqu'au moment même de l'incident, dans laquelle M. Gambetta dit que le drapeau tricolore est le drapeau de la nation et qu'il en interdit formellement tout autre, dépêche affichée aussitôt et devant laquelle toute la ville se pressait en y applaudissant. Peu importe ; tout cela est pour l'historien comme non avenu ; sa première impression est ineffaçable. Son imagination ne peut se remettre de son effarement.

Un simple résumé des faits ne laisse, du reste, aucun doute sur les véritables dispositions de Marseille, ainsi défigurées.

Les nouvelles du désastre sont à peine répandues que la population tout entière est sur pied, agitée de toutes les angoisses du patriotisme. Les premières dépêches n'étaient parvenues que fort tard dans la nuit du 3 au 4, vers une heure du matin. Malgré l'heure avancée, telle était l'anxiété publique que l'on court partout pour s'enquérir des événements. Les bureaux des journaux sont assaillis par la foule impatiente de connaître le sort de la dernière armée française, que l'on savait avoir été jetée comme un suprême enjeu sur le champ de bataille. Quand il n'y a plus de doute sur le désastre, on n'est plus maître de ses sentiments. « L'effet produit sur les masses enfiévrées, dit un témoin oculaire, est indescriptible. » La proclamation de la République à Paris n'est pas encore connue, que déjà le conseil municipal est tout entier aux préoccupations de la défense. La commission départementale qu'il nomme a pour mission « d'organiser les forces populaires qui doivent concourir à la défense de la patrie. » Ce sont les termes mêmes de la délibération

du conseil. Le lendemain, lorsqu'il annonce officiellement à la population les événements de Paris, c'est
pour lui dire qu'il arme la garde nationale et qu'il
« place la cité, l'ordre public, la sécurité des citoyens
sous sa sauvegarde et sous celle de l'armée. » Et, passant aussitôt des résolutions aux actes, il ouvre des
bureaux d'enrôlements. Il fait ensuite afficher une proclamation, sous ce titre : *La patrie est en danger*, où il
adresse aux jeunes citoyens qu'il appelle aux armes,
le plus patriotique langage. Enfin M. Esquiros, à peine
arrivé, envoie cette dépêche au Gouvernement :
« Réception admirable. Sentiments patriotiques magnifiques. Tout Marseille sur pied. Tout va bien. » Et
sa première harangue est toute patriotique, toute
empreinte de l'esprit d'union et de conciliation ; elle
se terminait par ces mots : « Il ne doit y avoir parmi
nous que des Français prêts à concourir ensemble à
la défense du pays. »

On n'a pas été tendre pour le Comité de Salut
public qui s'était formé spontanément à la nouvelle
de la catastrophe. Et pourtant, sa première pensée
est celle de M. Esquiros, comme de la population
tout entière. On le voit par la dépêche qu'il adresse
à M. Gambetta, le 5 septembre. « Citoyen, écrit
M. Delpech au nom du Comité, les fils des Marseillais de 92 saluent avec orgueil, dans votre personne,
un des pères de la Révolution de 1870. Unis à vous par
des liens indestructibles, nous vous garantissons l'ordre
et le calme dans la grande cité qui fut votre berceau
politique. Quant au patriotisme de notre chère Phocée,
il sera à la hauteur de sa vieille réputation. » Le lyris-
me du langage et l'emphase des souvenirs évoqués
n'affaiblissent en rien l'impression de la première heure.
C'est la partie la plus ardente de la population qui
parle par la bouche du Comité ; et elle ne parle que
d'ordre et de patriotisme.

On le sait, MM. Esquiros et Delpech n'ont pas tou-

jours été aussi corrects; Marseille a été livré plus tard
à de regrettables agitations, que nous jugerons à leur
lieu. Ce n'est pas une raison pour fausser l'histoire du
4 Septembre, pour ôter à la Révolution son véritable
caractère et y voir autre chose que ce qu'elle est dans
la vérité, une explosion, ainsi que nous l'avons dit, du
patriotisme.

Les rapporteurs de la Commission d'enquête, sauf de
rares exceptions, semblent avoir obéi à un mot d'ordre. Nous connaissons M. de Sugny. M. Boreau-Lajanadie, rapporteur de l'enquête sur les *Actes du Gouvernement de la Défense nationale*[1], a vu, dans toutes les
grandes villes ce que M. Sugny a si bien vu à Marseille.
Prétendant constater l'état des esprits à la veille du
4 Septembre il écrit des choses qui font sourire : « Çà
et là se manifestait la crainte d'une révolution. C'est
qu'en effet, dans les bas-fonds de notre capitale et des
grandes villes, s'agitait et conspirait le parti radical[2]. » Selon lui, c'est la population flottante et cos-
mopolite des rues de Paris qui a renversé l'empire et
chassé le Corps législatif. « Partout, ajoute-t-il, une
minorité turbulente et ambitieuse s'imposait aux populations... Combien qui ne criaient : *Vive la République!*
que dans l'espérance de crier bientôt : *Vive la Commune!* c'est-à-dire à bas la *patrie*, la *famille* et la *religion*[3] ! »

On se demande où M. Boreau-Lajanadie a pris ses
preuves et dans quelles grandes villes *s'agitait* la population avec les sentiments qu'il lui prête, et dans quelles
grandes villes on conspirait.

Le général Trochu a dit, en parlant du 4 Septembre
à Paris : « J'ai plus qu'une opinion sur la journée du
4 Septembre, j'ai une conviction profonde. On a cherché, dans un intérêt politique très apparent, à donner

---

1. *Actes de la Délégation de Tours et de Bordeaux.*
2. *Ibid.*, page 2.
3. *Ibid.*, page 10 et 11.

à cette effroyable crise l'apparence d'une combinaison préparée, d'une conspiration. Oui, il y avait une conspiration, celle des événements, produisant un effet absolument semblable à celui des eaux qui, en temps d'inondation, s'élèvent subitement et envahissent la plaine, défiant toute puissance humaine de s'y opposer. La Révolution du 4 Septembre fut de même un fait absolument invincible et imprévu, dont la veille on n'avait aucune idée. J'avais dit au conseil des ministres : « L'empire est à la merci d'un nouveau désastre militaire. » Mais on pouvait prévoir une nouvelle défaite, non pas une catastrophe imminente et sans précédent comme celle de Sedan... Si la Révolution avait été préparée, on aurait vu des fusils dans les rues de Paris. C'est la première révolution qui se soit produite sans qu'on ait vu une arme dans les rues[1]. » Or, ce qui était vrai de Paris l'était également de toutes les grandes villes. Nous venons de voir la part qu'il convient de faire aux préoccupations étrangères au patriotisme à Marseille. Nous allons parcourir encore quelques autres grandes villes pour rechercher les traces de cette *conspiration* du parti radical qu'a vue partout M. Boreau-Lajanadie.

Le drapeau rouge tient une grande place dans l'imagination et les récits de certains historiens de la Révolution du 4 Septembre, et l'on sait ce qu'ils entendent par le drapeau rouge : c'est l'effacement du sentiment national, c'est l'immolation du patriotisme à l'esprit de secte ou de parti.

Lyon surtout n'a pas été épargné. Or, il n'y a rien de plus téméraire que la signification que l'on a essayé de donner ainsi au mouvement de cette grande cité. Nulle part la conscience de la situation et des devoirs qu'elle imposait, ne fut plus vive, plus profonde. Des témoins compétents et bien désinté-

---

1. *Dépêches*, Tome I, pages 273, 279.

ressés l'établissent. M. Le Royer, M. Ducarre, M. Challemel-Lacour étaient sur les lieux ; ils avaient vu de près les hommes et les choses, l'un étant procureur général, l'autre membre important du conseil municipal, et M. Challemel-Lacour, préfet ; aucun d'eux n'était suspect de tendresse pour l'*Internationale*, ou pour la fraction du parti républicain qui se laissait aller à ses suggestions ; et tous les trois s'accordent sur ce point — le seul que nous ayons à marquer — à savoir, que l'intervention des internationaux n'ôte rien à l'élan du patriotisme lyonnais. Il ne leur coûterait pas même d'ajouter que cette intervention a contribué au contraire à le faire ressortir ; car, si elle a pu être une difficulté, elle a abouti à une défaite humiliante pour ceux qui l'avaient suscitée.

Nos adversaires n'ont pas assez de colères contre le Comité de Salut public, qui les méritait bien, puisqu'il avait pris l'initiative du mouvement et devancé Paris ; et, si on les en croyait, on devrait y voir comme une succursale de l'Internationale. Que disent cependant ceux qui ont déposé dans la question, et dont le témoignage ne peut être contesté ?

M. Le Royer, qui est très dur pour le Comité, sans injustice toutefois, dit ceci : « Le Comité de Salut public était resté national [1]. » Le Comité admet à ses séances des membres de l'Internationale, mais non à ce titre. « Vous entrerez là, leur dit-on, comme simples citoyens et non comme représentants de l'Internationale [2]. »

M. Ducarre, qui est pour ainsi dire, l'ennemi personnel de l'Internationale, n'a trouvé à sa charge, dans ses rapports avec le Comité de Salut public de Lyon, que ces paroles, prononcées par un seul des assistants dans la séance du 13 septembre : « Luttons contre la sanglante barbarie du Nord et contre une

1. *Déposition devant la Commission d'enquête*, t. II, page 438.
2. *Ibid.*, t. II, pages 435, 436.

prétendue civilisation sans justice. » Paroles qui ne
sont pas d'un patriotisme sans mélange, mais qui
n'excluent pas non plus le patriotisme, qui d'ailleurs
n'accusent qu'une voix sans échos. Et, en vérité, il faut
un étrange aveuglement pour en tirer des conclusions
défavorables contre une population tout entière ou
même une portion quelconque de cette population.

M. Challemel-Lacour confirme avec autorité notre
appréciation. Arrivé à Lyon et comme tombé en pleine
tempête, il est introduit aussitôt, le 6 septembre, au
sein du Comité. « Il y avait, dit-il, deux personnes
assises sur un poêle à l'extrémité de cette grande salle
(la salle où se tenaient les séances). L'une d'elles poussa
cette exclamation : « Les Prussiens! ça nous occupe
bien [1]! » M. Challemel-Lacour fit entendre une protestation indignée, et tout le monde avec lui. La voix se
perdit dans la foule. Il a fallu de la bonne volonté
pour prendre cette voix isolée et discordante pour celle
de la population, ou même du parti qu'on a appelé le
parti radical, n'ayant pas eu le courage de l'appeler le
parti républicain.

Mais un témoignage supérieur à tous les autres, qui
semble avoir échappé à la Commission d'enquête, c'est
celui du général Espivent : « Le sentiment patriotique,
écrivait le général, le 8 septembre, est extraordinaire
à Lyon et dans les environs. Une grande effervescence
règne pour avoir des armes. Un envoi immédiat cal-
merait les esprits. » C'est, en effet, ce déficit des armes
qui entretenait l'agitation dont se plaignait le général,
et non le sentiment d'antagonisme politique et social
dont le drapeau rouge est le symbole aux yeux des
partis.

La calomnie dont l'apparition et la présence pro-
longée du drapeau rouge à Lyon a été l'occasion et le
prétexte, ne saurait tenir d'ailleurs un seul instant pour

---

1. *Déposition devant la Commission d'enquête* t. II.

ceux qui connaissent la séance de l'Assemblée nationale du 1ᵉʳ février 1873. Dans cette séance mémo-
rable, où toutes les passions réactionnaires se firent
jour, au point de laisser percer de secrètes espérances
de restauration prochaine, M. Édouard Millaud, représentant du Rhône, lut une pièce qui marquait nettement, de manière à ne laisser aucun doute, la signification vraie qu'avait aux yeux de la population
l'emblème abhorré ; et ce n'est pas le patriotisme
lyonnais qui doit en rougir.

M. Pâris avait proposé, à l'occasion des marchés de
Lyon, qui étaient le principal objet du débat, un ordre
du jour blâmant la population de cette grande ville et
l'accusant « d'avoir arboré le drapeau rouge en présence de l'ennemi et compromis en même temps la
cause de l'ordre et de la défense nationale. » C'est à ce
moment que M. Millaud intervint pour faire justice de
la calomnie si souvent rééditée, et que la passion
exploitait contre la patriotique population de la seconde
ville de France.

« En présence de l'agitation de l'Assemblée, dit M. Millaud, je sais tout ce que m'impose mon devoir de représentant de Lyon, du département du Rhône.

« Vous ne voudrez pas, avant de vous prononcer sur un
ordre du jour, juger sans pièces. (Exclamations à droite.)

« Un Membre. — Il est un peu tard pour dire cela, après
une aussi longue discussion !

« M. Édouard Millaud. — Mes amis ont parlé : je ne
monte à cette tribune que pour vous faire connaître une
proclamation du 24 septembre 1870, relative à ce drapeau
rouge qui occupe l'Assemblée en ce moment.»

M. Millaud lut, en effet, cette proclamation, la pièce
décisive. Mais nous laissons parler le *Journal officiel*,
qui nous fait assister à la scène édifiante du 1ᵉʳ février
1873, où le député de Lyon vengea si habilement la
population incriminée.

M. Millaud continue son discours en donnant lecture de l'affiche du 24 septembre 1870 :

RÉPUBLIQUE FRANÇAISE

« COMMUNE DE LYON.

« Le Conseil municipal, considérant que le 4 septembre, en face de la France envahie, de l'armée française livrée à l'ennemi, la ville de Lyon a proclamé la patrie en danger et en a arboré le signe...» (Interruptions).

M. le baron de Ravinel. — C'est ce signe qui met la patrie en danger.

M. Édouard Millaud. — Veuillez me laisser continuer.

« Considérant que le péril est plus grand que jamais, (nous sommes, Messieurs, au mois de septembre 1870).

« Délibère :

« Le signe de la patrie en danger restera arboré sur l'Hôtel de Ville jusqu'à ce que le péril ait cessé. (Exclamations diverses.)

« En maintenant ce signe, la ville de Lyon n'a jamais songé à désavouer le drapeau national, sous lequel ses fils combattaient pour l'indépendance du sol français. (Mouvements divers.)

« Voilà, Messieurs, ce qu'il fallait savoir et ce que je devais dire à tous mes collègues de ce côté de l'Assemblée, qui n'ont pas sans doute oublié leur histoire. (Interruption.)

Un membre à droite. — Lisez la pièce.»

M. Édouard Millaud. Vous voulez entendre la fin de la pièce ? La voici :

« Citoyens, pas de division. Debout ; aux armes ; sauvons la patrie ! »

« Voilà toute la pièce. Elle est claire.

« Je le répète, ce signe de la patrie en danger, on l'avait emprunté à l'histoire même, aux traditions dont vous êtes les défenseurs... »

La cause est désormais entendue. La présence du drapeau rouge à l'hôtel de ville de Lyon est bien loin de prouver contre le patriotisme de cette noble cité. Il suffit d'un mot d'un honnête homme pour rétablir les faits dans leur vérité.

Bordeaux a été moins maltraité que Lyon et Marseille. On n'y a pas fait jouer le drapeau rouge devant les imaginations effarées ; on n'a pas osé y faire figurer cette grande conspiration du parti radical à laquelle, au dire des ennemis du 4 Septembre, reviendrait tout l'honneur du mouvement national. C'est que l'éclat, comme l'unanimité du sentiment public, rend ici absolument impossible toute fantaisie d'interprétation.

Au 4 Septembre, dès la première heure du jour, la foule, tout émue des nouvelles de la nuit, afflue vers la place de la Comédie, les Quinconces, les allées de Tourny, qui sont comme le cœur de la ville, où l'on se porte les jours de curiosité ou d'émotions populaires. A l'entrée des allées de Tourny s'élevait une statue équestre en zinc de Napoléon III. Vers deux heures, l'agitation était devenue extrême dans tous les alentours. On ne parlait que du désastre et de ses causes. Tous les souvenirs odieux de l'empire se réveillaient. On se rappelait le mot fameux prononcé dans ces lieux mêmes, vingt ans auparavant : *L'empire, c'est la paix !* mot hypocrite si souvent démenti, et qui l'était si cruellement aujourd'hui. Cela n'était pas fait, comme on le pense bien, pour calmer l'agitation et adoucir l'amertume de l'heure présente.

Tout à coup, une voix s'élève et crie : « A bas la statue ! » Les sentiments de la foule avaient débordé et trouvé, comme cela arrive toujours, un interprète. De toutes parts on répond : « A bas l'homme de Sedan ! »

Il n'y eut jamais plus d'unanimité. Le cri se répercute le long des rues et des promenades, comme un écho redoublé. On se précipite en masse du côté de la statue. Un jeune homme s'était hissé sur le piédestal et passait une corde au cou du personnage. Mille mains impatientes veulent la saisir. La première corde se casse ; d'autres aussi, apportées en toute hâte. Alors un gros câble, que l'on court chercher, est enroulé

autour du zinc, et, en deux secousses, la statue détachée tombe, la tête en bas, près de la grille qui entourait le piédestal.

Des bravos frénétiques saluent l'exécution. Un drapeau tricolore est arboré par-dessus le socle. Le corps
du cavalier, séparé du cheval, est traîné comme un
cadavre par le câble toujours enroulé au cou. « A l'eau !
à l'eau ! » crie-t-on de toutes parts, et l'on se dirige
vers le cours du Chapeau-Rouge. On prend le chemin le plus long comme pour prolonger l'expia-
tion. En passant devant la préfecture, on aperçoit
l'uniforme des gardes nationaux. C'était une nouveauté
qui allait au sentiment public. On acclame le poste,
qui répond aux vivats en mettant les képis au bout des
fusils. La statue était peu solide, comme l'empire
qu'elle symbolisait. Avant qu'on eût atteint les quais,
elle s'était brisée à plusieurs reprises. Les derniers
débris, traînés jusqu'au milieu du beau pont de la
Garonne, sont ramassés et précipités au milieu des
eaux.

Nous avons entendu raconter cette scène par des
témoins oculaires, qui se rappelaient les vers de
Juvénal sur la destruction des statues de Séjan et les
outrages que la passion populaire leur fit subir dans
les rues de Rome. « C'était, nous disait l'un d'eux, à
dix-huit siècles de distance, la même passion et le
même spectacle. Mais c'était un sentiment meilleur qui
animait ici les iconoclastes. »

Le préfet, M. de Bouville, dans une dépêche du
4 septembre, à dix heures quarante minutes du matin,
présentait, comme il suit, la situation. — « Bordeaux
est consterné, mais calme. Concours empressé de tous
les fonctionnaires. La nouvelle municipalité a pris
toutes les mesures pour assurer l'ordre. Elle cherche à
armer avec des chassepots, même aux frais de la ville,
la garde nationale sédentaire. » Quelque temps après,
à quatre heures vingt minutes, il expédiait cette autre

dépêche : « Désordres graves à Bordeaux. Pas de troupes, et la garde nationale refuse de marcher. On vient de jeter à bas la statue de l'empereur. »

A prendre les choses aux termes du préfet, c'étaient dans les deux dépêches deux situations différentes : dans la première, tout tient debout ; tout est à terre dans la seconde. En réalité rien n'était changé de onze heures du matin à quatre heures du soir. L'empire était tombé avant la statue de l'empereur. Ce que le préfet appelait des « désordres graves, » n'était qu'un accident, qui avait seulement pour effet de rendre sensible le fait accompli. Si le préfet n'avait pas été dupe de ces illusions qui persistent chez les fonctionnaires jusqu'à la dernière heure, il ne lui eût pas été difficile de prévoir à onze heures du matin ce qui aurait lieu à quatre heures du soir. Tout le monde pressentait « ces désordres graves. » Il y a plus, tout le monde les trouvait bien peu de chose auprès de ceux qui les provoquaient, et, sans distinction de parti, on y applaudissait. Le préfet n'avait pas vu que la colère couvait dans tous les cœurs depuis le commencement de la guerre ; que l'empressement de la garde nationale à s'armer le 4 septembre avant la proclamation de la République, n'avait rien à voir avec l'empire ; que « le concours empressé de tous les fonctionnaires » dont il parlait assez naïvement, dans sa première dépêche, et qui se donnait moins d'ailleurs à l'empire qu'à la France, allait, presque partout, se retrouver le lendemain le même que la veille ; que la troupe, s'il y en avait eu à Bordeaux, aurait, tout comme la garde nationale, refusé de marcher contre les auteurs de ces désordres graves ; que les hommes d'ordre enfin et les hommes de désordre se confondaient, ce jour-là, dans le même sentiment, et que les plus irrités peut-être n'étaient pas les derniers.

Un citoyen fort paisible, et qui connaissait à fond la population de Bordeaux, nous disait, un soir que nous

causions de cette journée du 4 Septembre et de ses
divers incidents : « Je puis vous assurer que la ville
tout entière était, ce jour-là, avec les violents. Je n'ai pas
vu un seul conservateur qui ait plaint ce malheureux
zinc. » Il allait même jusqu'à dire qu'après tout,
ce n'était qu'une statue médiocre de moins à Bordeaux.
Et comment en eût-il été autrement? Comment, dans
les lieux où l'on avait dit : *L'empire, c'est la paix!*
n'en eût-on pas voulu à l'homme qui, après avoir
promis la paix pour régner, n'avait régné que pour
la guerre? Toutes les passions, les bonnes comme les
mauvaises, s'unissaient contre lui. Sans doute plus
d'un se vengeait du 2 Décembre, mais le grand nombre ne voyait que l'homme qui avait déchaîné sur le
pays le fléau de l'invasion, et qui venait d'humilier si
profondément le drapeau de la France. C'est celui-là,
plus encore que l'usurpateur et le parjure, que l'on
flétrissait, que l'on traînait aux gémonies.

Le sentiment, il ne faut pas se lasser de le redire,
est le même partout, dans les petites villes comme
dans les grandes. Les manifestations seules diffèrent,
selon les lieux, le tempérament, l'esprit et le caractère des populations. — Ici — à Avignon, Valence, Carcassonne, c'est la population tout entière qui s'agite,
prend l'initiative, provoque le concours de la municipalité ou s'en passe. — Là — à Lille, au Havre, à Dijon,
Auxerre, Saint-Flour, etc, c'est le conseil municipal
qui, au premier signal de Paris, pressenti et attendu
avec impatience, proclame la République. — Ailleurs —
à Pamiers, à Château-du-Loir, c'est un simple citoyen,
un ancien représentant du peuple le plus souvent, qui,
à la seule nouvelle des événements, sans attendre
aucune communication officielle, se met à la tête de la
population, entre dans la maison commune, et de lui-
même, sans autre mandat que celui qui lui est conféré
par les circonstances et par sa popularité, accomplit
la Révolution. Dans quelques localités, à Montbrison,

à Apt, à Sisteron, c'est le représentant du pouvoir impérial lui-même qui proclame la déchéance de son maître de la veille. Ici, on brise les statues et les bustes de l'empereur et de l'impératrice ; là, on se borne à les reléguer dans les greniers ou dans les caves. Quelquefois ce sont ceux-là mêmes qui criaient le plus fort : « Vive l'empereur ! » aux journées de décembre 1851, ou aux premières fêtes du 15 août, qui, comme pour se venger d'avoir été trompés, traînent ses bustes dans le ruisseau et les couvrent d'ignominie. Le plus souvent, le mépris est morne ; la colère se tait et se respecte. On a autre chose à faire qu'à se venger. Quels que soient d'ailleurs les accidents de la surface, ils s'épuisent sur un fond commun, la haine de l'empire et le désir de se défendre sans lui.

Ce sentiment de la défense était indépendant de toute préoccupation politique proprement dite, de toute préférence pour telle ou telle forme de gouvernement : l'empire seul était exclu. Mais il s'ensuivait cette conséquence que l'idée de la défense se liait avec celle de la République et que c'était, parce que l'on espérait le salut par la République, qu'elle était accueillie avec joie et acceptée avec enthousiasme.

Il suffira de citer comme preuve à l'appui ce qui se passa dans deux villes fort éloignées l'une de l'autre, et placées dans des situations bien différentes, le Havre et Strasbourg ; l'une à l'ouest, l'autre à l'est, la première protégée par l'océan, l'autre pressée par un ennemi acharné, qui la couvrait de ses feux.

La circulaire qui annonçait la proclamation de la République à Paris, à peine arrivée au Havre, le maire, M. Guillemard, convoque le conseil municipal et, après en avoir délibéré avec lui, fait afficher la proclamation suivante :

« CITOYENS

« La République est proclamée et, malgré le deuil

immense qui pèse sur la France, c'est avec enthousiasme qu'elle a été accueillie comme l'arche sainte de la patrie.

« Quelle succession elle recueille d'un gouvernement qui a commencé par le parjure et le massacre, et qui finit dans le sang de nos héroïques soldats !

« Mais, courage ! citoyens ; un des membres du Gouvernement provisoire l'a dit récemment : « La bourgeoisie ne peut pas plus se passer du peuple que le peuple de la bourgeoisie.

« L'alliance indissoluble de ces deux forces doit faire la nation invincible, et, dans ce réveil sublime, le Gouvernement de la Défense nationale, peut, comme la 'Convention, décréter la victoire !

> « Vive la République !
> « Vive la France !
> « Vive l'armée !

« *Les membres du Conseil de la municipalité provisoire :*

« GUILLEMARD, président ; BROSTRON, BAZAN, PEULEVEY, GUERRAND.

« Havre, 4 septembre 9 h. du soir. »

Nous remarquâmes cette proclamation le lendemain. Elle est belle ; elle peint en traits expressifs et vrais ce qui se présentait en ce moment à bien des esprits ; mais nous n'y notons que le dernier trait, l'image de 92 évoquée au milieu du deuil de la France et qui s'associait avec son auréole de gloire et de délivrance au nom de la République.

Il y eut quelque chose de plus à Strasbourg, et il est remarquable que c'est la ville où l'on souffre le plus, qui, ce semble, salue avec le plus d'allégresse l'avènement de la République.

Strasbourg ne connut pas le jour même la révolution de Paris. Dès le lendemain, il est vrai, et même dans la matinée, on parlait déjà d'événements militaires accomplis dans la région de Metz, d'événements politiques survenus à Paris. Mais ce n'étaient que des bruits vagues, souvent contradictoires, où prévalait pourtant le sentiment de la vérité. On ne fut fixé que le dimanche 12 septembre. Une délégation suisse, admise dans la ville assiégée pour y remplir une mission d'humanité, y fit connaître la capitulation de Sedan et le grand événement de Paris. Le lendemain, le préfet, le baron Pron, n'eut plus qu'à confirmer devant la commission municipale les nouvelles répandues dans le public.

Il faut lire, pour avoir une idée des sentiments que l'avènement de la République excita à Strasbourg, les procès-verbaux des séances du conseil municipal qui eurent lieu à la suite, et les journaux qui étaient les organes les plus accrédités du sentiment public.

Un historien du siège de Strasbourg, témoin oculaire, après avoir fait connaître les délibérations patriotiques et républicaines du conseil municipal, ajoutait : « Il n'y avait donc plus de doute possible : la France était délivrée des Bonapartes. Et dans ce pauvre Strasbourg, si souffrant, si attristé, si abattu, on oublia un instant l'ennemi et son bombardement; on eut un instant le cœur tout à la joie, et, spectacle unique dans le monde et dans l'histoire, cette ville qui brûlait d'un côté, cette ville qui s'effondrait de l'autre, cette ville dont les rues étaient sillonnées par les convois funèbres et les brancards des blessés, cette ville qui semblait à l'agonie, elle se pavoisa, et, pendant quelques heures, les drapeaux flottèrent aux façades, couleurs de fête brodées tout à coup sur un crêpe funèbre... »

Le lendemain 13, au matin, trois pièces officielles affichées partout ranimaient encore cette population si diversement agitée : la circulaire de M. Gambetta, partie de Paris le 4 septembre à 6 heures du soir, une proclamation du baron Pron, qui annonçait sa démission, et une autre du général Uhrich, qui déclarait adhérer à la République. « On lisait avec avidité ces

documents, continue le narrateur, qui confirmaient
officiellement la bonne nouvelle de la veille, et chacun
résumait ses idées, ses réflexions et ses pensées dans
ce seul mot poussé comme un soupir de soulagement :
« Enfin ! »

Le *Courrier du Bas-Rhin,* dans son numéro du 13 septembre, peint les choses sous les mêmes couleurs, et
marque aussi vivement le sentiment de délivrance que
fit naître dans la population de Strasbourg la chute de
l'empire ; mais il montre quelque chose de plus ; on
espère, on se croit plus fort ; on sent augmenter son
courage, aujourd'hui qu'on est délivré d'un régime
néfaste.

« Vers le soir, dit le *Courrier,* nos rues silencieuses et
presque désertes depuis de si longs jours, se sont singulièrement animées, et des groupes nombreux se tenaient de
distance en distance, discutant avec chaleur. Un éclair de
bien vive joie avait traversé cette population si terriblement
éprouvée.

« C'est la certitude de la proclamation de la République
qui avait causé ce moment heureux... On se sentait soulagé
d'un joug pénible, et ce sentiment semblait augmenter le
courage et les forces de chacun. Des drapeaux ont été ar-
borés aux maisons, et l'on a eu ce spectacle, certes unique
dans l'histoire, d'une ville qui se pavoise sous le feu ennemi
qui la bombarde. »

Ainsi Strasbourg voyait dans la République, pour
rappeler l'expression du maire du Havre, « l'arche
sainte de la patrie. »

III

Le sentiment de la défense était le fait dominant
facile à démêler au milieu des passions qui bouillon-
naient dans toutes les villes. Il enveloppait tout, il

couvrait tout; il était indépendant de toute préoccupation politique proprement dite, de toute préférence
pour telle ou telle forme de gouvernement, de toute
espérance actuelle ou prochaine et même de tout regret
au moins ostensible. Il ne s'y mêlait que l'idée de la
République, c'est-à-dire d'un gouvernement imper-
sonnel, qui n'exclut personne et s'impose à tous,
qui implique et commande le concours de toutes les
volontés pour un but et un intérêt commun : idée
confuse la veille dans bien des lieux, mais qui partout
se dégagea, éclatante et rapide, sous le coup du
danger et pour le salut de tous.

M. Jules Simon, dans ses *Souvenirs du 4 Septembre*,
parle de la joie de la population qui « remplissait
l'Hôtel de Ville, les quais, les boulevards, » quand
on apprit la proclamation de fait de la République.

M. Jules Ferry, dans sa déposition devant la Commission d'enquête, a dit : « Il y avait dans la foule
une exubérance de contentement, des fleurs aux
fusils, des guirlandes. » M. Spuller, longtemps après,
en 1876, parlant de la journée du 4 Septembre, l'appelait « cette fête incomparable du patriotisme. »
Rien de cela n'est exagéré. Des milliers de témoignages se joindraient à ceux que nous rappelons.
Il y eut ce jour-là, à Paris, un moment d'universelle
ivresse. Les cœurs se dilataient. On respirait plus à
l'aise. C'était vraiment un jour de fête.

La joie pouvait bien se mêler aux tristesses de la
patrie sans les exclure. On aimait à croire que, délivrée de l'empire, la France trouverait en elle des forces
plus grandes, avec de meilleures chances de sortir
de l'abîme où il l'avait jetée.

Cette espérance, cette illusion, si l'on veut, nous
pourrions la suivre, en recueillir les manifestations
diverses dans des lieux bien éloignés les uns des autres,
au sein de populations placées dans des situations bien

différentes; mais comme nous tenons à chercher uniquement ce qui se passa dans la conscience nationale sous l'impression première et soudaine des événements de Sedan et de Paris, il nous a semblé qu'il nous fallait trouver *une moyenne* et, par conséquent, ne pas nous renfermer dans les milieux échauffés ou pouvant paraître tels, non plus que dans les régions froides et inertes où le sentiment de la vie paraît à peine, mais nous transporter dans une région calme, éclairée pourtant, également abritée contre les excitations invétérées de la politique et les exaltations naissant de la lutte, et nous avons choisi les villes de Rennes et de Tours.

On ressentit vivement à Rennes le contre-coup des premiers revers. Ils sont à peine connus qu'on cherche le remède, et le remède n'apparaît que dans une révolution. Le 8 août, le journal *l'Avenir de Rennes* écrivait : « C'est au pays à se sauver lui-même *et à se sauver tout seul!* » Rennes formulait la pensée de Paris et de la France entière.

Le même jour, un simple citoyen, des plus honorables et des plus riches, M. Le Bastard, avait pris les devants, à quelques heures près, sur le hardi journal.

Au moment où l'on affichait la proclamation de l'impératrice, des officieux du plus bas étage avaient crié à côté de lui : *Vive l'empereur! Vive l'impératrice!* Ce cri, en pareil moment, lui parut une insulte au malheur public, comme autrefois à la France entière, dans une mesure et des circonstances différentes sans doute, ce fameux bulletin de la Grande-Armée qui terminait le funèbre compte rendu des décès de la campagne de Russie par ces mots : « Jamais la santé de l'empereur n'a été meilleure. » Il ne put se contenir, et répondit aux *vivats* de la police par le cri contraire : *A bas l'empereur!* Arrêté sur-le-champ, frappé, maltraité par les officieux, M. Le Bastard est conduit en prison. Le lendemain, il est jugé et condamné à dix jours de prison et cinq cents francs d'amende.

Le patriotisme était coupable; on le traitait comme une sédition.

Quoi qu'il en soit, ce qui mérite l'attention, c'est moins le fait que l'impression qu'il produisit. Le verdict du patriotisme révolté qui portera dans l'histoire le nom de *Révolution du 4 Septembre*, était déjà, en ce moment, dans toutes les consciences. Il se dégageait jusque dans les régions officielles. On remarqua que le procureur impérial avait soutenu mollement la prévention, « avec convenance » disait spirituellement l'*Avenir*, et pourtant, circonstance aggravante, le prévenu n'avait pas craint d'avouer hautement le délit, s'en parant, en quelque sorte, comme d'un titre de gloire. Quant au public, il ne se gêna point pour faire connaître ses sentiments. En dépit des usages, et sans protestation du président, circonstance qui a aussi sa signification, il couvrit d'applaudissements la plaidoirie de Mᵉ Brice, défenseur du prévenu, et fit à celui-ci, à sa sortie du palais, après sa condamnation, la plus chaleureuse ovation.

Le parti républicain n'était pas très puissant à Rennes avant le 4 Septembre. C'est au patriotisme exaspéré par la suprême folie de l'empire qu'il doit d'être ce qu'il est aujourd'hui. Mais il suppléait au nombre par l'ardeur, l'intelligence, l'énergie. Dans la prévision d'événements trop faciles à prévoir, le petit groupe des républicains de la veille s'était concerté et préparé à entrer en scène au premier moment. Aussi, le 4 septembre, vers deux heures, avant que le mouvement de Paris ne fût connu, apprenant que le conseil municipal s'était réuni d'urgence pour délibérer sur la situation, s'empressa-t-il de revendiquer sa part d'action dans le péril commun, avec le droit de se pourvoir en dehors du Gouvernement ; et il envoya dans ce but une *adresse* à la municipalité.

Voici le texte de cette *adresse* :

« MESSIEURS LES CONSEILLERS MUNICIPAUX,

« La population, en apprenant que vous vous réunissez aujourd'hui, a pensé que cette réunion est motivée par les graves événements politiques qui viennent de s'accomplir.

« C'est au nom de la patrie en danger que vous allez délibérer.

« Ce but, intéressant au plus haut degré l'universalité des citoyens, les citoyens viennent vous demander de parler et d'agir comme comité de défense, en dehors de toute attribution administrative ou gouvernementale.

« *La seule Constitution est aujourd'hui le salut de la France.*

« Assemblés spontanément, au nom d'événements de force majeure, sous la réserve de l'approbation de vos concitoyens, vous voudrez sans doute ne délibérer *qu'au nom de la nation* et n'agir que pour le pays.

« Les signataires attendent de vous cette attitude indépendante et exclusivement patriotique.

« Rennes le 4 septembre 1870.

« *Les membres du comité démocratique :*

« BARRABÉ, DUVAL, BOURDONNAY, FLEURY, LE BRET, CAILLOT, CLÉMENT, NOGUES. »

Toute la révolution qui s'accomplissait en ce moment même à Paris, était dans cette revendication du comité démocratique de Rennes et dans les *considérants* qu'il lui donnait. Si la revendication, en elle-même, pouvait à la rigueur se tolérer, quoi de plus factieux, de plus révolutionnaire que de dire : *La seule Constitution est aujourd'hui le salut de la France ?* L'insurrection morale était flagrante, et quand on ajoutait que « le conseil ne voudrait sans doute délibérer qu'*au nom de la nation* et n'agir que pour le pays,» n'était-ce pas, par le même mouvement spontané de répulsion qu'à Paris, se séparer de l'empire, prononcer le divorce de la nation et de la dynastie, s'adjuger la souveraineté ?

Un autre incident se produisit.

La Révolution était connue. Le préfet d'Ille-et-Vilaine, M. le comte de Callac, avait fait afficher, à leur arrivée, toutes les dépêches envoyées de Paris. Cet empressement, qui était presque une adhésion, fut apprécié. Se sentant toutefois isolé dans la population, le préfet avait convoqué le conseil général. Le comité démocratique s'en inquiéta. Il savait que le conseil général excitait la défiance de la population ; il craignait quelque conflit, comme nous le voyons par une dépêche adressée, le 4 septembre, au Gouvernement de la Défense, et dont voici le texte : « Le préfet d'Ille-et-Vilaine veut réunir son conseil général dans un but évident de réaction. Si vos ordres exprès ne l'en empêchent, nous ne répondons pas de l'ordre. »

Il faut le dire, et c'est pour cela surtout que nous avons relevé l'incident, le comité démocratique se trompait sur un point : il n'y avait pas de réaction à craindre. Les réactions ne se montrent pas le jour des révolutions ; elles attendent le lendemain, les fautes ou les malheurs. A Rennes, la force du courant était telle que les moins bonnes volontés étaient entraînées et fléchissaient. Le conseil général, si peu républicain qu'il fût d'antécédents et d'origine, eût-il eu de mauvais sentiments — ce qui n'était pas — aurait trop bien compris, en ce moment, le danger des témérités pour s'y essayer. Au fond, il était patriote : les bonapartistes eux-mêmes qu'il comptait dans son sein, n'avaient aucune répugnance pour la République, n'ayant jamais pris l'empire que comme un pis-aller. Le conseil était si éloigné de toute intention de réaction, qu'il adressait au Gouvernement la déclaration suivante, appelée par le préfet « une adhésion. »

« Les membres du Conseil général d'Ille-et-Villaine, soussignés, profondément pénétrés de la gravité de la situation et de la nécessité de l'union de tous les bons citoyens, déclarent qu'ils s'associent énergiquement à toutes les mesures d'ordre public et de défense nationale que prendra le Gouvernement :

« *Signé* : Aubrée, Audren de Kerdrel, de la Berlinage, Bochin, de la Borderie (Arthur), de la Borderie (Waldeck), Bossinot, Bomphily, Brure, de Cintré, Courtois, Deluers, Deminiac, Desbordes de Chalendry, Durand, de la Durantais, Guibert, Lefas, Legrand, de Montgermont, Pinault, baron de Pommereul, Pontgérard, Richelot, Rouxin et Tertelier. »

On pourrait équivoquer sur le caractère de la déclaration, et prétendre qu'elle était, non pas une adhésion, comme l'appelait le préfet, mais une simple promesse de concours, un engagement vis-à-vis le Gouvernement de la République, non vis-à-vis de la République. Seulement, en ce moment, la distinction eût paru singulièrement subtile, pour ne pas dire byzantine. Le vrai, c'est que, à cette heure solennelle, ce qu'il y avait d'irrégulier dans la Révolution disparaissait, aux yeux mêmes des plus orthodoxes, légitimistes ou bonapartistes, devant la grandeur du péril et l'énormité de la démence césarienne qui l'avait appelé. Les bonapartistes avérés du conseil général, M. Rouxin, par exemple, ne songeaient pas plus à se prévaloir de leurs principes que les légitimistes, MM. de Cintré, de Kerdrel, de la Borderie, de Montgermont, etc. Et ce n'était pas un concours platonique que l'on promettait : quelques jours après, le conseil général d'Ille-et-Vilaine votait un million cinq cent mille francs pour la Défense nationale.

Mais nous devons rester au 4 Septembre.

Le 4 Septembre même, on trouve une adhésion particulière qui mérite d'être recueilllie parce qu'elle peut servir à marquer le sentiment de la classe si

nombreuse qui flotte entre la monarchie constitution-
nelle et la République, sans parti pris absolu pour
l'une ou pour l'autre, et que les circonstances seules
déterminent. Nous parlons de l'adhésion de M. Bidard,
ancien doyen de la Faculté de droit de Rennes,
envoyé par les électeurs d'Ille-et-Vilaine à l'Assemblée nationale lors des élections de Février 1871.

L'attitude de M. Bidard à l'Assemblée est connue,
bien qu'il y ait joué un rôle assez effacé. Peut-être
eût-il été difficile de la présager au 4 Septembre. A
peine fut-il moins ardent ce jour-là que les irréconciliables. C'est lui qui remit au conseil municipal l'*Adresse*
du comité démocratique, à la prière de M. Bourdonnay, l'un des signataires et le rédacteur de la déclaration de déchéance, qui, a-t-on assuré, n'eut pas
à le presser. Il n'était que trois heures. Les événements de Paris n'étaient pas encore accomplis. Il
devançait donc à sa façon, comme nous le disait, non
sans malice, un de ses anciens élèves de l'école de
droit, aujourd'hui professeur à la Faculté de Paris,
« la justice du peuple. » Du reste, conséquent avec
lui-même, le lendemain, la République étant proclamée, il disait à un de ses amis que les mauvais
citoyens seuls pouvaient songer à faire de l'opposition au gouvernement nouveau; et, quelques semaines
après, il se laissait faire maire de Rennes. L'intérêt de
la défense primait chez lui ses préférences personnelles pour la monarchie, en supposant que ces préférences
existassent alors. Ce n'est pas un blâme que nous
formulons : c'est un fait particulier que nous constatons, comme signe du temps et d'une disposition
générale.

Le préfet, le comte de Callac, adressait, le 7 septembre, au Gouvernement de la Défense, sur la situation
politique de son département, un rapport où cette
disposition tient une grande place, et que nous voulons
citer par cela même.

« La situation du département, disait-il, est aussi bonne que le comporte la gravité des circonstances.

« Profonde douleur des échecs successifs de nos armées ; résolution froide de faire les sacrifices nécessaires pour sauver la Patrie ; anxiété quant aux résultats de ces efforts.

« La constitution du Gouvernement de la Défense a été acceptée par tout le monde. Pas d'enthousiasme pour la forme républicaine, mais aucun symptôme de résistance ou même d'opposition.

« Ce soir, une vingtaine de conseillers généraux, réunis à Rennes, ont envoyé au Gouvernement une adresse d'adhésion ; elle est signée par les membres les plus connus pour leurs opinions conservatrices. »

Le rapport de M. le comte de Callac n'était pas complet : il oubliait l'effervescence de la population républicaine du chef-lieu de son département aux premières nouvelles de la nuit, la puissance soudaine du parti républicain et ses actes, la proclamation de la République faite sur la place de l'Hôtel-de-Ville devant les officieux atterrés, l'agitation fiévreuse de la préfecture, la lettre du préfet à l'un des membres du comité démocratique, où il le priait de lui prêter son concours pour sauvegarder l'ordre, et la profonde indignation qui remplissait les cœurs contre l'empire. Un côté des choses surtout manquait à son rapport (qu'il était excusable du reste, de ne pas apercevoir ou d'omettre) : l'élément supérieur, l'idéal de la révolution, les espérances et les aspirations attachées au nom seul de la République, et qui, à Rennes, comme dans toutes les villes, étaient la force des républicains de la veille et une des forces de la Défense. Pris dans son ensemble cependant, et à considérer l'état général des esprits, le rapport de M. de Callac était d'une rigoureuse exactitude. Il marque bien les sentiments, les dispositions, les impressions qui dominaient dans les milieux les plus tempérés, dans la majeure partie du pays, à l'exception des grandes villes.

Tours veut être placé à côté de Rennes pour plusieurs raisons : la ville était, en ce moment, par sa population flottante, sans cesse renouvelée, qu'attirait la présence de la Délégation, comme un abrégé de la province ; nous y retrouvons, dans un milieu différent d'esprit, d'habitudes, de tempérament, cette *moyenne* de l'opinion que nous essayons d'établir ; et puis, nous y avons vu les choses de nos propres yeux. Cela, il est vrai, nous éloigne de quelques jours du 4 *Septembre* lui-même ; l'image n'en sera pas moins fidèle : peut-être n'en sera-t-elle que plus complète ; un trait, du moins, que nous avons à peine indiqué jusqu'ici, se détache nettement : le sentiment universel de réprobation et de haine qui poursuivait l'auteur de la guerre et de ses désastres.

L'empire, avant la guerre, avait à Tours bien des partisans ; la ville n'était pas plus que Rennes peuplée d'irréconciliables. Après Sedan, la note changea. On se sentit presque aussi irrité qu'à Lyon, à Marseille, à Bordeaux. On ne pouvait faire un pas dans les rues, causer un instant dans un café, dans un salon, sans en rencontrer quelque témoignage. La révolution du 4 Septembre y apparaissait, là aussi, comme un châtiment mérité par l'empire. Lorsque l'attention pouvait se distraire des nouvelles militaires que le télégraphe apportait, c'était pour se livrer aux souvenirs amers, aux récriminations passionnées.

L'opinion prenait à tout propos sa revanche du 2 Décembre et de Sedan.

L'un de nous a écrit dans ses notes :

« Un soir, dans la rue Royale, cette grande et belle rue que couronne si bien la statue de Descartes, j'aperçus une sorte d'attroupement à la vitrine d'un libraire. Je m'approchai pour voir ce qui l'attirait, et reconnus un dessin de Daumier publié par le *Charivari*.

« La France, triste, humiliée, les bras liés au corps, était placée entre deux canons. Sur l'un des canons, celui de droite, on lisait : *Paris* 1851, c'était le canon de Décembre, du coup d'État ; sur l'autre : *Sedan* 1870, c'était le canon de la défaite. Et l'on voyait en légende : «*Histoire d'un règne.* »

« Il n'y avait qu'à écouter ce qui se disait là, devant cette image, dans la foule qui se renouvelait sans cesse, pour saisir sur le vif le sentiment public et se persuader que c'était bien sous les traits exprimés par l'artiste que l'histoire de l'empire s'offrait alors aux esprits. Seulement il n'était pas difficile de voir que la seconde date effaçait la première ; la passion s'en prenait bien plus à l'homme de Sedan qu'à celui de Décembre. *Homines postrema meminere.*

« Cependant, deux ecclésiastiques vinrent à passer ; ils regardèrent, écoutèrent un moment et échangèrent quelques paroles.

— C'est bien cela, dit l'un d'eux en regardant son compagnon.

— C'est une page d'histoire, répondit l'autre, un excellent résumé. »

« Le hasard me donnait ainsi l'opinion du clergé sur le changement de règne, l'opinion du moment, bien entendu.

« Il n'y a pas trop à s'en étonner. Le clergé était bien désaffectionné depuis la guerre d'Italie. Comme cet archevêque, homme d'esprit[1], qui, pour marquer les variations de ses dispositions à l'égard de l'empire, disait en 1860 qu'après avoir eu d'abord la foi, puis l'espérance, il en était réduit à la charité, de même le clergé n'en était plus qu'à la dernière des vertus théologales ; et encore ne versait-il pas d'une main prodigue les trésors de sa charité. Néanmoins, ne sachant rien de précis au sujet de l'attitude qu'il avait prise au 4 septembre (nous n'avions guère le temps de lire l'*Univers*), le propos de nos deux abbés éveillant ma curiosité, je me procurai quelques numéros du pieux journal.

« C'était bien la note que j'avais saisie, enflée seulement. M. Louis Veuillot ne parle jamais à demi-voix.

Le 5 septembre, l'*Univers*, qui vient de dire à sa

1. M. Saint-Marc, archevêque de Rennes.

manière comment s'est constitué le gouvernement nouveau, ajoute :

« Ainsi succombe l'empire de Napoléon III, six mois après le plébiscite qui lui a donné sept millions et demi de suffrages. Rien de plus honteux, rien de plus juste.

« On parlait de la révolution du mépris. Toutes les révolutions du monde moderne sont un peu des révolutions du mépris. Mais devant celle-ci, les autres doivent baisser pavillon. La révolution du mépris, la voilà, la voilà bien ! Plus l'histoire la considérera, plus elle verra qu'aucune forme de mépris n'y manque, plus elle trouvera que c'est juste.

« L'empire a entrepris beaucoup de choses. Son grand et persévérant travail a été de créer le torrent de mépris qui l'emporte. »

Nous ne voulons pas tout citer. C'était constamment le même langage, jusqu'au jour où, marquant du dernier stigmate le maître tombé, M. Louis Veuillot dit le mot juste et cruel, digne d'avoir été trouvé par un complice : « L'empire s'est fait de la même manière que l'on *fait* le mouchoir[1]. »

L'Église, comme de raison, sanctifiait l'outrage : le doigt du ciel était visible ; on le montrait dans l'événement. On exhumait pour la circonstance une sorte de vision apocalyptique, une prédiction de l'abbé Margotti, le rédacteur en chef de l'*Unità cattolica*, qui datait de 1866, où la chute de l'empire était annoncée et les griefs de Rome étalés avec une complaisance pleine de fiel.

Un de nos amis qui arrivait ce jour-là même du fond d'une province catholique, et avec qui, par hasard, nous causions de tout ceci, nous dit qu'il avait entendu commenter en chaire la prédiction de l'abbé Margotti, dans une église de village. Une chose seulement s'ou-

---

1. M. Louis Veuillot aura encore plus tard des mots terribles. Il dira, le 23 décembre 1870 : « Si les douleurs que nous souffrons préservent nos enfants des causes profondes de la chute et des prospérités d'un pareil règne, qu'elles soient bénies ! » Il dira encore le 28 août 1871, en parlant de Napoléon III : « Un César de marais. »

bliait sans doute dans les commentaires, comme dans le texte, c'est qu'on avait eu soi-même bien souvent une part indéniable de responsabilité dans la politique qui avait causé la révolution du mépris, et que, si l'on n'était pour rien, humainement parlant, dans le miracle de la fin, on avait été pour beaucoup dans celui du commencement.

Il faut insister sur ce qu'à Tours nous voyions et entendions.

Il y a dans les notes de l'un de nous le souvenir suivant :

« Un soir, quelque temps après, j'étais entré dans un club. Je ne pus entendre qu'un seul orateur, mais le hasard voulut que tout son discours fût comme le développement de la caricature de Daumier.

« J'ai entendu bien des critiques du règne dont l'artiste avait rappelé le principe et la fin. Je ne crois pas en avoir entendu de plus énergique, de plus complète.

« Aucune page de la sinistre histoire n'était oubliée. L'hypocrite conspiration qui mina la République en 1848, les commissions mixtes, — scandaleuse parodie de la justice — les proscriptions de la première heure, les longs exils, les souffrances de Lambessa et de Cayenne, les lois draconiennes des commencements, les guerres inutiles et coûteuses qui suivirent, tantôt comme des draperies de couronnement, tantôt comme des instruments de règne, le cynisme des candidatures officielles, la double comédie de démocratie et de libéralisme, jouée tour à tour ou mêlée, et suivie d'un si tragique dénouement, les dilapidations, les scandales de la vie de cour, la faveur prodiguée aux moins dignes, les faiblesses de l'homme et les aveuglements du souverain, le long enchaînement des fautes dont on sentait en ce moment tout le poids, et puis mille incidents récents du grand désastre, les plus caractéristiques et les plus offensants, l'inertie du général sur le champ de bataille, son attitude humiliée après la défaite et devant le vainqueur, ses préoccupations personnelles et dynastiques persistant sous l'énormité du désastre, tout était rappelé, commenté, dans ce langage hardiment pittoresque dont quelques compatriotes de Rabelais ont conservé, il paraît, et savent retrouver à l'occasion le secret. On sait le mot de M. Doudan : « En 1848, les Français, cherchant un aigle, ont trouvé un dindon, mais un dindon qui a les ongles d'un vautour. » Tout le discours de l'orateur tourangeau était dans ce mot, qu'il ne connaissait pas assurément. Le forfait de l'usurpateur et l'incapacité du politique ressortaient à tout instant de son langage. Il n'est nul besoin de dire s'il fut applaudi. »

Aucun lieu, aucun esprit ne restait fermé à la passion du moment. Les clubs, les journaux, les cafés, les places publiques, les salons, entendaient et répétaient le même langage. Quand l'attention se détournait des nouvelles du jour, des périls qu'elles annonçaient, des moyens tentés pour les conjurer, des mesures prises par le Gouvernement, soit à Paris, soit à Tours, pour faire face à cette situation inouïe et à toute heure plus terrible, c'était pour en accabler, à l'exemple de l'*Univers* et de l'orateur de la salle Pauver, le principal auteur du poids de son passé. Les plus acharnés n'étaient pas toujours les plus irréprochables. On oubliait volontiers la part qu'on avait prise, par complaisance ou par inertie, aux fautes que l'on relevait. Quelquefois ceux qui avaient été le plus muets sous l'empire, soit par prudence, soit par connivence, retrouvaient tout à coup la voix et, par l'abondance et la franchise de leurs épanchements, se dédommageaient de leur long silence, comme d'un long jeûne de rancune et de vengeance.

C'est un spectacle fort intéressant pour le moraliste que celui des révolutions.

Parmi les expressions diverses plus ou moins édifiantes du sentiment public, il en est deux que nous prenons dans la presse et qui, pour être empruntées à des journaux de Paris, ne s'en appliquent pas moins à l'état de la province et du milieu où nous nous trouvions.

Le journal le *Temps* avait publié une page inédite de Sainte-Beuve, *César et les Césars*, qui, apportée par l'*Indépendance belge* à Mulhouse, et arrivée de là à Tours, avait été reproduite par un grand nombre de journaux. C'était à côté du portrait de Napoléon Ier celui de Napoléon III, auquel le premier avait servi de prétexte et de repoussoir. Il s'y trouvait des traits vivement marqués et de main de maître, au milieu de teintes à demi-voilées, qui pouvaient échapper au vulgaire des lecteurs, mais qui, pour les délicats, n'en rendaient pas l'inspiration moins piquante.

Le portrait de César achevé, le peintre arrive à Napoléon III :

« Les autres Césars, disait l'écrivain, ceux du second ordre et de la seconde classe, sont... pénibles, laborieux et comme fabriqués... Nés dans la pourpre ou à côté de la pourpre, ils se sont inspirés avec une crédulité naïve de tous les reflets de leur berceau...

« ... On en a vu ainsi, sans une seule goutte de sang héréditaire dans leurs veines, sans un seul trait primitif du génie fondateur de la race, en devenir, à force d'application, de méditation et de culte, les dignes et légitimes héritiers. De même que les crânes dans l'enfance se forment et se déforment, s'allongent et se dépriment sous une pression continue, ils se sont fait l'esprit et le caractère selon le moule de leur vocation obstinée, et se sont en quelque sorte déformés en souverains et en empereurs.

« ... Dans la guerre, placés en face des difficultés, des obstacles et des *quadrilatères*, ils restent court et à bout de voies. Dans la paix, en face des problèmes, là où il faut du génie, ils hésitent, tâtonnent, ils vont et viennent. Il nous faut du *grand*, disent-ils ; mais ce grand à quoi ils rêvent sans cesse, ils ne sauraient le trouver eux-mêmes, ni l'inventer ; ils sont en peine des voies et moyens et resteraient bien empêchés tout seuls à le réaliser ; il faut qu'on le leur prépare, qu'on le leur présente tout fait ; et alors ils l'acceptent, sans trop de discernement toutefois, sans distinguer toujours le fond de l'apparence et le simulacre de la réalité.

« Faibles, indécis sur presque tous les points, indifférents même, ils n'ont qu'une volonté bien arrêtée, c'est d'être Césars. Ils le sont ; ils en ont le masque, ou le haut du masque, ou le signe au front, une parole rare, un silence imposant, une allure lente, étrange, auguste si l'on veut... Mais encore une fois, ce cachet singulier à part, et ce vague éclair excepté, n'allez pas au fond, ne sondez pas trop avant, ne cherchez rien de net ni de précis ; ils ont des aspirations plutôt que des desseins... Ils sont sourds à tout ce qui n'est pas eux et l'écho de leur propre pensée. Le choix des hommes leur est à peu près égal, et ils prendraient volontiers même les moins bons au préjudice des meilleurs, tant ils sont persuadés qu'ils sont l'homme seul, l'homme nécessaire, et qui suffit à tout dans la situation donnée... »

Un soir, dans un lieu où il y avait plus d'un délicat, le morceau de Sainte-Beuve était lu devant nous. Le masque terne et composé du faux César, en dépit des ménagements et des précautions de l'ancien ami, est déchiré par endroits assez hardiment par l'auteur lui-même pour qu'aucune illusion ne soit possible sur la valeur de l'original ; mais il fallait voir comment le lecteur, homme d'esprit, républicain et patriote, s'amusait à tourner et à retourner le plâtre pour qu'on en vît bien les creux, comment il commentait les *acuités* du critique, ou aiguisait ce qu'à dessein il avait émoussé, avec quelle verve d'honnête homme et de citoyen indigné il montrait les conséquences fatales d'un tel carac-

tère, mis à la tête d'une société comme la nôtre, dans
l'état actuel de l'Europe :

— « Les vrais Césars, disait-il, y sont des fléaux, parce
qu'ils sont des anachronismes. Qu'est-ce donc quand, à leur
place, on n'est que leur ombre et leur singe ? Et quel singe !
C'est de celui-là, vraiment, qu'on peut dire qu'il n'a jamais
allumé sa lanterne. »

Un journal dont les rédacteurs n'étaient pas, comme
l'interprète donné par le hasard à Sainte-Beuve, des
républicains de vieille date, non plus que des esprits
portés aux déclamations, le *Moniteur universel*, disait
presque le même jour :

« Tout ce qu'un gouvernement peut faire pour perdre
une nation, l'empire l'a fait...

« Il y a un mot qui revenait sans cesse dans la bouche
des serviteurs du second empire, c'est le mot de prestige. Le prestige de l'administration, le prestige des
ministres, le prestige du Sénat, le prestige du souverain, le prestige de la France, on ne sortait pas de là,
et quand on avait dit ce mot, on avait tout dit. Et, en
effet, il eût été impossible de trouver une expression
qui caractérisât mieux le système politique de 1852.
Pour quiconque sait le français, prestige n'a jamais
signifié qu'illusion et mensonge ; et, certes, aucune
personne de bonne foi ne contestera que l'empire n'ait
eu du prestige, beaucoup de prestige, qu'il n'ait même
été un prestige du commencement à la fin.

« Il y avait du prestige dans l'administration qui
croyait travailler, et qui ne faisait rien ; il y avait du
prestige dans nos grands corps de l'État qui croyaient
contrôler et qui laissaient l'inertie, le gaspillage, le
mauvais emploi des ressources s'introduire partout ; il
y avait du prestige dans les ministères qui se croyaient
justes, soigneux et intelligents, et qui avaient élevé le
népotisme, le favoritisme, l'incurie et l'incapacité à la
hauteur d'une quadruple institution d'État ; il y avait

du prestige dans la direction supérieure de l'armée qui se croyait prête à la guerre et qui ne l'était pas ; il y avait du prestige dans le souverain, qui croyait régner lorsque, vers la fin, il n'était qu'une illusion de plus dans un système général d'illusions. Oui, tout cela avait du prestige, mais quand ce prestige est venu se heurter contre la réalité, qu'en est-il resté ? Tout a disparu comme un décor de théâtre que l'on replie après la fin du spectacle. »

Il ne serait venu à l'esprit de personne de dire alors que le *Moniteur* chargeait le tableau. Nous entendions chaque jour autour de nous ce que le journal, trop longtemps officieux ou simplement mécontent, venait de dire dans une heure de franchise et d'inspiration vengeresse. Tout ce qu'un gouvernement peut faire, répétait-on, pour perdre une nation, l'empire l'a fait. Il n'a jamais parlé que pour mentir [1] ; il n'a jamais agi que pour tromper. Il a tout gâté et tout corrompu. Il n'a songé qu'à la force brutale, qu'il a encore mal organisée, qu'il a même affaiblie dans ses essentiels ressorts. Cette force manquant, qu'allons-nous trouver derrière elle ?

Ce retour de la conscience nationale, éclairée par les événements, comme à la lueur de l'incendie, et par surcroît aidée par tant de révélations posthumes venues d'amis ou d'ennemis, mériterait d'être suivi dans toutes ses manifestations, partout où il s'est produit avec quelque éclat. Il n'y a pas de spectacle plus instructif, avec celui des fautes, que celui des conversions et des repentirs.

On a vu, sans doute, plus d'une fois, dans l'histoire de nos révolutions, les serviteurs d'un régime se détacher de lui après sa chute, sans trop de peine de cœur, et même aller, sans trop de honte, offrir leurs services

---

1. La reine Hortense disait à M. Philippe Lebas, précepteur de son fils Louis Napoléon, alors qu'il était encore enfant : « Louis, quand il parle, il ment ; quand il se tait, il conspire. »

à celui qui le remplaçait ; mais il est douteux que la chose se soit jamais faite de la même manière qu'au 4 septembre, avec autant d'abnégation facile, de dévouement empressé. Après Sedan, l'empire n'apparaît pas seulement comme un drame mal fait, trop aisément applaudi du vulgaire ; beaucoup de ceux que l'auteur avait appelés sur la scène, l'auraient sifflé au dénouement sans une certaine pudeur qui les retenait, et quelques-uns ne demandaient qu'à prendre un rôle dans la pièce qui suivait.

IV

Le 28 septembre, quelques-uns de nos amis se trouvaient dans notre cabinet. Nous venions d'apprendre que le général de Polhès s'était *replié* devant ses propres hussards, qu'il avait pris ou avait feint de prendre, disait-on, pour des Prussiens.

Nous causions de la nouvelle. Chacun disait son mot : cela paraissait inexplicable, comme si quelque chose eût dû paraître inexplicable après Sedan ! On rappelait d'autres faits : le mauvais vouloir des uns, les susceptibilités étranges des autres, le général Mazure, dont l'attitude à Lyon était dénoncée comme hostile, le général Espivent, accusé par M. Challemel-Lacour de tout paralyser par son insuffisance, le général Darricau, qui, n'ayant pas été nommé président d'un comité de défense, refusait son concours.

On se perdait en commentaires.

— C'est à croire à un parti pris de trahison, dit quelqu'un.

— Croyez-le bien, dit un autre, il y a conspiration, trahison organisée.

L'homme qui formulait contre les généraux une telle accusation était un personnage grave, un esprit des plus distingués, ancien député, qui devait l'être de nouveau aux élections de février, et qui sans doute serait aujourd'hui au Sénat, si la mort ne l'avait frappé au moment même où se faisaient les élections sénatoriales, M. Marc Dufraisse ; et il croyait ce qu'il disait.

La même impression se retrouvait partout. Nous étions cinq ou six personnes réunies ; nul ne protesta.

Faisions-nous là de l'histoire à la façon de la Commission d'enquête ? Prenions-nous pour la règle ce qui n'était que des exceptions ? Était-ce un sourd pressentiment de la trahison de Bazaine qui était dans l'air ?

Il y a une secrète logique des esprits qui, bon gré mal gré, enchaîne les instruments et le système, les serviteurs et le maître. Le crime de Décembre déteignait, autour du criminel, sur ceux qui en avaient été les complices ou qui s'y étaient associés par les complaisances de cour ou les faveurs spéciales dont ils avaient été comblés. Ce sont ceux-là que la défiance poursuivait, une défiance incurable, impitoyable, logique et juste aussi. Pourquoi, en effet, ceux qui avaient eu le malheur de mettre un jour un homme au-dessus de la patrie et de ses lois, auraient-ils été épargnés dans la honte suprême ? Pourquoi les aurait-on jugés capables, ayant oublié une fois la patrie pour un homme, de se métamorphoser de reîtres en héros ? Quel miracle leur aurait refait tout à coup une virginité d'honneur et de patriotisme ?

La défiance n'était donc que trop naturelle ; et il fallait un grand effort de volonté pour s'en défendre, surtout quand les faits semblaient la confirmer. Il en résultait malheureusement que la limite était souvent franchie et que, dans l'ignorance où l'on était des antécédents des hommes, on faisait payer les innocents pour les coupables. C'est là une raison pour nous, de

nous arrêter, dans cette revue rétrospective du bona-
partisme mourant, au point que nous avons touché.

Tout le monde sait quels étaient les sentiments et les
dispositions des troupes à Paris le 4 septembre. M. Jules
Simon les constate dans ses *Souvenirs* d'une manière
irréfragable, et il en donne la principale raison, la nouvelle d'une capitulation qui livrait une armée de
80,000 hommes. « Ces vieux soldats, dit-il, avaient
honte. Ils ne se souciaient plus de défendre un gouvernement qui se défendait si mal. » Il en était de même
de bien des généraux. Eux aussi, ils avaient honte,
pour employer le mot de M. Jules Simon. Ceux qui ont
entendu à cette époque le vieux maréchal Baraguey-
d'Hilliers dans la salle des Pas-Perdus ou aux abords
du Corps législatif, et qui l'ont vu promenant çà et là
son uniforme usé et comme noirci par un reste de
poussière glorieuse, ne peuvent avoir aucun doute à cet
égard.

Indépendamment d'autres souvenirs qui pourraient
être invoqués, si c'était ici le lieu (car ce n'est qu'inci-
demment que nous parlons de Paris), il en est un que
nous rappelons, parce qu'il est vraiment significatif, et
d'autant qu'il est antérieur à Sedan.

Le 9 août, un escadron de cuirassiers passait devant
le palais Bourbon. C'était l'heure où les députés se rendaient au Corps législatif. La foule des curieux était
considérable. A la vue des soldats dont les camarades
venaient de succomber glorieusement à Reischoffen, il
n'y eut d'abord qu'un cri, un cri immense dans la foule :
« Vivent les cuirassiers ! » Puis un autre cri suivit :
«Vive la France ! » On n'osait pas encore dire : «Vive la
République ! » bien que le mot fût sur toutes les lèvres.
Les cuirassiers répétèrent : « Vive la France ! » Aucun
d'eux n'aurait eu l'idée de crier : « Vive l'empereur ! »
Et personne n'aurait osé le leur demander. Leur chef
d'escadron cependant, soit attachement personnel,
soit fidélité chevaleresque au malheur, s'avise de

se retourner, en poussant le cri pour son compte. Les soldats interdits gardent le silence, et, dans un chœur formidable, la foule répète : « Vivent les cuirassiers ! Vive la France ! »

Chacun restait ainsi dans son rôle; mais tout à coup, et c'est ceci qui fut remarqué, un vieux général en uniforme, qui avait assisté à toute la scène, s'élance furieux vers le chef d'escadron, en entendant son cri de : *Vive l'empereur!* l'admoneste sur le ton de la plus grande colère, comme si déjà ce cri, si longtemps officiel, était devenu séditieux.

Le vieux général devançait de plus de quinze jours la déchéance que devait prononcer la population de Paris. C'est que l'empire n'existait déjà plus, même pour l'armée. Ce qui l'avait fait, ce qui l'avait rendu possible, c'étaient des souvenirs de gloire; la honte survenant, il s'écroulait de lui-même : ses appuis se dérobaient.

Cela fut bien sensible en province. On n'y trouve pas ce parti pris qui a été souvent reproché à l'armée contre la République et contre le gouvernement qui prit la place de l'empire.

Une des premières dépêches reçues à l'Hôtel de Ville, le 4 septembre, est du général d'Aurelles de Paladine. Elle est datée de Marseille : elle devançait la première dépêche du préfet de plus d'une heure. En voici le texte, qui, lu attentivement, pourra paraître curieux :

Marseille, 4 septembre 1870, 10 h. 20, soir. N° 2740.

Général commandant la 9e division militaire au citoyen *Gambetta, intérieur, Paris.*

Quinze condamnés pour délit politique jugés par le conseil de guerre sont dans un fort à Marseille. Le *peuple* demande leur mise en liberté. Je consulte le ministre. Réponse par le télégraphe.

D'AURELLES.

Le général n'était pas en odeur de sainteté à Mar-

seille. On racontait de sa vie militaire, en Kabylie
notamment, de sa vie politique et même de sa vie privée, des circonstances qui le livraient à la malignité
publique. Les rigueurs de l'état de siège n'étaient pas
propres à les faire oublier. Il avait suspendu par un
arrêté du 2 septembre, le *Messager de Provence*, « pour
avoir, disait-il, égaré l'opinion publique en considérant
la France comme vaincue au moment où le succès de
nos armes paraissait assuré. »

Le malheureux général avait pris au sérieux la
gasconnade du comte de Palikao, qui s'était avancé
jusqu'à dire, à la veille de Sedan, que, si l'on connaissait ce qu'il était obligé de taire, la France illu-
minerait. Cela combla la mesure. Écrasé par son
impopularité, le général d'Aurelles voulut-il, profitant
d'une occasion qu'il pouvait croire favorable, se réha-
biliter par son empressement à provoquer une mesure
qui était dans la situation, et surtout en se mettant si
promptement en rapport avec le gouvernement nouveau? Voulut-il (car il était un peu en disgrâce à la fin
de l'empire) attirer sur lui l'attention pour rentrer dans
le service actif, d'où il avait été éloigné? Ou était-ce simplement dans l'intérêt de l'ordre qu'il provoquait une
mesure de clémence? Tout cela peut se supposer; mais
ce n'est pas le fond de la dépêche qui nous frappe, c'est
la forme, c'est, pour tout dire, la facilité avec laquelle
le général se plie au langage républicain.

M. Gambetta, par égard pour les usages, peut-être
aussi pour marquer tout de suite qu'il ne subissait pas
la tyrannie d'une tradition de parti, qui pouvait paraître
puérile, n'avait pas cru devoir introduire le mot *citoyen*
dans les formules officielles. Le général n'a pas de ces
scrupules. De même qu'il s'est hâté de se mettre en
rapport avec le Gouvernement, il se hâte d'adopter
la langue qu'il croit être la sienne, et faite pour lui
plaire. Le commentaire n'est pas forcé. Il faut remarquer cette expression : « Le peuple demande... » Le

général n'aurait pas parlé ainsi dans un autre temps :
il eût dit la *foule*, la *multitude*, peut-être même la *populace*. Rien ne jure dans la dépêche : un républicain de
la veille n'aurait pas été plus correct. Il ne faut pas
conclure de là que le général faisait ainsi acte d'adhésion enthousiaste à la République; on serait encore
peut-être moins autorisé à conclure que son nom lui
faisait horreur, et qu'il était peu disposé à la servir.

Mais il y a des adhésions plus franches, plus naïves,
et qui n'ont pas besoin d'interprétation.

Nous sommes toujours au 4 septembre, et nous
ne notons que quelques adhésions exprimées sous le
coup même de l'événement, dans l'étourdissement de
la foudroyante catastrophe qui l'avait précédé. Cela
suffira pour donner une idée des dispositions des chefs
de l'armee.

Le général de Rolland commandait à Chambéry. Dès
qu'il apprend la révolution, il est à ses ordres, d'où
qu'ils viennent. Un comité révolutionnaire s'était constitué à l'Hôtel de Ville le 4 septembre dans la soirée; il
avait pris la direction des affaires et demandé son concours au général. Celui-ci ne refuse pas; il n'hésite pas
même une seconde : il ne tient qu'à une chose, à être
autorisé. Le 5 septembre, à 10 heures 2 minutes du
matin, il écrit au ministre de la guerre : « Le comité
me demande mon concours. Dois-je le lui accorder? »
Que la République lui donne des ordres à Chambéry
ou à Paris, il les accepte et est prêt à les exécuter. Son
épée est au service de la France : la République veut
défendre le pays que l'empire a perdu : il est au service de la République.

Un conflit avait éclaté à Mâcon entre la population et
un bataillon du 73e de ligne, quelques instants après
la proclamation de la République. La foule se portant
en masse à la préfecture, le poste avait pris les armes
et chargé à la baïonnette. Il y avait eu des blessés; un
garde mobile avait été tué. Cela se passait vers 10 heures

du soir. Une simple intervention du conseil municipal
suffit pour rétablir l'ordre. Une grande effervescence
cependant régnait parmi les mobiles qui étaient au
nombre de 2,500. On pouvait craindre une nouvelle
collision. Le conseil municipal s'empressa de demander
au général comte de la Serre le départ du 73e. Le général refuse, et l'on est obligé de s'adresser au ministre
de la guerre. Mais ni le général, ni le régiment n'ont
prétendu se mettre en travers du mouvement : il n'y
avait du côté de la troupe qu'une soumission étroite à
une consigne stupide, et du côté du général que le respect et l'application habituelle des règles de la hiérarchie. Le général de la Serre tenait à recevoir des ordres
du ministre, ne demandant d'ailleurs qu'à être fixé sur
la ligne à suivre ; et, le lendemain, quelques heures
après le conflit, il était complètement d'accord avec la
population et le pouvoir qui venait de s'établir sur les
ruines de l'empire. « Une réconciliation, disait-il dans
sa dépêche du 5 septembre, est en train de s'opérer
entre le régiment de la mobile et le 73e ; tout ira bien ;
l'ordre est maintenu dans les deux départements.
*Un accord complet règne entre les différents pou-
voirs.* »

Le département du Doubs avait à sa tête un préfet,
M. de Farincourt, qui avait déployé beaucoup d'activité dans les préparatifs de la défense. Le général commandant la 7e division militaire voulait le garder
auprès de lui : « Mon devoir, écrivait-il au ministre le
6 septembre, est de vous dire qu'il me paraît indispensable de le conserver à la tête de l'administration du
département du Doubs, où, mieux que tout autre en ce
moment, il servira la *cause nationale et le Gouvernement...* » En se faisant le répondant du préfet, le général disait assez le sentiment où il était lui-même.

Un préfet de la République qui ne paraîtra pas suspect de complaisance, M. César Bertholon, préfet de la
Loire, écrivait ceci au sujet du général commandant

son département : « Le général Martinez est un homme modéré, sans opinions prononcées, parent, dit-on, d'ex-grands personnages ; il ne nous a fait aucune opposition et s'est mis dès le début au service de la République. Je n'ai qu'à m'en louer... Il paraît sincèrement rallié, mais par nécessité. »

M. Bertholon avait marqué la note juste, si nous considérons l'ensemble. La République était une nécessité, et le patriotisme, d'accord avec l'honneur militaire, faisait un devoir de la servir, alors même que l'on eût eu des opinions politiques plus prononcées que ne paraissait en avoir le général Martinez. C'est le sentiment qui dominait au sommet de la hiérarchie, et qui de là s'offrait à tous comme une règle et un exemple. Les défaillances ultérieures de quelques-uns n'autorisent pas à le méconnaître.

Le général Uhrich appartient à la même famille que le général Martinez. Nous aurons à le juger plus tard, et l'on verra, par des témoignages authentiques, que nous l'avions condamné longtemps avant le conseil d'enquête ; mais il est juste de dire qu'il n'hésita pas à donner son adhésion à la République dès que les événements de Paris furent connus à Strasbourg, et que, s'il eut quelques scrupules, ce furent des scrupules de pure forme. Le procès-verbal de la séance du conseil municipal de Strasbourg, du 12 septembre 1870, ne permet aucun doute sur ce point.

Nous en citons une partie :

« M. Charles Bœrsch propose aussitôt (après la communication officielle faite par le préfet, le baron Pron, des événements de Paris) de faire acte d'adhésion aux grandes résolutions du peuple de Paris. Cette motion est accueillie aux cris de : *Vive la République !*

« Une députation se rend aussitôt auprès du général.

« La séance, suspendue pendant une heure, est reprise à cinq heures et demie.

« La députation est de retour du quartier général. M. le

maire l'invite à rendre compte du résultat de son entrevue avec le général Uhrich.

« M. Saglio, au nom de ses collègues, fait connaître la réponse du général, pouvant se résumer ainsi :

« C'est une chose grave de proclamer un gouvernement nouveau ; la gravité augmente lorsqu'un chef militaire n'a pas reçu de son supérieur hiérarchique de communication officielle. Je me trouve dans cette position ; personnellement je n'éprouverais aucune répugnance à la démarche qui m'est demandée. Déjà j'ai servi la République, et je l'ai servie avec loyauté ; mon désir, en accomplissant mes devoirs, est de marcher d'accord avec cette population qui s'est si noblement conduite, et avec ses représentants. Vous comprendrez néanmoins qu'avant de prendre une résolution importante, j'examine de nouveau les dépêches arrivées à la préfecture et que je prenne l'avis de mon Conseil de défense. Veuillez venir me trouver demain à dix heures.

« M. Charles Bœrsch complète cette relation par les mots suivants :

« Ayant demandé au général s'il ne comptait pas dès à présent annoncer à la ville de Strasbourg la proclamation de la République, il a répondu qu'il ne lui serait possible de le faire que quand il en aurait reçu l'ordre de son supérieur, le ministre de la guerre ; mais il a ajouté qu'il acceptait comme un fait réel l'événement politique dont la députation venait de lui donner la nouvelle.

« M. le maire dit qu'il n'est pas étonné des paroles prononcées par le général ; le général Uhrich, ajouta-t-il, est un brave et digne citoyen, un bon Français, plein de loyauté et de patriotisme. »

Le maire de Strasbourg n'avait pas trop présumé du général. Le lendemain 13, au matin, il faisait connaître, par une proclamation, qu'il adhérait à la République.

Il y a des adhésions plus libres, plus indépendantes des circonstances, plus cordiales et par là plus significatives, sur tous les points du territoire, à tous les degrés de la hiérarchie. A Tarbes, le général de Coustou charge le préfet, M. Ténot, de transmettre au mi-

nistre l'assurance de son dévouement à la République.
A Angers, le préfet prie le ministre de la guerre d'avoir
confiance dans l'énergie et la prudence du général,
comme du préfet, qui, dit-il, « rencontrent beaucoup
d'obstacles, mais qui marchent d'accord. » A Nice, le
colonel de la gendarmerie de la 15e légion, M. Petit-
jean, lit lui-même, le 4 septembre, à la population, la
dépêche officielle annonçant la proclamation de la République. A Digne, le commandant d'armes, M. Yvon,
a été le premier (il le dit lui-même dans une dépêche)
à reconnaître tout de suite la République devant
1,500 mobiles réunis à cet effet, de sa seule initiative,
dans leur caserne.

La marine emboîtait le pas, ou plutôt elle le marquait avec je ne sais quoi de plus ferme et de plus
décidé. Le vice-amiral, préfet maritime de Brest,
adressait aux habitants, en apprenant la marche des
Prussiens sur Paris, une proclamation toute patriotique, dont voici un passage :

« L'ennemi est aux portes de la capitale. Le Gouvernement de la Défense nationale, fort de la confiance de la
France, saura lui opposer la plus énergique résistance.

« Les forces considérables de l'armée envahissante lui permettent, tout en poursuivant le siège de Paris, de détacher
des corps d'armée sur les ports militaires, derniers boulevards
de la France et la base de sa puissance maritime.

« Aux habitants de la garnison de Brest à imiter la défense
héroïque que Paris va entreprendre !

« Aussitôt les travaux de défense terminés, chacun con-
naîtra son poste de combat, et, si l'ennemi arrive jusqu'à nos
remparts, tous, gardes nationaux et militaires, unis dans une
pensée commune, le salut de la patrie, sauront montrer ce
que peuvent les efforts d'une population armée pour la
défense de ses foyers et l'honneur de son drapeau. »

On peut ici passer rapidement : l'état-major de la
marine n'a jamais été accusé d'être bonapartiste. Il
convient de remarquer seulement que l'amiral recon-

naît et proclame ce fait : que le gouvernement possède la confiance du pays. De même qu'à Besançon, le général commandant la septième division militaire, il unit et confond ensemble la cause nationale et le Gouvernement de l'Hôtel-de-Ville.

Ce qui paraîtra plus surprenant que le langage et l'attitude du vice-amiral, préfet du deuxième arrondissement maritime, et l'adhésion patriotique, de cœur ou d'abnégation, des généraux, c'est celle des serviteurs les plus intimes, les plus personnels de l'empire, qu'on aurait pu croire rivés au système dont ils étaient les pièces maîtresses, destinées fatalement à tomber avec lui ; nous parlons des préfets et des sous-préfets.

V

Les adhésions des préfets sont nombreuses. Jamais régime nouveau ne fut accepté aussi promptement, aussi facilement par les hommes-liges de son prédécesseur. Mais, pour être juste, il convient de distinguer entre ces adhérents empressés. Il y en a du premier et du second degré : on sent, chez les uns, je ne sais quel embarras de se détacher si vite, une sorte de respect humain ; les autres, soit calcul personnel, soit illusion de se croire utiles, se mettent ouvertement à la disposition du Gouvernement de la République. D'autres expriment le regret d'être empêchés par les bienséances de pouvoir le servir.

Dans la première de ces deux catégories figurent les préfets de la Loire-Inférieure, M. Dalimbert ; de la Loire, M. Castaing ; de la Nièvre, M. Genty ; du Gers, M. Labrousse ; de la Creuse, M. Conrad ; et avec eux les sous-préfets de Lorient, de Gourdon, de Bagnères, d'Autun, de Chalon-sur-Saône, etc., etc. Dans la seconde, les préfets de la Mayenne, M. des Closières ;

des Basses-Alpes, M. Falcon de Cimier ; de la Haute-Loire, le comte de Poncy ; de la Lozère, le comte de Trézillac ; de Loir-et-Cher, le vicomte de Ganville ; du Morbihan, le comte de Saint-Pierre ; du Cher, M. Demanche ; du Doubs, M. de Farincourt ; des Pyrénées-Orientales, M. Coupier ; du Puy-de-Dôme, le baron Tharreau ; puis, à côté d'eux, le secrétaire général des Pyrénées-Orientales, les sous-préfets de Montbrison, d'Apt, de Sisteron, et tant d'autres qui, sans rien dire, restèrent à leur poste.

Il serait fastidieux de tout dire : nous nous bornerons aux adhésions de la première catégorie et aux plus saillantes seulement.

Les dépêches les plus significatives quand on parcourt cette liste curieuse, sont celles des préfets de la Haute-Loire, du Morbihan, de la Mayenne, des Basses-Alpes et du Cher.

Le préfet de la Haute-Loire, M. de Saint-Poncy, adressait à Paris, le 4 septembre, la dépêche suivante :

« Je viens de proclamer au Puy la République et le nouveau Gouvernement de la Défense nationale.

« La proclamation a été accueillie avec *un sentiment unanime de satisfaction et de confiance.*

« Les dispositions sont excellentes : partout éclate le patriotisme.

« Des ordres sont donnés pour afficher de suite cette proclamation dans toutes les communes du département.

« Des mesures sont prises pour assurer le maintien de l'ordre et l'obéissance au Gouvernement. Adhésion empressée du commandant de la mobile.

« Comte Léo de Saint-Poncy. »

Un préfet républicain de la veille aurait-il mieux fait ? Il n'est guère possible de trouver adhésion plus positive, conversion plus prompte, dévouement plus empressé et plus agissant. M. le comte de Saint-Poncy ne se contente pas de remplir avec convenance et en

homme d'honneur les fonctions dont il reste provisoirement investi : il fait du zèle ; il veut faciliter et fortifier le pouvoir en s'entourant « d'un comité composé
d'hommes connus par leurs opinions libérales et républicaines. » Il demande le 5 septembre, « des instructions et des pouvoirs pour constituer les mairies, » et
il vise tout d'abord le maire du chef-lieu, qui est un
bonapartiste avéré, ce qu'il ne peut ignorer, puisque
c'est lui qui l'a désigné au choix de l'empereur.

Il n'y a pas de meilleur logicien que M. de Saint-Poncy.
Comme à sa demande de destitution du maire, il a été
répondu par M. Gambetta qu'il eût à remettre les pouvoirs de ce magistrat au conseil municipal, comme il
sait que le maire et le conseil municipal se valent,
sentant qu'on tourne dans un cercle vicieux, il n'hésite
pas, de concert avec le comité consultatif républicain
dont il s'est entouré, à proposer d'adjoindre pareille-
ment au conseil municipal un comité consultatif de
huit membres désignés par lui et par le comité. Mais
les conseils municipaux et les maires ne sont pas seuls
suspects ; tous les produits de la candidature officielle
doivent être traités de la même manière ; il n'y a pas
de raison pour que le conseil général soit plus épargné.
Le préfet demande donc au ministre des instructions
« pour le fonctionnement du pouvoir départemental, »
ainsi qu'il parle, c'est-à-dire l'autorisation de révoquer et de remanier le conseil général.

M. Léo de Saint-Poncy, préfet de Bonaparte, faisait
spontanément, entre le 4 et le 6 septembre, au Puy, ce
que devait faire plus tard, à Tours et à Bordeaux,
M. Gambetta. Les deux manières de procéder n'étaient
séparées que par des nuances.

M. des Closières, préfet de la Mayenne, est encore
plus révolutionnaire : il a devancé le Gouvernement
dans la déclaration de guerre à outrance. Le 4 septembre, à sept heures trente minutes du soir (l'heure
est à noter), il écrivait au Gouvernement : « On veut

que la résistance soit sans relâche ni merci. » Et il ajoutait, dans une dépêche suivante du 5 septembre, onze heures du matin : « La défense nationale ne doit pas être entravée par des difficultés intérieures. Il faut sauver la France avant tout. En ce qui me concerne, j'ai pris immédiatement des mesures pour assurer la tranquillité dans mon département. Jusqu'à ce moment, tout le monde a compris qu'il ne doit y avoir qu'un seul parti : le parti des vengeurs. »

Ce fier langage était soutenu par l'action. L'élan patriotique était grand dans la Mayenne : partout on demandait des armes ; on réclamait l'appel sous les drapeaux des soutiens de famille. Les pères invitaient leurs fils à partir. M. des Closières secondait de toutes ses forces le mouvement et la bonne volonté de la population. Le 6 septembre, il avait 4,000 mobiles équipés et armés à la disposition du Gouvernement, et il comptait en avoir 1,500 de plus dans quelques jours. Il procédait *avec entrain* aux opérations de recrutement, faisant deux et jusqu'à trois cantons par jour, ne perdant pas de vue, disait-il, que les questions de défense nationale doivent avoir le pas sur toutes les autres. Il y avait là plus qu'une adhésion verbale, à coup sûr ; il y avait un concours effectif, une conformité de pensée et d'action qui équivalait à un engagement formel de servir le Gouvernement et devenait une reconnaissance implicite de sa légitimité.

Cette reconnaissance, sous la même forme, se rencontre chez M. le comte Falcon de Cimier, préfet des Basses-Alpes. Son rapport du 7 septembre, où il exposait ce qu'il avait fait et se proposait de faire dans l'intérêt de la défense, se terminait par ces mots : « Je ne saurais avoir, Monsieur le ministre, d'autre pensée en ce moment que la lutte contre l'étranger et la délivrance du sol national. »

Le préfet du Morbihan, M. de Saint-Pierre, écrivait de son côté, le 7 septembre, à M. Gambetta, que

« ferme à son poste, dans les jours de danger pour la patrie, il était prêt à donner son loyal concours au Gouvernement. »

M. Demanche, préfet du Cher, allait au delà : il ne se contentait pas d'assurer son concours au Gouvernement nouveau, il répudiait l'ancien ; il le flétrissait implicitement et traçait un programme de politique et de défense. Sa dépêche du 6 septembre est admirable. « Aussitôt affichée, disait-il, la proclamation du Gouvernement a été accueillie *avec un sentiment de dignité nationale et de réparation.* Une seule préoccupation, l'armement, une seule volonté, la victoire. Peu de politique, c'est le moyen de rallier tout le monde. Armement complet de la mobile, armement progressif et suivi de la garde nationale sédentaire. »

Quelques adhésions ont un autre caractère ; elles ne sont pas sans une certaine dignité, entre autres celles de M. le comte de Thézillac, préfet de la Lozère ; de M. le baron Tharreau, préfet du Puy-de-Dôme, et de M. Coupier, préfet des Pyrénées-Orientales.

M. le comte de Thézillac s'empresse d'abord de faire connaître la proclamation du Gouvernement de la Défense. Le 4 septembre, dans la nuit, elle était affichée à Mende et sur plusieurs points du département. Le 6 septembre, le préfet assurait le ministre du concours loyal et énergique de la population et constituait un comité de défense « composé, disait-il, d'éléments très libéraux et sincèrement patriotes, » avec lequel il travaillait, ajoutait-il, à réchauffer et éveiller l'esprit public. Il n'avait pas hésité — c'est lui qui parle encore — à provoquer *une franche et unanime adhésion* au Gouvernement de la Défense nationale. Mais ce n'est point par là que la conduite de M. Thézillac a fixé notre attention ; c'est par le langage qu'il tient au moment où il est menacé d'être relevé de ses fonctions et après en avoir été relevé.

Il écrit le 16 septembre, après avoir été informé

qu'il est question de le remercier : « Soutenu par les sympathies et la confiance de la population entière, j'ai voulu, sentinelle oubliée, continuer ma faction. De tout cœur, je me suis voué à l'œuvre de la défense nationale ; mon concours lui est acquis sans réserve, mais s'il devait paraître inutile ou suspect, mieux vaudrait me relever immédiatement de mes fonctions. Je me ferai dans ce cas un devoir de passer à mon successeur le mot d'ordre auquel j'ai toujours été fidèle : « Tout pour la France ! » Le 19 septembre, il apprend l'arrivée de son successeur, et il écrit à Paris et à Tours : « Mon successeur m'avise de son arrivée, je ne puis que rendre grâce au Gouvernement de la Défense nationale. Il m'a permis de consacrer pendant quelques jours toute mon énergie, tout mon dévouement au service de la patrie en danger, et il veut bien me relever de mes fonctions au moment où il serait difficile de les conserver honorablement pour moi et utilement pour le pays. »

Le préfet du Puy-de-Dôme, le baron Tharreau n'attend pas sa révocation, comme le comte de Thézillac ; dès le 5 septembre, il envoie sa démission ; mais ce n'est pas, comme pourrait le faire supposer cet empressement, par répugnance pour la République : c'est uniquement parce que, dit-il, « ses antécédents politiques ne lui permettent pas d'avoir actuellement une autorité suffisante et une action efficace. »

M. Coupier était mû par les mêmes sentiments ; il se retirait spontanément, bien qu'il fût prêt à servir la République, et, ce qui est mieux, allait jusqu'à désigner son successeur ! « Dans les circonstances actuelles, disait-il, tous les hommes de cœur se doivent au pays, et *je suis prêt à servir la République*. Mais je crois que, dans l'intérêt de l'ordre et de la tranquillité publique, il convient que M. Lefranc soit immédiatement nommé à Perpignan. Les masses obéissent à M. Lefranc, qui pourra rendre de grands services. »

On pourrait ajouter à cette liste : nous n'aurions pour cela qu'à consulter nos souvenirs personnels et à rappeler les fonctionnaires déchus que l'on a vus à Tours frapper aux portes du ministre ou de ses amis ; mais comme nous tenons à ne citer que des faits officiels, authentiques, nous passons vite pour arriver aux sous-préfets.

On rencontre d'abord le secrétaire général de M. Coupier. M. Pierre Lefranc, malade, fatigué et s'exagérant les difficultés de sa tâche, avait donné sa démission de préfet des Pyrénées-Orientales et remis ses pouvoirs au secrétaire général de son prédécesseur, M. Henri Coulomb. Celui-ci n'accepta que provisoirement et en attendant qu'il fût donné un successeur à M. Lefranc. Mais — il le dit expressément dans une dépêche du 9 septembre — « il s'était mis de cœur au service du gouvernement républicain, et, s'il ne gardait pas à titre définitif la délégation qui lui avait été confiée par M. Lefranc, c'est uniquement parce qu'il se croyait insuffisant. »

Avignon avait proclamé la République à la première nouvelle de Sedan. Le sous-préfet d'Apt se hâta de suivre le mouvement. « J'ai proclamé la République ici, disait-il ; l'enthousiasme est extrême. Je me suis adjoint M. Pin, ancien représentant. On constitue un comité local de défense. Je me tiens à votre disposition. »

Le sous-préfet de Montbrison fit mieux encore. Dès qu'il eût appris la proclamation de la République à Lyon, sans attendre le signal du chef-lieu du département, Saint-Étienne, où elle était du reste imminente, il prend l'initiative, et, à neuf heures trente-cinq minutes du matin, il proclame de son chef la République. « Je viens de proclamer la République, écrit-il au ministre de l'intérieur et à son préfet. Le conseil municipal et moi sommes d'accord. L'ordre et la tranquillité règnent. »

En parcourant cette longue liste d'adhésions directes ou indirectes, spontanées ou délibérées, de tant de fonctionnaires de l'empire, que l'on aurait pu supposer engagés irrévocablement dans sa politique et faisant corps avec lui, on se rappelle involontairement la théorie de M. de Talleyrand, qui fait du sens commun la pierre de touche de l'obéissance, comme dit son dernier biographe[1], théorie que l'on a résumée quelquefois aussi par ce mot : « La France avant tout ! » Et certes, au point de vue où se plaçait le célèbre diplomate pour expliquer son éloignement de la politique de son maître et sa mise au service d'une politique hostile, il y aurait des circonstances atténuantes pour les adhésions rapides que nous venons de rappeler, pour toutes ces métamorphoses inattendues et choquantes. Si les gouvernements méritent d'être abandonnés, si l'on a le droit de séparer leur cause de celle du pays après quelque grand acte de folie accompli par eux, quel gouvernement méritait plus que celui de Napoléon III, cette rançon des gouvernements insensés de se voir quittés et reniés par leurs plus intimes serviteurs ? Mais l'indulgence s'arrête là ; et le nom de renégats a bien de la peine, quand nous y songeons, à ne pas tomber de nos lèvres. Ces préfets, si minces pour la plupart, s'imaginaient-ils avoir dans leur valeur personnelle ce qui, chez Talleyrand, faisait contrepoids à ses défections, la conscience de pouvoir servir la France, comme quelques-uns le disaient, dans la crise terrible où elle se trouvait ? Avaient-ils jamais osé donner à leur gouvernement quelque avertissement salutaire ? Avaient-ils jamais eu l'idée de se séparer de lui avant sa chute. Quand l'heure suprême a sonné, pour avoir le droit d'infliger à ceux qu'on a servis l'humiliation dernière, et, comme on dit, le coup de pied de l'âne, ainsi que le faisait par exemple, M. De-

1. Sir Henry Lytton Bulwer. *Essai sur Talleyrand*, page 342 (traduction de M. Georges Perrot).

7.

manche, il faut n'avoir été pour rien dans leurs fautes ou n'en avoir pas profité. C'est ici que la chaîne qui lie le valet au maître, est vraiment indissoluble, si le valet ne veut pas descendre au-dessous même du mépris.

M. Daru, président de la Commission d'enquête, a laissé tomber de son fauteuil présidentiel bien des phrases qui auraient profondément étonné son père, cet homme si sérieux et si éminent, au dire de ses contemporains. Il a dit, par exemple, dans la séance où il entendit la déposition de M. Spuller : « La République ne rencontra nulle part de résistance. » En vérité! Mais alors comment le président de la Commission d'enquête s'y prendra-t-il pour concilier, avec le fait qu'il avoue si naïvement, les accusations dont il poursuit, dans tout le cours de l'enquête, les hommes du 4 Septembre, et qui se résument dans ce reproche, éternellement répété, qui semble même n'être pas encore usé, d'avoir laissé tomber l'empire au milieu des périls d'une invasion? Car ce fait, cette absence de tout obstacle à la Révolution, à cette inondation immense dont parlait le général Trochu, n'est pas sans quelque portée. Si la République ne rencontre aucune résistance, sur quoi donc se seraient appuyés ceux que M. Daru et ses amis, les bonapartistes, accusent, pour soutenir un pouvoir qui ne trouvait nulle part quelqu'un ou quelque chose disposé à arrêter la force qui le renversait?

Il y a de bien étranges choses et de bien étranges personnages dans la Commission d'enquête. Nous en savons déjà quelque chose : nous en verrons bien d'autres. Mais, pour nous en tenir à l'accusation de M. Daru, au crime qu'il reproche aux hommes du 4 Septembre, si ces hommes sont coupables, que dire de la France qui se jeta dans leurs bras, des généraux qui les suivirent, reconnaissant, comme le faisait le préfet maritime de Brest, qu'ils avaient la confiance de la nation?

Que dire des préfets impérialistes qui leur offraient leurs services?

M. Daru a le privilège d'être naïf sans être vrai. La lassitude, le besoin de changement, l'ennui peuvent laisser passer les révolutions; il y a des exemples de ce phénomène dans l'histoire; et comme elles sont ou peuvent paraître alors des jeux de la fortune, on conçoit qu'on les accueille avec indifférence. La Révolution du 4 Septembre était tout autre, et tout autres les sentiments qu'elle suscitait. C'était l'âme entière de la nation qu'elle avait soulevée. On ne pardonnait pas à l'empire d'avoir trompé et de s'être trompé. Ce n'est pas assez de dire, comme le fait M. Daru, que la France ne résista pas à la République, ou plutôt c'est mentir à la vérité historique. La vérité est que, dans les villes, elle fut accueillie avec passion, ici, comme une espérance, là, comme une délivrance; tantôt, et c'est un préfet de l'empire qui le dit[1], « avec un sentiment unanime de satisfaction et de confiance, » tantôt, et c'est encore un des préfets emportés dans son cours[2] qui l'avoue, « avec un sentiment de dignité nationale et de réparation. »

Ce qui domine cependant, et c'est ce que M. Daru se garde bien de dire, au milieu des impressions diverses qui font cortège aux gouvernements nouveaux, c'est un profond sentiment de colère contre le gouvernement inepte qui venait de déchaîner un tel fléau sur le pays. L'impartiale histoire dira que c'est la folie de l'empire qui donna la France à la République.

Mais les malheurs des temps (on n'imagine pas de malheur plus grand pour un peuple que la possibilité seule de la résurrection du régime tombé le 4 Septembre) font un devoir d'insister sur l'état des esprits, tel qu'il apparut alors. Il ne suffit pas de montrer comment les généraux, comment quelques fonctionnaires se

1. M. de Saint-Poncy, préfet de la Haute-Loire.
2. M. Demanche, préfet du Cher.

détachèrent sans effort de l'empire : on peut croire ceux-ci intéressés ; on peut dire de ceux-là qu'ils obéirent à la nécessité, au devoir, à l'intérêt de la France engagée dans l'ordre de choses nouveau, ce qui d'ailleurs ne serait pas sans quelque importance. Il faut pousser plus avant, jusque dans les couches les plus profondes et les plus obscures du pays, jusque dans celles où l'empire croyait posséder une réserve indestructible. La passion avait pénétré jusque-là : tous les appuis du système, ses coryphées et jusqu'à ses propres journaux, lui manquèrent à la fois et tombèrent du même coup sous le vent de colère qu'il avait soulevé.

VI

Les paysans si longtemps séduits, n'avaient pas attendu la Révolution pour se prononcer. La guerre les avait déjà ébranlés : la défaite les détacha. Les jeunes gens des campagnes, aussi bien que ceux des villes, appelés sous les drapeaux après les premiers revers, entendaient bien se battre, non pour l'empire, mais pour la France.

Un jeune écrivain, aujourd'hui député, temoin oculaire de ce qu'il raconte, a bien saisi et exprimé cette disposition des esprits. Après avoir décrit l'impression causée autour de lui par les désastres d'août, il dit : « Les jours suivants furent remplis par de tristes adieux. C'étaient les anciens militaires que l'on requérait. Les engagés volontaires, les jeunes gens qui devançaient l'appel de leur classe, tout le monde, tout ce qui pouvait marcher, les accompagnait, au chant de la *Marseillaise*, au delà du faubourg, en pleine campagne ; et, après avoir entendu, à genoux, la tête découverte, la grande invocation des vieux de la première République,

Amour sacré de la patrie !

on se serrait une dernière fois la main, puis on se séparait au cri unique de « Vive la France ! » Jamais un : Vive l'empereur ! ne déshonora ces départs. Les autorités elles-mêmes n'osaient pas acclamer ce nom maudit ; elles se contentaient elles aussi de crier : « Vive la France ! » Cette pauvre France que le maître venait d'ouvrir à l'invasion étrangère [1] ! »

Dans certaines contrées éloignées de tout centre important, les paysans ne furent pas si promptement réveillés. Les premiers événements avaient à peine ébranlé leur foi ; et, l'on sait que, dans un canton, de malheureux fanatiques, crédules et trop attentifs aux calomnies des intéressés, qui représentaient l'opposition comme la cause de la guerre, se portèrent à des extrémités contre les adversaires politiques de leur empereur [2]. Mais, après Sedan, là même, on se rendit, enfin. Il eût été difficile de faire admettre que l'opposition avait conduit et livré l'armée dans cette funeste campagne, et que c'était M. Gambetta qui avait rendu son épée au roi de Prusse.

La Corse elle-même, au moins dans la partie la plus ardente et la plus intéressante de sa population, fut emportée dans le courant de la vraie révolution du mépris. « Le premier bataillon de la garde mobile de la Corse, stationné à Arbois (Jura), disait une dépêche du 2 octobre, réclame le droit de faire l'élection de ses officiers, considérant qu'il ne peut avoir aucune confiance dans les hommes *sortis du favoritisme impérial.* » La demande était signée par tous les hommes du batail-

---

1. Dusolier, *Ce que j'ai vu*, pages, 15, 16.
2. Pour les causes de l'assassinat de M. Alain de Moneys, voir Dusolier, pages 19, 20, 21.

lon et appuyée par le chef d'état-major de la septième division militaire, M. de Bigot.

Le charme était si bien rompu alors que partout on reniait l'idole. Le préfet de la Dordogne écrivait le 15 septembre : « Plusieurs agents du régime déchu offrent leur concours. Des assurances de dévouement au Gouvernement de la Défense nationale m'ont été données aujourd'hui par des personnages des plus considérables du département[1]. »

Les plébiscitaires eux-mêmes, les plus endurcis, venaient à résipiscence. Si quelques chefs, M. d'Albuféra[2], M. Haentjens, etc., continuaient à se faire gloire d'avoir joué un rôle dans l'odieux et triste prologue du drame de Sedan, ce qu'ils ne faisaient que dans d'obscures localités, d'autres, plus nombreux, s'attachaient à se faire oublier. Nul n'entendait parler de M. Mège, de M. Segris, de M, J. David, de M. Bourbeau, de M. du Miral, de M. Peyrusse. Il se fit un grand silence même autour de MM. de Cassagnac. Quelques-uns, comme M. Genton, M. Prax-Paris, etc., pensaient ou disaient qu'après Sedan il n'y avait plus à songer à l'empire que pour le plaindre ou le condamner. D'autres, plus hardis, suivaient l'exemple de beaucoup de préfets, et offraient leurs services à la République. On connaît l'histoire de M. Dréolle, ancien membre du Corps législatif, et aujourd'hui encore député. On sait de quelle flamme soudaine il se sentit brûler pour la République. Il n'était pas le seul de la même espèce qui s'éprit alors de la même flamme. Les conversions étaient innombrables et venaient de tous les côtés, même de ceux d'où l'on devait le moins en attendre.

Un jour, à Tours, nous reçûmes la visite du rédacteur en chef d'un grand journal bonapartiste. Il avait un fils dans l'administration. Il venait le recommander.

---

1. Dépêche de 10 h. 40 m. soir.
2. Dépêche du 17 septembre, 1 h. soir.

Il dit qui il était, et parut craindre que les services rendus par le père à l'empire ne fissent tort au fils auprès d'une administration attachée à la République. Nous le rassurâmes en lui disant qu'il ne serait tenu compte à son fils que de ses propres mérites. Il remercia et crut devoir ajouter que, du reste, ses sentiments avaient complètement changé.

— Je ne le cache pas, j'ai servi l'empire avec un entier dévouement. Mais Sedan m'a ouvert les yeux. L'empire pour moi n'est plus qu'un souvenir. Une telle catastrophe l'a rayé du livre de vie. Le patriotisme doit se pourvoir ailleurs. »

Nous contions cette visite à un de nos amis politiques intimement initié aux secrets des ministres et des ministères, et nous avions presque la naïveté de nous en étonner.

— Grands Dieux! n'est-ce que cela? dit-il. Il y en a bien d'autres, de ces conversions mises sur le compte ou sous le couvert du patriotisme. Je ne vous parle pas de celles des préfets; vous les connaissez. Si l'on vidait les portefeuilles de l'intérieur et de la justice, vous en frémiriez d'horreur, avec votre candeur politique et administrative. Il y en a de belles. Tenez, pour votre édification, il faut que je vous en cite deux. Et d'abord, M. Belmontet...

— Pas possible? Le poète impérialiste, apostat?

> ... Les poètes sont comme les confiseurs
> Partisans de tous les baptêmes.

— Oui, Belmontet nous a écrit, en prose, il est vrai, pour nous assurer de son dévouement à la République ressuscitée. Ce n'est pas tout. Mais celui-ci, je vous le donne en mille.

— M. Rouher, peut-être?

— C'est mieux, mais ce n'est pas cela. M. Rouher a eu des raisons autrefois pour changer; aujourd'hui il n'en a plus. Il est plusieurs fois millionnaire.

Nous ne devinions pas.

— Eh bien ! puisqu'il faut vous le dire, c'est le prince Pierre-Napoléon Bonaparte.

— Le héros d'Auteuil?

—En personne. Il ne dit pas qu'il met son revolver au service de la République; son adhésion n'en est pas moins ferme et accentuée. La preuve en est entre les mains du garde des sceaux, qui, sans doute, lui a fait une place à part, une place d'honneur, dans sa collection des conversions du temps. Ce ne sera pas la moindre des curiosités de cet *album*. »

Un gouvernement abandonné si vite n'était qu'un gouvernement de surface et d'aventure, destiné fatalement à périr. La question avait toujours été seulement de savoir si la mort viendrait du dedans ou du dehors, si les germes de destruction qu'il avait en lui, auraient le temps de se développer, si le torrent de mépris dont parlait M. Louis Veuillot, l'emporterait avant qu'il n'eût accompli le cycle de ses folies et de ses fautes; mais quant au résultat, il ne faisait nul doute.

Ici se place un souvenir que nous n'essayons pas d'écarter, d'autant qu'il nous donne l'occasion de rendre hommage à une noble mémoire.

On lit dans les notes de l'un de nous : « Je rencontrai un soir Bancel chez M. Jules Simon. C'était peu de jours après son beau discours — son dernier, qui fut comme le chant du cygne du tribun mourant — celui qui lui valut un compliment à effet du marquis de Piré, député d'Ille-et-Villaine. On sait qu'à propos d'une phrase où l'orateur parlait de la liberté absente, le marquis lui avait crié de son banc, comme pour protester : « Vous êtes à la tribune la « statue vivante « de la liberté. »

« Après un compliment de ma part, fait plus simplement, sans doute, la conversation s'engagea.

« Tout le monde sentait l'empire s'en aller. Le plébiscite ne paraissait qu'un expédient et un palliatif. Les quinze cent mille *non* des villes pesaient plus que les sept millions et demi de *oui*. On pouvait espérer que le moindre coup de vent, arrivant à point, renverserait l'édifice. Bancel le pensait; je pensais comme lui; seulement nous ne voyions pas venir le coup de vent du même côté : il l'espérait du dedans, je le craignais du dehors.

— Il a contre lui tous les principes, disait Bancel, la force toujours mouvante de la Révolution, la haine irréconciliable du haut et du bas dans les villes. Nous le verrons tomber à l'heure marquée, qui ne peut être loin, comme une loque usée, comme un fruit pourri. Il est une chose contre nature; les monstres ne durent pas; ils ne font pas souche non plus.

— Cela devrait être, répondis-je; mais comment la nature retrouvera-t-elle ses droits? On a pris ses précautions contre elle.

— Oui, l'ignorance des campagnes, l'armée des maires, des juges de paix, tous les petits fonctionnaires, le besoin de l'ordre, la passion du bien-être qui s'étend partout, la candidature officielle forment autour de lui comme une enceinte continue; cela n'empêchera pas de l'atteindre. La candidature officielle est déjà fortement entamée. Le reste viendra à son temps. Le moindre choc le précipitera.

« Je persistais à dire que le choc viendrait du dehors et j'ajoutais :

— Je crains malheureusement qu'il ne soit proche.

« Beaucoup le craignaient comme nous. Ceux-là mêmes qui portaient les coups les plus rudes à l'empire, ne le faisaient qu'en tremblant, redoutant de l'aventurier couronné quelque coup de tête, quelque nouvelle et plus terrible aventure. Cette aventure, plusieurs la prévoyaient, et je n'étais que leur écho quand je disais à Bancel qu'elle me paraissait inévitable. »

Alexis de Tocqueville avait fait, bien longtemps

auparavant, la prédiction qui était alors sur toutes les
lèvres, et il l'avait faite avec une étonnante clair-
voyance.

L'illustre publiciste était à Tours en 1856; il y était
venu faire des recherches pour son dernier ouvrage,
L'ancien Régime et la Révolution. Là, il échangeait
volontiers ses pensées avec le bibliothécaire de la ville,
homme excellent et capable de le comprendre.

Un jour, parlant de l'empire, alors dans toute sa
splendeur, de ses principes de force et de faiblesse, de
ses chances de durée ou de ruine, M. de Tocqueville
dit, sous forme de conclusion : « Hélas ! il ne tombera
que par la guerre, mais il tombera certainement par
la guerre. »

La prophétie était fatale; elle pouvait être faite
avec précision par un homme comme M. de Tocqueville. Il avait en mains toutes les données du problème; il connaissait à fond l'Europe, la société française, l'esprit inquiet et chimérique de l'homme à qui
elle avait laissé prendre toutes ses forces et tous ses
droits, qu'elle avait armé follement de toute sa puissance, n'en retenant pour elle que l'ombre, « sans garder pour ses enfants, comme le disait M. Villemain,
dans ses *Souvenirs contemporains*, en parlant du premier empire, d'autre liberté que celle de mourir. »

Le parti républicain n'avait donc rien à faire pour
déterminer la ruine; la Révolution se faisait d'elle-
même; elle sortait d'un ensemble de fatalités impla-
cables, comme d'un principe sortent ses conséquences.
C'est des blessures de la patrie que naissait la République. Ses ennemis ont cru l'accabler en rappelant le
mot de Lincoln que nous avons déjà cité : « On ne
change pas d'attelage en passant un gué. » Le malheur,
c'est que la France, voulant se défendre et sauver au
moins son honneur, vit presque aussi clairement que
M. de Tocqueville lui-même où était la responsabilité
vraie de ses désastres, et sentit que si elle eût gardé

un chef trop longtemps souffert, elle eût cherché le remède dans le mal même.

Il n'y a pas d'autre explication de cette rapide et universelle adhésion donnée en province à la République. Il parut à l'instinct populaire, comme à la raison politique, que, si le salut devait venir de quelque part, il ne pouvait venir que du gouvernement qui, non seulement divise le moins, mais qui aussi rapproche le plus.

La proclamation de la République éveilla certainement d'autres idées. Dans les régions ardentes et surexcitées, elle ne se présentait pas uniquement comme un instrument de défense ; elle était en outre un instrument politique, et elle ouvrait aux imaginations toutes sortes de perspectives. Des pays de ferme bon sens ne firent pas exception. C'est ainsi que, pour citer un seul exemple, Bancel disait le 17 septembre, dans une profession de foi écrite au fond du Dauphiné : « Si la France de Bonaparte a fini pour jamais ; si, après avoir commencé par le crime, elle a fini par la honte, la France de Montesquieu, de Voltaire, de Mirabeau, de Condorcet, de Danton est immortelle. D'une main, elle chassera l'ennemi, et de l'autre, elle fondera la fraternité des peuples. »

La vérité n'était pas là. S'il était permis à Bancel mourant de se faire illusion sur la disposition des esprits, sur la part exacte qui revenait dans la lutte aux aspirations humanitaires, tout cela, dans son pays même, si patriote et si républicain, était un anachronisme. La perspective, l'espérance de la fraternité des hommes et des peuples, le désir ou le souci de la fonder tenaient bien peu de place, en ce moment, dans les esprits. Bien peu s'élevaient à ces hauteurs et voyaient autour du drapeau de la France les grandes ombres et les grandes idées qui s'offraient à la noble et poétique imagination du candidat à la Constituante. C'est là la différence de 1870 et de 1792. Sans doute la France

de la Révolution n'était nulle part absente; elle a agi
dans plus d'un lieu et n'a pas servi seulement de prétexte aux agitations; mais ce n'est pas en son nom que
les soldats se levaient, même dans les contrées les plus
républicaines, c'était au nom de la France, et quand
ils criaient : *Vive la République!* ils ne criaient pas
autre chose que : *Vive la France!* On ne songeait qu'à
chasser l'ennemi; pour prendre le mot de Bancel, on
voulait relever le drapeau de la France, abaissé par
l'empire, et sauver l'honneur qu'il avait compromis.

La révolution du 4 Septembre n'a pas une autre raison d'être; on ne saurait trop le répéter. Son origine
est la plus pure de toutes, parce qu'elle est la plus profonde.

M. Gambetta, à Tours, disait un jour à M. Marcou :
« Je croirais voler la patrie si je dérobais une heure,
une minute au soin de la Défense nationale pour la
consacrer à la politique intérieure. » Tout le 4 Septembre en province est dans le sentiment qui dicta ces
paroles. Et c'est, pour le dire en passant, parce que
M. Gambetta s'y est maintenu avec une invincible opiniâtreté, qu'il a été suivi par la province dans sa lutte,
et qu'il a trouvé auprès de la France tout entière tant
de crédit... et tant de regrets, un témoignage si profond et si éclatant le jour de ses funérailles. Les nations
ne sont jamais ingrates envers ceux qui ont bien présumé d'elles.

Ici, un souvenir historique bien lointain se mêle à
celui du dénouement de la lutte dont nous allons raconter une partie.

Athènes a été vaincue; le grand orateur qui a con-
seillé de lutter pour l'indépendance de son pays, est
accusé par un rival envieux d'avoir appelé la ville au
péril. Il repousse l'accusation, et, soutenant qu'il y a
entre lui et le peuple une solidarité complète de gloire
ou de honte, que, s'il est coupable, Athènes paraîtra

« avoir failli elle-même dans le passé, et non avoir suc-
combé à la malignité de la fortune, » il s'écrie : « Non,
vous n'avez pas failli, hommes d'Athènes, en choisis-
sant le parti du péril à braver pour l'indépendance et
le salut de tous. Non, je le jure par ceux qui s'expo-
sèrent au péril les premiers à Marathon, et par ceux
qui se sont rangés en bataille à Platée, et par ceux qui
combattirent à Salamine et aussi à la journée d'Arté-
mise, et par beaucoup d'autres couchés aujourd'hui
sous la pierre de nos monuments publics, vaillants
hommes que la patrie, les jugeant dignes du même
honneur, a tous également ensevelis, ô Eschine! et non
pas ceux-là seulement qui avaient triomphé; et elle
était juste en cela; car l'œuvre des hommes de cœur,
tous l'avaient accompli; seulement ils avaient eu la
part de destinée que le Dieu avait faite à chacun
d'eux[1]. »

L'argument est éternel, à moins qu'on ne veuille
reléguer le patriotisme et l'honneur parmi les vertus
des anciens âges que le progrès de la civilisation doit
emporter dans son cours. L'effort est indépendant du
résultat; et il y a des efforts qu'il faut tenter même
avec la certitude du revers. Le général Foy, lisant un
jour devant M. Villemain le fameux paradoxe de
Démosthènes, qui nous est venu involontairement à la
mémoire, disait : « De quelle main cet homme relève
le peuple auquel il s'associe! Et à quel degré il se relève
lui-même en se rendant indépendant de la destinée, et
en se proposant un but moral plus haut que le succès
et qui n'en a pas besoin! A la guerre, dans le monde,
dans la vie publique, partout, il faut ainsi se faire un
idéal de devoir et d'honneur, en dehors de tout calcul
sur les chances de succès et même avec la chance contraire volontairement choisie. De cette sorte, on n'est
jamais trompé; car dans l'amertume des revers, il reste

---

1. Démosthènes, Discours *De la Couronne.*

au cœur la satisfaction et la justice de l'entreprise. Les peuples, comme les individus, doivent ainsi se faire une perspective dominante, un horizon de gloire. »

Le général Foy parlait ainsi en 1825. C'est ainsi qu'il parlerait encore aujourd'hui s'il avait à répondre aux accusateurs du 4 Septembre; c'est ainsi qu'il jugerait l'effort dont nous allons suivre en province les phases diverses.

CHAPITRE I

LA DÉLÉGATION DE TOURS

Avant d'aborder la série des actes de politique et d'administration militaire de la Délégation de Tours pendant la période de quelques semaines qui précède l'arrivée de M. Gambetta — période remplie et comme inondée d'événements — il convient de dire comment se forma la Délégation, sa prise de possession du pouvoir, son personnel, ses principaux auxiliaires, de montrer l'esprit dont elle était animée, et celui qui dominait autour d'elle.

Nous laisserons raconter à M. Jules Simon comment fut décidée et constituée la Délégation. Voici ce qu'il dit à ce sujet dans ses *Souvenirs du 4 Septembre* :

« Nous avions cru devoir établir à Tours une délégation chargée de nous représenter et de nous suppléer pendant la durée du siège.

« En effet, du moment que le Gouvernement restait à

Paris, et que Paris, par l'investissement, allait se trouver isolé du reste du monde, il devenait indispensable de constituer un Gouvernement intérimaire spécial pour la province. Cette question, à partir du 4 septembre, a été constamment à l'ordre du jour. M. Picard en avait démontré l'urgence dans la séance du 5. On y revint le 6 et le 7. Le 8, on prit une nouvelle décision ; c'était de mettre à la tête du Gouvernement intérimaire un ou plusieurs membres du Gouvernement central. Le 9, on choisit la ville de Tours pour la résidence de la Délégation ; on discuta les personnes sans pouvoir se mettre d'accord. On les discuta encore le 11. La difficulté venait de ce que tout le monde refusait de partir.

« Plusieurs personnes insistaient pour que M. Jules Favre fût le chef de la Délégation. Son grand nom rallierait les partis. Il n'était pas raisonnable d'enfermer le ministre des affaires étrangères dans une ville assiégée. On répondait, de l'autre côté, que si les chefs des diverses missions restaient à Paris, ils seraient pour la ville une sauvegarde ; qu'en perdant M. Jules Favre, le Gouvernement perdrait son chef et sa principale force contre les agitations civiles. Enfin, le 11 septembre, M. Jules Favre résout lui-même la question en déclarant qu'il veut rester où est le combat, où sera la souffrance. Nous craignîmes un moment d'être obligés de contraindre quelques-uns de nos collègues à se charger d'une mission que tout le monde repoussait. C'est alors que M. Crémieux prit sa résolution et déclara qu'il était prêt à partir. Sa proposition fut accueillie avec reconnaissance. Deux jours après son départ, M. Glais-Bizoin consentit à aller le rejoindre. On adjoignit à MM. Crémieux et Glais-Bizoin l'amiral Fourichon, déjà ministre de la marine, qui fut chargé en même temps du ministère de la guerre dans les départements. Chaque département ministériel envoya à Tours un représentant avec des instructions spéciales ; ce fut un conseil privé placé auprès de la Délégation et sous ses ordres. Cette ébauche de Gouvernement nous parut suffisante, parce que nous pensions qu'elle serait temporaire. Je crois qu'il aurait fallu, sans désorganiser le Gouvernement de Paris, constituer à Tours un Gouvernement très fort, et cela dès les premiers jours de septembre. Il est très regrettable qu'on ne l'ait pas fait. Tout le monde pensait alors, comme nous, que nous ne serions séparés de nos collègues que pour très peu de jours. M. de Metternich disait à M. Jules Favre : « Si vous pouvez tenir quelques semaines, l'émotion sera profonde en Europe, et les sympathies vous reviendront. » Nous comptions sur une durée de quelques semaines, ce qui nous paraissait à nous-mêmes un peu présomptueux. Le corps diplomatique croyait si peu à une longue durée qu'il se promettait de ne pas aller à Tours. Lord Lyons, en félicitant M. Jules Favre de la résolution qu'il avait prise de rester à Paris, lui disait que le corps diplomatique ferait comme lui, qu'il ne le quitterait pas. Cette assurance nous donna du courage et nous fit espérer l'appui de l'Europe. »

Le récit de M. Jules Simon ne saurait être contesté ; mais on ne peut guère laisser passer sans observations ce qu'il dit de la raison qui empêcha de composer autrement la Délégation. M. Gambetta a dit devant la Commission d'enquête :

« La résistance à Paris ne me sembla pouvoir être efficace qu'à la condition que la province s'y associerait. J'entendais tous les jours dire au conseil qu'il fallait une armée de secours, et je n'apercevais pas d'où elle pouvait venir.

« J'avais réclamé, dès l'origine, que le Gouvernement tout entier sortît de Paris ; je ne comprenais pas qu'une ville qui allait être assiégée et bloquée, et par conséquent réduite à un rôle purement militaire et stratégique, conservât le Gouvernement dans son sein ; je demandais que tout au moins le ministre des finances, le ministre de l'intérieur, le ministre de la guerre, le ministre des affaires étrangères, sortissent de Paris et allassent constituer le Gouvernement en province.

« Je crois que parmi les faiblesses qu'on a pu avoir, celle-là est capitale, et je suis convaincu que les choses auraient tout autrement tourné si le Gouvernement, au lieu d'être bloqué, avait été un Gouvernement agissant au dehors [1]. »

L'opinion de M. Gambetta pouvait paraître trop hardie, on peut l'admettre ; mais quelle raison sérieuse pouvait-on opposer à M. Jules Simon, qui, ainsi qu'il

1. Commission d'enquête. — Déposition de M. Gambetta.

nous l'apprend, désirait que, sans désorganiser le Gouvernement à Paris, on en constituât un très fort à Tours dès les premiers jours ? L'avis qui prévalut, reposait sur la base la plus fragile. Car, pour croire à la fin prochaine des hostilités — seul argument qu'on eût à mettre en avant — il fallait croire ou que l'Europe fût disposée à intervenir d'une manière efficace ou que Paris et les grandes villes fussent disposées à subir sans coup férir des conditions de paix humiliantes, ou enfin que M. de Bismarck renonçât à l'idée de nous en imposer de telles ; et le croire, admettre seulement de telles hypothèses, c'était méconnaître tout à la fois l'état de l'Europe, l'esprit de Paris, le sentiment de l'état-major prussien et la politique de M. de Bismarck[1] ; c'était, pour dire le mot, se laisser aller, de gaieté de cœur et du même coup, à toutes les illusions.

Il y a plus : en supposant qu'on eût eu quelque raison de compter sur deux miracles, sur la modération prussienne et sur l'appui sérieux, efficace de l'Europe, était-ce une raison suffisante pour négliger de faire ce que commandait l'hypothèse contraire, c'est-à-dire la création d'une armée de secours loin de Paris, l'organisation la plus puissante possible de la défense en province, d'un Gouvernement capable de susciter toutes les forces du pays et de surmonter tous les obstacles, s'il devait en surgir ?

Quoi qu'il en soit, la Délégation composée, comme l'a dit M. Jules Simon, arrivée à Tours le 14 septembre

---

1. Nous aurons à revenir plus tard longuement sur ce point : mais on peut se faire une idée de ce qu'il y avait d'illusoire et pour ainsi dire de candide, dans l'opinion qui prévalut dans les conseils du Gouvernement par l'anecdote suivante :

On questionnait un jour M. de Bismarck sur ce qui s'était passé entre lui et Napoléon III dans l'entretien qu'ils eurent, le lendemain de Sedan, dans une très petite chambre, garnie pour tout meuble d'une table et d'une chaise. Après un instant de silence, M. de Bismarck répondit en riant au questionneur :

— Figurez-vous qu'il croyait à notre générosité !

(Voir la *Revue des Deux-Mondes*, numéro du 1er avril 1877).

dans la matinée [1], s'installa immédiatement, et M. Crémieux annonça la prise de possession, le lendemain, par la proclamation suivante :

« A LA FRANCE ! »

« FRANÇAIS !

« L'ennemi marche sur Paris. Le Gouvernement de la défense nationale, livré dans ce moment suprême aux travaux et aux préoccupations que lui impose la capitale à sauver, n'a pas voulu, dans l'isolement où il va se trouver momentanément, que sa légitime influence manquât à nos patriotiques populations des départements, pendant qu'il dirige sa grande œuvre. Il a remis tous ses pouvoirs au garde des sceaux, ministre de la justice, le chargeant de veiller au Gouvernement du pays que l'ennemi n'a pas foulé. Entouré des délégations de tous les ministères, c'est aux sentiments de notre peuple de France que j'adresse ces premières paroles.

« Chacun de nous tient dans ses mains les destinées de la patrie. L'union, la concorde entre tous les citoyens, voilà le premier point d'appui contre l'ennemi commun, contre l'étranger.

« Que la Prusse comprenne que si, devant les remparts de notre grande capitale, elle trouve la plus énergique, la plus unanime résistance, sur tous les points de notre territoire elle trouvera ce rempart inexpugnable qu'élève contre l'invasion étrangère l'amour sacré de la patrie.

« Placé dans un département qui m'a témoigné, dans les plus graves circonstances, les plus vives sympathies [2], je sais que la Touraine est pleine de courage et de dévouement à la République. J'appelle tous les départements à nous soutenir de leur patriotique appui. Souvenons-nous que nous étions, il y a deux mois à peine, le premier peuple du monde. Si le plus odieux et le plus inepte des gouvernements a fourni à l'ennemi les moyens d'envahir notre territoire, malgré les prodiges d'héroïsme de nos soldats, qu'il était impuissant à

---

1. L'amiral Fourrichon n'arriva que le 16.
2. M. Crémieux avait été nommé député par l'arrondissement de Chinon en 1842.

conduire, souvenons-nous de 92, et, dignes fils des soldats de la Révolution, renouvelons, avec leur courage qu'ils nous ont transmis, leurs magnifiques victoires ; comme eux refoulons l'ennemi et chassons-le du sol de notre République.

« Tours, 13 septembre 1870.

« Ad. CRÉMIEUX. »

La proclamation de M. Crémieux fut bien accueillie à Tours. Il eut l'occasion le lendemain de le savoir en développant de vive voix sa pensée en public.

Il y avait eu le soir, au Théâtre-Cirque, une réunion, où l'on avait traité, entre autres choses, de la révocation des maires, adjoints et fonctionnaires compromis par des excès de zèle sous le gouvernement déchu. On y avait pris des résolutions hostiles à l'ancien état des choses et désigné des délégués pour les transmettre au Gouvernement.

M. Crémieux était déjà installé à l'Archevêché. Les délégués furent introduits auprès de lui. Leur mission remplie, il les reconduisit jusqu'à la porte du palais, et là, trouvant la foule assemblée, il lui adressa un discours, dont le *Courrier d'Indre-et-Loire* donna le lendemain le résumé, comme il suit :

« M. Crémieux a commencé par faire ressortir le caractère pacifique de la révolution qui vient de s'accomplir, et dont l'avenir repose sur l'union des citoyens, le développement de la liberté et le maintien inébranlable de l'ordre. Il ajoute que, si la République est généreuse envers ses enfants égarés, elle est juste aussi et saura, l'heure venue, faire à chacun sa part. Mais, a-t-il dit, ce qu'il faut en ce moment, c'est sauver la France et chasser l'ennemi de notre territoire. Les hommes chargés du Gouvernement de la République se dévouent à cette œuvre. Jusqu'à son accomplissement, il faut avoir confiance en eux et leur venir en aide par l'union de tous.

« Cette allocution, terminée par le cri de : Vive la République ! a été suivie de manifestations chaleureuses, et l'assistance s'est paisiblement dispersée après l'avoir vivement applaudie. »

On n'a pas épargné les attaques à la Délégation de Tours, en commençant par celle que présida M. Crémieux. Il lui en est venu de tous les côtés à la fois, des amis comme des ennemis. Il ne pouvait en être autrement : la Délégation ne pouvait pas être plus épargnée que le Gouvernement dont elle était l'émanation et la représentation. L'accueil qu'elle reçut en province, ne se ressentit en rien toutefois sur le moment des antipathies ou des haines qui devaient éclater plus tard au cours des événements ou longtemps après la défaite qu'ils devaient amener. Mais peut-être convient-il pour expliquer l'accueil qui lui fut fait, et dont la manifestation que nous venons de mentionner, peut donner une idée, de rappeler encore la pensée, la politique dominante du Gouvernement sorti de la Révolution du 4 Septembre, et de dire ce qu'en province l'on pensait en général des hommes qui le composaient.

Le Gouvernement, acclamé sous le coup de foudre qui renversait l'empire et installé dans une improvisation patriotique à l'Hôtel de Ville, avait été par cela même dispensé de tout effort d'imagination pour se tracer un plan de conduite, un programme de gouvernement. Gouvernement de Défense nationale, sa mission était dans son titre, sa politique dans son acte de naissance. Tout chez lui devait converger vers la défense ; c'est elle seule qu'il devait avoir en vue. Se servir des forces matérielles qui existaient, en créer de nouvelles, entretenir l'immense foyer de force morale qu'allument toujours les révolutions, profiter du concert des volontés que l'accablante communauté du péril avait formé, aider au patriotisme, le contenir là où il bouillonnait, exciter et tempérer les courages, désarmer les défiances ou arrêter les emportements, soulever le cratère et en diriger les tressaillements, tel était le problème. Rien de plus simple et rien de plus effrayant, quand on se place au milieu des circonstances où il se posait et qu'on se rappelle l'urgence terrible sous laquelle il fallait se débattre.

Il ne s'agit pas de dire en ce moment si le problème fut compris dans toute sa grandeur, si le programme imposé au Gouvernement fut saisi dans toute sa portée et exécuté dans ses obligations les plus rigoureuses; nous n'avons qu'à marquer la pensée première et à la montrer dans ses principaux actes.

Ce n'était point une inspiration vulgaire, que celle qui suggéra aux hommes portés par la Révolution au pouvoir d'emprunter le titre du Gouvernement nouveau aux circonstances, de se dissimuler pour ainsi dire sous ce titre même, d'écarter ainsi toute apparence d'exclusion et de parti, et, tout en maintenant à la Révolution son caractère de victoire républicaine, de lui imprimer, rendre visible à tous les yeux celui de Gouvernement ouvert à tous et par conséquent modéré.

Le nom du général Trochu, orléaniste d'opinion, d'antécédents et de relations, appelé à faire partie du Gouvernement, placé à sa tête, avec son titre de gouverneur de Paris, aurait suffi d'ailleurs pour donner cette signification de gouvernement modéré à la République nouvelle et montrer qu'elle prétendait réunir tous les hommes de bonne volonté sous son drapeau, surtout quand on voyait le général Le Flô appelé au ministère de la guerre et l'amiral Fourichon à celui de la marine. Personne non plus, ne voyait une contradiction à cette idée dans le fait que le pouvoir nouveau s'était formé exclusivement, à part l'exception faite en faveur du général Trochu, des députés de Paris, et personne ne songeait à lui en faire un reproche. C'est Paris qui avait fait la révolution; c'est vers Paris que courait le péril; c'est de Paris qu'on attendait le salut. C'est donc Paris qu'il fallait satisfaire et dominer.

Et quel meilleur moyen pour y réussir que de rassembler au pouvoir toutes les influences que la grande cité républicaine avait reconnues, les hommes qu'elle entourait de sa confiance et de ses sympathies? On voyait, d'ailleurs, dans le Gouvernement qu'elle avait acclamé ou agréé, toutes les nuances d'opinion qu'elle renfermait dans son sein. Les noms de MM. Jules Favre, Picard, Jules Simon, Crémieux, rassuraient les plus modérés dans la bourgeoisie; ceux de MM. Gambetta et Rochefort n'étaient pas sans action, sur les plus zélés, sur cet élément plus passionné, si facile à entraîner à toutes les extrémités de la défiance, dans la fièvre du patriotisme.

On trouvait une autre cause de confiance dans la renommée des hommes et le prestige de talent qui entourait bon nombre d'entre eux. On avait vu rarement réunis dans un même gouvernement, improvisé ou depuis longtemps établi, autant d'hommes distingués ou supérieurs, autant d'esprits éminents ou de capacités reconnues. On comptait sur la réputation militaire du général Trochu, bien qu'on ne la connût que vaguement, moins par les antécédents de l'homme que par sa longue inaction sous l'empire, la vogue d'un de ses livres et ses proclamations des derniers jours, où paraissait éclater l'âme d'un soldat et d'un citoyen. On se plaisait à reconnaître dans M. Jules Favre l'élévation du talent et du caractère, que l'on croyait assagi et trempé en même temps par l'expérience des hommes et des révolutions ; dans M. Ernest Picard, la personnification de l'esprit fin, positif et pratique de la bourgeoisie parisienne; dans M. Jules Simon, une intelligence d'élite, d'une culture étendue et profonde; dans M. Gambetta, une puissance et une hardiesse de parole et d'esprit, qui pourtant ne semblait pas exclure la sagesse ; et de tels personnages, tous versés dans les choses de la politique contemporaine, jouissant d'une réputation ou d'une notoriété européenne, comme d'une grande popularité nationale, paraissaient les meilleurs guides qu'on pût se donner ou accepter dans la crise à traverser.

Leurs collègues ou leurs auxiliaires immédiats, MM. Crémieux, Jules Ferry, Arago, Pelletan, Garnier-Pagès, Dorian, Magnin, etc., n'étaient pas non plus des hommes à dédaigner. M. Crémieux, jurisconsulte éminent, avait montré, dans les derniers débats du Corps législatif, que l'âge n'avait refroidi chez lui ni la science ni l'éloquence. M. Emmanuel Arago n'était pas écrasé par le grand nom de son père. M. Pelletan était un lettré de talent et une conscience. M. Glais-Bizoin passait pour un homme de sens et d'esprit. M. Garnier-Pagès était démodé, mais non déconsidéré, et on lui savait gré d'avoir plus d'une fois dénoncé la guerre. M. Jules Ferry, après s'être exercé dans la presse, non sans esprit, contre M. Haussmann, avait déployé autant de vigueur et de hardiesse que de talent dans maint débat de tribune. M. Magnin avait prouvé bien souvent sa compétence dans les affaires de finances et de commerce au cours de sa carrière, déjà longue, de député. M. Dorian était un homme d'énergie et de science pratique, que sa modestie n'avait pas réussi à dérober à l'attention du public. Il n'y avait pas jusqu'à M. Henri Rochefort qui n'offrît des garanties dans son esprit et son courage. Le général Le Flô et l'amiral Fourichon avaient les antécédents les plus honorables, qu'on se plaisait à rappeler. La crise était insurmontable, si le patriotisme de tels hommes, appelés à un effort commun, ne parvenait pas à la surmonter.

Les républicains n'étaient pas les seuls à paraître satisfaits. On l'a vu par les citations que nous avons faites. La bourgeoisie regrettait de ne pas voir parmi les noms appelés au pouvoir celui de M. Thiers, dont la popularité, déjà si grande, s'était accrue encore par son attitude récente au Corps législatif et son ardente opposition à la guerre ; mais on n'ignorait pas qu'il n'avait dépendu que de lui de faire partie du Gouvernement, et l'on savait gré à celui-ci d'avoir deviné et devancé sur ce point le vœu public.

Cette première impression favorable qui s'attachait aux noms seuls des hommes du Gouvernement nouveau et des auxiliaires qu'il s'était donnés ou qu'il avait voulus, ne fut pas démentie par les actes qui suivirent. Les proclamations adressées *A la population de Paris*, *A la France*, *A la garde nationale*, *A l'armée*, les décrets, les instructions, le choix des hommes, l'ensemble des mesures prises à la première heure ne fit que l'augmenter; car on y sentait bien vivement et sans équivoque possible la même pensée politique, le même esprit de conciliation supérieure, sauf de rares exceptions, et chez tous le même souffle de patriotisme.

Et d'abord, tout fut remarqué et commenté dans la première des proclamations *A la population de Paris*. L'attention se portait sur le dernier paragraphe, où il était dit que le Gouvernement était avant tout un Gouvernement de Défense nationale. Dans l'*Adresse à la France*, où se mêlaient aux noms des membres du Gouvernement ceux de plusieurs députés des départements, tels que MM. Dorian, Guyot-Montpeyroux, Magnin, Ordinaire, Tachard, les représentants du peuple de Paris se disaient placés moins au pouvoir qu'au péril, et, chose rare même en temps de révolution, personne ne doutait de la sincérité de ce langage. La garde nationale entendait dire que la nation tout entière reprenait « ses droits et ses armes, » et il ne lui déplaisait pas d'apprendre que c'était à ses résolutions qu'était due la victoire civique qui rendait la liberté à la France: cela paraissait comme un gage d'entente et de concorde entre toutes les classes de la population parisienne. Enfin, le nom de la République, rappelé dans la proclamation à l'armée et présenté comme le symbole de l'union de l'armée et du peuple pour la défense de la patrie, ajoutait à cette impression, en même temps qu'un rayon d'espérance entrait dans les cœurs au lointain et grand souvenir de gloire et de délivrance que ce nom réveillait.

On se trouve fatalement placé, en temps de révolution, en face de deux politiques, de deux manières de procéder contraires, qui vous enserrent et vous somment impérieusement de passer sous leurs fourches caudines. Comme le changement est inévitable, comme tout se tient dans un système, les institutions et les hommes, pour les esprits absolus, qui ne sont pas les moins puissants alors, tout est à changer et à remplacer, les hommes et les institutions; et vous n'avez rien fait si vous n'avez pas fait table rase. Les autres, les hommes pratiques, au contraire, tirent en sens inverse et croient tout perdu, pour peu que l'on touche à la machine, même au moindre de ses rouages. Les uns, possédés par un idéal longtemps caressé, et d'autant plus dominateur qu'il a plus longtemps attendu, voudraient profiter de l'occasion pour tout refaire sur le modèle qu'ils ont conçu, et demandent pour les choses nouvelles des hommes nouveaux. Les autres, par une plus juste appréciation des réalités, quelquefois aussi par scepticisme, par calcul de prudence et préoccupation d'avenir, résistent et tiennent pour le *statu quo*. C'est la plus rude épreuve des révolutions. Si l'on entre dans la première voie, on court risque de se heurter à la nature des choses et de voir bientôt tout voler en éclats; si l'on préfère la seconde, le danger ne paraît pas moindre : on mécontente ses meilleurs amis, les plus convaincus, les plus énergiques, et l'on est exposé à poursuivre l'œuvre avec des ennemis et des indifférents, heureux encore, lorsqu'on n'a qu'à disputer au découragement, non à écarter violemment, les ardents ouvriers de la première heure.

Le Gouvernement du 4 Septembre, bien que placé dans une situation toute spéciale et aussi peu révolutionnaire que possible, ne pouvait pas cependant échap-

per entièrement à l'alternative ni à ses périls. Il compta
dans son sein des champions de la politique de l'immo-
bilité systématique, et dans plus d'un ministère, sous
prétexte que la politique n'y avait pas accès, on prit le
parti de ne faire aucune concession à l'opinion mécontente et irritée. Plus d'une fois aussi le Gouvernement
de Salut public, sorti des angoisses de la patrie en danger, fut sommé de réaliser sur l'heure les réformes les
plus radicales, les plus difficiles, absolument comme
s'il eût vogué sur une mer tranquille, comme s'il n'avait
pas eu à défendre le sol envahi. Un jour on l'accusait
de se borner à être une sorte de soldat recruteur, et on
lui traçait tout un programme de politique rénovatrice,
qu'à grand'peine on lui permettait d'ajourner jusqu'à
la paix [1]; un autre jour on lui demandait impérieusement la destitution en masse des fonctionnaires, la
défense du pays contre l'ennemi intérieur, l'impôt sur
les riches, etc., etc. [2]. S'il résistait trop, il paraissait se
jouer de ceux qui avaient fait la révolution et qui en
étaient la force; s'il cédait, c'était tout désorganiser.

L'urgence des événements, autant que l'esprit politique, fit que le Gouvernement passa entre les deux
écueils et ne toucha qu'à celui qui, à tout prendre,
offrait moins de périls. Sans rien renier des principes
politiques qu'il avait professés et proclamés, mais sans
en tenter une application immédiate et impossible, il
leur fit une juste part, celle qui pouvait s'accorder avec
les circonstances; et, quant aux personnes, il n'y toucha
que dans la mesure commandée par l'intérêt de la
défense et les exigences absolument raisonnables de
l'opinion, s'attachant exclusivement au point de vue de
la politique générale, laissant à chaque ministère particulier le mérite ou la défaveur de ses actes, la responsabilité de ses résistances et de ses concessions. C'est
ainsi que le serment politique fut aboli, que toutes

1. Le *Réveil*, 14 septembre 1870.
2. Les *Folies-Bergère*, séance du 8 septembre.

entraves à la liberté de la presse, au droit de réunion
furent supprimées, qu'on rendit à la garde nationale la
nomination de ses chefs, aux communes celles de leurs
maires et de leurs adjoints. C'est ainsi que, dans l'ordre
politique, administratif, diplomatique et judiciaire, la
grande masse des fonctionnaires resta intacte, et
que l'on se borna à écarter ce qu'il était impossible
de conserver. On remplaça les préfets, les généraux,
les procureurs, les agents diplomatiques compromis
dans la politique néfaste du régime déchu, et quelques
hauts fonctionnaires qui devaient notoirement leur
élévation à une scandaleuse faveur. Toute mesure
radicale s'attaquant aux situations acquises, comme
toute réforme fondamentale dans l'ordre politique,
économique ou administratif, fut péremptoirement
ajournée. On pensait que le patriotisme peut, dans
les grandes crises, corriger les vices des institutions,
et l'on ne pouvait pas admettre non plus qu'il fût
le privilège d'un parti, l'attribut exclusif d'une opinion
ou d'un idéal politique déterminé, même supérieur.

Cette manière de procéder, malgré la préoccupation
presque unique de l'invasion toujours grandissante,
paraissait de bon augure ; elle ôtait toute prise, semblait-il, à l'hostilité des adversaires, comme à la critique
de cette grande masse des zélateurs de l'ordre accou-
tumé, que toute violence, même légitime, effarouche,
et que tout pouvoir est tenu de rassurer. Aussi le
Gouvernement recevait-il des anciens députés de l'opposition, de ceux qui avaient à peine jusqu'alors touché
aux frontières de la République, de chaleureuses et sincères adhésions. MM. Carré-Kerisouët, Tassin, Cochery, de Choiseul, etc., s'empressaient de lui offrir leur
concours. Plus d'un ancien député officiel même était
heureux d'avoir été maintenu dans une fonction gra-
tuite et demandait à être utilisé dans l'intérêt de la
défense. Et nul doute n'était possible sur la sincérité
des conversions et la loyauté des intentions : la mo-

destie des ambitions était un garant irrécusable[1].

En dehors de l'intérêt de sympathie ou d'adhésion qui revenait au Gouvernement tout entier, grâce à sa politique, trois ministères, rattachés d'ailleurs par leur nature même d'une manière intime à l'action collective du Gouvernement, les ministères de l'intérieur, de la guerre et des affaires étrangères, étaient l'objet, en même temps qu'ils attiraient plus particulièrement l'attention, d'une faveur spéciale.

Le ministère de l'intérieur, si important en temps de crise, parce qu'il tient dans sa main tous les organes essentiels de la vie nationale, l'était bien plus encore aujourd'hui qu'il avait à en secouer l'organisme tout entier, à le surexciter, à en tendre tous les ressorts dans l'intérêt suprême de sa conservation. Aussi tous les yeux étaient-ils fixés sur le jeune ministre appelé à cette grande et formidable fonction. On ne doutait pas de sa vigueur, de son audace, de son patriotisme; on était moins sûr de sa sagesse, et bien peu avaient pu deviner ce rare esprit politique dont il devait donner plus tard, dans des situations bien différentes, des preuves multiples et si décisives.

Les trois actes principaux par lesquels sa politique se traduisit d'abord, répondirent cependant à l'attente de ceux qui le connaissaient, et commencèrent déjà à lui conquérir ceux qui ne le connaissaient pas ou qui n'avaient pu apprécier que le côté extérieur et éclatant de son esprit.

Il faut citer dans son entier la circulaire qu'il adressait le 6 septembre, aux administrateurs provisoires et aux préfets des départements de la République. Sa politique fière et virile s'y marque à chaque ligne.

« Monsieur le préfet, disait-il, en acceptant le pouvoir « dans un tel danger de la patrie, nous avons accepté de « grands périls et de grands devoirs. Le peuple de Paris,

---

1. M. Genton demandait à être maintenu maire dans son village.

« qui, le 4 septembre, se retrouvait après une si longue
« absence, ne l'a pas entendu autrement, et ses acclamations
« veulent dire clairement qu'il attend de nous le salut de la
« patrie.

« Notre nouvelle République n'est pas un Gouvernement
« qui comporte les dissensions politiques, les vaines que-
« relles, c'est, comme nous l'avons dit, un Gouvernement de
« défense nationale, une République de combat à outrance
« contre l'envahisseur.

« Entourez-vous donc des citoyens animés comme nous-
« mêmes, du désir immense de sauver la patrie et prêts à
« ne reculer devant aucun sacrifice.

« Au milieu de ces collaborateurs improvisés, apportez le
« sang-froid et la vigueur qui doivent appartenir au repré-
« sentant d'un pouvoir décidé à tout pour vaincre l'en-
« nemi.

« Soutenez tout le monde par votre activité sans limites,
« dans toutes les questions où il s'agira de l'armement, de
« l'équipement des citoyens et de leur instruction militaire.

« Toutes les lois prohibitives, toutes les restrictions si
« funestement apportées à la fabrication et à la vente des
« armes ont disparu.

« Que chaque Français reçoive ou prenne un fusil et qu'il
« se mette à la disposition de l'autorité. *La patrie est en*
« *danger*.

« Il vous sera donné jour par jour des avis concernant les
« détails du service. Mais faites beaucoup par vous-même,
« et appliquez-vous surtout à gagner le concours de toutes
« les bonnes volontés, afin que, dans un immense et una-
« nime effort, la France doive son salut au patriotisme de
« tous ses enfants!

« Recevez, etc.

                                      « L. GAMBETTA. »

Personne ne doutait que la politique ne fût chez
M. Gambetta la servante du patriotisme. La rapidité
des événements obligeait à modifier à tout instant les
dispositions et les actes ; ainsi, le décret du 16 septembre, relatif à la convocation d'une Constituante,
ne parut que pour être presque aussitôt supprimé.

Mais les variations d'une politique dominée de si haut par une fatalité terrible, ne paraissaient, quelles qu'elles fussent, que trop légitimes. On n'avait pas l'idée alors de reprocher au Gouvernement de faire de la dictature pour son compte. Les instructions de M. Gambetta, alors même qu'elles restaient lettres mortes, frappaient autant par la franchise de ses déclarations politiques que par la sincérité d'accent, non équivoque assurément, de son patriotisme.

Ce qui ne frappa guère moins l'opinion désintéressée de toute autre préoccupation que celle du bien public, ce fut le choix des fonctionnaires chargés d'appliquer dans les départements la politique du ministre, et l'esprit qu'ils venaient y apporter.

Les mesures les plus sages, les mieux appropriées aux circonstances ne sont rien que des abstractions vaines, si elles ne rencontrent pas des hommes qui en comprennent l'esprit, et, ce qui est bien plus rare, qui soient capables de les faire passer dans les faits, de les appliquer avec justesse, de les exécuter avec les tempéraments voulus, en tenant compte des lieux et, pour ainsi dire, des accidents de terrain. C'est là une des plus grandes difficultés de tous les gouvernements, quels qu'ils soient, et quelles que soient les circonstances et les conjonctures : mais combien la difficulté n'est-elle pas plus grande, quand les gouvernements sont à peine installés, quand les circonstances sont pressantes, quand les conjonctures sont les plus impérieuses ! Il faudrait du temps pour bien choisir et il faut choisir sur l'heure ; il faut discerner du premier coup d'œil dans la foule des compétitions, compétitions le plus souvent légitimes et d'autant plus troublantes, celles qui répondent le mieux aux nécessités du moment ; il faut enfin se démêler dans le chassé-croisé des influences, dans le conflit des ardeurs de zèle qui les suscitent ou les soutiennent.

Une des choses qui prouvent le plus en faveur du

parti républicain militant sous l'empire, qui démontrent sa force acquise, et combien il plongeait déjà dans les classes éclairées de la France, c'est que cette difficulté si grande . n'ait pas été insurmontable et qu'après avoir pourvu Paris, M. Gambetta ait pu trouver, pour les départements, dès la première heure et sans préparation aucune, tant d'hommes à la hauteur de la mission déterminée par ses circulaires.

Il suffit de jeter les yeux sur les premières listes des préfets du 4 Septembre pour se faire une idée du bon esprit qui avait présidé aux choix, comme des ressources morales du parti. On y voit des esprits éminents, écrivains ou administrateurs, des avocats de talent, distingués soit au barreau de Paris, soit dans ceux des provinces, des journalistes dont les écrits avaient révélé des esprits politiques ou des capacités administratives, d'anciens administrateurs déjà éprouvés dans d'autres temps difficiles, d'anciens députés proscrits ou restés à l'écart sous l'empire, médecins, industriels, propriétaires, que l'opinion publique désignait dans les départements aussi bien que leurs antécédents et leur caractère.

Pour ne parler que de ceux qui ont un nom ou seulement une notoriété, il serait difficile, même aux gouvernements qui n'ont pas à délibérer sous la pression des événements, qui ont eu tout le loisir voulu pour choisir, de pouvoir offrir un ensemble d'administrateurs comme celui où l'on distingue les noms de MM. Marc Dufraisse, Challemel-Lacour, Alphonse Gent, Esquiros, Le Noël, Charton, Ricard, Guépin, Rabaud-Larivière, Brillier, Allain-Targé, Frédéric Morin, Albert Christophe, Georges Le Chevalier, Eugène Delattre, Le Canu, Valentin, Testelin, etc. Sans doute plus d'un succomba sous le poids. M. Esquiros, fatigué, malade, accablé par un deuil de famille, resta au-dessous de sa tâche et de lui-même. D'autres ne purent se tenir longtemps à la hauteur d'une situation extraordinaire, qui demandait presque des forces surhumaines, et que chaque jour encore aggravait. Mais, sauf de rares exceptions, chacun se montra digne du mandat qu'il avait reçu, et occupa son poste de combat à son honneur et à l'honneur de celui qui l'y avait placé.

La popularité de M. Gambetta, déjà grande, s'accrut encore et s'étendit grâce aux divers actes que nous venons de rappeler, et ce ne fut pas seulement dans le parti républicain que son patriotisme parut aussi énergique qu'éclairé ; bien des préventions excitées contre l'homme politique s'effacèrent, bien des espérances s'attachèrent à lui. Le général Trochu seul peut-être avait le privilège d'une confiance plus grande, sinon d'un prestige supérieur, qu'expliquait trop bien son nom militaire, dans une crise qui ne pouvait guère se dénouer que par les armes.

La foule, sous quelque forme que le danger se présente, a besoin d'espérer et de se confier. Le général Trochu, en province comme à Paris, paraissait l'homme de la situation. L'unanimité d'approbation qui l'avait mis à la tête du Gouvernement, était une raison toute trouvée de confiance, que la masse saisissait avec avidité. Il y avait eu, en outre, avant son avènement, des incidents qui l'avaient désigné et comme recommandé à l'opinion. Avant que les événements de Sedan ne fussent connus, avant que l'idée de la déchéance ne se fût nettement dégagée et que la résolution suprême eût été prise de sauver la France sans l'empire et contre l'empire, les yeux s'étaient déjà tournés vers le gouverneur de Paris. Dans la séance du 3 septembre, M. Jules Favre, agitant la question du salut, avait laissé tomber ces paroles de la tribune : « Ce qui est nécessaire, c'est que pour éviter toute confusion, tous les partis s'effacent devant un nom militaire qui prenne la défense de la nation : ce nom est connu ; il est cher au pays, il doit être substitué à tous les autres. Devant lui doivent s'effacer

tous les fantômes de gouvernement. Voilà le remède ;
je le dis à la face du pays ; que le pays m'entende! »
Et le lendemain, la catastrophe connue, mais quand le
Corps législatif délibérait encore, avant que le peuple
ne cherchât son refuge dans la République, la foule
s'était portée au Louvre où était le gouverneur, s'était
jetée dans ses bras et avait comme placé dans ses
mains l'épée de commandement. Il y avait dans tout
cela plus qu'il ne fallait pour provoquer l'enthousiasme
et aider à ce besoin immense d'espérer, si naturel
dans l'immensité du péril.

Ce n'est pas cependant que l'engouement fût universel. Plus d'une crainte se mêlait aux espérances attachées au nom du général, et des doutes s'élevaient çà
et là sur sa capacité, sur la portée et la rectitude de ses
vues. Quelques-unes des mesures dont il avait pris l'initiative ou qu'il avait adoptées, étaient déjà l'objet de
vives critiques, par exemple, la concentration à Paris
des mobiles appelés de province et des meilleures troupes disponibles, comme le corps d'armée du général
Vinoy. On allait même jusqu'à contester l'excellence
de l'idée fondamentale de son système, qui était de
faire de Paris l'axe de la défense. Mais ces critiques,
ces griefs anticipés, les pressentiments qui en naissaient, ne parvenaient pas au gros du public. C'est à
peine s'ils trouvaient accès auprès du patriotisme om-
brageux des clubs. Les hommes compétents, en petit
nombre, qui leur donnaient crédit, ne les exprimaient
que dans le particulier, discrètement et à contre-cœur.
Le prestige du gouverneur de Paris restait intact,
aussi bien auprès de ceux qui, dans le danger commun,
songent surtout à leur parti, qu'auprès de ceux pour
qui il n'y a « d'irrémédiable que la perte de l'État [1], »
et dont le principal souci était l'invasion et ses suites.

Le ministre des affaires étrangères, placé dans un

--

1. Mot de Henri IV.

rôle différent, mais aussi lourd en ce moment, occupait
également l'attention, et l'on s'attachait avec d'autant
plus d'ardeur à ses actes qu'on mettait plus de prix au
but qu'il s'agissait d'atteindre et qu'on eût désiré surtout y arriver par lui.

Le 3 septembre, le lendemain de Sedan, comme après
les premiers revers, trois choses étaient possibles pour
le gouvernement français. Il pouvait, à l'exemple de
l'Autriche après Sadowa, arrêter l'invasion en subis-
sant les conditions du vainqueur, dont la première
était la cession de l'Alsace et de la Lorraine, ou continuer la guerre en déclarant n'entendre traiter qu'après
l'évacuation du territoire, ou enfin négocier sur des
bases acceptables. Le 4 Septembre, après le renverse-
ment de l'empire, il n'y avait plus que deux issues : le
Gouvernement de la Défense nationale, par le fait seul
de son existence et de son titre, s'était fermé la voie
de la reddition à merci : il n'avait plus devant lui que
celle de la guerre intraitable ou celle d'une entente pacifique, qui, tout en faisant sa part à la fortune, sauve-
gardait l'indépendance et l'intégrité du sol, condition
et réserve nécessaires, sans lesquelles un peuple se rend
et ne négocie pas. Mais, pour être simplifiée, la situation n'en était ni moins embarrassante ni moins redoutable. Pour quiconque connaissait l'esprit de l'armée
prussienne, la politique d'ambition circonscrite, mais
implacable et résolue de M. de Bismarck, il était évident que le vainqueur ne s'arrêterait pas dans sa victoire et qu'ayant enfin sous la main l'objet d'une longue
convoitise, il n'aurait pas la modération de s'en absté-
nir. Toute tentative de négociations était donc absolument vaine, et dès lors nuisible, car elle ne pouvait
avoir pour effet que d'avouer notre faiblesse et d'énerver
par cela même la défense. Mais, d'un autre côté, comment ne pas tenir compte de l'état de l'opinion, qui,
inclinant vers la paix, se complaisait dans l'illusion de
conditions honorables? Et comment s'exposer, en cas

de revers, au reproche d'avoir pu les éviter et de ne
l'avoir pas voulu ? C'était une grave responsabilité, que
le Gouvernement déclina. Il le pouvait sans se compromettre : ses antécédents, ses opinions connues, l'opposition qu'il avait faite à la guerre, lui permettaient de
faire appel à la modération, aux idées de paix, de droit,
de civilisation qui peuvent la déterminer en embar-
rassant celui auquel on s'adresse, en jetant dans la
balance le poids de la force morale, de l'opinion.

Aussi, les deux circulaires du ministre des affaires
étrangères adressées aux agents diplomatiques, où
cette politique était expliquée, furent-elles généralement approuvées. On y trouvait les deux sentiments
qui se disputaient la conscience nationale, le désir de
voir cesser la guerre, que l'on prévoyait difficile et terrible, et celui de sauvegarder l'honneur de la France,
qui ne reconnaissait qu'en frémissant la nécessité de
la paix et ne pouvait se résoudre à l'admettre impé-
rieuse et sans conditions. M. Jules Favre parut alors
l'interprète et comme le héraut de la conscience du
pays. On ne lui sut pas moins de gré de la phrase où il
disait que nous ne céderions ni un pouce de notre territoire, ni une pierre de nos forteresses, que de celle où,
après avoir rappelé que les hommes qui composaient
le Gouvernement avaient défendu naguère énergiquement la politique de la paix, il déclarait qu'il y persévé-
rait avec une conviction de plus en plus profonde [1].
L'idée, exprimée dans la seconde circulaire [2], d'une
juste solidarité entre la nation qui s'était laissé entraîner à la guerre, et le Gouvernement qui l'y avait entraînée, comme celle d'une rançon à payer, était acceptée
sans répugnance. Peu s'en fallut que l'on ne se dît :
plaie d'argent n'est pas mortelle. L'on n'admettait pas,
pour cela, que la France pût en supporter une autre,

---

1. Circulaire du 6 septembre 1870.
2. Circulaire du 16 septembre 1870.

une blessure d'honneur, une mutilation de territoire, sans un effort suprême et désespéré.

C'est au même point de vue qu'était appréciée et approuvée la mission de M. Thiers. Bien qu'un secret instinct avertît de son inutilité et qu'il s'élevât quelque doute sur sa dignité parmi les délicats, la plupart n'y voyaient que le désir d'arriver à la paix en maintenant la France dans sa position séculaire, — aussi nécessaire dans nos temps qu'autrefois à l'équilibre de l'Europe, — et ce sentiment ne contribuait pas médiocrement à la faveur dont jouissait le ministre des affaires étrangères.

Ainsi, le Gouvernement de la Défense nationale, au moment où la Délégation arrivait à Tours, n'était pas seulement accepté et obéi de tous : il avait autour de lui la France tout entière. Les suffrages les plus réfractaires étaient acquis à sa politique à l'intérieur, comme à l'attitude qu'il avait prise au dehors et devant le vainqueur. L'irrégularité de son origine se perdait, pour ceux qui y avaient songé, dans l'unanimité d'approbation que lui valaient sa sagesse, son patriotisme, et dans une sorte de gratitude pour les efforts qu'il sollicitait en vue de la défense, pour couvrir par la guerre, s'il ne le pouvait pas autrement, l'indépendance et l'honneur du pays.

La Délégation, qui venait représenter Paris en province, bénéficia tout d'abord de la faveur dont jouissait le Gouvernement tout entier. L'accueil fait à la proclamation de M. Crémieux et les applaudissements qu'il reçut lui-même le lendemain à l'Archevêché, s'adressaient autant à l'Hôtel de Ville qu'à son principal délégué. Il avait droit cependant à une part propre dans la confiance populaire, et elle ne lui était pas marchandée. Nulle prévention non plus contre ses collègues ni contre le personnel administratif, ancien ou nouveau, dont le Gouvernement était entouré. Il n'y avait dans la faveur commune que des degrés à l'égard de ceux qui étaient connus, et des dispositions de sympathie pour ceux qui ne l'étaient pas.

Aujourd'hui, on peut dire sans crainte qu'à tout prendre et en s'en tenant à l'essentiel, c'était justice. La Délégation tout entière apportait à Tours la résolution de remplir son mandat avec un véritable dévouement. Des trois personnes qui la composaient, deux partageaient tous les sentiments du Gouvernement de Paris, M. Crémieux et M. Glais-Bizoin : ils étaient même partisans de la guerre à outrance. L'amiral Fourichon aussi, bien qu'il n'eût pas une grande confiance dans le succès de l'entreprise [1], avait adopté de cœur le programme de M. Jules Favre, qui avait toujours été, même avant l'entrevue de Ferrières, ou une paix honorable ou la continuation de la guerre. Il pouvait différer de ses collègues sur les moyens, il ne différait pas sur le but, sur la nécessité de défendre, jusqu'aux limites du possible, l'honneur de la France et l'intégrité de son territoire.

M. Laurier, avec l'autorité qui lui appartenait à titre de témoin intelligent et loyal, a parlé comme il suit de MM. Crémieux, Glais-Bizoin et Fourichon, sans se dissimuler lui-même, dans sa déposition devant la Commission d'enquête :

« Je connaissais beaucoup M. Crémieux ; j'ai pour lui la plus vive et la plus tendre affection ; j'ai été pendant sept ans son chef de cabinet et il m'a rendu des services que je ne saurais oublier, mais tout en le respectant beaucoup, je trouvais qu'il n'était pas l'homme voulu pour faire face aux exigences dévorantes de la situation. Il y fallait plus de jeunesse et de virilité ; je le lui ai dit à lui-même, et par conséquent, je puis le répéter ici.

« A Tours, M. Crémieux fut d'abord le seul membre du Gouvernement ayant dans son portefeuille tous les portefeuilles amalgamés. Au bout de trois ou quatre jours,

---

1. Voir la déposition de M. Glais-Bizoin.

nous vîmes arriver M. Glais-Bizoin, puis enfin l'amiral Fourichon. Voilà en quoi se résumait le Gouvernement de Tours.

« Avant la révolution, je ne connaissais pas l'amiral Fourichon, et je dois dire que je n'ai jamais vu plus galant
homme, homme plus ferme, plus déterminé dans toutes les
questions d'honneur et de devoir. Mais j'ajoute que ces
trois messieurs réunis n'avaient pas cette qualité particulière qui domine toute la politique, qui est indépendante du
talent ou de la volonté des individus, parce qu'elle appartient aux courants supérieurs de l'opinion publique et qui
s'appelle l'*autorité*. Malgré les infinies qualités de M. Crémieux, malgré la bonne et franche loyauté de M. Glais-
Bizoin, malgré l'énergie et le courage de l'amiral Fourichon, ce triumvirat n'avait pas la qualité maîtresse essentielle que je viens de dire, l'*autorité*.

« La France n'entendait pas être gouvernée par MM. Crémieux, Glais-Bizoin, Fourichon et Laurier ! Elle nous aurait
peut-être acceptés dans des rôles plus effacés, mais comme
acteurs principaux de ce drame, elle ne voulait pas de nous.
Véritablement il manquait un chef, je ne dis pas un maître ;
et l'insuffisance de notre direction ne tarda pas à se faire
sentir, comme bien vous pensez. »

Certes, nous souscrivons à ce jugement. Seulement,
nous ajouterons ce que dit M. Marc Dufraisse, dans sa
déposition, en parlant de la Délégation avant l'arrivée
de M. Gambetta, que « il n'y avait pas de vie, pas de
souffle dans ce Gouvernement à tant de têtes[1], ou du
moins, que le souffle et la vie y subissaient des défaillances fréquentes, en dépit de la ferme résolution où
l'on était, de respirer et de vivre.

---

1. *Enquête parlementaire*, déposition des témoins, t, IV, p. 419,
M. Marc Dufraisse revint plus d'une fois à cette appréciation devant la
Commission d'enquête. Il vient de dire :

« Le gouvernement de Tours résistait aux mesures qui lui paraissaient
excéder les bornes strictes du droit commun !

Le président. — Il ne se sentait pas fort, et sa modération était moins
méritoire.

M. *Marc Dufraisse.* — C'est vrai, monsieur le président, il n'était pas
fort ; mais je vous certifie que faible ou puissant, ce gouvernement répugnait à l'adoption de mesures exceptionnelles (p. 420, 421).

Nous aurons à parler longuement des actes de la
politique intérieure de M. Crémieux; nous tenons à
dire, dès à présent, quel esprit il apportait dans l'administration spéciale qui lui était confiée. Il a cru devoir
le justifier ou l'expliquer devant la Commission d'enquête et devant l'opinion. Voici ce qu'il dit dans sa
déposition : « Enfin, Messieurs, quand vous aurez lu
mon compte rendu, dans la partie qui concerne le
ministère de la Justice, vous serez, je l'espère, d'avis
que, si j'avais de grands devoirs à remplir, les obstacles
qu'il fallait vaincre et les réclamations malheureusement trop légitimes qui s'élevaient contre la magistrature impériale, rendaient l'accomplissement de sa
mission bien difficile au ministre, qui voulait concilier
la loi écrite avec la loi de la conscience, et qui devait
couvrir de sa protection légale ceux qu'il regardait
comme ayant imprimé la honte au caractère sacré du
magistrat[1]. » M. Crémieux aurait mieux fait, puisqu'il
croyait devoir descendre à une apologie, de se contenter de citer deux faits qui sont caractéristiques et le
peignent tout entier.

M. de la Guéronnière, venant de Constantinople,
avait été arrêté à Marseille. Aussitôt qu'il en est avisé,
le garde des sceaux s'empresse de télégraphier au procureur général d'Aix : « Qu'est-ce que l'arrestation de
M. de la Guéronnière et madame, gardés à vue dans
un hôtel? Si la Justice n'est pas intéressée, mettez en
liberté. Au nom du ciel, pas de persécution[2]. »

La seconde dépêche, adressée le 30 septembre à
M. Esquiros, mérite plus d'attention.

Deux politiques étaient en présence, à Paris et en
province, dans le parti républicain : la politique
modérée et la politique toute révolutionnaire. Le
Gouvernement avait pris parti pour la première. Quelques-uns de ses représentants dans les départements

---

1. Déposition devant la Commission d'enquête, t. I, p. 578.
2. Dépêche du 21 septembre, 9 h. 28 soir.

avaient adopté la seconde ou n'avaient pas su y résister. M. Esquiros était de ceux-ci : le Midi l'avait entraîné. Toutes les passions étaient excitées autour de lui. On en voulait surtout à la magistrature, qui, malheureusement, s'était compromise dans la politique impériale. A Marseille, à Tarascon, on avait été forcé de suspendre les audiences du tribunal. Une manifestation populaire avait éclaté à Aix contre les hommes de la cour. La guerre civile était à craindre, si l'on résistait à un mouvement qui était général. M. Esquiros demandait, pour conjurer ce malheur, la destitution pleine et entière des magistrats compromis. M. Crémieux résiste, et répond par la dépêche suivante aux instances de M. Esquiros :

« 30 septembre, 1 h. 30 m. soir. — Il n'y a donc pas de Gouvernement pour Marseille et pour le département des Bouches-du-Rhône, sur lequel nous avions tous compté quand nous vous en avons confié la direction républicaine? Que me parlez-vous de destituer les magistrats qui se sont dégradés sous ce vil despotisme de vingt ans ! Qui voulez-vous que je frappe? Tous !... Faut-il donc briser innocents et coupables? Et les lois n'existent donc plus? Je remplace procureurs généraux, procureurs impériaux. Je fauche les juges de paix, tout ce qui s'est signalé. Parmi les magistrats amovibles, je renverse, mais je ne puis pas toujours remplacer. Un quart de la France envahie ou bloquée m'enlève les hommes que je pourrais choisir.

« .... Enfin, vous vous trompez d'époque. Nous voulons une république qui concilie, vous faites une république qui terrifie. Une bonne loi d'organisation judiciaire, en renversant tous ces juges serviles, assurera désormais la dignité de la justice.

« Les Prussiens nous enveloppent et nous enserrent, et nous nous battons entre nous ! Chaque soulèvement entre nos concitoyens est un triomphe pour l'ennemi. Oh ! mes Marseillais ! mes Marseillais ! mes républicains modèles ! Comment donc comprenez-vous les destinées que nous voulons faire à la patrie? Facilitez-nous le Gouvernement par votre précieux concours, et que l'ennemi qui compte sur nos

divisions, nous voyant tous marcher ensemble au combat,
se souvienne de l'immortelle devise de notre république :
L'union fait la force ! »

Ce n'est pas que M. Crémieux se fît illusion sur les dangers de l'esprit de réaction, dont Marseille poursuivait
jusqu'à l'ombre dans M. de la Guéronnière, ni même
sur l'urgence des mesures d'énergie et de salut public
demandées sur bien des points. Ainsi, dans les premières dépêches envoyées de Tours, le 14 septembre,
il dénonçait le pays comme ayant besoin d'être régé-
néré ; il déclarait que les administrations municipales
étaient désastreuses, et devaient être profondément
modifiées ; il n'hésitait pas à se prononcer, contre
M. Gambetta, comme nous le verrons plus amplement
ailleurs, en faveur de la prolongation de la dictature
patriotique sortie de la Révolution du 4 Septembre. Le
plus souvent même il marchait d'accord avec ses collègues plus jeunes du Conseil, qui voulaient plus de
vigueur dans l'action[1], particulièrement après la déclaration de guerre à outrance. Mais, chez lui, l'homme
dominait le politique ; il aurait voulu une guerre pour
ainsi dire pacifique, et, comme le disait l'un de nous
un jour en sortant du Conseil « faire des omelettes
sans casser des œufs. »

M. Glais-Bizoin est, de tous les membres de la
Délégation, celui que l'on a le plus attaqué. « M. Glais-
Bizoin, dit une histoire faite, il est vrai, de parti pris,
bien que favorable en général au Gouvernement de la
Défense, tourbillonnait dans le vide, bourdonnant
comme une mouche qui vole, vire et se heurte sans
cesse au même carreau de vitre, ne devinant pas à
quel obstacle elle se heurte[2]. » Le jugement, pour être
exprimé d'une manière irrévérencieuse, a sa part de
vérité ; mais l'insuffisance de M. Glais-Bizoin était trop

---

1. Dépêches des 17 et 18 septembre, du 25 septembre 10 h. matin et
11 h. 45 m. soir.
2. Carra et L. Noir. *Histoire de la Défense nationale*, p. 10.

notoire, et les adversaires qui ne respectent rien,
même la supériorité, ne pouvaient épargner ce qui
offrait tant de prise. Cela est trop naturel pour qu'on
le remarque. Ce qui l'est moins, c'est ce qu'a dit
M. Jules Favre devant la Commission d'enquête, pour
expliquer la présence de l'ancien député des Côtes-du-
Nord dans la Délégation envoyée en province. « Nous
avions, dit-il, l'habitude de considérer M. Glais-Bizoin
comme un homme très courageux, très ferme. Notre
opinion était que, dans le pays, il pouvait exercer une
grande influence[1]. » Certes, il serait injuste de refuser
à M. Glais-Bizoin le courage personnel (il en avait
donné naguère plus d'une preuve) ou la fermeté des
convictions, et même, en se reportant au passé, la
fermeté du caractère ; mais il est difficile de ne pas
sourire, de ne pas songer aux illusions de l'amitié, à
l'optimisme de l'esprit de parti, quand on entend un
homme aussi éminent que M. Jules Favre présenter
M. Glais-Bizoin comme pouvant « exercer une grande
influence » en province. Sa tournure d'esprit, son
manque complet de gravité, son activité remuante,
fébrile, son besoin presque maladif d'être et de paraître partout en scène, auraient dû avertir ses amis, non
seulement qu'il ne pouvait avoir aucune influence,
mais qu'il avait précisément tout ce qu'il fallait pour
compromettre l'autorité de la situation où le hasard
d'une révolution venait de le porter.

M. Crémieux a dit, ce qui est plus grave et plus vrai :
« Glais-Bizoin a fait bien des choses que nous ne
savions pas toujours[2]. » Ajoutons que, par bonheur,
ces choses-là étaient presque toujours des choses petites,
insignifiantes, qui compromettaient plus l'homme que
la défense, mais qui rejaillissaient un peu sur le Gouvernement.

L'amiral Fourichon était loin d'avoir ces ambitions

---

1. Déposition devant la Commission d'enquête, t. I, p. 336.
2. Déposition devant la Commission d'enquête, t. I, p. 6.

brouillonnes que M. Crémieux vient de signaler dans
son collègue de la Délégation. Il avait la gravité que
demandait son grand rôle, et ceux-là mêmes qu'il ne
satisfaisait pas toujours, savaient le prendre au sérieux.
Au sein du Gouvernement, dans la partie ardente, que
toute apparence de tiédeur irritait, il s'en faut qu'il
rencontrât toujours faveur et approbation. Bien des
reproches lui étaient adressés : on lui refusait le feu
sacré : on l'accusait de manquer de foi, d'énergie, d'initiative, de montrer un respect exagéré de la hiérarchie,
du formalisme administratif, et d'être par là trop souvent un obstacle. « Toutes les mesures qui soulève-
raient la France, disait M. Laurier, dans une dépêche
du 25 septembre, sont entravées et repoussées par
l'amiral. C'est un honnête homme, mais tout à fait
court d'esprit, entiché de la hiérarchie et des règles
ordinaires, tandis que nous ne pouvons nous sauver
que par l'extraordinaire. » Mais ces reproches, comme
les conflits, les scènes d'intérieur auxquelles la divergence des opinions et des caractères donnait lieu quelquefois, ne transpiraient pas encore en ce moment au
dehors.

La Délégation avait auprès d'elle un comité consultatif, qui était composé des représentants de chacun
des départements ministériels et des chefs des grands
services administratifs. M. Laurier y figurait le ministre de l'Intérieur, avec le titre de Directeur général,
M. de Roussy le ministre des Finances, M. de Chaudordy le ministre des Affaires étrangères, M. Dumoustier de Frédilly celui du Commerce, M. Silvy celui de
l'Instruction publique.

Le Conseil du Gouvernement, proprement dit, ne
comprenait que MM. Crémieux, Glais-Bizoin, Fourichon
et Laurier. Mais il s'adjoignait le plus souvent M. Steenackers, Directeur général des lignes télégraphiques,
M. Lecesne, président de la Commission d'armement,
et, dans certaines circonstances, d'autres encore, des

notabilités du parti républicain de passage à Tours, dont le dévouement et les lumières inspiraient confiance, comme MM. Marc Dufraisse, Alphonse Gent, etc. Ceux-ci, M. Laurier lui-même, n'avaient que voix consultative.

Les républicains étaient en majorité dans le Conseil. Indépendamment de MM. Crémieux, Glais-Bizoin et Laurier, il y avait M. Steenackers, qui s'occupait ardemment de l'organisation de la télégraphie militaire et des communications de la province avec Paris, M. Lecesne, homme habile, de sens positif et pratique, qui fit tous ses efforts pour hâter notre armement, et M. Cazot, intelligence vigoureuse et ferme, d'une puissance de travail et d'un dévouement que rien ne fatigue. Les autres, l'amiral Fourichon, MM. de Chaudordy, Silvy, Dumoustier, de Roussy, avaient des opinions différentes ou n'avaient aucun parti pris absolu en politique. Mais, républicains, non républicains ou indifférents, tous se ressemblaient en un point, le service du pays, et tous rivalisaient de zèle dans l'intérêt de la défense, qu'ils ne séparaient pas, en ce moment, de celui de la République.

M. de Chaudordy, dans un rapport adressé à M. Jules Favre, le 26 septembre, après l'échec de Ferrières disait : « Nous travaillons avec le plus grand zèle en suivant toutes vos inspirations. J'agis de mon côté avec ardeur pour pousser ici le Gouvernement à soulever les provinces, et à jeter toutes les forces régulières et irrégulières sur les derrières des Prussiens. »

Nous ne sommes pas dans un temps ni dans un pays où il faille s'étonner de la divergence des opinions. Pour dire le vrai, là même où se rencontre l'accord des sentiments et des volontés sous le rapport politique, il y a encore une large part pour d'autres dissentiments. Ce qui se passait au sein du Conseil du Gouvernement de Tours nous en donnait chaque jour la démonstration. M. Marc Dufraisse a fait sur ce point

des révélations qui ne sont pas édifiantes. On était
unanime dans la préoccupation du but; on ne s'entendait pas toujours sur le choix des moyens. Celui qui
disait, emporté par les ardeurs du patriotisme et le
courant du sentiment public : « Je suis d'avis de l'action violente et je voudrais pouvoir sonner le tocsin
d'alarme partout, » ajoutant : « J'envie ceux qui sont
au combat[1], » ne pouvait guère s'entendre avec
l'amiral Fourichon, qu'il accusait de « répugner aux
mesures révolutionnaires[2], » et qui ne voulait à aucun
prix rompre avec les habitudes et les règles administratives. Sauf l'amiral, qui s'était donné une consigne
inflexible, au point de ne vouloir pas accepter majorité ni même unanimité contre lui,[3] les autres ne restaient pas toujours fidèles à eux-mêmes et déviaient,
sous le choc des événements, des impressions du
dehors et des impressions spontanées ou réfléchies
de leur propre pensée. M. Laurier écrivait le 24 septembre à M. Challemel-Lacour : « Agissez avec la
plus grande modération et les plus grands tempéraments[4], » et le lendemain, il disait au Gouvernement
de Paris qu'on ne pouvait se sauver que par l'extraordinaire, et qu'il trouvait excellentes des mesures
d'une énergie effrayante proposées par un de ses collègues[5]. M. Crémieux lui-même flottait souvent entre
les deux politiques qui se disputaient le Conseil et s'agitaient dans le pays. Il maintenait les règles de la magistrature à Marseille, et il laissait relâcher, en dépit
de son esprit de gouvernement, celles du commandement militaire à Lyon[6].

La divergence des opinions se traduisait parfois au
Conseil d'une manière très vive, « en stupides querelles

1. Dépêche du 24 septembre, 3 h. 45 m. soir.
2. Dépêche du 25 septembre, 10 h. 30 m. matin.
3. Dépêche du 25 septembre, 10 h. 10 m. matin.
4. Dépêche du 24 septembre, 8 h. 29 m. soir.
5. Dépêche du 25 septembre, 10 h. 10 m. matin.
6. Dépêche du 30 septembre, 4 h. soir.

intestines, » comme l'écrivait un jour M. Laurier à
M. Gambetta. M. Fourichon, en homme habitué au
suprême commandement, souffrait difficilement la
contradiction, et la patience silencieuse et morne
n'était pas au nombre de ses vertus. Pour éviter, sinon
les tiraillements, au moins les orages et les pertes de
temps — car M. Glais-Bizoin se mettait souvent du
côté de l'amiral — M. Crémieux avait proposé de donner voix délibérative à MM. Laurier et Steenackers[1].
Le Gouvernement central refusa, de sorte qu'il n'y eut
plus de gouvernement possible au sein de la Délégation une fois qu'elle fut isolée de Paris.

L'activité du Gouvernement se trouvait ainsi paralysée au moment où elle était le plus nécessaire. Tours
en gémissait. L'opinion partout s'en inquiétait. C'est
ainsi que le *Siècle*, qui venait de s'installer à Poitiers
sous l'énergique et intelligente direction de M. Cas-
tagnary, disait, le 2 octobre, parlant de l'entrevue de
Ferrières et des nécessités chaque jour grandissantes
imposées à la Délégation :

« On répète depuis longtemps que nous n'avons plus une
faute à commettre, plus un seul moment à perdre, et chaque
jour qui s'écoule est perdu dans l'incertitude.

« Il faut décidément en finir avec cet état de stagnation
et de torpeur. Nous savons bien qu'il s'est d'abord agi avant
tout de l'organisation de la défense de la capitale, et le
Gouvernement s'est montré dans cette circonstance difficile
à la hauteur de sa tâche. Nous savons bien aussi que des
mesures ont dû être prises secrètement et ont été réellement
prises ; en un mot, nous avons pleine confiance dans le
dévouement et la bonne volonté des membres du Gouvernement ; mais il faut que, pour la province, habituée à recevoir ses ordres d'en haut et privée jusqu'ici de toute initiative, ce qui lui rend impossible une action d'ensemble, il
faut, disons-nous, que le Gouvernement établi à Tours agisse
et surtout montre qu'il agit.

1. Dépêche du 25 septembre, 11 h. 45 m. soir.

« Que chaque jour on entende sa voix; qu'il mette de suite à exécution les plans qu'il aura adoptés, qu'il s'adjoigne des auxiliaires solides et éprouvés, si, ce qui est probable, il ne peut que difficilement suffire au travail qu'exigent les circonstances. De l'action, encore de l'action, toujours de l'action, tel doit être son mot d'ordre. »

De son côté, Paris, qui savait ce qui se passait à Tours et qui l'aurait deviné, au besoin, essayait de pousser de l'avant, toutes les fois qu'il pouvait faire parvenir à Tours, au moyen des ballons, sa pensée et ses exhortations.

M. Ernest Picard écrivait à ce propos au Directeur général des lignes télégraphiques et il l'engageait à prendre dans la Délégation un rôle plus actif : « Soyez l'action, » disait M. Picard. Il lui fut ainsi répondu :

« J'ai reçu par ballon le billet où vous me dites d'être l'action. Comment l'être? Je n'ai aucun pouvoir pour agir, et autour de moi il n'y a qu'inertie et hésitation. Glais-Bizoin embarrasse par son activité de mouche du coche. Anarchie; pas de direction suivie ni énergique; pas de plan stratégique; troupes peu disciplinées et sans confiance dans leurs chefs. Le moyen de salut, comme le rétablissement de la discipline, est la levée en masse et une grande autorité exercée sur l'armée [1].

Le tableau peut paraître chargé; il est l'expression du jour même où il était envoyé à M. Picard et absolument vrai ce jour-là.

C'est surtout à partir de la rupture du câble qui nous laissait communiquer avec Paris que l'anarchie, déjà bien commencée, s'acheva; elle se montra particulièrement dans la question des rapports de l'autorité civile et de l'autorité militaire, qui était malheureusement la question capitale, puisqu'elle touchait au ressort même de la défense.

Il n'était pas tout à fait juste de dire cependant que

1. Dépêche du 27 septembre, 11 h. 30 m. matin.

l'inertie fut partout : ce sont là les exagérations de l'impatience et les injustices, excusables sans doute, du patriotisme. Dans les crises terribles comme celles que nous traversions, le cœur et l'imagination s'exaltent, et l'on garde rarement le juste sentiment des choses. On voudrait des hommes au-dessus de l'humanité, maîtres du temps et de la matière, en disposant au gré de nos besoins et de nos désirs. Ceux qui étaient chargés à Tours du soin de nos destinées, firent-ils tout ce qui était possible? Nous aurons à l'examiner. Ce que nous pouvons dire au moins dès à présent, c'est que le ministère de la guerre, qui était le plus accusé, ne restait pas aussi inerte qu'on le disait autour de nous et que nous le disions nous-mêmes. Nous le verrons bientôt, en son lieu. Mais nous avons à dire auparavant ce qu'on pensait, ce qu'on sentait autour de lui, quels devoirs lui étaient imposés par le sentiment public sous le coup des événements et, tout d'abord, après l'entrevue de Ferrières, qui déchira si brutalement le voile d'illusions qu'on s'était plu à former à Paris et ailleurs.

CHAPITRE II

LE MOUVEMENT NATIONAL APRÈS L'ENTREVUE
DE FERRIÈRES

Proclamation de la Délégation. — Effet produit par les prétentions de la Prusse dans les départements. — Dépêches de Colmar, Epinal, Chambéry, Brest, Dieppe, le Havre, Aurillac, Perpignan, Saint-Etienne, Privas, San-Francisco. — Proclamation de M. Larieu à Bordeaux. — Revue de la garde nationale de Marseille. — *Adresse* du conseil municipal de Nantes à M. Jules Favre. — Déclarations remarquables de Castres et de Poitiers. — Le Comité de défense de Tarn-et-Garonne. — Dépêches de M. de Chaudordy. — Un mot de M. Vitet. — Témoignages des historiens de la Commission d'enquête. — La force armée. — Proclamation de l'amiral Fourichon à l'armée de terre et à l'armée de mer. — Dépêches de M. Challemel-Lacour et du conseil municipal de Lyon. — M. Testelin. — Lettre d'un chef de bataillon du génie. — Visite à M. Glais-Bizoin. — Un général homme d'esprit. — Lettre du général Trippard au maire de Tours. — Les gardes mobiles. — Les volontaires. — Les francs-tireurs de Nice. — Les mobiles de la Dordogne. — Les partisans du Gers. — MM. le comte de Foudras et de Hesbergemont. — Appel de M. de Cathelineau et de M. de Charette. — Lettre de M. Stofflet à M. de Cathelineau. — Les prétendants. — La presse. — Le premier manifeste du comte de Chambord. — M. Louis Veuillot outrancier. — Conversation de Napoléon III avec un correspondant américain. — Les journaux des départements. — Les soirées de Chesnoy-les-Tours. — Une belle page de M. Taine. — Le dernier roman de Ponson du Terrail. — Une lettre de M. Jules Favre à M. Crémieux. — Capitulation de Toul.

Tours fut éveillé, le 24 septembre 1870 au matin, comme par un coup de tonnerre. Le résultat de l'entrevue de M. Jules Favre et de M. de Bismarck au château de Ferrières venait d'être connu. On sentait que la Prusse posait à la France la question de vie ou de mort. Car, dans une population intelligente comme celle de notre pays, qui donc ne savait, par instinct ou par réflexion, que la condition de l'existence et de la perpétuité réside dans la résolution de défendre jusqu'à la dernière extrémité l'intégrité de son sol et de son honneur?

Nous communiquions encore avec Paris. Le câble, que la direction générale des lignes télégraphiques avait fait immerger dans la Seine, n'avait pas encore été détruit par l'ennemi[1]. Le résultat de l'entrevue de Ferrières avait été annoncé par une première dépêche le 23 septembre, à 7 heures du matin, puis par une autre, le même jour, à 2 heures 35 minutes du soir. « Affichez, disait M. Gambetta, par sa seconde dépêche, dans toutes les communes de France le résumé du rapport de l'entrevue de Favre avec Bismarck. Favre a voulu voir Bismarck avant le commencement du siège de Paris pour être édifié sur les intentions de la Prusse. Bismarck a répondu qu'il voulait continuer la guerre pour réduire à l'état de seconde puissance la France qui, depuis Louis XIV, fait la guerre à l'Allemagne. Il veut l'Alsace et la Lorraine par droit de conquête. Il a osé proposer comme condition d'armistice pour réunion d'une Constituante la reddition de Strasbourg, Toul, Mont-Valérien. Paris exaspéré jure de résister à outrance! Que les départements se lèvent. »

Cette dépêche reçue, le Conseil se réunit aussitôt. Le sentiment qui avait dicté la dépêche de M. Gambetta, était le sien. C'est à peine s'il délibéra. C'est à peine aussi s'il modifia le texte envoyé par le télégraphe dans sa proclamation aux départements.

Voici cette proclamation :

« A LA FRANCE !

« Avant l'investissement de Paris, M. Jules Favre, ministre des affaires étrangères, a voulu voir M. de Bismarck pour connaître les dispositions de l'ennemi.

1. Voir F. F. Steenackers, *Les Télégraphes et les Postes pendant la guerre de* 1870-1871. 1 vol. in-18, Charpentier, 1883.

« Voici la déclaration de l'ennemi :

« La Prusse veut continuer la guerre et réduire la France à l'état de puissance de second ordre ;

« La Prusse veut l'Alsace et la Lorraine jusqu'à Metz par droit de conquête ;

« La Prusse pour consentir à un armistice a osé demander la reddition de Strasbourg, de Toul et du Mont-Valérien.

« Paris exaspéré s'ensevelirait plutôt sous ses ruines.

« A d'aussi insolentes prétentions, en effet, on ne répond que par la lutte à outrance.

« La France accepte cette lutte et compte sur tous ses enfants.

« *Les membres délégués du Gouvernement :*

« CRÉMIEUX, GLAIS-BIZOIN, FOURICHON. »

Tours, le 27 septembre 1870.

La proclamation était suivie d'un décret qui, vu *la gravité des circonstances*, suspendait et ajournait les élections pour le renouvellement des conseils municipaux et pour l'Assemblée constituante ; mais le décret, malgré son importance, passait inaperçu. M. Gustave Janicot était presque seul à le signaler dans la *Gazette de France*[1]. La pensée publique était ailleurs ; tout entière au coup qui nous était porté, elle ne voyait qu'une chose : la nécessité de relever, par tous les moyens possibles, l'insolent défi de la force victorieuse.

Il n'y avait personne autour de nous qui crût au succès de la démarche de M. Jules Favre ; aucun homme politique sérieux ne comptait sur la modération de la Prusse. L'instinct populaire lui-même avait percé non pas la pensée intime de M. de Bismarck, son projet invétéré, si malheureusement secondé par l'ineptie de l'empire, d'accabler la France, mais certainement sa résolution actuelle de profiter de la victoire pour la

1. Numéro du 26 septembre 1870.

diminuer. Et pourtant l'insolence de ses prétentions, mises ainsi brusquement à découvert, frappa comme une surprise. On croyait entendre un langage nouveau. C'est qu'en effet, depuis les temps du traité de Brétigny, jamais rien de pareil n'avait été dit à la France. Aussi, jamais, pas même après le manifeste du duc de Brunswick, ne se montra-t-elle plus résolue à maintenir sa dignité de grande nation, comme de nation indépendante.

M. de Moltke écrit dans le onzième fascicule de la relation de la guerre franco-allemande : « Le résultat des négociations de Ferrières fut que l'amour-propre national fut réveillé par les exigences du vainqueur, que toutes les divergences de parti s'évanouirent comme par enchantement et que les Parisiens résolurent d'appuyer leur Gouvernement, tel qu'il était, en offrant à l'ennemi la résistance la plus énergique. » M. de Moltke n'aurait pas assez dit si, en notant ainsi l'effet de l'entrevue de Ferrières, il n'avait pensé qu'à Paris. Pour ne parler que du sentiment appelé par lui « l'amour-propre national, » il se fit jour de toutes parts et de toutes les manières. Des conseils municipaux, des comités de défense, des réunions publiques, des rangs des gardes nationales, des bureaux de journaux s'élevèrent, sur toute la surface du territoire, des cris d'indignation et de vengeance. L'appel à la lutte à outrance, partout entendu, parut partout la chose la plus simple, la seule possible, et l'on se sentait disposé à tous les sacrifices pour la soutenir.

On se fait aisément une idée de l'état des esprits, en parcourant les dépêches télégraphiques envoyées au Gouvernement de Tours par les départements et les villes en réponse à sa proclamation. Il n'est rien non plus qu'il soit plus curieux de noter ; car on saisit là le premier mouvement, celui qui, alors même qu'il ne se soutient pas, est le plus vrai, le plus digne aussi d'être recueilli, parce qu'il trahit le fond de la conscience nationale, cet ensemble de sentiments, d'habitudes morales qui est comme le tempérament d'un pays, qui en fait l'unité et la grandeur.

Nous tenons à y insister pour cette raison. Il nous semble y voir les *cahiers* du patriotisme de la France en 1870, une reverbération de la grande flamme de 92. Cela tempère l'amertume des souvenirs.

De tous les points de la France c'est la même voix qui s'élève.

L'Alsace accablée, déjà à moitié mutilée et conquise, s'empresse de protester là où il lui est possible de se faire entendre.

De même dans les Vosges. Le 25 septembre, le conseil municipal d'Épinal disait au Gouvernement : « Merci pour votre refus énergique aux insolentes prétentions de la Prusse. Nous sommes Français et voulons mourir Français[1]. » A Chambéry, dans ce pays si récemment français, le préfet formulait ainsi le sentiment qui éclatait autour de lui: « Colère immense, élan superbe, mais pas d'armes : la garde nationale sédentaire de toute la Savoie a reçu trois cents mauvais fusils[2]. »

Le maire de Brest expédiait de son côté, le 24 septembre, la dépêche suivante :

« La communication de votre circulaire de ce jour au conseil municipal réuni en séance a soulevé une patriotique indignation. Par sa voix la ville entière de Brest vous dit : Nous sommes unis avec vous dans l'inébranlable résolution de tout sacrifier pour sauver l'honneur de la France. Levée en masse de tous les hommes valides. Indication immédiate d'un lieu de concentration pour voler au secours de Paris. Tous les cœurs sont unis et tous les bras sont prêts. »

Nantes, Saint-Brieuc, Caen, Bourges, Troyes, Bergerac, Bourg, Valence, Tulle, Aurillac, etc., etc., envoient aussi des dépêches animées du même esprit.

---

1. Dépêche du 25 septembre, 11 h. 10 m. matin.
2. Dépêche du 24 septembre, 6 h. 10 m. soir.

Le 26 septembre, par une dépêche de 10 heures du matin, le sous-préfet de Dieppe annonçait au Gouvernement que le comité républicain de cette ville venait d'adresser à la population la proclamation suivante :

« Frères et amis, la France est dans le plus extrême danger : les bras de ses enfants lui sont de plus en plus nécessaires. L'insolence de l'ennemi est à son comble. Il n'y a plus à délibérer. Le temps est venu d'agir vigoureusement. Plus d'hésitation. — Pour avoir le droit d'inscrire sur notre drapeau les principes de 89, montrons-nous les dignes fils de 92. Plus nous serons, plus tôt l'affaire sera finie. Du biscuit, une vareuse, un fusil, c'est tout ce qu'il nous faut. En avant donc ! Vive la France ! Vive la République !

Le 25 septembre, le maire du Havre écrivait à M. Crémieux :

« Le conseil municipal du Havre indigné des prétentions prussiennes a pris cette nuit les résolutions suivantes :

« 1º Appel est fait à tous les hommes en état de porter les armes pour voler à la défense de Paris et de la France ;

« 2º Tous les volontaires qui en feront la demande, seront équipés, armés de fusils perfectionnés et formés immédiatement en corps francs et aux frais de la municipalité. La ville prendra à sa charge les familles de ceux des engagés volontaires qui auront besoin de secours ;

« 3º Un emprunt de un million à l'intérêt de cinq pour cent est émis pour faire face à ces dépenses.

« Grand enthousiasme. On crie qu'il faut chasser l'ennemi ou périr.

« Le maire : GUILLEMARD. »

Les Français les plus éloignés de la mère-patrie n'étaient pas les moins sensibles à l'affront qui lui était fait. Le 25 septembre, à 8 heures du soir, la colonie française de Californie adressait au Gouvernement de Tours la dépêche suivante : « L'énergie seule peut sauver la France. Recevez un envoi de soixante mille

francs pour continuer à défendre l'honneur national.
A bientôt d'autres sommes. Vive la France ! »

On se rappelle les rapports de M. de Sugny et l'étrange
accusation portée contre la population de Marseille,
qui, suivant lui, aurait, le 4 Septembre, fait céder le
patriotisme à l'esprit de parti. La même accusation n'a
pas été épargnée à nos autres grandes villes, comme le
prouve le rapport de M. Boreau-Lajanadié. On va voir,
par l'impression produite à Lyon, à Marseille, à Bordeaux, à la suite des nouvelles de Ferrières, quelle confiance méritent les historiens de l'Assemblée « née dans
un jour de malheur. »

Lyon ne dit qu'un mot par l'organe de son préfet,
M. Challemel-Lacour ; mais ce mot est plein de force ;
il a comme un air antique dans son laconisme : « Après
la lecture de la dépêche sur les conditions de la Prusse,
la demande d'armes devient universelle et pressante.
Je n'en ai pas. Dites ce qu'il faut répondre. »

A Marseille, il y eût une éclatante manifestation. Le
27 septembre, M. Esquiros passa la revue de la garde
nationale au milieu d'un enthousiasme indescriptible.
Quarante mille hommes défilèrent pendant trois heures
aux cris de vive la République ! sur le champ de course
du château Borelli, devant l'administrateur supérieur,
entouré du conseil départemental, du conseil municipal, du comité de défense et des délégués de la Ligue
du Midi. La plupart des gardes nationaux demandaient
à être mobilisés, — les trois quarts, suivant la dépêche.
Une foule immense acclamait les administrations, la
garde nationale et la République. Une députation de la
garde nationale vint demander à l'administrateur supérieur la levée en masse « pour marcher contre l'ennemi
et voler au secours de la capitale. » Des acclamations
enthousiastes accueillaient cette patriotique proposition. M. Esquiros, comme pour communiquer au loin
l'étincelle électrique, faisait connaître par dépêches la
manifestation aux préfets à Lyon, Grenoble, Valence,

au Puy, Saint-Étienne, Nîmes, Gap, Digne, Toulouse, Nice, Montpellier, Toulon, Bordeaux, Rouen [1].

A Bordeaux, le préfet, M. Amédée Larieu, adressait une proclamation au département, dans laquelle il disait : « Citoyens, préparons-nous à tous les sacrifices. L'ennemi ose nous proposer la honte ! Vaincre ou mourir, voilà, sans distinction de parti, notre réponse. Vive la patrie libre et fière ! Vive la France ! »

Le 25 septembre, un ballon conduit par M. Lutz apporte de Paris l'*Officiel* du 23, qui contenait le rapport de M. Jules Favre sur son entrevue avec M. de Bismarck. Ce document, reproduit par tous les journaux, n'était pas fait pour calmer l'émotion du public. Les amis de la paix furent profondément troublés, humiliés, et non pas seulement découragés. Ceux qui n'avaient jamais cru à la modération de la Prusse, sentirent croître leur indignation et embrassèrent avec une nouvelle ardeur cette lutte du droit contre la force, résolus à faire pour la soutenir tous les sacrifices. L'*Adresse* votée par le conseil municipal de Nantes à M. Jules Favre n'est pas sans intérêt sous ce rapport : elle couronne la série des manifestations que nous avons rappelées.

Voici les termes de cette adresse :

« A M. Jules Favre, ministre des affaires étrangères.

« Monsieur,

» On a dit, en rapportant votre entretien avec le ministre du roi de Prusse, que vous aviez parlé, avec la simplicité magnifique de la vérité, le langage du droit éternel et de la justice inflexible.

. » Cet éloge, Monsieur, la France vous le décerne avec l'émotion profonde d'une patriotique gratitude. L'administration municipale de Nantes et son conseil s'associent avec empressement à cet hommage rendu au langage ferme et digne de l'éminent orateur et du grand citoyen. Vous avez

1. Dépêche du 27 septembre, 12 h. 45 du soir.

prouvé, Monsieur, que devant la conscience humaine le droit restera toujours supérieur à la force, et que, pour être grand, il ne suffit pas d'avoir gagné des batailles, si l'on n'a pas la justice pour soi.

« Votre parole a exprimé les sentiments de la nation tout entière. C'est pour cela qu'elle se groupe avec confiance autour de vous comme autour du Gouvernement de la Défense nationale. Acceptant vos résolutions et les siennes, elle serre ses rangs, déterminée à succomber si la fortune des armes lui est contraire, résolue à tout sacrifier s'il le faut, fors l'honneur ! Nous avons le droit pour nous ; vous l'avez dit, Monsieur, Dieu fera le reste.

> « Ont signé : Le maire, WALDECK-ROUSSEAU ; MM. LE-CHAT, LELOUP. HORNOY, LAURIEL, THIBAUD, COLOMBET (avocat), E. DORÉ, GRASLIN, R. DAVID, GAUTTÉ, BROUSSES, DUGART, MATIFEUX, BERRUYER, GOULLIN SIBILPE, BERNARD, etc., etc. »

Dans plusieurs villes, le patriotisme avait devancé l'entrevue de Ferrières et la proclamation du Gouvernement. Voici les énergiques déclarations que faisaient quelques jours auparavant les villes de Castres et de Poitiers.

> « Le conseil municipal, écrivait-on de Castres, discutant la question de défense au moment où l'ennemi est sous les murs de la capitale, prend la résolution suivante :
> « Dans le cas où la ville de Paris serait amenée à capituler, la ville de Castres déclare, à l'avance, qu'elle ne reconnaît à aucun pouvoir le droit de la comprendre dans la capitulation ; elle affirme vouloir conserver toute sa liberté d'action, afin de défendre à outrance le sol de la patrie. »

La ville de Poitiers disait de son côté et presque dans les mêmes termes que, « dans le cas où la ville de Paris serait amenée à capituler, tous les départements autres que la Seine déclaraient à l'avance qu'ils ne reconnaissaient à aucun pouvoir le droit de les comprendre dans la capitulation, et assuraient vouloir garder leur liberté d'action, afin de se défendre et de conserver le sol de la patrie. »

Ces manifestations, ces déclarations des villes et des départements ne restaient pas à l'état d'abstractions vagues ou de démonstrations sentimentales. La France s'engageait sérieusement ; ce n'était pas pour faire illusion au Gouvernement ou parce qu'ils se faisaient illusion à eux-mêmes que les préfets disaient à Tours que le pays était prêt à tous les sacrifices pour sauver son indépendance et l'intégrité de son territoire. Le conseil général du Calvados votait 3 millions. — Celui du Puy-de-Dôme, 2,500,000 francs. — Saint-Étienne, 1,200,000 francs. — Le département du Nord, 15 millions. — Marseille, 20 millions, etc., etc.

L'énergie du sentiment public était telle qu'on pouvait tout demander aux populations. Les mesures les plus extraordinaires étaient possibles dans ce moment : la partie virile de la nation les aurait partout approuvées. Elle faisait plus : elle les provoquait ou les appuyait, là où elles lui étaient présentées.

Le comité de défense de l'Ardèche[1], qui était composé d'un délégué par canton, demandait que les pleins pouvoirs militaires et civils fussent donnés d'urgence au préfet ; que tous les mobiles exemptés jusqu'alors comme soutiens de famille, fussent appelés immédiatement sous les drapeaux et que les familles nécessiteuses fussent soutenues par l'État. Dans le même temps, presque le même jour, le comité de défense de la Haute-Garonne votait la levée en masse. Quatre mille citoyens épargnés par le décret du 29 août venaient à la préfecture demander l'application du vote du comité[2]. Le comité de la Gironde entretenait sans cesse le Gouvernement, par l'intermédiaire du préfet, de la nécessité des mesures extraordinaires[3].

1. Dépêche du 2 octobre.
2. Dépêche du 1er octobre, 11 h. 5 m. matin.
3. Dépêche du 28 septembre, 4 h. du soir.

Le préfet de la Haute-Marne, dont le département était envahi, s'écriait le jour même où il recevait la proclamation de la Délégation : « Citoyens, aux armes ! aux armes ! Préparez-vous à la levée en masse. » Et les maires allaient chercher des armes à l'arsenal de Langres pour les communes qui n'en étaient pas pourvues[1].

Mais de toutes ces démonstrations, la plus significative peut-être, c'est la délibération que prit, dans sa séance du 2 octobre, le comité de défense du département de Tarn-et-Garonne.

La commission des finances, section du comité de défense, avait proposé de prononcer par décret la dissolution du conseil général, hostile au Gouvernement de la République ; de voter six millions, deux à la charge de l'État et quatre à la charge du département, qui seraient réalisés par emprunt forcé et progressif sur les hauts imposés ; de déléguer par décret au comité de défense des pouvoirs nécessaires, exclusivement en ce qui concernait la défense nationale, pour voter au lieu et place du conseil général l'emprunt de quatre millions, pour le répartir entre les hauts imposés et pour le faire percevoir. Le préfet, M. Flamens, approuvait le vote, reconnaissait que le vœu du comité était conforme à toute justice et aux nécessités actuelles, et suppliait le Gouvernement d'y donner son approbation. Les mesures proposées avaient été votées à l'unanimité et devaient, selon le comité et le préfet, « certainement faire exemple. » La proposition du comité de défense qui parut au Gouvernement révolutionnaire, était en outre embarrassante à cause de la qualité et de la situation élevée de la plupart des signataires. Le comité de défense de Tarn-et-Garonne n'était pas, en effet, composé des premiers venus. Le général commandant le département en était le vice-président ; les membres présentaient « un personnel d'élite, même

---

1. *L'Union de la Haute-Marne*, numéro du 25 septembre.

pour la fortune, » ainsi que s'exprimait la dépêche adressée par le préfet à la Délégation ; il comprenait le maire et de gros industriels de Montauban. On prit donc un moyen terme : la délibération ne fut pas approuvée et le conseil général fut dissous. La délibération n'en reste pas moins un témoignage expressif de l'esprit qui animait les populations, et il mérite d'autant plus d'être remarqué que ceux qui proposaient ces mesures extrêmes, étaient les premiers à en supporter le poids. C'est ce qui frappa particulièrement M. Marc Dufraisse, qui était alors à Tours, et à qui la délibération du comité avait été adressée en même temps qu'à M. Laurier. « On peut tout obtenir de ce pays, disait-il ; et il ajoutait — il n'y a qu'à demander ou plutôt à accepter ce qu'il offre dans son premier mouvement, qui est toujours le meilleur. »

Ce qui n'est pas contestable, c'est que l'échec de Ferrières imprima un nouvel élan au patriotisme.

Cela était visible à tous les yeux. M. de Chaudordy, qui représentait à Tours le ministre des affaires étrangères, esprit froid, peu porté aux illusions ou aux exagérations, jugeait les dispositions du pays exactement comme le faisaient les préfets dont nous avons rappelé les témoignages. Dans une dépêche adressée à M. Jules Favre, le 26 septembre à 8 h. 30 du soir, il constatait ainsi l'impression produite par son rapport sur l'entrevue de Ferrières. « L'impression partout est la même, disait-il. En France, enthousiasme et exaltation pour la guerre ; à l'étranger, blâme absolu des prétentions prussiennes et approbation complète de notre conduite. »

Pour ne parler que de l'impression produite à l'intérieur, il convient qu'elle soit enregistrée par l'histoire et notée avec précision, avec tous ses caractères : elle est un titre que les défaillances ultérieures ne détruisent pas. Si le diapason des populations, pour répéter un mot du préfet de la Haute-Garonne, ne fut pas par tout le même, si nous avons à relever parfois quelques notes égarées, le concert, dans son ensemble, fut, à cette date, admirable. La même fièvre est partout ; partout la fibre nationale est touchée et frémissante : les soldats comme les gardes mobiles, les zouaves pontificaux comme les francs-tireurs de la Seine, les penseurs comme les romanciers, les modérés comme les exaltés, portaient le même jugement sur les exigences de M. de Bismarck. Le 24 septembre 1870, la France n'eut qu'un cœur et qu'un esprit. « Les affamés de la paix, » comme disait M. Vitet, dans ses lettres au directeur de la *Revue des Deux-Mondes*, n'existaient pas encore, ou, s'ils existaient, ils se cachaient et attendaient une autre heure.

Les historiens de la Commission d'enquête qui, jusqu'à ce moment, n'avaient rien vu de ce qui se passait autour d'eux, ouvrent tout à coup les yeux à la lumière. Bien qu'ils fussent très vraisemblement dès lors au nombre de ceux que M. Vitet a qualifiés durement, mais justement, ils ne peuvent pas ne pas reconnaître qu'il n'en est pas ainsi de la France ; l'explosion avait été trop éclatante pour n'avoir pas été entendue.

« La nation tout entière, il faut le dire, s'écrie M. Boreau-Lajanadié, exaspérée des conditions que voulaient nous imposer nos vainqueurs, approuva le refus du Gouvernement et se prépara à la résistance [1]. »

M. de Rainneville, au nom de la commission chargée de l'examen des actes diplomatiques du *Gouvernement de la Défense*, reconnaît qu'à cette époque il eût été regrettable pour notre honneur de conclure la paix « au prix d'une cession quelconque de territoire. »

« La France, dit-il, surprise et livrée par l'imprudente folie de Napoléon III, n'avait pas encore assez fait pour se relever aux yeux du monde [2]. »

1. Rapport, page 47.
2. *Journal officiel*, numéros des 11 et 12 juin 1873.

Ces témoignages portent loin. On peut pressentir déjà qu'ils ruinent dans sa base toute l'œuvre de prévarication historique que la réaction, dans l'ivresse de son triomphe éphémère, a élevée à si grands frais contre le Gouvernement du 4 Septembre et particulièrement contre la Délégation. C'est pour cela qu'il importe de les faire valoir. L'enquête parlementaire a été une machine de guerre. Nous n'avons pas à dissimuler que, tout d'abord, notre travail a été inspiré par le désir de mettre en pièces la pensée antipatriotique qui l'avait dressée.

Quoiqu'il en soit, dans le concours empressé de tous, la force armée s'identifie étroitement avec la population.

Le 27 septembre, l'amiral Fourichon adressa cette proclamation aux armées de terre et de mer :

« Membre de la Délégation gouvernementale, siégeant à Tours, je m'associe à mes collègues pour faire appel à tous les dévouements ; ministre de la guerre par intérim et ministre de la marine, je m'adresse particulièrement aux armées de terre et de mer et à la garde mobile.

« Officiers, sous-officiers, soldats et marins, la France a subi de cruels revers, mais son âme n'en est pas abattue. Elle garde la confiance de ramener, par son indomptable ténacité, la fortune à son drapeau. Toutes les forces de la nation se dressent : gardes nationales sédentaires, corps francs, gardes mobiles, s'unissent à l'armée régulière et à la marine pour défendre l'indépendance et l'intégrité du sol. Nous avons d'immenses ressources ; avant peu elles seront organisées et concentrées pour venir en aide aux vaillants défenseurs de Paris.

« Des complaisants disaient naguère que les richesses de la France étaient inépuisables. Ce qui est vraiment inépuisable, c'est l'amour de tous pour la patrie, c'est le dévouement absolu à la cause sacrée de l'affranchissement national.

« Des armées aussi nombreuses que celles de l'ennemi éprouvent inévitablement de grandes difficultés pour assurer leur subsistance. Puisqu'elles prétendent cerner notre capitale, il faut les cerner à leur tour, les enfermer dans la zone ravagée qu'elles occupent, couper leurs convois, les fatiguer d'attaques incessantes, à l'aide de petits corps se prêtant un mutuel appui.

« La nation française a prouvé, à d'autres époques et contre les mêmes adversaires, qu'elle savait opérer des miracles ; elle en fera un de plus en épargnant à notre glorieux pays l'humiliation qu'on voudrait lui faire subir.

« Mais, pour vaincre, le nombre ne suffit pas ; l'ordre et la discipline y contribuent plus encore. Sans ordre, sans discipline, les armées ne sont que des multitudes plus redoutables pour leurs concitoyens que pour l'ennemi. Au lieu d'être l'orgueil et la force de la patrie, elles en sont la honte et la faiblesse.

« Je sais obéir, disait récemment un glorieux général ; que chacun de nous s'inspire de ce noble exemple.

« Officiers, soldats et marins, c'est à vos sentiments les plus généreux que je m'adresse ; c'est à votre filial attachement au pays que je fais appel. Assez de malheurs l'ont frappé déjà. Qu'il ne soit ni affligé, ni affaibli par le spectacle de la confusion et du désordre dans les rangs de ceux qui peuvent le relever de ses désastres et sauver à la fois, par un suprême effort, son indépendance et son honneur.

« Le vice-amiral ministre de la marine et ministre de la guerre par intérim,

« L. Fourichon. »

Tours, 27 septembre 1870.

Ce langage, qui était celui de la situation, comme du devoir, fut entendu de tout le monde dans l'armée et dans la flotte. Il ne pouvait pas ne pas l'être ; l'insolence du vainqueur ne pouvait pas être moins ressentie de l'armée que de la population. Il ne saurait y avoir sur ce point ni doute ni besoin de démonstration ; et nous devons cependant essayer une sorte de démonstration ! Il manquerait quelque chose à la description que nous prétendons faire de l'état des esprits, au moment où la Délégation lançait sa proclamation de guerre à outrance, si nous ne parlions pas des défiances qui existaient dans bon nombre d'esprits, à l'égard, non pas de l'armée, mais de ses chefs et principalement des généraux. On rappelait le mot du général Bugeaud : « Trop d'hommes incapables arrivent au sommet dans l'armée. » Et on disait à tout propos que jamais il n'avait été plus vrai que sous l'empire.

Les préventions et les plaintes étaient presque générales dans les grandes villes ; les meilleurs esprits n'y échappaient pas toujours. Chose qui ne paraîtra pas singulière, elles étaient en raison du patriotisme. A Lyon, le conseil municipal ne cessait de présenter l'autorité militaire comme impuissante ou incapable. Il n'y avait pas de jour, surtout après l'entrevue de Ferrières, où il ne demandât à la réduire, à la subordonner. Dans une dépêche du 25 septembre, il l'accusait « de mettre une ténacité particulière à entraver toute organisation en dehors d'elle, et à refuser à tous son concours. » M. Challemel-Lacour ne restait pas lui-même étranger à ces préventions. On lui signale des menées bonapartistes en Suisse, dans un château près du lac de Genève, où se seraient rencontrés MM. Rouher, Sencier et le prince Napoléon ; il n'est pas éloigné de les rattacher à l'attitude prise par l'autorité militaire à Lyon[1], et il a soin d'en informer le Gouvernement. S'il presse celui-ci, dans son conflit avec le général Mazure, de prendre une résolution dans le sens de la subordination de l'autorité militaire à l'autorité civile, ce n'est pas pour se mettre à l'unisson de la population, ni pour une vaine satisfaction d'amour-propre, c'est parce que la confiance lui manque absolument, et qu'il est de son devoir de le dire.

A Marseille, on était allé plus loin : l'autorité militaire était complètement effacée[2] ; la défiance l'avait en quelque sorte submergée. A Carcassonne, le préfet,

1. Dépêche du 25 septembre 1870.
2. Dépêche du 24 septembre, 8 h. 80 m. soir.

M. Raynal, demandait à cor et à cris l'éloignement du
général divisionnaire, qu'il accusait de violer un décret
du Gouvernement et de refuser d'obéir à ses ordres[1]. A
Lille, M. Testelin écrivait, le 7 octobre :

« Il y a ici conspiration formelle de tous les généraux
qui ne veulent absolument rien faire. J'ai mis en demeure
M. Espivent de la Villeboisnet de me répondre par écrit. La
réponse que je vous envoie équivaut à zéro.

« A Amiens et à Arras, c'est la même chose. Ils ne font
rien. Il me faut absolument le pouvoir de les révoquer et de
nommer au commandement.... Si vous ne pouvez nous
donner un militaire voulant marcher, acceptez ma démission et celle des trois préfets du Nord, du Pas-de-Calais et
Somme. Nous ne pouvons accepter la responsabilité de ce
qui se passe plus longtemps[2]. »

Tout le monde n'allait pas aussi loin que M. Testelin
ou que M. Challemel-Lacour, dont la pensée secrète ne
s'éloignait pas sensiblement de celle de son collègue
de Lille, comme on peut le voir par sa dépêche du
25 septembre ; on s'arrêtait le plus souvent à l'accusation d'incapacité. Mais il est incroyable combien elle
était répandue. On la respirait dans l'air ; on la trouve
dans les clubs, au sein des ligues, des comités de
défense, dans les conseils municipaux, dans les journaux, jusque dans les plus modérés, dans les hommes
du métier, dans des généraux eux-mêmes.

Il y a, sur ce point, des témoignages sans nombre,
dont quelques-uns pourront paraître significatifs.
Ainsi, pour ne prendre qu'une seule citation dans la
presse, le *Moniteur*, à l'occasion d'une excellente circulaire de l'amiral Fourichon sur la discipline, s'attaquait,
après avoir parlé de l'insubordination des troupes
comme il le devait, à l'incapacité de leurs chefs ; et il
trouvait dans la conduite de quelques-uns d'entre eux

---

1. Dépêche du 24 septembre, 7 h. matin.
2. Dépêche du 7 octobre, 5 h. 35 m. soir.

des circonstances atténuantes pour excuser la défaillance de leurs subordonnés.

« Nous ne voudrions pas nous montrer trop sévères, disait M. Paul Dalloz, pour des troupes dont la patience et le courage ont été mis, par l'incapacité de quelques généraux, à de si rudes épreuves.

« Nos soldats ont été peut-être quelquefois excusables quand, las d'être promenés au hasard sous la mitraille ennemie, sans direction, sans munitions et sans vivres, ils ont fini par désespérer et refuser d'obéir à ceux qui les commandaient si mal [1]... »

Les militaires étaient plus expressifs ; ils ne craignaient pas de mettre le doigt sur la plaie et de dire que la plupart des généraux n'étaient pas faits pour une situation aussi extraordinaire ; qu'ils n'avaient ni la vigueur, ni l'activité nécessaires pour la tâche que la grande folie de l'empire imposait au patriotisme.

Un de nous recevait le 7 octobre, d'un officier supérieur du génie, aujourd'hui député, une longue lettre sur la situation militaire, dont nous extrayons le passage suivant :

« Si vous le voulez bien, disait M. de Pontlevoye, me permettre de vous communiquer les idées de l'armée sur la situation présente, je vous dirai qu'elle réclame deux mesures qui présentent le même degré d'urgence.

« 1º Donner aux généraux commandant les divisions, assistés de comités d'officiers supérieurs qui les stimulent, les pleins pouvoirs nécessaires à l'organisation de toutes les forces de la division.

« 2º Rajeunir l'armée, lui donner surtout de jeunes généraux ; à cet effet, faire rentrer dans la réserve ceux qui n'auraient jamais dû en sortir, et faire commander les divisions et les brigades par de jeunes officiers généraux...

« J'ai quitté pour cause de maladie, il y a presque deux mois, l'armée du maréchal Bazaine, et je sais par ma propre expérience quelle activité il faut déployer vis-à-vis d'un

---

1. *Le Moniteur*, numéro du 26 septembre 1870.

ennemi aussi entreprenant que les Prussiens. Comment
espérer qu'un vieux général, infirme le plus souvent, puisse
visiter avec soin, par tous les temps, toutes les positions
que doit occuper sa troupe, placer *lui-même* les grand'-
gardes, les postes avancés, non seulement donner des
ordres, mais surtout s'assurer qu'ils sont exécutés ; être, en
un mot, comme le maréchal Bugeaud, le premier levé et le
dernier couché !

« L'infanterie prussienne est inférieure à la nôtre ; son
artillerie seule est supérieure : mais que dire de la plupart
des généraux que l'empire avait placés à notre tête ? Que la
République n'hésite pas à répudier ces vieux errements. De
jeunes généraux avant tout ! S'ils n'ont pas le génie, ils
auront du moins l'activité et sauront inspirer confiance à
leurs troupes. Mais, dira-t-on, nommer au grade de général
de jeunes colonels, c'est faire tort aux anciens. Qu'importe !
Il s'agit de sauver la France. Toute l'armée applaudira à
cette mesure [1]. »

Rien de plus juste et de moins anarchique. M. de
Pontlevoye, esprit droit, réfléchi, d'une culture distinguée, chez qui la science de nos grandes écoles n'a
fait qu'échauffer le patriotisme, jetait là, pour le dire
en passant, deux ou trois idées excellentes, que nous
retrouverons plus tard, quand nous aurons à parler des
grandes réformes opérées par M. Gambetta et M. de
Freycinet.

Dans le même temps, un ancien capitaine de la garde,
retiré depuis plusieurs années quoique jeune encore,
était venu à Tours et avait vu M. Glais-Bizoin, dont il
était le compatriote. Il était question de former un
Comité de la guerre. Le capitaine voulait prier
M. Glais-Bizoin de soumettre au Comité quelques idées
qu'il croyait utiles ; et il lui parla, entre autres choses,
de la nécessité de rajeunir l'armée. M. Glais-Bizoin
écouta avec attention ce qui lui était dit ; mais, au mot
de rajeunissement de l'armée, soit que sa patience ou
sa dose d'attention fût épuisée, ou que, faisant un

---

1. Cette lettre avait été adressée à M. Steenackers.

retour sur lui-même, il n'entendît pas que la vieillesse fût un obstacle à l'activité, il s'écria de sa voix de fausset :

— La vieillesse ! La vieillesse ! Voilà comme vous êtes, vous autres, jeunes ! A vous entendre, il faudrait fendre l'oreille à tous les vieux. Il y a vieux et vieux d'ailleurs. Tenez, moi, s'il le fallait, je courrais à la frontière, la baïonnette en avant. »

Et pour mieux prouver son dire, le voilà qui se lève, prend une canne, se met en marche, enjambe la chambre, la baïonnette croisée, courant sur l'ennemi absent. « Il fallait le voir, disait le capitaine. Il était d'une grandeur épique, et son compatriote Latour d'Auvergne, premier grenadier de France, ne devait pas être autre quand, à la tête de sa *colonne infernale*, il marchait contre les ennemis de la République !

La démonstration était péremptoire pour M. Glais-Bizoin, qui pouvait bien se faire illusion sur lui-même, et ne faisait de la tactique qu'en chambre ; elle ne l'était pas pour ceux qui savaient par expérience, ainsi que M. de Pontlevoye, quelle somme d'activité demande la guerre dans ceux qui la dirigent. Il y a plus : la vérité que M. Glais-Bizoin ne voulait pas voir, était si frappante, que les intéressés eux-mêmes en convenaient parfois. Le général Grobon disait à M. Fleury, préfet de la Loire-Inférieure, qui nous l'a rapporté : « Vous pouvez me mettre à cheval, mon cher préfet ; mais m'y faire tenir, je vous en défie! » peignant ainsi d'un trait, non sans esprit, la situation à laquelle M. de Pontlevoye pressait de porter remède, et marquant nettement ce qu'il y avait à la charge des suspects. Car, pour dire le vrai, sauf les réserves que nous avons faites, de toutes ces accusations qui s'élevaient contre les généraux, la vieillesse et l'insuffisance physique qu'elle entraîne le plus souvent avec elle, était la seule qui fût irréfutable. Qu'on y ajoute la défiance qu'ils avaient d'eux-mêmes et de leurs hommes, et l'on s'expliquera sans peine la défaillance du général de Lamotte-Rouge, qui, avec la moitié de l'énergie qu'il montra en Crimée, aurait réparé les effets de la mollesse de son prédécesseur, l'inertie du général Fiéreck dans le Perche et le Maine, des généraux Malherbe et Kersalaun à Dreux et à Évreux, et de tant d'autres. C'est un malheur que tout le monde n'ait pas le même esprit que le général Grobon, et qu'on se croie toujours capable, comme l'archevêque de Grenade, de faire de bonnes homélies; mais cette infirmité n'est pas un crime, bien qu'elle en ait parfois les effets, et elle n'exclut pas le patriotisme.

Il ne faut pas que les défaillances plus graves qui eurent lieu ailleurs et plus tard, nous fassent oublier que nous sommes en ce moment à la sortie de l'entrevue de Ferrières et que nous demandons ce qu'en ressentirent les chefs de l'armée. La part faite, encore une fois, aux influences délétères du système, les chefs de l'armée ne se manquèrent pas plus que l'armée elle-même. Ne mettons pas la vertu en bas : elle est partout ou elle n'est nulle part. Des généraux rendus impopulaires par leur participation au coup d'État, et que cette impopularité accablait, se relevaient eux-mêmes sous le coup des événements pour ne songer qu'aux périls présents du pays. Le général Marulaz, qui commandait à Clermont, écrivait au ministre de la guerre, le 2 octobre : « J'ai l'honneur de vous rendre compte que, prévenu hier par le colonel de gendarmerie, qu'une manifestation devait avoir lieu contre moi, pour avoir commandé une brigade au coup d'État du 2 Décembre 1851, je suis allé tout de suite trouver le préfet pour m'entendre avec lui à ce sujet. Je lui ai proposé de faire venir le rédacteur du journal la *République*, qui avait écrit un article sur moi, et d'autres personnes, si cela était nécessaire. Trois sont venus : je leur ai dit que les règlements militaires ne pouvaient pas être enfreints dans des circonstances où l'on exposait sa vie, et qu'il serait bien pénible pour moi, après avoir fait mon devoir, *d'être privé de l'honneur de contribuer à la défense de mon pays*, dans les circonstances où nous nous trouvons... »

Parmi les officiers supérieurs, généraux et autres, beaucoup regrettaient l'empire ou avaient peu de goût pour la République, et même peu de confiance dans l'entreprise de délivrance tentée sous son drapeau; cela ne leur dérobait pas la France. Quelques-uns même trouvaient en eux assez de force pour se raidir d'autant plus contre la mauvaise fortune et espérer contre l'espérance.

Pour épuiser cette question, qui a son importance dans le tableau que nous traçons, nous voulons faire un rapprochement.

Pendant que nous traitions ainsi les généraux, dans nos clubs, dans nos journaux, dans nos conversations politiques, à Tours et ailleurs, et presque au même moment, le 27 septembre, le général Trippard écrivait la lettre suivante au maire de Tours :

Tours, 27 septembre 1870.

« Monsieur le Maire,

« Il m'a été rendu compte que des soldats, oubliant toute pudeur, ont demandé la charité dans les rues, sans se préoccuper de la souillure qu'ils infligent à l'habit qu'ils portent; que d'autres, par des récits faux et exagérés, cherchent à exciter la pitié des citoyens pour satisfaire leurs ignobles appétits, émoussés par le gaspillage, la débauche et l'indiscipline.

« Il est temps, monsieur le Maire, de mettre un terme à de telles duperies, contre lesquelles je vous prie de vouloir bien mettre en garde vos concitoyens.

« Malgré nos malheurs, il n'y a pas en Europe une administration plus sûre, plus paternelle que celle de l'armée française, et je puis affirmer qu'aucun soldat isolé ou en troupe, présent à son corps et inscrit sur les contrôles, n'a

manqué un seul jour de percevoir, à Tours, toutes les allo-
cations déterminées par les règlements. Les hommes qui
manquent aux appels, les déserteurs, les fuyards, cette honte
de notre armée, ont pu seuls se dégrader au point de men-
dier ou de provoquer, des cœurs compatissants, des sentiments ou des secours dont ils sont indignes. En outre de
leur mauvaise action, ils font un vol aux pauvres de la cité.

« Des ordres sont donnés pour prévenir le retour de ces
abus et de ces mauvais exemples.

« Général TRIPPARD. »

De quelques défaillances individuelles nous tirions
de fâcheuses inductions contre les chefs. Cela était
aussi excessif que si l'on se fût autorisé du fait signalé
par le général Trippard pour stigmatiser la masse
entière des soldats. Dans ces grands ébranlements de
toutes choses, les mauvais instincts s'échappent toujours par quelque endroit, surtout si la main de l'autorité faiblit, et elle faiblit ici ou là : cela est inévitable. Mais les défaillances, en haut ou en bas, si
affligeantes qu'elles soient, ne prouvent pas plus contre
une armée que contre une nation. Toute mutilée qu'elle
était, l'armée française, généraux et soldats, faisait
corps avec le pays. Elle le fera voir bientôt dans le
Nord, sur la Loire et dans l'Est. Elle le faisait voir en
ce moment même à Strasbourg et à Belfort. A la fin de
septembre même, nous n'avions que des simulacres,
des tronçons de régiments. Seulement ces simulacres
s'animaient, ces tronçons s'agitaient sous le souffle de
passion qui remuait le milieu où ils se trouvaient. On s'en
aperçut assez là où il s'éleva des conflits entre l'autorité
civile et l'autorité militaire : l'autorité civile parut plus
énergique dans le sens de la résistance : c'était assez
pour qu'on inclinât de son côté et qu'on prît parti
pour elle. Qu'on lise le résumé suivant de deux dépêches adressées le 3 octobre au ministre de l'intérieur,
l'une par le sous-préfet de Toulon, l'autre par le délégué de la Défense nationale du Var.

« Nous avons ici, disait-on, 4,000 hommes d'infanterie de marine et de matelots qui sont honteux de leur inaction. Ils viennent de faire une manifestation patriotique. Ils exigent qu'on les fasse partir pour combattre. Ce sont des troupes admirables. La mobilisation sera immédiate : le patriotisme est ardent. Les officiers de marine, les ingénieurs sont dans les mêmes dispositions. Tont cela frémit. Ordre de départ ou révolte. »

Cela donne la note et dispense d'entrer dans toutes les casernes.

Le patriotisme n'avait pas attendu la proclamation de la Délégation pour s'affirmer. Il y eut tout d'abord, après le 4 Septembre, un soulèvement national, plus ou moins énergique suivant les lieux, les influences, le plus ou moins d'action et de force de l'opinion de Paris et des villes, mais universel. Les grandes villes républicaines donnèrent l'exemple. En moins de huit jours, Lyon, Marseille, Nîmes inscrivirent cinquante mille volontaires. On a vu ce que disait le général Espivent du patriotisme de Lyon dans sa dépêche du 8 septembre. M. Challemel-Lacour écrivait le même jour au général Trochu : « On fait des enrôlements nombreux à Lyon. Grand enthousiasme. » Dans les autres villes, d'un ordre inférieur, dans les campagnes même, l'enthousiasme n'était pas moindre. Des corps francs surgirent sur toute la surface du territoire.

Bien des dépêches signalent l'entrain et l'ardeur patriotiques des mobiles après le 4 Septembre. « La mobile du Loir-et-Cher est pleine de résolution, » disait M. Tassin [1]. « Les gardes mobiles partent avec enthousiasme, » écrivait M. Girot-Pouzol, préfet du Puy-de-Dôme [2]. « La garde mobile est organisée, pleine d'ardeur et prête à marcher [3]. »

« Les mobiles pyrénéens demandent à marcher au secours de Paris, disait M. Tenot dans une dépêche

1. Dépêche du 7 septembre.
2. Dépêche du 7 septembre.
3. Dépêche d'Angoulême du 7 septembre.

du 8 septembre ; organisation de la défense à outrance.
La population demande au conseil général un crédit
de 50,000 fusils. Les mobiles crient : A Paris ! »

Les mêmes dispositions sont signalées dans les dépêches du Lot, du Lot-et-Garonne, de la Charente, de la
Loire, de l'Aude, des Bouches-du-Rhône, des Alpes-
Maritimes, de l'Ille-et-Vilaine, du Nord, de la Savoie,
de la Vendée, dès les premiers jours après le 4 Septembre.

Le soufflet de Ferrières n'était pas fait pour affaiblir
l'élan. Et, en effet, il suscita chez tous ceux qui tenaient
une arme, comme dans la population tout entière, une
recrudescence du patriotisme.

Nous en retrouvons bien des témoignages dans les
dépêches qui passèrent sous nos yeux. Le préfet des
Landes disait le 30 septembre :

« Tous nos mobiles sont partis dimanche. L'élan est
immense. »

Celui de la Haute-Garonne, le 25 septembre :

« Le premier bataillon de la garde mobile est parti
aujourd'hui au milieu du plus patriotique enthousiasme. Le
général et la municipalité ont assisté avec moi au départ.
Un drapeau offert par la ville a été remis au bataillon en
présence de la garde nationale sédentaire. L'enthousiasme
était à son comble ; les cris de Vive la République ! n'ont
cessé de retentir. »

De même à Tarbes :

« Nos deux bataillons de mobiles, écrit M. Ténot, sont
partis pleins d'enthousiasme et d'élan patriotique. Le général,
le préfet, le maire, le conseil municipal, des représentants
de toutes les autorités, les ont accompagnés jusqu'à la gare.
Foule immense, acclamations répétées de : Vive la République ! Guerre à outrance ! [1].

« Comment se fait-il, disait le préfet des Côtes-du-Nord dans

1. Dépêche du 27 septembre.

sa dépêche du 24 septembre, qu'on nous laisse ici cinq compagnies de gardes mobiles, s'élevant de 15 à 1,600 hommes, et autant de jeunes soldats, c'est-à-dire plus de 3,000 hommes aussi instruits que leurs devanciers qui sont sous les murs de Paris? Le peuple se demande s'ils ont acquis le triste privilège de n'être armés que pour la forme, et non pour marcher à l'ennemi. »

Il nous eût été facile du reste, par ce qu'on avait à tout instant sous les yeux dans la ville de Tours, de se faire une idée des dispositions d'esprit que nous constatons. On voyait, presque chaque jour, défiler dans les rues, mobiles, francs-tireurs, volontaires, éclaireurs, qui venaient souvent de contrées bien éloignées les unes des autres ; c'était, chez tous, un entrain qui inspirait confiance.

Nous nous rappelons entre autres, les *Francs-tireurs de Nice*, les mobiles de la Dordogne et les *Partisans du Gers*, qui nous arrivèrent deux ou trois jours après la proclamation du Gouvernement.

Les *Francs-tireurs de Nice* étaient des hommes jeunes, bien faits, de bonne mine et de bonne tournure, à l'œil vif, de physionomie décidée. Leur uniforme était gris de fer avec passe-poil vert, guêtres de cuir et chapeau tyrolien. Ils étaient admirablement équipés et armés. Leurs carabines étaient de première qualité. Assurément aucun d'eux ne paraissait regretter d'être français. Ils chantaient la *Marseillaise* avec un entrain de parisien. Leurs cris de *Vive la République!* étaient bien des compatriotes de Garibaldi.

Les mobiles de la Dordogne, qui formaient une magnifique colonne de 2,000 hommes, avaient dans leur aspect quelque chose de plus sévère, sinon de plus martial et de plus résolu. Nous avons vu rarement troupe plus belle, mieux équipée, des hommes plus robustes et d'une allure plus dégagée. Ils étaient arrivés le lundi 27 septembre vers 9 heures du matin par le chemin de fer. M. Glais-Bizoin était allé les recevoir à

la gare ; il réunit autour de lui les officiers, sur le boulevard Heurteloup, et les harangua, leur expliquant,
comme s'ils ne l'avaient pas connue, la situation présente de la France. M. Glais-Bizoin n'était pas éloquent, surtout en plein air ; il n'y avait rien non plus
dans sa personne qui portât à l'enthousiasme. Il fut
cependant acclamé. Sa harangue s'était terminée par
le cri de *Vive la République !* Le même cri sortit de
toutes les poitrines avec une énergie dont le plus éloquent aurait pu être flatté. « L'écho valait mieux que
la voix », nous dit quelqu'un, qui voulait sans doute
faire entendre que l'enthousiasme des hommes était
complètement indépendant de l'orateur.

Les Partisans du Gers étaient peut-être de tous ces
jeunes soldats ceux qui avaient produit la sensation la
plus vive. Nous les voyons encore défiler avec leur
bannière portant des ossements en croix comme les
draps mortuaires, leur costume pittoresque, leur air
martial et résolu, graves, recueillis, taciturnes. On eût
dit que le silence était obligatoire dans leurs rangs ; ce
qui était vrai : les commandements même devaient s'y
faire par signes. Leur troupe était peu nombreuse,
soixante hommes environ. Mais le sentiment de la discipline et de la solidarité y était exceptionnel. L'appel
en avait été fait sur le pied d'une guerre d'extermina-
tion. Ils semblaient dire à qui les regardait : « Nous
avons fait un pacte avec la mort. »

Il passait rarement des troupes régulières à Tours
en ce moment, ou, s'il en passait, c'était pour s'arrêter
bien peu de temps. Nous ne pouvons oublier cependant
quatre escadrons de chasseurs à cheval, appartenant
aux 2e, 4e, 6e et 7e régiments de l'armée. Ils étaient
magnifiques à voir ; les hommes étaient jeunes, vigoureux et paraissaient, ce qui est rare chez nous, bien
montés. Ils avaient bonne mine, l'air résolu et grave.
Nous les vîmes passer dans la rue, et bien qu'ils fussent fatigués de la marche, les cris de *Vive la Répu-*

blique qu'ils répétaient pour répondre à ceux dont on les saluait, étaient poussés avec une énergie peu commune, qui ne le cédait pas à celle que provoquait M. Glais-Bizoin dans ses revues militaires et civiques. A coup sûr, l'insolence de M. de Bismarck n'avait pas moins touché ces braves gens que la Délégation.

Mais nous voulons revenir aux volontaires.

Une chose qu'il faut recueillir avec piété, et qui console au milieu de tant de souvenirs attristants, c'est le sentiment d'unanimité patriotique que nous rencontrons en ce moment, et qui était si manifeste chez les volontaires. Les dissidences politiques avaient cédé partout, excepté chez les meneurs bonapartistes, qui n'auraient pas mieux demandé que de faire le vide autour du Gouvernement de la Défense, mais dont les menées, du reste, restaient impuissantes.

Dès le 4 Septembre des compagnies franches s'étaient formées et développées partout sans aucune acception de parti. Les légitimistes, les Cathelineau, les Stofflet en tête, s'étaient empressés de venir se grouper autour du drapeau de la défense. M. le comte de Foudras formait un bataillon de francs-tireurs sous le nom d'*Éclaireurs de l'Ouest*. M. de Herbergemont faisait appel aux Vendéens et leur donnait rendez-vous pour le 24 septembre à Thouars. Les *bleus*, les *blancs*, pour parler l'ancienne langue, se confondaient et se donnaient la main dans les troupes volontaires, comme dans celles de la mobile où la loi les appelait. Les *Francs-tireurs du Midi* comptaient dans leurs rangs des républicains et des légitimistes ; les *Partisans du Gers* avaient été recrutés par M. d'Assis du Faur, et parmi les premiers enrôlés se trouvaient des fils de déportés du 2 décembre. M. de Cathelineau faisait aux républicains de Cognac, qui lui avaient écrit pour lui demander à s'enrôler dans sa légion, cette belle réponse :

« Messieurs, en face de l'ennemi, nous sommes tous frères ;

je vous accepte donc avec reconnaissance et vous attends. »

Nous insistons sur les volontaires légitimistes, qui étaient alors les plus remarqués.

M. de Cathelineau avait pris l'initiative. Arrivé à Tours presque en même temps que la Délégation, avec l'intention d'offrir ses services au Gouvernement de la Défense, il s'était mis en rapport avec M. Glais-Bizoin, et avait adressé le 22 septembre une lettre au ministre de la guerre pour demander l'autorisation de lever dans la Vendée un corps de volontaires destiné à harceler l'ennemi comme éclaireurs et francs-tireurs. Cette demande, approuvée et fortement recommandée par l'ancien député des Côtes-du-Nord, fut accueillie favorablement par le ministre de la guerre, et, le jour même, le petit-fils du héros vendéen adressait une proclamation ardente aux provinces de l'Ouest.

Le nom de M. de Cathelineau excitait les défiances. Le préfet de la Vendée fit des objections et demanda même que la commission accordée fût retirée. Le Gouvernement maintint la décision du ministre de la guerre. C'était justice et sage politique.

Quelques jours après, même accueil était fait à M. de Charrette.

M. de Charrette, rendu libre avec les zouaves pontificaux par l'occupation de Rome au nom du roi d'Italie, s'était empressé de revenir en France et de se mettre à la disposition du Gouvernement. Aussitôt qu'il eut été agréé, il fit, comme M. de Cathelineau, appel à ses amis :

« Autorisé, disait-il, par le Gouvernement à former avec le régiment des zouaves pontificaux un corps qui prend le nom de *Volontaires de l'Ouest*, de l'endroit de sa formation, je viens faire appel aux hommes de cœur de toute la France qui ne sont pas encore incorporés, à tous ceux qui, de près ou de loin, ont appartenu au régiment.

« J'avertis que je veux former un régiment sérieux où règnera la plus grande discipline. Ma seule préoccupation est de défendre la France. C'est dans la ville de Tours que nous nous formerons.

« J'espère que mon appel sera entendu et que nous pourrons prouver que le régiment de zouaves saura conserver ses traditions, qu'il sera le type de l'honneur et du dévouement, et qu'il se consacrera à la France comme il s'est dévoué à la défense de Rome.

« Le ministre de la guerre nous fait l'honneur d'envoyer trois de nos compagnies aux extrêmes avant-gardes. »

Un légitimiste de vieille race, le comte de Cresolles, qui a servi lui-même honorablement dans l'armée de Bretagne et qui connaissait à fond tout le personnel sérieux de la légitimité, nous disait en nous parlant des deux hommes d'action du parti, MM. de Charrette et de Cathelineau :

« Il n'est rien de moins semblable que ces deux hommes : l'un positif, l'autre chevaleresque ; l'un prudent, habile ; l'autre ardent, impétueux ; Cathelineau plus politique, Charette plus enthousiaste, plus religieux, mais tous deux également et au même degré patriotes, ne voyant, malgré leur foi politique invincible, dans la lutte contre l'étranger, que la France, et combattant pour elle sans regarder le drapeau, sans aucune arrière-pensée. »

Nous ne contredisons pas à ce jugement ; nous ajoutons qu'ils ont encore un autre point commun, qui n'est du reste qu'une conséquence du patriotisme même, c'est qu'ils ne furent ni l'un ni l'autre exclusifs et que M. de Charrette, comme M. de Cathelineau, tendit la main à tous les hommes de bonne volonté.

Il faut honorer de tels sentiments, qui seuls peuvent refaire la France. C'est pour cela que nous voulons citer la lettre suivante qu'adressait à M. de Cathelineau un autre légitimiste, de nom vendéen célèbre aussi, en réponse à son appel :

« A Monsieur de Cathelineau.

« Angers, 24 Septembre 1870.

« Monsieur, je veux être le premier à votre généreux et patriotique appel.

« Puissent les noms de Cathelineau et de Stofflet, unis comme autrefois, exercer encore sur les fils des Vendéens leur irrésistible influence.

« Nous ne nous connaissons pas ; ils étaient inconnus aussi l'un à l'autre quand ils ont associé leurs efforts dans cette lutte dont le plus grand capitaine des temps modernes a dit que c'était une *guerre de géants*.

J'ai un frère qui remplit bravement son devoir parmi les héroïques défenseurs de Toul. Ce n'est pas assez. Je prendrai, moi aussi, ma part de cette glorieuse tâche. J'accomplirai mon devoir, quoi qu'il m'en coûte de laisser seules ma jeune femme et une enfant de quelques mois. Les soutiens ne leur manqueront pas, je l'espère.

« Que chacun fasse passer l'amour de la patrie avant l'amour de la famille, et la France sera sauvée.

« Je cours vous rejoindre.

« Vive la France !

« Edmond Stofflet. »

Le mouvement était si puissant qu'il ne vint à l'esprit de personne d'y résister ou de le combattre, soit parmi les adversaires de la République, soit dans l'opinion indépendante et libre. Les personnages les plus opposés au Gouvernement formé par la Révolution, ses ennemis naturels et en quelque sorte légitimes, les prétendants, et ceux au-dessous qui, dans l'intérêt des prétentions futures, et d'après des ordres peut-être, ont le plus reproché aux républicains la guerre à outrance, étaient entraînés ou feignaient de l'être.

L'empire n'était pas encore tombé que le comte de Chambord, dans une lettre rendue publique, écrivait ces lignes, que nous avons déjà citées : « Il faut avant

tout repousser l'invasion, sauver *à tout prix* l'honneur de la France, l'intégrité de son territoire. » Et le
lendemain de l'entrevue de Ferrières, après la proclamation de la Délégation de Tours, revenant, pour
ainsi dire, à la charge, il faisait publier par la *Gazette
de France* et ses autres journaux une sorte de pro-
gramme-manifeste, où présentant « la monarchie traditionnelle » comme la condition du salut du pays
il réitérait sa première déclaration : « C'est elle (la
monarchie traditionnelle), c'est elle, disait-il, qui,
unie au pays tout entier, chassera les envahisseurs
de la patrie et en obtiendra une paix honorable; et
cette paix sera sincère et durable, parce qu'elle con-
servera *intacts l'honneur et le territoire de la France*[1]. »

L'*Univers* n'avait pas attendu le mot d'ordre du
prince pour entonner le cri de guerre. Dès les premiers
jours, à l'annonce des premiers revers, au moment
où il eût été téméraire d'oser présenter le comte de
Chambord comme le *sauveur* de la France, il avait
adopté son fier programme.

Le 9 août, M. Louis Veuillot écrivait :

« Nous proposons qu'il soit déclaré solennellement que
la France ne traitera jamais sur son sol, quelle que soit la
fortune des armes; et si l'épreuve peut aller jusqu'à lui
interdire la guerre régulière, alors aussitôt elle commen-
cera la guerre des haies, des ravins et des bois, la guerre
des Machabées et des enfants de Pelage.

« Aujourd'hui, il ne peut plus y avoir de doute que la
Prusse a perdu la frontière du Rhin. »

Le 27 août, dans la prévision du siège de Paris, il disait :

« Paris résistera glorieusement, et, nous l'espérons, victo-
rieusement. Il verra l'ennemi se briser à ses portes; il le
verra lever le siège, fuir vers Bazaine et Mac-Mahon, à travers la France exaspérée...

1. *La Gazette de France*, numéro du 27 septembre 1870.

« Que Paris se défende, et quand même il serait enfin forcé, c'est déjà une victoire et une grande victoire. C'est la victoire de l'âme de la France. Celle-là est assurée, elle est indépendante du sort des armes. Elle sera plus grande même si le sort des armes lui est contraire. Elle montrera que la France pourtant n'avait pas attaché tout son cœur à cette merveille qui lui a coûté tant d'or, tant de labeur, hélas! et tant de péchés. La France, la vieille France, la France retrouvée d'avant 89, aura exposé la merveille et l'aura jetée dans le gouffre de sang pour sauver son honneur. Cela n'est pas conforme aux nouveaux principes économiques, c'est sauvage comme autrefois. Les savants allemands de Vienne, ceux qui sont déjà protestants, ont été plus sages. Méprisant une semblable victoire, craignant sagement de voir endommager leurs boutiques, leurs cafés chantants, leur nouvel Opéra, préférant voir abîmer la patrie, ils ont philosophiquement pétitionné vers leur empereur pour n'être pas défendus. Voilà un peuple qui veut qu'on le prenne! Le Français, resté bon gré mal gré catholique, est d'humeur différente. Il sacrifie sa Ville pour sauver l'honneur et la nationalité. »

Le 4 septembre, la nouvelle de la capitulation de Sedan arrive. L'*Univers* s'écrie :

« Le péril grandit et les humiliations s'accumulent. Une capitulation de 40,000 hommes!!... [1]. Ce coup est le plus amer. Le sang français s'écoule plus âcre par cette blessure plus imprévue. Avant de condamner le général qui a signé la capitulation, la conscience a besoin de savoir quels faits l'ont pu plier à cette nécessité désastreuse; mais avant de connaître les faits, elle ne peut pas non plus l'absoudre. La loi militaire met en jugement le général qui a osé capituler. Il est passible de mort...

« Que Paris se défende noblement, que la courtisane redevienne une matrone digne d'enfanter encore des héros!... Qu'elle jette à l'ennemi ses joyaux, que ses lieux de plaisirs, arrosés de sang, deviennent une tombe glorieuse. Cette tombe contiendra la vie, et la vie en jaillira. »

1. On sait que le chiffre avait été diminué de moitié à dessein par le Gouvernement impérial ; on disait 40,000 au lieu de 80,000.

Enfin, la révolution est faite, celle que M. Louis Veuillot appelle « la vraie révolution du mépris ; » son cri de guerre retentit plus fort que jamais :

« Nous avons cru, nous croyons toujours, dit-il dans son article du 6 septembre, qu'il faut résister, que l'honneur le veut, que l'intérêt de l'avenir l'exige. Nous croyons que ceux qui signeraient la capitulation de Paris sans combat ou après un simulacre de combat destiné à jeter un voile de sang sur leur honte, devront passer en jugement devant un jury français, pris entre les pères et les frères de nos soldats morts pour la France, et que leurs noms seront à abolir même avant celui de l'empereur Napoléon.

« Si Paris ne résiste pas, la France sera honteusement précipitée dans une nuit longue, peut-être éternelle ; et l'empire de l'Allemagne, nécessairement tout militaire, est fondé pour longtemps. La reddition de Paris sans coup férir efface comme une chose de rien cette œuvre de tant de siècles et de tant de gloire qui fut la France.

« Nous avons dit, nous redisons, et Dieu sait si cette parole nous coûte, qu'il faut obéir aux hommes du pouvoir en tout ce qu'ils demanderont de juste. Ce qu'ils peuvent demander de juste, c'est le dernier sacrifice. Que Paris leur doive de se montrer digne de la France en conquérant au moins la mort ; la postérité les absoudra. »

Les bonapartistes, chefs et soldats, faisaient chorus avec les légitimistes, avec la *Gazette de France* et l'*Univers*.

Le malheureux lui-même qui avait jeté la France dans cette horrible situation, qui l'avait acculée à une paix honteuse ou à une longue continuité d'efforts héroïques, celui que M. Louis Veuillot déclarait « passible de mort, » n'osait pas lui prêter d'autres sentiments, d'autres résolutions. L'humiliation de Sedan lui paraissait sans doute suffisante. On a pu lire dans les journaux bonapartistes une longue conversation qui aurait eu lieu pendant la guerre, après l'entrevue de Ferrières, entre un correspondant du *New York Herald*

et Napoléon III, à Wilhemshœhe. Le correspondant
vient de dire que le peuple allemand désire la paix.
Napoléon reprend :

« La France aussi a besoin de la paix ; mais les conditions proposées par le comte de Bismarck sont trop dures ;
elles sont excessives. Quel gouvernement en France pourrait accepter de telles stipulations et espérer ensuite demeu-
rer sur pied en face d'une nation ainsi outragée ? La France
ne se résignerait jamais à pareille humiliation. »

Quelque chose de plus sérieux, ou du moins de plus
authentique, s'était produit sous le coup même de l'incident diplomatique de Ferrières. Un journal bonapartiste, *la Situation*, qui se publiait à Londres, avait lancé
un manifeste sous ce titre : *Les Idées de Napoléon III*,
où des ouvertures de paix étaient faites en vue d'une
restauration de l'empire. Les ouvertures étaient directes ;
on tendait la main à M. de Bismarck pour ressaisir le
pouvoir ; on était disposé à faire bien des sacrifices pour
cela : et pourtant non seulement on n'osait rien proposer d'humiliant pour la France, mais encore on louait
M. Jules Favre d'avoir eu le courage de reculer devant
l'énormité des propositions qui lui étaient faites. « Nul
ne saurait blâmer un Français, disait l'auteur du manifeste, d'avoir réparé une démarche imprudente en refusant de souscrire à des propositions peu en rapport
avec son passé glorieux. » Sans doute l'opinion de Napoléon III n'a pas plus, dans le second document que
dans le premier, le caractère officiel, l'authenticité de
celle du comte de Chambord. Elle est au moins vraisemblable. La *Situation* était plus qu'un officieux, quoi
qu'on en ait pu dire ; et la conversation rapportée par
le *New York Herald* était, dans plusieurs journaux bonapartistes, citée à l'honneur du principal interlocuteur et considérée comme l'expression de sa pensée : on
croyait même y retrouver la marque de son style ou de
sa manière.

Mais ce n'est pas dans des manifestes de prétendants, factums plus ou moins personnels, que nous avons à chercher le sentiment public. Nous en trouvons ailleurs une expression plus directe et plus pure, des témoignages autrement autorisés.

La presse de province ne s'était pas fait illusion sur le résultat de l'appel pacifique fait à la Prusse par le ministre des affaires étrangères ; et, bien avant l'entrevue de Ferrières, elle avait fait connaître son opinion, qui était celle de la résistance la plus énergique. Les satellites de l'*Univers* n'ont pas été les seuls à parler la langue du patriotisme. Les journaux les plus opposés d'opinion, *la Guienne*, *la Gironde*, *le Journal de Bordeaux*, *le Courrier de la Gironde*, *la Province*, *la Sarthe*, *le Phare de la Loire*, *le Progrès de Lyon*, *l'Avenir de Rennes*, *l'Union de la Haute-Marne*, etc., etc., se rencontraient dans le même sentiment. La plupart d'entre eux même s'accordaient à dire qu'il y aurait aveuglement ou faiblesse à compter sur les éventualités diplomatiques, et ils n'avaient pas attendu la proclamation de la Délégation pour pousser le cri de guerre à outrance [1]. Cela dispense de dire ce qu'il en fut, quand il n'y eut plus de doute possible sur les intentions de la Prusse, sur la perspective d'une France amoindrie et déshonorée. Le courant alors emporta tout ; les plus modérés, les esprits les plus graves eux-mêmes furent entraînés.

Il suffira, pour mesurer la profondeur du courant, de lire quelques pages du *Moniteur* et d'un écrit de M. Taine. On verra par là sous quel aspect la bourgeoisie et l'élite des intelligences les plus désintéressées des passions politiques envisageait la situation et les devoirs qu'elle imposait.

---

1. Voir notamment la *Correspondance départementale* de Tours dans le *Peuple Belge*, numéro du 25 septembre 1870. — L'*Union de la Haute-Marne* du 24. — L'*Avenir de Rennes*, le *Contribuable* de Rochefort, du 20 au 30 septembre.

Une femme d'esprit et de talent, Madame Claude Vignon, qui écrivait alors dans le *Moniteur*, sous le pseudonyme de H. Morel, ses impressions sur les événements du jour, nous transporte dans un salon au moment où arrivait de Paris le rapport du ministre des affaires étrangères :

« Paul Renou, disait-elle, apporta le rapport de M. Jules Favre sur son entrevue avec M. de Bismarck, et la mélancolie du salon devint de la douleur. Les femmes essuyaient de temps en temps les larmes qui allaient tomber sur leur ouvrage ; les hommes semblaient contenir avec peine des rugissements de colère.

« La conversation, qui ne chômait pas d'ordinaire, devint lente et saccadée. On eut dit un de ces échanges de paroles graves et désolées qui se font, dans une famille, quand on veille un mort.

« D'abord le journaliste avait analysé l'ensemble du document : on voulait le connaître en entier, et M. Lambert en fit la lecture à haute-voix.

« Il lisait bien..., et jamais drame ne fit un effet semblable, sur un auditoire frémissant.

« C'est que rien n'empoigne comme la vérité vivante, la vérité vraie. Et quelle vérité ! Cette page d'histoire sera immortelle. Plus tard, elle deviendra classique, et dans les collèges, la jeunesse la redira comme elle dit Tacite, Xénophon, Thucydide.

« Pourquoi ? Ce n'est pas un rhéteur qui l'a écrite : c'est un citoyen, et un grand citoyen. C'est le vice-président d'un gouvernement improvisé au lendemain d'un désastre national, et qui a, sans mandat régulier, assumé la plus lourde des responsabilités. Et c'est un philosophe chrétien.

« Il juge du haut des sommets et condamne cette guerre, qu'il commande pourtant. Il expose les faits, laissant l'appréciation au pays ; mais ce terrible procès-verbal a un mouvement et un décor que Shakespeare n'eût pas trouvé.

« Voyez ces fermes désolées, ouvertes, abandonnées, ces bois brûlés, ces campagnes foulées par les pieds des chevaux. Ici, errent effarés quelques bestiaux oubliés par la razzia ennemie. Là, s'éteignent les feux des bivouacs jonchés de débris. Pas une âme d'ailleurs à travers les chemins et les guérets. Et puis, de loin en loin, un paysan partagé entre l'intérêt et l'épouvante, qui se hausse sur un vieux mur, ou bien entr'ouvre les branchages d'une haie, pour voir si son toit est brûlé.

« Le parlementaire français chemine en silence entre son escorte. Est-ce un ambassadeur? Est-ce un prisonnier? Titan foudroyé!... jamais expression ne peignit mieux un homme... et jamais situation ne fut mieux faite pour ce visage.

« Il va, poussé par l'inspiration qui lui a dicté cette démarche suprême, et pourtant étreint par un doute insurmontable. Tout à coup, un cavalier débouche au détour du chemin, s'approche du voyageur et lui dit de changer de route : le vainqueur a posé sa tente dans un autre camp. Il retourne sur ses pas, va, vient, attend, et revient.

« Enfin, il parle. Que veut-on de la France ? Le souverain contre lequel la Prusse s'est armée, est prisonnier ; une république est née, qui repousse la solidarité de ses actes ! Le pays veut sincèrement la paix, si elle est possible.

« Et on lui demande le sol, encore baigné de sang français, de nos plus héroïques provinces ! Et on lui propose de faire délibérer les députés sous le feu du canon ennemi... On lui propose, à lui qui n'a d'autres pleins pouvoirs que ceux qu'il tient de son dévouement à la chose publique, de consentir le déshonneur de la patrie !

« Le silence dura longtemps après cette lecture ; on souffrait, on pleurait[1]. »

Le *Moniteur* ne se lassait pas d'exprimer les mêmes impressions et de montrer à quel point il s'associait au sentiment public. Le 29 septembre, il revenait deux fois au grand sujet de toutes les préoccupations. M. Paul Dalloz louait M. Jules Favre, au nom du droit, de l'humanité, de la civilisation, de sa tentative de conciliation à Ferrières, laissant à la Prusse la responsabilité de tout le sang qui allait couler ; et, plus bas, par un de ses rédacteurs, se rangeait résolument sous le drapeau de la résistance arboré par le Gouvernement.

1. H. Morel. *Les Soirées de Chesnoy-les-Tours.*

M. Taine, dans des pages soigneusement méditées, que le *Moniteur* se hâtait de reproduire, prenait la question de plus haut, ou, pour mieux dire, la portait à toute sa hauteur. Il examinait d'abord les exigences du vainqueur, en recherchait ensuite curieusement la cause, qu'il trouvait dans une fausse opinion de l'Allemagne sur la France, les discutait froidement, et concluait que les conditions de paix, telles que les faisait M. de Bismarck, étaient inadmissibles.

« Il ne s'agit pas ici, disait-il, de point d'honneur chevaleresque ou militaire ; il s'agit de devoir, et ce serait manquer au devoir que de leur abandonner, comme ils le demandent, deux provinces françaises, un million de nos concitoyens : s'il y a des hommes qui de cœur et de volonté soient français, ce sont les compatriotes de Kléber et d'Uhrich. Le siège de Strasbourg vient d'en témoigner ; la presse allemande elle-même le reconnaît. Exiger qu'ils perdent leur patrie, qu'ils en subissent une autre, qu'ils entrent dans des régiments prussiens, pour tirer peut-être plus tard contre des Français : voilà une injustice énorme, digne du premier Napoléon, que les Allemands maudissent comme un malfaiteur. Imposer à la France un tel sacrifice, c'est ordonner à une mère de livrer un de ses enfants, cela est contre la nature et contre la conscience. La bouche qui, sous la contrainte de la force, balbutierait un tel pacte, se rétracterait tout bas, et se promettrait à elle-même, comme la Prusse après Iéna, de ne pas couronner une promesse criminelle par une résignation plus criminelle encore. Sur tout le reste, des concessions, de grandes concessions sont possibles ; nous pouvons, et nous devons, même au prix de pénibles sacrifices, donner à nos adversaires la preuve que nous acceptons la paix sans arrière-pensée, à demeure et non comme une trève. Accordons-leur des garanties, l'intérêt et l'amour-propre en souffriront, il n'importe. Mais qu'ils ne réclament rien au delà, rien qui soit contre notre conscience, rien qu'un peuple honnête ne puisse imposer à un peuple honnête. Sinon, et à supposer qu'ils l'extorquent, ils auront tort ; car l'injustice est une semence impérissable de guerre ; à cet égard l'histoire, à défaut de cœur, parle assez haut ; ils n'ont qu'à consulter leurs souvenirs de 1807 et de 1813, pour savoir que leur oppression a produit leur révolte, et que Wagram, Iéna, ont eu pour fruits, Leipzick et Waterloo.

« H. TAINE[1] »

Ainsi, pour le philosophe qui s'attache à trouver la vérité dans le calme de la méditation, comme pour le journaliste qui reflète la brûlante impression du moment, la France ne pouvait pas céder. Le *devoir* lui interdisait d'abandonner deux provinces françaises.

Retenons cette formule de la guerre à outrance. On ne pouvait en souhaiter une plus belle, ni la proclamation de la Délégation avoir une plus noble explication.

Il y a, dans tout grand mouvement social ou national, bien des apparences à côté des réalités, bien des entraînements d'imagination que les actes ne confirment pas toujours, qu'il faut noter pourtant, ne fût-ce qu'en passant, dont on pourrait dire qu'ils sont un hommage rendu par la faiblesse des consciences à la force du devoir, et qui, par cela même, ont leur signication.

Le *Café de la ville*, à Tours, au centre de la rue Royale, était le rendez-vous des hôtes de passage, chefs de volontaires, officiers de tout grade, journalistes de toute opinion, fonctionnaires, anciens députés, sans parler des solliciteurs, des coureurs de place, des aventuriers, des intrigants, que la capitale improvisée attirait chaque jour et qu'elle retenait parfois assez longtemps. Un de nous y était entré le 4 octobre, avec un ami, qui, après avoir parcouru le *Moniteur*, lui fit remarquer l'article suivant[2] :

« Notre collaborateur Ponson du Terrail, qui avait été acclamé capitaine des gardes nationales de plusieurs communes du Loiret, vient d'être chargé par le général comman-

1. De l'opinion de l'Allemagne et des conditions de la paix. *Moniteur* du 8 octobre.

2. Le *Moniteur universel*, numéro du 5 octobre 1870.

dant la division, d'organiser un corps d'éclaireurs qui opérera dans la forêt d'Orléans.

« Ce corps qui est composé des paysans, des chasseurs, des braconniers du pays avec lesquels M. Ponson du Terrail entretient depuis longtemps des relations d'amitié ou de voisinage, est mis à la disposition du colonel de tirailleurs qui commande la contrée.

« Dans le numéro de demain, M. Ponson du Terrail racontera, par le menu, à nos lecteurs, ce qu'il veut faire, et par conséquent, ce qu'il fera. »

Le lendemain le journal publiait la lettre qu'il avait annoncée [1]. M. Ponson du Terrail disait :

« Forêt d'Orléans, 4 octobre 1870.

« J'ai quitté Paris le 16 septembre, au moment où les portes se fermaient et où les premiers uhlans commençaient à poindre à l'horizon.

« J'avais pour tout bagage ma couverture de voyage, un sabre et un revolver. Ce n'était pas précisément, convenez-en, l'équipement d'un homme qui fuit devant l'invasion. Cependant, on m'a raconté hier soir, que j'avais été mis à l'ordre du jour des déserteurs de Paris.

« Je vais donc vous dire où j'allais.

« Tous mes lecteurs du *Moniteur* savent que je suis un grand chasseur devant Dieu, et je leur ai raconté les mystères de ma chère forêt d'Orléans dans plus d'un livre.

« Je savais que la forêt dans laquelle je vis six mois de l'année, et d'où je vous ai si souvent envoyé mon feuilleton quotidien, était une magnifique ligne de défense, la seule qui pût protéger la ville qui a rasé imprudemment les murailles de Jeanne-Darc ; je savais, en outre, que les Prussiens se montreraient à la lisière de cette forêt bien avant d'avoir passé sous le canon des forts de Paris ; je savais enfin que si je n'étais à Paris qu'un fusil sous les remparts, je pouvais être là-bas un organisateur plus sérieux de la défense nationale.

« Propriétaire au bord de la forêt, capitaine de la garde nationale, j'étais sûr de grouper autour de moi toute une population de chasseurs et de braconniers, et j'ai réussi.

1. Le *Moniteur universel*, numéro du 6 octobre 1870.

« Le général m'a accordé l'autorisation d'organiser une compagnie d'éclaireurs, et me voici à l'œuvre.

« Voilà donc pourquoi je ne suis plus à Paris, et comment je retrouve à Tours mon cher *Moniteur* et mes bons amis. Mais, mon cher ami, même en forêt, même sous la hutte du charbonnier qui me servira de tente plus d'une fois, je ne renonce pas à ma profession d'homme de lettres.

« L'heure n'est pas aux romans, mais elle est aux réalités poignantes aujourd'hui, glorieuses et pleines d'espoir demain. Je vous enverrai donc de mon gourbi-forestier la *Cour-Dieu*, une série de lettres sur la guerre.

« Ce sera, si vous le voulez, une étude à la fois retrospective et du moment.

« Je vous parlerai de notre pauvre Paris et de notre chère France qui se lève, et, comme je suis plein de foi et d'espoir, je vous dirai, peut-être à mots couverts, où est selon moi le salut de la patrie.

Je vous serre la main cordialement.

« PONSON DU TERRAIL. »

Le programme était assurément des plus engageants. L'auteur de tant de récits où la guerre ne joue pas le premier rôle, allait-il nous en faire de plus nobles, de dignes des sentiments qui lui avaient dicté ses résolutions ? Allait-il lui-même se transformer en héros ?

Trois semaines après, — Orléans étant occupé par les Prussiens, — le *Moniteur* publiait une nouvelle lettre de M. Ponson du Terrail. C'était un appel patriotique, ayant comme une allure de proclamation, adressé aux chasseurs, braconniers et paysans de la contrée, à qui il donnait rendez-vous dans *sa chère forêt* pour refaire avec eux une chouannerie.

Les admirateurs de Ponson du Terrail, ceux qui ne le connaissaient pas autrement que par ses romans, pouvaient penser, à la lecture de ces lettres vaillantes, qu'elles partaient d'un sentiment profond autant que sincère. Ceux qui le connaissaient personnellement, étaient loin de prendre au sérieux son projet héroïque.

L'un d'eux, à qui nous faisions part de notre opinion, que nous n'avions aucune raison d'avoir défavorable, nous disait :

« Vous êtes bien naïf. C'est tout bonnement du charlatanisme, une réclame d'auteur ou une *pose*. Un cri de cœur patriote ! Allons donc ! Ces littératures-là n'engendrent pas des Tyrtées, et ce n'est pas d'elles non plus que les héros s'engendrent ! »

Trois mois s'étaient écoulés, remplis d'événements, et quels événements ! Nous n'avions pas entendu parler du *chouan* de la forêt d'Orléans, et, à vrai dire, nous n'y avions guère pensé. Tout à coup, un matin, à Bordeaux, en lisant la *Gironde*, nous apprenons, en même temps que sa mort, le jour et l'heure de ses funérailles. Il était mort, comme bon nombre de ses héros de romans, dans son lit.

L'auteur de *Rocambole* avait-il rêvé de rehausser sa petite gloire, de mettre comme un couronnement grandiose à son mesquin édifice ? On peut en douter. Nous ne dirons pas non plus qu'il est mort victime des mécomptes de son patriotisme autant que d'une maladie vulgaire, d'une vision de gloire évanouie ou du regret d'avoir trop présumé de son pays ou de lui-même. Ce qui est certain, c'est que beaucoup avaient pris au sérieux son roman, son rêve de délivrance. Pourquoi non ? Nous caressions tous le même rêve, nous nous flattions tous d'en faire une réalité, d'y travailler du moins avec une ardeur nouvelle, après l'entrevue de Ferrières. Ce qui n'est pas moins certain aussi, c'est que la Délégation, au moment où elle adressait son appel solennel à la France, sentait la province entière avec elle et derrière elle, les grandes et les petites villes, les mobiles qui sortaient du fond même du pays, les volontaires, ce qui restait de l'armée, officiers et soldats, enfin, tous les organes de l'opinion. Et c'était bien une force, une force immense que cette unanimité d'un grand pays, affirmant la résolution de conjurer, par un effort suprême, le danger d'une mutilation déshonorante.

Ce qui ajoutait à cette force, sans aucun doute, c'est la conviction que l'unanimité était absolue, qu'elle régnait à Paris comme en province, conviction renouvelée chaque jour, tant que dura le câble télégraphique de la Seine, et, lorsqu'il fut détruit, toutes les fois qu'il nous parvenait un ballon. Ainsi, au moment où la proclamation de la Délégation faisait le tour de la France, on recevait de Paris la dépêche suivante :

« Les rapports militaires sont excellents; les forts et l'enceinte sont dans le plus bel état. Les mobiles prennent chaque jour plus d'assurance. La garde nationale est tout entière aux remparts. Les promenades et manifestations oiseuses ont cessé. L'ordre le plus admirable préside à toutes les opérations sur tous les points [1]. »

Le 29 septembre encore, M. Jules Favre écrivait à M. Crémieux :

« Mon bien cher ami, j'espère que ce pli, confié à la voie aérienne, vous arrivera fidèlement. Il vous portera nos amitiés, nos espérances et nos vœux. Ici tout va à merveille. Jamais spectacle plus grand n'a été offert au monde que celui d'une population régénérée par la liberté, et se levant pour défendre ses foyers et son honneur. Aussi sommes-nous pleins de confiance, et nous avons grand'peine à retenir la garde nationale, qui veut faire des sorties. Vous pouvez faire savoir ces nouvelles à la province et à l'Europe. »

Il y eut là une heure sublime. On eût assurément préféré la paix à la guerre; si les conditions à l'antique dont le souvenir plaisait à l'imagination de M. Veuillot, n'étaient guère dans les esprits, on n'admettait pas la possibilité d'une paix humiliante; et quand l'espérance

---

1. Dépêche du 25 septembre, 12 h. 30 m. matin.

d'avoir une telle paix fut perdue, le sentiment de la résistance fut partout dans les départements ce qu'il était à Paris; les exigences de la Prusse arrachèrent le même cri d'indignation dans la France entière.

Il s'en faut cependant — et cela n'en rend que plus méritoire la résolution prise — que l'on se fît illusion sur les difficultés de la tâche. Nous voyions d'assez près les hommes du Gouvernement pour savoir leur sentiment intime et toutes leurs inquiétudes d'avenir. Quelques-uns d'entre eux même exprimaient assez vivement leurs angoisses, comme on peut le voir par certaines dépêches de M. Laurier qui ont été publiées, et ce n'étaient pas seulement les hommes du Gouvernement, ceux qui avaient en quelque sorte charge d'âmes, qui se préoccupaient de l'effort et de ses résultats probables; c'étaient tous les hommes sérieux et réfléchis; c'était même, il faut le dire, tout le monde. Comment en eût-il été autrement? Indépendamment de l'impression que laissait, malgré qu'on en eût, l'idée seule de la supériorité matérielle de l'ennemi, de la puissance que lui donnaient ses victoires, mille questions troublantes se pressaient dans les esprits. Le patriotisme, l'enthousiasme du pays étaient certains; mais sa patience, sa ténacité seraient-elles égales à son patriotique enthousiasme? On n'avait pas d'armes; parviendrait-on à s'en procurer, avant que la résistance ne devînt absolument impossible? L'esprit de parti s'était tu devant le cri de l'honneur national; mais pouvait-on espérer qu'il eût abdiqué? La Délégation était pleine de dévouement; mais serait-elle à la hauteur des responsabilités qui allaient peser sur elle? Les hommes qui la composaient, vieux pour la plupart, auraient-ils l'activité nécessaire pour des fonctions et des devoirs si nouveaux pour eux? Étaient-ils bien sûrs de leurs auxiliaires? Enfin ne trouveraient-ils pas dans leurs amis mêmes des obstacles?

Nous accumulons les questions que nous entendions

bourdonner autour de nous. Dans le milieu où nous étions, on ne s'étonnait pas trop qu'elles se fissent. Mille points noirs, pour l'œil le moins perçant, se montraient à l'horizon. Sans parler de ce cruel déficit des armes à tout propos rappelé, des dépêches signalaient tantôt le mauvais vouloir d'un conseil général[1], tantôt quelque conflit de l'autorité militaire ou judiciaire et de l'autorité civile[2], tantôt des ardeurs de zèle, des impatiences généreuses, aussi compromettantes que le mauvais vouloir ou l'indifférence. Ici, on était aussi préoccupé de l'ennemi intérieur, comme on disait, que de l'ennemi armé dont on avait à purger le sol; là, c'était le souci de l'ordre qui primait celui de la défense[3]. Ailleurs c'étaient des tendances de décentralisation, au moins inopportunes, des tentatives de fédération qui donnaient lieu aux soupçons, engendraient des conflits, irritaient les esprits, énervaient les bonnes volontés ou les exaspéraient. Il y avait en outre au sein du Gouvernement des tiraillements qui avaient transpiré au dehors, qu'on exagérait sans doute, mais qui n'en étaient pas moins, par cela seul qu'on y croyait, une cause sérieuse de faiblesse.

Et puis l'ennemi avançait toujours. De toutes parts, Paris excepté, les mauvaises nouvelles se succédaient à toute minute. Toul succombait le jour même où la Délégation faisait son appel au pays. On savait que Strasbourg touchait à sa dernière heure. Il y avait donc bien des raisons d'être inquiet du succès de l'entreprise, de craindre, sinon l'insuffisance des hommes, au moins l'irrésistible fatalité des choses.

A la date du 24 septembre, nous lisons ceci dans nos notes : « Nous étions réunis dans notre cabinet. On apporte la dépêche qui annonçait la capitulation de

---

1. Dépêches du 25, du 26 et du 29 septembre de Bourg et Tulle.
2. Dépêches des 27, 28, 29 et d'Aix du 28 septembre.
3. Nous avons entre les mains une lettre d'un chef d'état-major de la garde nationale d'une de nos grandes villes, qui est bien curieuse sous ce rapport. Nous aurons occasion de la faire connaître plus tard.

Toul[1]. Cela nous donna un froid. Quelques-uns ne
purent se défendre d'exprimer leurs impressions, qui
étaient bien tristes. — L'un de nous disait : « Et puis
qu'avons-nous ici? Tout nous manque, armement, organisation, direction. Nous sommes dans un monde de
fer, de bronze, et nous n'avons pour y lutter que la
force morale d'un peuple, qui a été endormi par l'empire, à qui l'on a désappris de compter sur lui-même!
Il faut tenir la gageure; mais nous la tenons contre
la nature des choses. »

Nous nous revoyons encore dans le cabinet de la
préfecture de Tours ; nous entendons encore la voix
forte et vibrante de notre ami, à qui la nouvelle présente et connue de la chute de Toul donnait je ne sais
quoi de sinistre et d'approchant du glas funèbre. En
ce moment, toutes les causes de découragement que
nous venons de rappeler, tous les points noirs nous
apparurent à la fois comme dans un horizon plus rap-
proché; et nous étions bien près de penser comme
notre ami sur la fragilité de la force qui restait pour
conjurer la tempête. Nul cependant parmi ceux qui
étaient présents, et, ce qui était plus important, personne au sein du Gouvernement, n'était disposé à se
prosterner aux pieds de M. de Bismarck, à lui faire
litière de l'honneur et de l'indépendance de la France.

---

1. Toul avait capitulé le même jour à 5 h. 30 m. du soir. Nous le savions
quelques minutes après.

CHAPITRE III

STRASBOURG

La population indigène à Tours était animée des mêmes sentiments que dans toutes les villes, et la population flottante, celle qu'avait entraînée après lui le Gouvernement et qu'il attirait chaque jour, y apportait comme les rayons épars des sentiments de la France. Nous y avons vu, à certains jours, éclater le patriotisme avec la même ardeur, avec la même puissance d'impressions qu'à Paris naguère, et plus tard à Bordeaux. Nous en eûmes un témoignage bien sensible à l'occasion de la prise de Strasbourg et de l'arrivée du général Uhrich, que le Gouvernement avait appelé auprès de lui.

A la fin de septembre, après deux mois de guerre à

15.

peine, presque toutes nos places fortes avaient suc-
combé ou étaient menacées. Wissembourg, Lichtem-
bourg, Lutzelstein, Toul avaient été pris. Marsal,
Sedan, Laon, Vitry-le-François, après une courte résistance, avaient capitulé. Metz, Paris, Phalsbourg,
Thionville, Mézières, Montmédy, Bitche étaient assiégés; Verdun, Schlestadt, Neufbrisac, Longwy, Soissons et Carignan cernés. Belfort, Lille et Givet seuls
étaient libres. Toutes nos frontières étaient pénétrées
de part en part. Strasbourg, après avoir longtemps
couvert l'Est, finit par céder.

On suivait avec anxiété à Tours, comme dans toute
la France, l'agonie de la noble cité. Toutes les dépêches qui venaient de l'Alsace, étaient attendues comme
les bulletins de santé d'un malade qui est cher et dont
les moments sont comptés. Ce qui ajoutait aux angoisses du sentiment public, c'est qu'on était très imparfaitement renseigné sur la situation des assiégés, et
que, de temps en temps, on avait comme des lueurs
d'espérance. La dernière dépêche qui nous arriva avant
le bulletin suprême, était de M. Keller, qui, pour le dire
en passant, écrivait plus qu'il n'agissait. Elle était
datée de Belfort, le 27 septembre, à 12 heures 16 minutes du soir. En voici le texte :

« L'arrivée du général Cambriels a produit la plus heureuse
impression. Tout le monde est reconnaissant de sa nomination. Notre formation de francs-tireurs se développe sur
nos montagnes, qu'ils défendront bien. Mais, dans la plaine,
il faut des divisions régulières. Strasbourg est assiégé par
des troupes d'un ordre inférieur, qu'on estime à 40,000 hommes. La situation de cette place appelle de prochains secours.
Vous comprenez son importance et celle des opérations à
tenter sur les communications de l'ennemi. »

Cette dépêche, qui n'indiquait pas assurément une
situation désespérée, arrivait au Gouvernement au
moment même où la question qui tenait tous les esprits
en suspens, venait d'être tranchée.

Le général Cambriels avait appris la fatale nouvelle dans l'après-midi du 29; il la transmettait aussitôt à Tours par une dépêche expédiée de Belfort à 3 heures 5 minutes du soir.

Berlin avait été prévenu avant Tours. Le général Werder avait annoncé sa victoire, le 28, par cette dépêche laconique expédiée de Mundolsheim :

« La capitulation de Strasbourg a été conclue ce matin à 2 heures par le général Leszinski : 450 officiers et 17,000 hommes, y compris la garde nationale, ont mis bas les armes. Les portes seront occupées ce matin à 8 heures. »

Une autre dépêche, datée aussi de Mundolsheim le même jour et publiée aussitôt par la *Gazette de Carlsruhe*, répétait la nouvelle en y ajoutant quelques détails :

« La garnison a été faite prisonnière et conduite à Rastadt. Elle se compose de 400 officiers et de 17,000 hommes.

« A huit heures du matin, les postes de la citadelle ont été occupés. Les pontonniers rétablissent les ponts. Le maire et le conseil municipal sont attendus ici à une heure et demie. La garnison a déposé les armes à onze heures. Trois régiments occupent la ville et les édifices publics. Trois batteries sont déployées sur la place Kléber.

Les dépêches de Londres nous arrivaient avec plus de détails encore, le jour même où la nouvelle de la capitulation nous parvenait de source française :

« Depuis la capitulation disaient-elles, un grand nombre de Strasbourgeois se pressent aux portes de la ville, attendant la permission de rentrer, qui ne leur a pas encore été accordée. La cathédrale de Strasbourg est gravement endommagée. La bibliothèque, le théâtre, et la gare sont brûlés. Le général Werder, en rencontrant le général Uhrich, l'a embrassé. »

Ces dépêches, que nous avons multipliées à dessein afin de montrer comme en raccourci les dernières scènes du drame qui avaient tenu pendant deux mois la France et l'Europe attentives, furent communiquées au public au fur et à mesure de leur réception : elles y répandirent la consternation. La nouvelle, bien qu'elle n'eût rien qui dut surprendre, frappa comme un coup inattendu. Strasbourg avait tenu si longtemps qu'on croyait qu'il ne cesserait pas de tenir. L'âme de la France, suspendue en quelque sorte aux remparts de cette ville héroïque, souffrait d'en être ainsi violemment détachée.

Les journaux se firent tous, sans aucune distinction de parti, l'écho de la douleur publique. Les partisans de la paix, bien qu'ils s'enhardissent chaque jour, en raison des désastres, n'osèrent pas parler cette fois autrement que les partisans de la défense. Il eût été trop malséant de laisser paraître, devant les ruines toutes fumantes encore d'une ville qui venait d'attester l'énergie de son attachement à la patrie française, les arrière-pensées d'une politique dont le résultat fatal était de la livrer à une puissance étrangère et ennemie.

Le général Uhrich s'était rendu à Bâle après la capitulation. La Délégation avertie l'invita, par une dépêche pressante, à se rendre auprès d'elle. M. Fourichon allait donner sa démission de délégué du ministre de la guerre. M. Laurier, qui ignorait encore les conditions de la capitulation ou qui n'y avait pas pris garde, songeait à lui donner pour successeur le défenseur de Strasbourg, que l'on croyait, à ce moment, digne et capable de remplir la plus haute fonction.

Le général se rendit, avec un empressement que l'on a peine à s'expliquer aujourd'hui, à l'appel qui lui était fait. Le 2 octobre, il arrivait à Tours, à 6 heures du matin.

C'était un dimanche. Vers les 8 heures, rencontrant M. Durel, le préfet d'Indre-et-Loire, dans la cour de la préfecture, l'un de nous lui annonçait la nouvelle :

— Il faudra lui préparer une manifestation, dit le

préfet; c'est bien le moins qu'on puisse faire pour lui.

Le général était descendu à l'archevêché. On prit rendez-vous pour s'y trouver vers les cinq heures. Mais la curiosité patriotique de la population n'avait pas attendu l'heure du rendez-vous. Dès que la nouvelle s'était répandue, on était allé s'inscrire en foule à l'archevêché ; et, bien longtemps avant l'heure prise par le préfet, les abords du palais archiépiscopal étaient couverts d'une multitude impatiente de témoigner son admiration et sa sympathie à l'homme qui personnifiait l'héroïque et malheureuse ville de Strasbourg.

Le *Moniteur* a raconté la manifestation de la manière la plus intéressante. Nous lui laissons la parole :

« Vers quatre heures, dit-il, un groupe commençait à se former devant la porte de l'archevêché ; à quatre heures et demie, la foule était devenue compacte ; à cinq heures moins un quart, bravant toute consigne, elle a fait irruption dans la cour de l'archevêché en criant : Vive le général Uhrich ! Vive Strasbourg! Vive la France !

« Touché de ce mouvement spontané de la population tourangelle, le général a bientôt paru sur le perron. Aussitôt on s'est précipité pour l'entourer et l'acclamer; il n'est pas de haute taille et il a été bientôt enveloppé par la foule.

Les femmes poussaient les hommes et tâchaient d'arriver au premier rang ; les enfants s'accrochaient aux barreaux du perron et y arrivaient; le général remontait deux ou trois marches: enfin on parvenait à le voir.

« Pas grand, je l'ai dit; fort sans être gros; ramassé, pas vieux, pas jeune non plus, la cinquantaine peut-être. Un de ces visages d'une énergie tranquille dont toutes les lignes semblent dire : « J'ai bien vécu ; j'ai fait mon devoir, et me voici encore prêt à bien faire. »

« On sculpterait cette figure en marbre; le bronze aurait un modelé trop sombre; ce n'est pas un chef de colonne infernale, le général Uhrich ; c'est l'homme du devoir, tout droit, tout simple, mais inflexible.

« Ne lui demandez pas de *se replier* devant l'ennemi pour

l'attirer en avant; il ne vous comprendrait pas : spontanément il n'ira pas au-devant peut-être; mais debout sur le seuil de son camp, de sa ville ou de sa forteresse, il l'attendra sans reculer d'une semelle, et s'il faut mourir à son poste, y mourra sans sourciller.

« Messieurs, a-t-il dit avec une sorte d'embarras, et comme « s'il eût été confus des acclamations qui l'exaltaient, la « France ne périra pas... (Non! non!) L'honneur que vous « me faites est trop grand pour moi... mais je fais la part « de mes collaborateurs auxquels je reporterai, avec lesquels « je partagerai vos vivats. Non, je le répète, la France ne « périra pas. » (Vive le général Uhrich! Vive la garnison de Strasbourg! Vive l'Alsace!)

« Le maire de Tours était à la tête de ses administrés. Le général Uhrich l'a embrassé. Je vous embrasse tous, Messieurs, dans la personne de votre maire.

« M. Crémieux était sur le perron, à côté du général; l'archevêque, à une fenêtre à côté; M. Steenackers à quelques pas; dans le jardin de l'archevêché apparaissaient les blessés de l'ambulance, qui saluaient ou battaient des mains; dans la foule, des soldats de toutes armes, des jeunes gens, tout le monde; et toute cette multitude voulait non seulement voir, mais toucher le général; il lui a fallu descendre dans la mêlée, échanger des poignées de main, embrasser les enfants. Enfin il a remonté les marches du perron pour rentrer dans ses appartements.

« Mais la foule n'était pas satisfaite; elle appelait encore l'immortel commandant de Strasbourg; elle criait toujours : « Vive le général Uhrich! Vive Strasbourg! Vivent l'Alsace et la Lorraine! Vive la France! »

« Alors le général a reparu à une fenêtre du premier étage : « Mesdames et Messieurs, a-t-il dit à peu près, merci, « merci du fond du cœur pour l'accueil que vous me faites. « Ce jour restera éternellement dans ma mémoire; merci « pour l'Alsace et la Lorraine surtout... (Oui, vive l'Alsace! « vive la Lorraine! qu'elles restent à la France!) Nous « aurons pour les conserver ou les reprendre de grands « efforts à faire : il faudra noyer dans son sang un adver- « saire enivré de ses succès. »

« En ce moment, M. Crémieux est apparu à la fenêtre, et posant son bras sur les épaules du général Uhrich, a pris la parole pour une de ces allocutions vives et senties qu'il sait si bien trouver en leur temps.

« Il pourra bien mourir notre cher Uhrich! s'est-il écrié, « puisque nous mourrons tous, dans nous et notre chair; « mais son nom et sa mémoire subsisteront immortels, par « delà les siècles; ils seront indissolublement liés à l'his- « toire de l'Alsace... (Vive l'Alsace ! Vive la Lorraine ! Vive « le général Uhrich !) ... de l'Alsace que rien ne ravira à « notre amour. »

« Quelques phrases d'un spiritualisme élevé ont succédé : l'archevêque a pu les applaudir, car, à certaines hauteurs, il n'y a plus ni juif ni chrétien. Puis un appel énergique à l'union des partis, symbolisé par le drapeau aux trois couleurs; un appel à l'oubli des dissidences politiques en face de l'ennemi, une affirmation nouvelle de la politique du Gouvernement de la Défense nationale : « Pas un pouce de « notre territoire et pas une pierre de nos forteresses. »

« Et tout a été dit : on s'est séparé en poussant un seul cri, un cri poussé du cœur : Vive la France! »

L'enthousiasme cependant ne faisait que grandir dans le public.

Dès le lendemain de la manifestation, une souscription fut ouverte pour offrir au général une statue d'argent. Les colonnes du *Moniteur* furent remplies pendant quelques jours de listes où se croisaient, avec des noms obscurs, des noms de personnages connus ou officiels. Nous voyions figurer dans les premières MM. Laurier, de Chaudordy, de Cathelineau, Ponson du Terrail, le marquis de Villeneuve-Bargemont, la duchesse de Reggio, M. de Morlet, colonel du génie à Strasbourg, Hippolyte Maze, préfet des Landes, Ubertin, ancien recteur d'académie, Ubertin, proviseur du lycée de Bastia, Léon Belouino, curé d'un canton de Bretagne, etc., etc. Les souscripteurs appartenaient à toutes les parties de la France et à toutes les conditions. Le 9 octobre, la souscription montait à 1,571 francs. M. Clésinger, qui était alors à Tours, où il formait ses *Éclaireurs de l'Est*, avait spontanément offert de « graver sur le marbre éternel, » comme disait le *Moniteur*, les traits du brave général Uhrich.

Hélas ! cela dura peu. Le 16 octobre, la souscription fût brusquement suspendue pour des raisons que le *Moniteur* donnait dans l'entrefilet suivant :

« En ouvrant la souscription pour offrir une statue d'argent au général Uhrich, nous n'étions que les interprètes du sentiment public, qui demandait que des couronnes fussent décernées à la noble ville de Strasbourg et à son défenseur. L'accueil fait au général par la population de Tours et par le Gouvernement, nous confirmait dans la pensée que nos sympathies ne s'égaraient pas ; nous croyons encore que nous ne nous sommes pas trompés, mais des protestations assez nombreuses se sont élevées contre la faveur publique dont le général Uhrich est l'objet. On prétend que la défense de Strasbourg n'a pas été poussée aux dernières limites, que la reddition s'est faite dans des conditions où les lois militaires ne l'admettent pas.

« Nous espérons qu'un démenti péremptoire sera donné à ces allégations ; mais en attendant qu'il en soit ainsi, un grave motif de convenance nous oblige à suspendre la souscription. Nous n'avons pas besoin de dire combien nous serons heureux de la reprendre dès que les doutes jetés sur la conduite du général Uhrich seront dissipés. Dans ces tristes jours on ne trouve de consolation que lorsque l'on peut reposer sa pensée sur des actes de devoir et de dévouement accomplis pour la patrie. »

La souscription ne fut jamais reprise!!!

Nous sommes prompts et faciles à l'admiration. Paris, on se le rappelle, dès les premiers jours du siège de Strasbourg, avait multiplié les témoignages de sympathie et d'enthousiasme pour l'héroïque cité et pour son gouverneur. La statue de la place de la Concorde était chaque jour chargée de fleurs nouvelles. Les bataillons de gardes nationaux, en passant devant elle, faisaient halte et présentaient les armes. Une avenue avait reçu le nom d'*Avenue Uhrich*. Le 9 septembre, un jeune écrivain, par une inspiration sérieuse et naïve à la fois, avait envoyé à toute la presse l'avis suivant :

Paris, 9 septembre 1870.

« MONSIEUR LE RÉDACTEUR,

« A partir de demain samedi, 10 septembre, à midi, au pied de la statue de la ville de Strasbourg, place de la Concorde, un registre sera ouvert sur lequel les citoyens sont invités à venir apposer leurs signatures.

On lira sur la première page : *Honneur à nos frères défenseurs de Strasbourg et à leur brave général Uhrich.*

Suivront les signatures des membres du Gouvernement de la Défense nationale.

« Ce registre, généreusement offert par quelques citoyens, sera richement relié aux armes de la ville de Strasbourg et envoyé à la municipalité de cette héroïque cité.

« Des citoyens de bonne volonté sont invités à se relever deux par deux, d'heure en heure, pour garder ce registre d'honneur.

« Salut et fraternité.

« LISSAGARAY. »

Ce qui avait plus d'autorité sans doute et une signification plus haute, c'était le témoignage suprême formulé par le gouvernement de l'Hôtel de Ville dans son décret du 2 octobre, qui fut porté à Tours le 9 par M. Gambetta et inséré le 11 dans le *Bulletin officiel* de la Délégation :

Voici le texte du décret :

« Le Gouvernement de la Défense nationale,

« Considérant que la noble cité de Strasbourg, par son héroïque résistance à l'ennemi pendant un siège meurtrier de plus de cinquante jours, a resserré les liens indissolubles qui rattachent l'Alsace à la France ;

« Voulant tout à la fois perpétuer le souvenir du glorieux dévouement de Strasbourg et des villes de l'Est à l'indivisibilité de la République et du généreux sentiment du peuple de Paris,

« Décrète :

« Article. 1er. — La statue de la ville de Strasbourg, qui se trouve actuellement sur la place de la Concorde, sera coulée en bronze et maintenue sur le même emplacement, avec inscription commémorative des hauts faits de la résistance des départements de l'Est.

« Art. 2. — Le ministre de l'instruction publique est chargé de l'exécution du présent décret.

Paris, le 2 octobre 1870.

En dehors de ce témoignage collectif de reconnaissance nationale, la Délégation s'empressa de décerner aux défenseurs de Strasbourg des distinctions individuelles, sous la forme ordinaire de décorations et de promotions, pour leur conduite pendant le siège. Par décret du 6 octobre, le général Uhrich devint grand-croix de la Légion d'honneur; M. Curnier de la Valette, intendant militaire, M. Belu, colonel d'artillerie, M. Sabatier, colonel du génie, furent faits commandeurs. M. le général de division Barral fut nommé au grade de général de division dans la première section du cadre de l'état-major général; M. Blot, colonel du 87e régiment d'infanterie de ligne, fut nommé général de brigade; 7 croix d'officiers de la Légion d'honneur, 52 de chevaliers furent attribuées à des officiers et sous-officiers de toutes armes, infanterie, cavalerie, artillerie, génie, garde nationale mobile, francs-tireurs, etc. On décerna 119 médailles militaires.

Toutes les récompenses avaient été décrétées avant l'arrivée de M. Gambetta. Le 22 octobre, des mentions honorables furent accordées, par surcroît, à MM. Gutte, Jules Meyer, Halbfreds et Braun, de la 1re compagnie des francs-tireurs de Strasbourg, « en raison de leur belle conduite pendant le siège de cette place. »

On pensa aussi, non pas seulement aux défenseurs, mais à la population elle-même, qui venait d'être si glorieusement éprouvée. Le *Moniteur* annonça une souscription nationale à son profit, par un article qui reflétait le sentiment public.

Cependant, le général Uhrich n'était plus à Tours : il n'y avait passé que quelques jours, soit qu'il fût pressé de se dérober à sa gloire ou qu'il s'en sentît accablé.

Le 6 octobre, il avait repris la route de Bâle, après avoir publié la lettre suivante adressée à l'archevêque :

Tours, le 5 octobre 1870.

« Monseigneur,

« Au moment de quitter Tours, j'éprouve le besoin de vous remercier de l'hospitalité que vous avez bien voulu m'accorder.

« Après avoir défendu Strasbourg, que je n'ai pu sauver, je prends le chemin auquel me condamne le malheur de la guerre, mais en face de l'ennemi victorieux, je ne subirai pas sans une douleur profonde les jours tristes qui vont commencer pour moi. On a parlé de ce qu'on appelle ma gloire ; c'est de mon chagrin qu'il aurait fallu parler.

« Puissé-je au moins, pendant que mon épée restera dans le fourreau, être consolé par les triomphes de notre armée !

« Priez Dieu, Monseigneur, pour qu'il mette un terme aux maux de notre patrie, et recevez, avec l'expression de ma reconnaissance, l'hommage de mon respect.

« Le général de division,

« Uhrich. »

Le général n'avait pas tort de parler avec modestie de sa gloire : elle était déjà bien près de lui échapper.

Avant de quitter Tours, il avait fait publier dans le *Moniteur*, son rapport officiel sur la capitulation et un *Journal authentique* des opérations du siège. Voici ce rapport :

« Monsieur le Ministre, depuis quelque temps déjà les dépêches que j'ai eu l'honneur de vous adresser, ont dû vous faire pressentir que la situation de la place de Strasbourg devenait de plus en plus critique.

« Dans les derniers jours du siège, la citadelle, entièrement démolie, n'existait pour ainsi dire plus. Ses portes étaient abattues, ses bâtiments brûlés ; sa garnison ne pouvait trouver à s'abriter que dans des casemates insuffisantes et dont les projectiles brisaient souvent les marches.

« La ville, en partie incendiée ou démolie par les obus lancés de batteries établies à trois mille mètres et même à trois mille cinq cents mètres, avait éprouvé des dégâts énormes et d'une nature inconnue jusqu'à ce jour, comme les projectiles inusités dans les guerres précédentes et que l'armée prussienne de siège avait employés contre la place.

« Notre artillerie était réduite au silence. Dès qu'une bouche à feu était mise en batterie et placée dans une embrasure, elle se trouvait à l'instant mise hors de service et démontée.

« Lors de l'incendie de l'arsenal, trente cinq mille fusées percutantes avaient sauté précisément à l'époque du siège où elles eussent été le plus utilement employées. C'était à peu près tout ce que nous possédions en munitions de ce genre. J'ai bien fait confectionner par l'artillerie des fusées en bois, mais leur efficacité était presque nulle.

« Les défenseurs ne pouvaient montrer un instant leurs têtes au-dessus de l'épaulement sans être atteints par des obus à balles, par des boulets creux, par des bombes et par des coups de mitraille tombant au milieu d'eux.

« Les ouvrages extérieurs n'étant plus tenables puisqu'ils avaient été labourés, puis rasés par les projectiles, j'ai dû ordonner successivement l'évacuation de cinq d'entre eux, les lunettes 44, 52, 53, 54 et 55. L'ennemi n'a occupé que deux de ces ouvrages, les lunettes 52 et 53, d'où il est parti pour cheminer dans les *caponnières* et arriver à couronner le chemin couvert de l'ouvrage 51.

« Après ces travaux, l'assiégeant a pu battre en brèche les bastions 11 et 12. Il l'a fait avec une artillerie d'un puissant calibre. En quarante-huit heures, la première de ces brèches était praticable. Encore trois ou quatre heures de feu et la seconde l'était également.

« Le passage du fossé avait été préparé au moyen d'énormes tonneaux de brasseur pris à Schiltigheim, reliés entre eux par des madriers formant des radeaux aussi solides que faciles à manœuvrer.

« Rien ne saurait donner une idée de la rapidité avec laquelle ces derniers travaux avaient été effectués.

« Le terre-plein du bastion 11 et 12 avait été sans cesse labouré, sillonné par des projectiles de toutes espèces, principalement par des obus dont chacun contenait quatre cents balles, et n'était plus tenable. Les défenseurs de la brèche n'avaient plus d'abri ; la rue du rempart, foudroyée nuit et jour par l'artillerie ennemie, était trop étroite pour leur donner un asile même momentané.

« Les casernes étaient brûlées ; la place n'avait à l'intérieur aucune casemate, et pour s'abriter d'une manière fort insuffisante les troupes durent couper les arbres des remparts, s'en faire des blindages sous lesquels on trouvait un refuge très inefficace.

« Tel était, monsieur le Ministre, l'état des choses à Strasbourg, lorsque le 27, à deux heures et demie de l'après-midi, je fus prévenu par le directeur des fortifications et par le chef du génie que l'une des deux brèches était praticable, que l'autre allait le devenir, et que les travaux de l'ennemi s'exécutaient avec une telle rapidité qu'à coup sûr l'assaut pouvait être donné d'un moment à l'autre.

« Je crus devoir assembler le Conseil de défense et lui exposer la situation. La discussion s'ouvrit et, à l'unanimité des voix, il fut reconnu que nous n'étions pas en état de soutenir et surtout de repousser un assaut, puisque les troupes chargées de défendre la brèche seraient écrasées par l'artillerie ennemie avant même d'avoir pu gravir les rampes.

« A l'unanimité donc le Conseil déclare qu'il y a lieu d'entrer en négociations avec l'ennemi.

« En raison de ce que je viens d'avoir l'honneur de vous exposer, je crus, monsieur le Ministre, de mon devoir d'épargner à Strasbourg, qui avait déjà tant souffert, les horreurs d'une ville qui eût été prise d'assaut à coup sûr et peut-être pillée et saccagée.

« Je fis donc arborer le drapeau parlementaire, et j'écrivis en même temps au général de Werder la lettre dont voici la copie :

« MONSIEUR LE LIEUTENANT GÉNÉRAL,

« La résistance de Strasbourg est arrivée à son terme.

16.

« J'ai l'honneur de remettre à votre discrétion la ville, la
« citadelle et la garnison.

« Je demanderai póur la ville, si cruellement éprouvée
« déjà, le traitement le plus doux possible et la conservation
« de ses propriétés particulières ;

« Pour les habitants, la vie et les biens saufs, la liberté
« de s'éloigner ;

« Pour la garnison, rien que le traitement que vous
« jugerez dû à des soldats qui ont fait leur devoir.

« Je recommande à votre humanité les blessés et les
« malades qui sont actuellement dans les hôpitaux et am-
« bulances.

« Je désigne monsieur le colonel Ducasse, commandant
« de place, et monsieur le lieutenant-colonel Mengin, com-
« mandant l'artillerie, pour aller recevoir vos décisions.

« Veuillez me faire connaître le jour, l'heure et le lieu de
« la convocation.

« Je donne l'ordre de faire cesser le feu sur toute la ligne
« de défense et j'ai l'honneur de vous prier de prendre la
« même mesure de votre côté.

« Le général de Werder me répondit à onze heures du
soir...

« Sur son désir, j'envoyai immédiatement à Kœnigshoffen,
comme il le demandait, le colonel Ducasse et le lieutenant-
colonel Mengin. Les conditions furent réglées entre ces
officiers et les officiers prussiens désignés par le général de
Werder. Les conditions de la capitulation furent calquées
sur celle de l'armée de Châlons, à Sedan.

« En exécution de la convention arrêtée le 28 septembre
1870, à 2 heures du matin, le même jour, à 9 heures, les
troupes allemandes occupaient la citadelle et les portes
d'Austerlitz, Nationale et des Pêcheurs. A onze heures, la
garnison sortit avec armes et bagages pour défiler sur les
glacis de la place et déposer ses armes. Un corps de huit
mille ennemis entra dans la ville et en prit possession.

« Lorsque le général de Werder, commandant de l'armée
assiégeante, me vit venir avec la garnison française, il mit
pied à terre ainsi que son état-major, et, avec une courtoisie
qui ne s'était pas démentie pendant le cours du siège, il
vint au-devant de moi, m'embrassa en voulant bien reconnaître que la défense n'avait pas été sans gloire. Le géné-

ral de Werder s'opposa ensuite à ce que mon état-major et moi, ainsi que les officiers sans troupes, défilions devant lui.

« Ainsi s'est terminée, monsieur le Ministre, la mission qui m'avait été confiée par le gouvernement de l'empereur. J'aurais voulu prolonger la défense, mais je crois que nul, à ma place, n'eût pu le faire sans enfreindre les lois de l'humanité.

« Si la défense a été vigoureuse, je le dois aux bonnes et patriotiques dispositions des habitants, qui ont montré une abnégation, un dévouement qu'on ne saurait trop louer, ainsi qu'au concours énergique de la garnison et du Conseil de défense.

« Tous ont la conscience d'avoir fait leur devoir. »

Ce rapport était suivi de quelques observations sur l'état des forces de la place au moment du siège, sur ce que le gouverneur avait fait pour les augmenter, sur la supériorité de l'artillerie prussienne, etc., etc. Enfin, le rapport, livré au public, faisait partie d'un historique du siège, le *Journal authentique*, qui n'était guère que le développement du récit du général, une sorte de dossier de pièces justificatives.

Ni le rapport, ni le mémoire ne frappèrent vivement le public. Le flot des événements était si rapide, chaque jour apportait tant d'impressions nouvelles qu'on ne pouvait s'arrêter longtemps à la même situation, ni à ce dont on avait été d'abord le plus fortement affecté. Cependant, ceux qui lurent les documents historiques livrés à la publicité par le défenseur de Strasbourg, y remarquèrent bien des choses qui donnaient à réfléchir, soit par elles-mêmes, soit parce qu'elles ne concordaient pas toujours avec des faits importants accrédités dans le public, et qu'on tenait des spectateurs, de certains acteurs mêmes du drame, venus à Tours ou dispersés dans les départements.

Ce qui choquait d'abord le lecteur du *Journal authentique*, que nous regrettons de n'avoir pu reproduire à

cause de son étendue, c'était la préoccupation cons-
tante que l'homme avait de lui-même, le soin avec
lequel il mettait en relief les difficultés de la défense, la
puissance des moyens d'attaque, le silence presque
absolu qu'il gardait sur les hommes auxquels on prêtait une part considérable dans l'énergie de la défense,
sur le rôle à peine entrevu de la population et le plaisir
qu'il semblait prendre à relever des plaintes ou des
défaillances inévitables au milieu de tant d'épreuves.
Les journaux allemands disaient que le contre-amiral
Excelmans avait été l'âme de la défense. Les officiers
que l'on voyait à Tours, ne disaient pas le contraire, et
nulle mention spéciale n'en était faite ! On savait que
M. Valentin, le préfet républicain de Strasbourg, n'était
pas homme à rester inactif dans une situation comme
celle qu'il était allé occuper. Et c'est à peine si son nom
était prononcé ! Le *Journal authentique* se contentait de
mentionner son arrivée et de noter un mot de politesse
dont le gouverneur l'avait salué. Le rapport officiel
gardait sur son compte le plus profond silence. On
trouvait, au contraire, que le grand-duc de Bade tenait
beaucoup de place dans le document officiel, et l'on se
disait qu'il y aurait eu mieux à faire pour le défenseur
de Strasbourg qu'à étaler avec complaisance un dia-
logue épistolaire et sentimental dans l'avant-dernière
scène d'un drame dont plus d'un acte avait été héroïque
et qui méritait un autre dénouement.

Le ton sec, technique, sans flamme, sans accent, sans
larmes du rapport paraissait comme un indice, et l'on
concluait du style à l'homme. Il n'y avait pas jusqu'aux
formules banales de politesse qui ne prêtassent à des
commentaires humiliants ou même à de sanglantes
ironies. On se demandait comment le général avait pu
écrire cette ligne : « *J'ai l'honneur de remettre à votre
discrétion la ville, la citadelle, la garnison...* » Comment un homme de cœur n'avait pas su trouver en lui
assez d'esprit pour éviter une alliance de mots aussi

étrange, comment sa main n'avait pas frémi en l'écrivant!

—S'il y a quelque honneur là-dedans, disait-on, assurément ce n'est pas pour lui.

Ce qui encore irritait les esprits et les mettait en défiance, c'était le caractère de la capitulation, les conditions qu'on avait subies, si peu d'accord, semblait-il, avec la fermeté de la défense, et, par-dessus tout, ce sentiment d'étroit égoïsme qui avait porté le général et beaucoup d'officiers à séparer leur sort de celui de leurs soldats. Cela donna beaucoup à penser. On avait eu l'idée dans la Délégation d'offrir le portefeuille de la guerre au général Uhrich; c'était la raison qui avait engagé M. Laurier, un peu étourdiment, à le presser de se rendre à Tours. Mais quand on connut la situation de faveur qu'il s'était faite dans les conditions de la capitulation, cela suffit: le masque tomba, aux yeux de M. Laurier lui-même, et le héros s'évanouit.

Avait-il jamais existé?

Les journaux allemands faisaient des révélations terribles, d'autant plus inquiétantes pour le prestige du défenseur de Strasbourg, qu'elles paraissaient spontanées et tout à fait exemptes de partialité. Car, si elles chargeaient le général, elles étaient pleines d'éloges pour la garnison.

La *Gazette de Cologne* publiait une longue lettre d'un officier allemand, où il y avait des passages comme ceux-ci :

« Il m'est impossible de décrire ce spectacle (celui du défilé des prisonniers). Je dois dire que les soldats ne supportaient pas en général leur sort, pénible pour des militaires, avec le calme de la dignité. Les officiers qui préférèrent rester prisonniers avec leurs troupes, méritent les plus grands éloges. *Ils marchaient l'œil sombre, ne regardant ni à droite ni à gauche, et précédant leurs troupes. Oh! ces troupes !... Elles brisaient leurs armes contre les pavés ou les jetaient dans les fossés des fortifications.* » Nous ne sommes pas vaincues, nous sommes vendues ! s'écriaient-elles... Vint ensuite une belle troupe, d'une tenue digne ; c'étaient les artilleurs et les pontonniers de Strasbourg. *C'étaient des hommes forts, énergiques, et avec lesquels on aurait pu faire plus qu'on a fait...*

« Notre landwehr était rangée en haie sur le glacis. Elle accueillit les prisonniers qu'elle devait conduire en Allemagne. Je vois encore quelques lanciers. Un sergent, grand diable de six pieds de haut, s'écrie : — Quelle guerre ! Vous êtes trois millions ! Ce n'est pas la guerre, c'est la trahison ! A bas les Prussiens ! »

Le *Journal de Francfort* recevait aussi une correspondance :

« Vous connaissez déjà, disait le journal, la reddition *inespérée* de Strasbourg, qui dans toutes les classes de la population, a soulevé des transports de joie.

« On me dit que les soldats avaient montré la plus grande exaspération au sujet de la capitulation. De simples soldats crachaient à la figure de leurs officiers et les poursuivaient de leurs injures. Les officiers virent partir leurs troupes dans un morne silence...

« Lorsque nos troupes firent leur entrée à Strasbourg, deux de nos grenadiers furent grièvement blessés par la populace. On arrêta sur-le-champ les auteurs de l'attentat ; on forma le cercle et, après un jugement sommaire, on les fusilla pour faire un exemple. »

Le correspondant du *Moniteur* lui-même, qui avait si étourdiment, comme la Délégation, enguirlandé le général Uhrich, écrivait de Schlestadt, le 9 octobre, après une visite faite à Strasbourg, les lignes suivantes : « Les opinions sur la manière dont ont été dirigés les travaux de défense sont très diverses [1]. » Et peu à peu l'opinion se fixait et une unanimité accablante se dégageait de toutes les révélations. Des officiers prisonniers écrivaient à leurs amis ou à leurs familles et se plaignaient, les uns de la conduite de la

1. Le *Moniteur* du 18 octobre.

défense aux derniers jours, les autres des conditions de la capitulation. Le *Salut public* de Lyon s'était fait l'écho de ces bruits. Le général de Barral avait protesté, il est vrai, contre la principale des accusations, en affirmant que la défense avait été poussée jusqu'à « la limite extrême à laquelle pouvaient atteindre les braves défenseurs auxquels elle avait été confiée [1]. » Le général Uhrich crut devoir lui-même se justifier et écrivit de Bâle à un de ses parents une lettre, rendue publique, où il essayait de démontrer que l'honneur était satisfait, et s'élevait surtout avec énergie contre l'accusation qui, évidemment, n'était pas sérieuse, de trahison. Mais ni la lettre du général de Barral, ni les apologies diverses du général Uhrich ne parvinrent à effacer les impressions fâcheuses qui s'étaient propagées. On était d'autant plus exigeant pour la preuve que l'enthousiasme avait été plus confiant et l'illusion plus abandonnée. Les apologies ne faisaient qu'aggraver les charges de l'accusation.

Quant au Gouvernement, il était depuis longtemps édifié. Il n'y avait pas vingt-quatre heures que le général Uhrich était à Tours, qu'on avait percé l'enveloppe et découvert le néant de l'homme auquel, par la bouche de M. Crémieux, on venait de promettre une glorieuse immortalité.

Nous avions partagé l'enthousiasme universel pour le général Uhrich jusqu'au jour de la capitulation ; mais, presque dès le lendemain, nous tenions de la bouche des fonctionnaires de l'administration des lignes télégraphiques qui avaient suivi, du poste d'observation le plus sûr et le plus exposé, toutes les opérations du siège, des révélations singulières, qui nous avaient plus que refroidis. Nous fûmes ainsi les premiers à entrevoir la vérité.

Voici ce que nous lisons dans les notes de l'un de

---

1. Le *Moniteur* du 18 octobre.

nous, où sont consignées toutes les impressions de ces deux journées : elles contrastent trop, hélas ! avec ce qui avait été le point de départ de l'enthousiasme populaire !

« M. Aubry, inspecteur des télégraphes, n'ayant pas été compris dans la capitulation, est arrivé à Tours avec les employés sous ses ordres, en même temps que le général Uhrich. Il vient de me faire un rapport verbal des événements du siège. A mesure qu'il a parlé, j'ai vu pâlir et s'effacer ou, pour mieux dire, s'évanouir entièrement l'auréole du général. M. Aubry est un homme énergique, d'un coup d'œil juste et ferme ; son témoignage est, à mes yeux, d'un grand poids ; or, selon lui, le général a manqué à sa mission et à son devoir.

« M. Ungerer, chef du cabinet des dépêches, que je viens de voir aussi, s'est entretenu quelques minutes avec le général à son arrivée : il lui a parlé de Strasbourg, qu'il connaît beaucoup, où il est né, je crois, de quelques personnages de sa connaissance, de certains quartiers auxquels il s'intéressait particulièrement. Les réponses du général ont été si étranges que M. Ungerer, en m'apportant à neuf heures et demie le portefeuille des dépêches pour le Conseil, m'a dit en terminant sa communication :

— Si cet homme est un aigle, c'est un aigle du Capitole.

. . . .

« Lundi. — ... « Le général Uhrich a été introduit au Conseil à dix heures. Il a fait sa petite narration. L'amiral Fourichon a interrompu le narrateur à plusieurs reprises par des observations très peu gracieuses.

« Les premiers mots du général, au Conseil, ont été pour déclarer qu'il avait les mains liées par la capitulation et qu'il ne pouvait plus servir la France dans cette campagne. Et pour le prouver, il a tiré de son portefeuille un tas de papiers recouverts d'écriture allemande et entre autres le *laissez-passer* du général de Werder qui donnait les termes du serment.

« Le général a étalé toutes ces paperasses, tous ces témoignages de sa défaite avec autant d'aplomb que s'il eût déployé des drapeaux pris à l'ennemi. Il m'a rappelé ces collégiens qui exhibent avec orgueil à leurs parents un *excat*

agrémenté d'une note de bonne conduite. J'ai éprouvé
quelque chose qui ressemblait fort à du dégoût. Je crois bien
que tout le monde, au Conseil, a partagé mon impression.

« Il nous a dit qu'il avait été embrassé par le duc de Bade.
Il a raconté tout ce qui se rapporte à ce rare honneur avec
une joie puérile, qui aurait choqué chez tout homme, qui
était navrante chez celui que la France, pendant deux mois,
avait considéré comme un héros. Je n'oublierai de ma vie
l'air de souverain mépris avec lequel M. Fourichon a toisé
le petit homme... »

« Quand le général a eu fini, il a cru sans doute être
agréable à l'amiral en lui disant qu'il avait quitté en bonne
santé MM. Excelmans et Dupetit-Thouars, qui commandaient
le petit corps de marins détaché à Strasbourg, et en lui
vantant leur belle conduite.

— Et où sont ces messieurs ? demanda l'amiral.

— Mais je croyais vous l'avoir dit, répondit le général
assez embarrassé ; ils sont prisonniers de guerre en Prusse.

— Eh bien, Monsieur, reprit l'amiral de son ton le plus sec,
voilà des inférieurs qui vous ont montré la route que vous
auriez dû suivre vous-même. Un chef ne doit jamais abandonner ses soldats et votre devoir était de partager leur sort
en tout point !...

. . . .

Les plus petits sentiments peuvent un moment s'emparer des plus grandes âmes. Il n'y a pas contradiction
absolue entre les préoccupations de la vanité et celles
de la gloire. Nous n'en fûmes pas moins profondément
choqués et attristés de ce qu'il y avait de mesquin chez
le général dans cette scène d'intérieur, qui contrastait
si étrangement avec le spectacle de la veille, avec les
sentiments pompeux qu'on y avait étalés, avec les
faits, plus ou moins avérés, mais admis comme tels,
qui avaient excité l'enthousiasme de la foule. Mais
qu'aurait pensé cette foule, si elle avait assisté à la
scène que nous venons de raconter. Et si, partageant
l'indignation de l'amiral, elle se fût fait justice elle-
même de cette comédie d'héroïsme qui avait surpris

son enthousiasme, qui s'était moquée de son patriotisme ; et si, dans une manifestation contraire et vengeresse, par quelque charivari (disons le mot), elle avait
fait passer le défenseur de Strasbourg, dévoilé et reconnu comme un larron de gloire, du Capitole à la
roche Tarpéienne, qui aurait pu s'en étonner ?

Mais nous nous arrêtons : nous n'avons souci que de
la vérité. Les soupçons qui avaient pénétré au conseil
et qui commençaient déjà à trouver quelque créance
dans le public, étaient-ils fondés ? Le défenseur de
Strasbourg, l'objet de tant de témoignages de la faveur
publique, n'était-il vraiment qu'un héros de carton ?
C'est ce qu'il convient d'examiner. L'histoire contemporaine doit avoir souci de se placer en dehors des
impressions du moment, qui grandissent ou diminuent
les hommes et les choses, d'essayer de retrouver et de
rendre aux uns et aux autres leurs véritables propor-
tions. Tours d'ailleurs n'avait pas concentré sur la tête
seule du général Uhrich son admiration : on confon-
dait Strasbourg et son défenseur, qu'il était juste pourtant, comme nous allons le voir, de séparer.

On se le rappelle, une des dépêches citées plus haut
disait en annonçant la chute de Strasbourg qu'on avait
capitulé « faute de munitions. » La vérité est qu'il y
avait bien d'autres causes à ajouter à celle-là. L'aveugle
incurie qui avait présidé à toute la campagne, n'avait
pas plus épargné Strasbourg que le reste. Malgré l'importance de cette place, fatalement destinée à subir le
premier choc après quelques revers sérieux de nos
armes, tout y laissait à désirer : l'état de la place même,
la garnison, l'armement, l'équipement, les approvisionnements, les munitions. On avait mis dans les
mains de M. de Bismarck, pour rappeler son langage,
la clef de la maison.

Les fortifications de Strasbourg, construites par Da-
niel Speckle et complétées par Vauban, qui y ajouta la
citadelle, étaient, en 1870, ce qu'elles étaient plus de

deux cents ans auparavant [1]. On eût dit que le canon rayé n'existait pas encore pour le génie français. Rien n'avait été fait pour augmenter les forces défensives de Strasbourg, de ce que commandaient les progrès de la science et de l'art modernes : ni forts détachés placés au loin pour protéger contre le bombardement, ni casemates, ni abris blindés, ni plates-formes, ni mines. L'ennemi le savait et cela lui donna, comme il en convint lui-même, toute chance de détruire, dès le commencement, une grande partie de notre matériel de guerre [2].

La prévoyance avait manqué partout. Le côté nord, qui devait devenir le front d'attaque, est dominé par les élévations de terrain sur lesquelles et contre lesquelles sont bâtis les villages de Schiltigheim et de Hausbergen,—ce qui les mettait tout à fait à découvert. Les hommes du métier avaient été frappés depuis longtemps du désavantage qui en résultait pour la place. Dès 1866, le général Ducrot le signalait au gouvernement en conseillant de faire construire un fort avancé sur ces hauteurs. Il n'avait pas été écouté [3]. On n'aimait pas à prévoir alors les malheurs de si loin. Chose étrange, mais qui n'étonnera pas, quand on saura que le général Uhrich, ayant voulu procéder à la démolition des habitations, des arbres, des maisons de plaisance de la zone militaire qui masquaient le tir des canons de la place, on lui avait répondu par cette dépêche : « Suspendez tous travaux de cette sorte jusqu'à la dernière extrémité, et encore ne faites rien sans vous être entendu au préalable avec l'autorité civile!!! »

Il faut entendre ce que disent les témoins désintéressés et autorisés de l'état de Strasbourg au moment

---

1. On y avait ajouté seulement la lunette 44.

2. Le *Siège de Strasbourg*, par Meier, premier lieutenant au régiment d'artillerie de campagne attaché à l'état-major général de l'artillerie de siège devant Strasbourg. Traduction de M. Ernest Paligan.

3. *Le Siège et le bombardement de Strasbourg*, par Gustave Fischbach, p. 67, 68.

du siège pour se donner le spectacle des infatuations et des imprévoyances de notre gouvernement d'alors.

« D'après l'ancien système, dit M. Maurice Brunner, on pouvait dire à bon droit que la forteresse était imprenable; et, malgré des attaques répétées, cette ville n'avait jamais été prise. Mais, depuis, bien des choses ont changé. Les pièces rayées portent au delà des inondations, et bien des endroits qui, autrefois, n'avaient pas à craindre un feu croisé, sont maintenant atteints. Les hauteurs du côté nord qui, autrefois, étaient regardées comme peu dangereuses, sont maintenant des points dominants gênant pour les ouvrages; et les constructions et cultures dont on avait laissé entourer la ville cachaient aux yeux et aux canons de l'assiégé une grande partie du terrain occupé par l'ennemi.

« Qu'a-t-on fait afin d'éviter l'état de faiblesse de ces anciennes fortifications, lorsque est apparu le nouveau système d'artillerie? Une chose était à prévoir : un siège; y a-t-on pensé? Non ; rien n'a été fait[1]. »

Le matériel avait été, à peu de chose près, aussi négligé. Les arsenaux renfermaient, il est vrai, 1,200 pièces d'artillerie, ce qui était suffisant pour battre la campagne dans toutes les directions, en supposant qu'on ne dût avoir affaire qu'à un ennemi visible, non pour faire face aux exigences d'un siège régulier. Point de ces grandes batteries armées de pièces de gros calibre nécessaires pour contre-battre l'ennemi et pour inquiéter sérieusement le travail des tranchées. Point de traverses, ni de poudrières à main. On manquait de fusées pour les obus. Il fallut de bonne heure ménager les projectiles.

L'état de la garnison n'était pas fait davantage pour rassurer les inquiétudes du patriotisme. Le chiffre en était presque dérisoire : quelques centaines de pontonniers, deux dépôts de régiments de ligne, deux dépôts de bataillons de chasseurs réduits à leurs cadres, un

---

1. *La défense de Strasbourg*, par Maurice Brunner, capitaine au génie autrichien.

petit nombre d'artilleurs, quelques officiers de génie
avec 17 gardes, 50 à 60 marins, autant de douaniers,
le 87ᵉ de ligne qui, lui-même, avait reçu l'ordre de
quitter la place et qui n'y fut retenu que par la rapidité imprévue de l'investissement, enfin des détachements formés des fuyards de Reichshoffen, tel était le
gros de la défense au moment où l'ennemi parut devant
les remparts de Strasbourg.

Aux éléments de faiblesse matérielle vinrent se
joindre, dans le début, des éléments de faiblesse
morale. Les fuyards de Reichshoffen avaient donné un
spectacle écœurant qui, partout, répandit la crainte du
présent et la défiance de l'avenir. Il n'y avait nulle
sympathie entre le préfet impérial, le baron Pron, et
la population avant le siège. L'écart s'était accru
encore après le 10 août, à la suite d'une proclamation
offensante inspirée par le préfet au gouverneur, où il
était parlé de « bruits inquiétants, de paniques répandues involontairement ou à dessein, de défaillances
lâches et criminelles. » Le général Uhrich lui-même,
bien qu'il eût été très favorablement accueilli à son
arrivée, ne laissait pas non plus d'être l'objet de certaines critiques. On lui savait gré d'être sorti du cadre
de réserve pour se placer au premier rang du péril
malgré son âge : mais des fautes graves avaient été
commises au commencement : on lui reprochait de
n'avoir pas fait occuper les hauteurs qui dominaient
la ville, de n'avoir rien fait pour s'opposer à l'investissement. Il aurait dû improviser des redoutes, rendre
plus longtemps les travaux d'approche impraticables,
prendre une initiative hardie. Il n'avait pas su assez
résister aux inspirations du baron Pron, et faire
entendre la vérité au gouvernement. On le savait peu
versé dans la stratégie des sièges, imbu de l'esprit de
routine. On craignait qu'il ne fût pas au niveau des
difficultés d'une œuvre prévue tout d'abord comme
laborieuse, qui pouvait être longue et compliquée.

Le patriotisme cependant, après le trouble de la première heure, ne se manqua pas à lui-même, ainsi que nous le verrons en suivant les phases diverses de la lutte, en examinant le *côté passif* et le *côté actif* de la défense, l'action ennemie, d'une part, dans toute sa puissance et dans tous ses effets, et la réaction qu'elle rencontra de l'autre, malgré la faiblesse des moyens.

Un historien allemand du siège de Strasbourg dit que, dans tout le cours de cette grande guerre, les Allemands ont lutté de vitesse dans leur marche « contre l'ennemi commun[1] ; » et il nous cite comme preuve ce que les troupes allemandes, à quelque État qu'elles appartinssent, firent au début du siège de Strasbourg. Il est certain qu'on ne perdit pas un moment après la bataille de Vœrth pour se jeter sur la proie depuis longtemps convoitée. Vainqueurs le 6 août, les Allemands étaient le 12 devant Strasbourg, et quelques jours après, le lieutenant général de Werder, nommé commandant du corps destiné à faire le siège de la place, pouvait l'investir avec ses trois divisions : la division badoise, la landwher de la garde et la première division de la réserve. En même temps on lui envoyait des détachements de pionniers, d'artilleurs ; et un magnifique train de siège de deux cents canons rayés du système prussien et de cent mortiers à âme lisse était dirigé sur Vendenheim par le chemin de fer. Déjà, avant que le train de siège envoyé de Berlin ne fût en état d'agir, l'artillerie badoise avait transporté ses gros canons de Rastadt à Kehl, et, dès le 18 août, ces bouches à feu pour lesquelles des batteries avaient été construites sur la rive droite du Rhin, commençaient à tonner[2].

Il entrait dans les plans du général de Moltke de soumettre Strasbourg à toutes les phases, à tous les actes divers d'un grand siège, de faire succéder à

1. Meier, p. 7.
2. Meier, p. 7 et 8.

l'investissement le bombardement et au bombardement l'attaque en règle.

Les assiégeants furent prêts, dès le 23 août, à commencer le bombardement d'une manière efficace : ils avaient ouvert leur feu bien auparavant. Dans la nuit de ce jour, treize batteries furent construites par l'artillerie prussienne en face du front occidental de la place, et armées, partie avec des canons rayés de 24, partie avec de lourds mortiers. Cinq autres batteries furent construites les jours suivants. Le 24, au soir, le feu de ces batteries commençait. Il continua pendant les nuits du 25 et du 26. Mais le bombardement ne réussissant pas à amener la reddition de la place, on procéda sur le champ aux préparatifs de l'attaque en règle. Les forces nécessaires en hommes et en matériel étaient arrivées sur les entrefaites.

Il convient, du reste, de suivre les travaux de la sape et de l'artillerie prussienne du moment où s'ouvrit la première parallèle jusqu'au jour de la chute de la place, en même temps que les efforts opposés de ses défenseurs, si nous voulons voir clairement ce que le patriotisme eut à faire et à souffrir.

La première parallèle s'ouvrit le 30 août. Déjà dans la nuit du 27 au 28 les avant-postes étaient arrivés à 400 pas des fortifications et avaient creusé des tranchées. On avait construit et armé 10 batteries pour une quarantaine de canons rayés de douze livres. Le 30, les 46 canons de ces batteries pouvaient ouvrir le feu contre les ouvrages de la place, conjointement avec les 13 autres batteries construites précédemment pour le bombardement et avec deux autres qui furent élevées le lendemain. Dans la nuit du 1er au 2 septembre on s'avança sur deux points différents en creusant des tranchées en zig-zag, et l'on ébaucha deux tronçons distincts de la seconde parallèle. Dans celle du 3 au 4 septembre, 4 batteries, dans le but de reculer l'horizon de leur tir, furent avancées dans des positions

nouvelles, et deux autres batteries furent construites
et armées. Enfin, dans la nuit du 4 au 5 septembre,
une troisième s'éleva, armée de 8 canons rayés de
24 livres. L'artillerie put alors commencer des opérations qui devaient faire entrer l'attaque dans une phase
nouvelle et plus décisive.

Le 3 septembre, le parc de siège avait reçu un renfort de 12 mortiers rayés de 24 livres et de 2 mortiers
rayés de 21 centimètres. On était ainsi en mesure non
seulement de battre en brèche les ouvrages de la place
d'une manière plus efficace qu'on ne l'avait fait jusqu'alors, mais de résoudre un problème d'une difficulté
particulière tenant à la nature de la lunette 44 qu'il
fallait emporter à tout prix ou rendre intenable. Le
problème fut résolu en effet le 8 septembre. Dans la
nuit du 6 au 7 une batterie fut armée avec les mortiers
courts de 24 livres, une autre avec les deux mortiers
rayés de 21 centimètres, et les deux batteries firent
pleuvoir sur la lunette rebelle une telle grêle de projectiles qu'elle dut être bientôt abandonnée.

Il n'y eut pas une minute de relâche ni de merci
dans l'œuvre de destruction entreprise. Le même jour,
8 septembre, on travailla à préparer le terrain en avant
des deux ailes de la première parallèle ; à droite,
l'emplacement pour canons de campagne fut disposé
par l'artillerie badoise, et, à gauche, une batterie
démontante était prête à recevoir 4 canons rayés de
4 livres. Dans la nuit du 8 au 9, une autre batterie se
dressa en arrière de la seconde parallèle, à droite et à
côté du cimetière Sainte-Hélène ; elle était armée de
mortiers de 6 à 25 livres. Enfin, le 9, les batteries
démontantes et à ricochet avaient accompli la partie
capitale de leur œuvre, si bien qu'à partir de ce jour il
devint impossible aux assiégés de soutenir la lutte avec
leur artillerie de rempart[2].

1. Chacun de ces mortiers représentait un poids de 150 quintaux (Meier).
2. Meier, p. 13, 14, 15.

Les assiégeants se trouvaient ainsi en position d'ouvrir leurs tranchées sur trois points et de déboucher de la seconde parallèle. Ils parvinrent, dans la nuit du 10 au 11, à prolonger les trois têtes de tranchées sur une longueur de 300 pas en employant la sape ordinaire, et la nuit suivante, à terminer, par le même procédé, une tranchée de 700 pas, formant la troisième parallèle.

Le 12 septembre, au soir, on était déjà prêt à cheminer au delà de la troisième parallèle. La tranchée avait atteint le pied du glacis en face de la lunette 53 ; en face de la lunette 52, elle ne s'en trouvait qu'à la distance de 50 pas. On creusa alors une demi-parallèle qui devait toucher le glacis des deux lunettes ; on ouvrit, pour l'établir, la sape en face de la pointe de la lunette 52, et, la demi-parallèle terminée dans la nuit du 13 au 14, l'on commença sur-le-champ à cheminer au delà. Généralement, dans les dernières périodes, c'est sur la *capitale* que l'on dirige les cheminements.

Pendant la nuit du 13 au 14, on entama en avant de la demi-parallèle, une traverse protégée par une double rangée de cylindres et dirigée contre la capitale de la lunette 53. Cette même nuit vit encore construire deux batteries pour rendre l'accès des fronts collatéraux plus difficile aux défenseurs de la place, et ces batteries furent armées, l'une avec 4 canons de 12 livres, l'autre avec 8 de 24. En outre, le feu des mortiers, dirigé contre les ouvrages extérieurs situés tout près du front d'attaque, fut renforcé par l'établissement de deux nouvelles batteries de mortiers de 7 livres, et le bastion 10 fut battu de plus près, une batterie d'arrière ayant été reportée en avant jusqu'à la deuxième parallèle et armée de 4 mortiers de 50 livres.

Jusqu'alors, pour employer les expressions même de l'écrivain militaire, les progrès de l'artillerie allemande avaient été en quelque sorte réguliers et méthodiques. A partir de ce moment, on procéda par bonds audacieux, souvent sans tenir compte des règles établies[1]. L'attaque entra dans une nouvelle période.

Avant le siège de Strasbourg, la muraille de la place assiégée demeurait intacte jusqu'au moment où l'assiégeant parvenait à porter ses plus lourds canons sur le bord du fossé en face de cette muraille. Il était réservé aux défenseurs de Strasbourg de voir les premiers la muraille des remparts démolie par des canons placés à 1,000 pas de distance et en des points qui les dérobaient complètement à la vue.

La première batterie qui tenta l'expérience, fut la batterie Ihlenfeld, portant le n° 8, qui avait été élevée dans la nuit du 12. Elle résolut un problème longtemps étudié, en ouvrant la brèche dans la face droite de la lunette 53. Le mur d'escarpe fut démoli, après des travaux remarquables du génie qui, devant la face de la lunette 53 et au moyen de la sape volante, avaient achevé le couronnement sur une longueur de 50 pas.

D'autres points également abrités contre une attaque directe furent emportés de vive force par l'artillerie, notamment le réduit situé dans la lunette 44 et les écluses de l'Ill à la porte des Pêcheurs, et, durant la nuit du 17 au 18 septembre, on pénétra dans le chemin couvert, où le réduit de la place d'armes fut trouvé abandonné. Ainsi le premier pas était fait dans la forteresse. Il n'y avait plus qu'à ouvrir la contrescarpe en face des lunettes 52 et 53, à pratiquer, à la suite, une descente dans le fossé, à établir des ponts sur les fossés pleins d'eau, à les combler, à rendre accessible la brèche de la lunette 53 et le talus en terre non revêtu de maçonnerie, préliminaires nécessaires de l'assaut des deux lunettes, puis, en cas de succès, à agir contre les bastions de la même façon que contre les lunettes ; après quoi, la plus importante de toutes

1. Meier, p. 19, 20.

les opérations, l'ouverture de la brèche, devenait possible.

Déjà, dans la nuit du 13 au 14, les assiégeants avaient construit une batterie vis-à-vis la face droite du bastion 11 pour le battre indirectement en brèche. Dans la nuit du 16 au 17 leur artillerie transporta trois batteries en avant de la seconde parallèle. Une autre batterie fut armée de mortiers de 25 livres; deux autres encore furent préparées pour recevoir des mortiers de 7 livres, une autre pour des mortiers de 50 livres, une autre enfin obtint un renfort de deux canons, qui, mobiles et se déplaçant au besoin, reçurent le nom de *canons ambulants*. On pouvait ainsi entreprendre la construction des contre-batteries, et préparer l'assaut.

Trois contre-batteries s'établirent dans le couronnement. La première était en état d'ouvrir le feu dans la matinée du 20 septembre. Les deux autres prirent part à l'action presque aussitôt, l'une le lendemain 21, l'autre le 22, avec deux pièces de 6 livres.

Pendant la nuit du 18 au 19, les pionniers allemands avaient préparé la descente dans le fossé. La nuit suivante, après avoir renversé le mur de contrescarpe devant la lunette 53, ils avaient achevé la construction d'une levée devant la brèche. Dans la journée du 20, la levée des fascines était praticable. La lunette avait été abandonnée. Les pionniers s'y établirent et purent poursuivre leur travail. Dans la nuit du 20 au 21, ils occupèrent également la lunette 52. Le 22 au matin, l'enlèvement des ouvrages extérieurs était un fait accompli.

Le travail touchait donc à son terme. Dans la nuit du 20 au 21, l'artillerie allemande avait encore établi deux batteries de mortiers et opposé de la troisième parallèle à l'ouvrage à cornes, situé près des lunettes, une batterie démontante. On avait installé, en outre, dans le voisinage immédiat du front 11-12, quatre pièces de 12 livres. Les tirailleurs, habilement postés et dis-

simulés [1] sur les points les plus avantageux des tranchées, secondaient le feu de l'artillerie contre les défenseurs de la place, avec la pièce ambulante de
6 livres de l'artillerie de siège qui se promenait incessamment dans la lunette. On établit encore, dans les
ouvrages abandonnés, des emplacements pour les mortiers de 7 livres. On transporta dans l'un d'eux, la
lunette 53, une batterie composée de trois pièces
rayées. Le 23, six pièces courtes de 24 livres se mirent
à battre en brèche l'escarpe de la face droite du bastion 11, et l'on construisit dans la nuit la batterie de
brèche destinée à agir contre la face gauche du bastion 12. Cette dernière batterie, armée de 4 pièces
courtes de 24 livres, ouvrit le feu le 24.

Le génie poursuivait parallèlement sa tâche avec la
même habileté et le même succès. Déjà dans la matinée
du 23, il avait terminé une portion considérable de la
traverse par laquelle on avait débouché de la lunette
52, et l'on avait commencé bientôt après le couronnement du glacis en face des ouvrages du corps de
place. Le 26, le couronnement, en face de la contre-
garde du bastion 11 était terminé, et un logement pour
les assiégeants était pratiqué devant l'ouvrage 54. Les
descentes dans le fossé se trouvaient ainsi préparées.
La lutte systématique entreprise avec les défenses
matérielles de la place était à sa fin. L'heure suprême
allait sonner.

On comprend quels effets la puissance de destruction
que nous venons de décrire, devait produire sur la ville
assiégée, quand on pense à l'état dans lequel le gouvernement impérial l'avait laissée.

Le canon retentit pour la première fois le 13 août. Il
n'y avait eu jusque-là que des escarmouches et des

---

1. « Ils retournaient en dehors la doublure grise de leurs casquettes,
donnant ainsi l'apparence d'une motte de terre éboulée du parapet à
ce qui n'était autre chose que la tête d'un vigilant tirailleur. » (Meier,
p. 25).

coups de fusil échangés entre des détachements badois et quelques soldats de la garnison. Ce jour-là, dans la nuit, un obus, lancé par une batterie ennemie, tomba dans la ville, traversa un pignon et une cheminée et éclata dans une cuisine d'une maison de la rue des Marais-Verts. Le 14, plusieurs obus furent lancés sur le faubourg de Saverne, le quai Saint-Jean, le Mont-de-Piété, la gare du chemin de fer. Un d'eux brisa le candélabre à gaz placé au bord du trottoir du faubourg de Saverne, et blessa en éclatant un homme et deux femmes, qui passaient dans la rue. L'homme se nommait Ulrich : il avait reçu un fragment d'obus dans la cuisse et mourut quelques jours après. C'était la première victime.

Le 15 août, on eut dit que les Prussiens voulaient célébrer à leur manière la fête de l'homme à qui ils allaient devoir une grandeur imprévue. Dès trois heures du matin, une formidable détonation se fit entendre du côté de la Robertsau : c'était le beau pont à colonnes du canal de la Marne au Rhin que l'ennemi venait de faire sauter.

La journée fut calme à partir de là : la population tout entière circulait dans les rues, qu'inondait la lumière du plus beau soleil. Tout à coup, à 11 heures et demie du soir, et jusqu'à minuit, comme si on eut voulu ménager aux habitants une surprise et parodier le feu d'artifice des fêtes impériales, le canon retentit dans le lointain, et les obus de siffler dans les airs, de tomber sur les maisons, sur les édifices, d'éclater avec fracas. Les femmes et les enfants se réfugient dans les caves. Les hommes veillent, prêts à éteindre les incendies qui s'allumaient.

Les dégats furent considérables. Un des premiers obus avait frappé la Banque de France, un autre un café en face de la Banque ; d'autres, deux maisons de la rue des Échapes. Une cheminée, dans la rue du Dôme, fut abattue par un projectile, qui s'en alla

ensuite briser la corniche de la porte du grand séminaire contigu à la cathédrale, et où était établie une
ambulance. Dans la rue des Hallebardes, deux magasins eurent leurs devantures trouées. Un obus tomba
au pied de la statue de Gutenberg, dont il écorna le
socle, et, de ses éclats lancés dans le voisinage, enfonça
les volets d'un magasin et brisa la glace de la devan-
ture. D'autres habitations ou édifices encore furent
atteints : une brasserie de la rue des Serruriers, la
Monnaie, l'École israélite des arts et métiers ; une
maison de la rue des Chandelles, où deux personnes
furent blessées dans leur lit, l'homme et la femme ;
une autre de la rue des Sept-Hommes, où fut détruit
tout l'avoir d'un pauvre colporteur, père de plusieurs
enfants ; d'autres maisons dans la rue du Saumon, sur
la place Kléber, dans la rue du Jeu-des-Enfants, où un
obus frappa dans son lit une malheureuse femme et lui
coupa les deux cuisses ; le lycée, qui était transformé
en ambulance ; d'autres encore sur les points divers du
demi-cercle décrit par le bombardement, qui partait de
la place de Broglie pour aboutir à la place Saint-
Thomas.

Comme on voit, la Saint-Napoléon était bien fêtée!

On s'occupa dès lors d'organiser des services de sur-
veillance, de créer des postes de nuit en vue des
sinistres que pouvait causer le bombardement. L'initiative avait été prise par les habitants du faubourg de
Pierres. Les mêmes mesures furent rapidement adoptées dans les autres quartiers.

Après trois jours de répit, le 18, à neuf heures
du soir, le bombardement recommença. Les obus
éclatèrent de toutes parts. A minuit, une vive lueur
couvrit tout à coup le quartier du faubourg National ;
un immense incendie, allumé par une bombe tombée
dans une grange remplie de foin, venait d'éclater
dans la rue Sainte-Aurélie. Les pompes accouru-
rent : on attaqua bravement les flammes. La garde

mobile, les troupes, la population, tout le monde
se mit à l'œuvre. Mais les progrès de l'incendie
furent si rapides qu'en quelques instants une dizaine
de bâtiments, composant six ou sept propriétés dis-
tinctes, ne formèrent plus qu'un seul et immense
brasier. On ne fut maître des flammes que le matin,
entre quatre et cinq heures.

Pendant ce temps-là, les obus n'avaient pas cessé de
pleuvoir sur d'autres points de la ville. La place de
Gutenberg, les rues des Serruriers, de l'Épine, de l'Ail,
des Tonneliers, du Rateau, du Vieux-Marché aux pois-
sons, le quai Saint-Nicolas, le quai des Bateliers, le
faubourg National, le Vieux-Marché aux vins, la rue
des Juifs, la rue Saint-Guillaume, la manufacture de
tabacs, furent plus ou moins éprouvés. Dix-sept maisons furent atteintes dans le quartier de la Kratenau.
Les environs de la cathédrale furent particulièrement
endommagés. La cathédrale elle-même fut touchée:
une des galeries de la façade principale fut ébréchée
par un projectile. Dans la rue des Charpentiers, un
obus tomba sur la maison Dartein. Un officier d'artillerie, qui était en observation sur la cathédrale, vit le
projectile s'abattre sur cette maison, qu'habitait sa
femme. Ne pouvant quitter son poste, il envoya aux
renseignements. Il apprit que l'obus était tombé sur
son lit, occupé par sa femme dix minutes auparavant,
et qu'il avait tout brisé dans l'appartement, mais sans
blesser personne.

Un plus grand malheur eut lieu dans la rue de
l'Arc-en-ciel. Un obus avait frappé un pensionnat tenu
par des religieuses, pendant que les enfants étaient en
prière. Cinq jeunes filles furent tuées sur le coup. Six
autres furent blessées et trois d'entre elles furent
amputées de la jambe, une autre de la cuisse. Une
autre avait été si gravement atteinte qu'elle mourut
quelques heures après. Un ouvrier avait été frappé
mortellement dans la rue.

La citadelle était le point de mire d'une batterie établie à Kehl. Les obus et les bombes y tombaient sans discontinuer, blessant, tuant, brûlant, brisant tout. Un turco eut les jambes coupées. Des soldats de toutes armes, des gardes mobiles, furent atteints par des éclats. Des femmes, des enfants s'étaient réfugiés dans une casemate. Tout à coup un artilleur se précipite vers eux: « Vous êtes sur une poudrière, s'écria-t-il, et l'ennemi semble viser cet endroit! » — Les malheureux profitèrent d'un moment de répit pour courir s'abriter ailleurs. La tour de l'église de la citadelle, le bâtiment des officiers supérieurs, les casernes et l'arsenal furent gravement endommagés.

Les projectiles lancés de Kehl, vers la porte des Pêcheurs, firent plusieurs victimes parmi les ouvriers occupés, en dehors de la porte, à démolir quelques constructions. Un obus ou un éclat vint frapper le bâtiment du petit séminaire, où il y avait beaucoup de blessés. Un obus tomba dans la salle de l'école Saint-Guillaume, à l'heure de la classe, et éclata. L'école, par bonheur avait été fermée la veille. Sans cette circonstance heureuse on aurait compté très vraisemblablement cinquante victimes de plus dans cette journée funeste [1].

Tous ces malheurs cependant n'étaient que des préludes.

Les jours suivants, toutefois, le 19, le 20, le 21, le 22 ne furent marqués par aucun événement important. Quelques coups de fusil échangés entre les avant-postes et les patrouilles ennemies, quelques démolitions nouvelles rendues nécessaires pour la défense, et rien de plus. C'était une accalmie, mais une accalmie sinistre.

Le 23, une proclamation fut affichée sur les murs de la ville pour annoncer à la population un redoublement du bombardement.

---

1. Fischbach, p. 58, 59, 60, 61, 62, 63.

Cette proclamation, bien qu'elle coïncidât avec le bruit d'une grande victoire remportée par nos armes, — bruit bientôt démenti, il est vrai, — fut commentée avec anxiété.

A neuf heures moins un quart, le feu s'ouvrit, plus vif, plus pressé, et continua jusqu'au lendemain matin à huit heures.

La nuit était sombre ; il pleuvait. Il était impossible du haut des remparts de distinguer la position des batteries ennemies. Aussi les désastres furent-ils immenses. « Il faudrait citer, dit M. Gustave Fischbach, presque toutes les rues de la ville et dans certaines rues presque toutes les maisons, qui furent atteintes. Les obus arrivaient de tous les côtés et tombaient sur les églises, sur la cathédrale, sur les ambulances, sur les hôpitaux. » Dans l'ambulance des Petites-Sœurs, un projectile tua un zouave, qui était déjà blessé. Au faubourg National, une femme eut les deux bras enlevés; une autre, dans la rue des Balayeurs, eut l'épaule fracassée. Dans la rue des Maisons-Rouges, deux enfants furent tués. Çà et là des incendies s'allumèrent, éteints pour la plupart, il est vrai, presque aussitôt, par les postes de sûreté qui fonctionnaient dans toute la ville avec un zèle et un dévouement admirables. La citadelle, incessamment criblée de projectiles perdit un des bâtiments intérieurs par les flammes.

Mais il faut laisser ici la parole à l'historien, témoin oculaire, dont nous suivons le récit.

« La nuit du 24 août... Ah! ce n'est pas sans frémissement que nous y reportons nos souvenirs... Quels désastres! Quelles ruines!

« Le bombardement commença un peu après huit heures, et toutes les bouches à feu que l'ennemi avait réunies autour de la place durent vomir en même temps leurs terribles projectiles. Pas un instant de trêve ni de silence ; c'était une infernale grêle d'obus qui sifflaient avec fureur, et dont les éclats, anguleux, tordus, produisaient en coupant l'air une espèce de ronflement sinistre qui glaçait de terreur. Dans les caves, les femmes, les enfants pleuraient et priaient; les hommes étaient mornes, abattus, et ne prenaient courage que de leur devoir de veiller sur leurs familles...

« Ils auraient dû être tous là les hommes qui disaient que cette guerre était nécessaire. Ah! pourquoi ne se trouvaient-ils pas ensemble au milieu de ces horreurs tous ceux qui avaient acclamé la parole du despote lançant à l'Allemagne sa provocation funeste...

« A dix heures, on entendit tout à coup, entre le fracas des obus, le cri : « Au feu! au feu! » poussé par les gardiens de la tour de la cathédrale. « Au feu! Temple-Neuf! » Puis un peu plus tard : « Au feu! rue du Dôme! » Une demi-heure après : « Au feu! Broglie! » Puis encore : « Au feu! rue de la Mésange! Au feu! place Kléber! Au feu! quai Finkmatt! Au feu! rue du Bouclier! » Toute la nuit retentit de ce cri funèbre, et une immense lueur couvrit la ville tout entière de son sinistre reflet.

« Que de trésors perdus dans ces quelques heures! Le musée de peinture, l'église du Temple-Neuf, la bibliothèque de la ville, les plus belles maisons des plus riches quartiers, des rues presque entières n'étaient plus que des ruines [1]. »

L'historien poursuit ensuite dans ses détails son lugubre inventaire. Il énumère un à un les divers trésors que renfermaient le Musée, la Bibliothèque, le Temple-Neuf et quelques-unes des riches maisons dévorées par l'incendie; puis il nous montre le bombardement toujours plus terrible, les obus tombant par centaines sur les bâtiments enflammés, blessant, tuant tous ceux qui essayaient de combattre l'incendie, les façades, les toits, des maisons entières s'écroulant avec fracas; les femmes se sauvant avec leurs enfants dans leurs bras; des vieillards, des malades que l'on emportait à grand'peine; ici un blessé, qui gémissait; là un mourant qui râlait; quelquefois aux fenêtres, des cris déchirants, un appel au secours;... et tout à

1. Fischbach, p. 80. 81, 82.

coup, un peu plus loin, une nouvelle lueur qui se lève, une nouvelle gerbe de feu qui jaillit... des nuages de poussière et de fumée montant jusqu'au ciel, puis l'Aubette[1], puis le Temple-Neuf, et la Bibliothèque, et les autres édifices s'effondrant l'un après l'autre.

Il est impossible de rendre l'émotion qui s'empara de la population le lendemain, lorsque l'aube vint éclairer ces ruines, dont chaque heure cependant, à partir du matin même de ce jour, jusqu'au 30, devait encore élargir le cercle.

Dans la matinée même du 25, les obus mirent le feu au moulin des Huits-tournants; huit maisons avec granges et écuries furent détruites au marais Hageneck, deux rue Moll. Dans la nuit, seize autres maisons, sur des points divers de la ville, une école, un presbytère, s'écroulèrent. Vers le soir la cathédrale parut tout à coup enveloppée de flammes ; sa toiture avait pris feu et une ambulance était installée dans sa crypte ! L'hopital civil, dont les salles étaient remplies de malades, la gare du chemin de fer, les bâtiments de la citadelle, le Gymnase brûlèrent. La façade de la mairie, les cafés de la place Broglie, la Banque de France et les maisons avoisinantes, la Préfecture, la rue de la Nuée bleue, la rue des Juifs, le beau pont du Théâtre furent criblés de projectiles.

Le 26, la journée avait été remplie de récits fantastiques annonçant l'arrivée d'une armée de secours ; on l'avait vue du haut de la cathédrale ; nul doute ; on allait être délivré... La nuit dissipa brutalement l'illusion : le bombardement recommença. Le faubourg National, le quartier des Jardiniers, dont chaque maison était organisée comme les plus grandes fermes de village, avec écuries, granges, basses-cours, jardins, la petite rue de la Course, la grande-rue de la Course, la rue

---

1. L'Aubette est une vaste construction en pierres de taille qui occupe tout un côté de la place Kléber. Le musée de peinture venait d'y être installé.

Déserte, la rue des Païens formèrent un immense brasier. Les rues voisines, desséchées en quelque sorte par la chaleur du brasier, s'enflammaient comme une traînée de poudre à la première étincelle. Le marais Hageneck, quartier populeux, rempli de familles d'ouvriers, s'abîma presque tout entier dans les flammes. Au faubourg de Pierres, une longue rangée d'habitations fut détruite. Dans la rue Thomam un groupe d'une vingtaine de maisons, connu sous le nom de *Cour Marbach*, fut dévoré en quelques heures.

Les désastres ne se comptaient plus. Le 27, vers le matin, le Palais de justice fut brûlé, avec la maison contiguë, où se trouvait un pensionnat de jeunes filles. Un obus tua trois personnes dans la cour du grand séminaire. Le Broglie, la mairie, les faubourgs, les rues du Bouclier, des Serruriers, la place Saint-Thomas, la place d'Austerlitz, criblés de boulets, firent des pertes considérables.

A partir du 29 ou du 30, le bombardement du centre de la ville devint moins violent et s'attaqua surtout aux remparts et aux faubourgs. Le nombre des victimes néanmoins ne fit que s'accroître. L'ennemi lançait les projectiles de façon qu'ils passaient par-dessus la ville et allaient frapper les soldats aux remparts. Il n'y eut pas de jour, à partir de ce moment jusqu'à la fin du siège, où l'on ne vit passer dix, quinze, vingt fois des brancards de blessés ou bien les cacolets qui transportaient les morts. Triste spectacle, qui ajoutait encore aux maux dont on souffrait soi-même! Dans la population, chaque jour on citait des morts, des blessés. On n'entendait parler que de bras coupés, de jambes amputées, de femmes qui avaient eu la tête enlevée, d'enfants broyés.

Le 31 août, toute une famille, le père, la mère, une fille et un fils, s'était réfugiée sur le pont du Théâtre : le père fut coupé en deux par un obus. Le même jour, dans une maison de la rue du Zinckwiller, un obus, entrant par la fenêtre du 2ᵉ étage, tua une femme et un enfant que cette femme tenait dans ses bras. La tête de l'enfant tomba d'un côté ; le tronc et les jambes furent lancés au loin par la fenêtre.

Le 5 septembre, au matin, deux hommes et plusieurs enfants sont tués, des femmes blessées dans une des maisons qui restaient du faubourg de Hageneck. Deux élèves de l'École de médecine sont atteints par les éclats d'une même bombe et tombent tous deux pendant qu'ils pansaient un blessé dans le corps de garde du faubourg de Pierres. Le projectile pénètre dans le bâtiment, atteint de ses éclats tous les hommes du poste, tue le blessé et frappe mortellement les deux jeunes gens. Vers le soir, un obus tombe sur une maison de la rue Gutenberg, et fait cinq victimes. Un peu plus loin près des Arcades, une petite fille courait gaiement sur le trottoir : un obus la coupe en deux. L'amphithéâtre de l'hopital civil comptait le soir du 5 septembre vingt-cinq cadavres de plus. Le 7 septembre, un vieillard de 72 ans, M. Pélissier, un des frères du maréchal, fut frappé mortellement dans sa chambre. Des ouvriers qui travaillaient aux ouvrages de défense, des enfants qui parcouraient les décombres pour y chercher des éclats d'obus, des femmes tombèrent aussi pour ne plus se relever.

Le 9 septembre, la mairie fut bombardée toute la matinée. A 11 heures, un obus y tua un surveillant de la salubrité publique, blessa mortellement un autre employé et atteignit l'architecte de la ville.

Le 10, jour de l'incendie du théâtre, plusieurs travailleurs furent frappés ; le concierge fut blessé mortellement par un éclat d'obus.

Le 15, compta encore plusieurs victimes.

Le 17, un obus tombe sur le pont du faubourg National, où campaient quelques malheureux sans abri : cinq d'entre eux sont tués ou blessés. Sur la place Saint-Nicolas un jeune garçon a la jambe fracassée. Un pompier, père de famille, au moment où il se précipite vers les combles de la Préfecture pour y éteindre un commencement d'incendie, est atteint par un obus en pleine poitrine. Le 20 septembre, l'hôtel de la Préfecture est détruit complètement par les flammes. Ce jour-là Strasbourg compta vingt habitants de moins. Le 22, un élève de l'École de Santé militaire est frappé mortellement.

Le 24, au faubourg National, un obus enfonce une muraille, qui, en s'écroulant, écrase un enfant dans son lit et blesse grièvement un homme.

Le 26, vers le soir, les bombes atteignent quatre habitants dans une maison de la rue Bain-aux-Plantes, et dix-huit dans une autre maison près du quartier de Saverne ; six morts et douze blessés[1] !

Ce furent les dernières victimes.

On était au 46e jour du siège. On comptait près de trois cents habitants, hommes, femmes, enfants, tués par le bombardement, sur le coup ou à la suite de blessures cruelles, deux mille blessés, près de huit mille ruinés, cinq cents maisons incendiées, écroulées ; les plus belles rues, les quartiers les plus populeux, les édifices publics, les promenades ravagés ; les ponts détruits, les routes effondrées, les collections scientifiques, les trésors de l'art réduits en poussière ; partout le deuil, la désolation, la misère !

La garnison ne fut pas moins éprouvée, comme nous l'allons montrer en rappelant ce qu'on fit dans la résistance, quel fut le rôle actif de la défense, la part qui revient à chacun de ceux qui y concoururent. Car, et nous ne voulons pas l'oublier, ce que nous tenons à montrer surtout, c'est la réaction, l'effort de la France au milieu de l'affreuse tempête qu'un gouvernement inepte et criminel avait déchaînée contre elle.

Le 8, presque le lendemain du désastre du maréchal Mac-Mahon, un parlementaire prussien, le major Von

_____
1. Fischbach, p. 206.

Amerongen, s'était présenté aux portes de Strasbourg.

— Que voulez vous? demanda le commandant de place, le colonel Ducasse.

— Je suis chargé, répondit le parlementaire, de sommer Strasbourg de se rendre : sinon, la ville sera bombardée.

— Votre proposition n'est pas sérieuse, repartit le colonel ; Strasbourg ne se rend pas. Venez le prendre !

Le lendemain, 10 août, le général Uhrich fit afficher une proclamation, inspirée par le même sentiment, où il disait entre autres choses que, « si Strasbourg était attaqué, Strasbourg se défendrait tant qu'il resterait un soldat, un biscuit, une cartouche. »

Ce sentiment s'est-il maintenu jusqu'à la fin? A-t-on fait tout ce que le devoir prescrivait pour ne pas se démentir soi-même? Ce qui est certain, c'est qu'en ce moment le commandant de place et le gouverneur étaient les interprètes fidèles du sentiment public. Personne, à Strasbourg, n'admettait, ce jour-là, la possibilité d'une capitulation, encore moins d'une reddition immédiate. On se mit donc à faire les préparatifs de défense.

Indépendamment de l'imprévoyance à la charge du ministère de la guerre, il y avait eu, dans les premiers jours de la lutte, à Strasbourg même, de la mollesse, quelque chose de flottant et de vague, absolument inexplicable, ou qui ne s'expliquait que par des préoccupations politiques injustifiables.

Après le premier trouble, sous la pression du péril, le commandement supérieur finit par sentir la nécessité de se mettre à l'œuvre. On forma des régiments et des escadrons de marche avec les fuyards de Reichshoffen. On avait réuni déjà la garde mobile. Une compagnie de francs-tireurs fut créée. On nomma même plus tard les officiers de la garde nationale sédentaire. Les pontonniers, les marins se transformèrent en artilleurs, les douaniers en gens de guerre. Bientôt, enfin, une grande activité régna dans la forteresse. Les gardes mobiles, les soldats rivalisèrent d'ardeur dans les travaux dévolus d'ordinaire aux hommes de l'artillerie et du génie[1]. On abattit les arbres des routes, des avenues, des jardins. Des ouvriers sortaient tous les matins par toutes les portes de la ville pour accomplir cette besogne[2]. La ville fut divisée en quatre arrondissements pour la défense. Un conseil de défense fut formé, qui, dès le premier jour, prit à l'unanimité la résolution d'une résistance à outrance.

Cette résolution était la même dans l'armée et la population.

La petite garnison et ses chefs avaient le sentiment de leur devoir devant le pays. Nous avons entendu le langage du colonel Ducasse. Qu'on lise ce qu'a écrit le capitaine de vaisseau Dupetit-Thouars des impressions que faisait naître dans le cœur des soldats et de leurs chefs la conscience, trop souvent éveillée, de leur impuissance au milieu des maux dont ils étaient les témoins. En présence de la sorte de joie, de soulagement qu'ils éprouvaient, quand il leur était donné de se voir visés par les projectiles qui faisaient tant de victimes autour d'eux dans la population inoffensive et désarmée[3], on sent qu'on n'a point affaire à des troupes dégénérées.

Les effets si terribles du bombardement n'abattaient pas non plus la population. Le 22 août, le *Courrier du Bas-Rhin* écrivait ces lignes :

« Les citoyens se pénètrent de plus en plus de la conviction que, dans les moments critiques surtout, il ne faut pas se laisser aller au découragement ou à l'indolence, mais se réunir, se prêter une mutuelle assistance, fondre toutes les forces individuelles en une grande force collective qu'anime le même esprit.

1. *Strasbourg*, par une réunion d'habitants et d'anciens officiers.
2. Fischbach, p. 32.
3. *Le Siège de Strasbourg*, par M. Dupetit-Thouars.

« Ainsi, la garde nationale sédentaire, malgré l'insuffisance de son armement, se livre chaque jour à l'apprentissage du fusil et des exercices militaires avec le même zèle que si elle devait être demain appelée à prendre part à quelque opération active.

« Ceux des gardes nationaux qui ont servi dans un des régiments d'artillerie de l'armée ont été réunis en une batterie, sous les ordres d'un ancien capitaine, M. Hering, et ils font le service du rempart.

« La garde nationale sédentaire remplit aussi très utilement une de ses missions, celle d'assurer le maintien de l'ordre... en même temps qu'elle se prépare à l'autre mission à laquelle elle peut être appelée, celle d'être un auxiliaire de l'armée active. »

Le 25 août, après cette affreuse nuit, qui remplit la ville de deuil et de ruines, « on se disait que deux ou trois nuits comme celle qu'on venait de passer suffiraient pour détruire la moitié de la ville, et l'on se demandait s'il n'y aurait pas au monde un moyen d'éviter de nouvelles catastrophes. » Il y en aurait eu un seul, ajoute M. Fischbach, c'était de se rendre ; mais personne, dans la brave cité de Strasbourg, n'osa proposer ce moyen-là. Des groupes stationnaient sur la place du Broglie, où, pour ainsi dire, on s'était donné tacitement rendez-vous. Un certain nombre de gardes nationaux déclaraient qu'ils étaient prêts à marcher contre les assaillants et demandaient à échanger contre des chassepots les fusils à piston dont ils étaient armés[1].

Le 30 août le maire, M. Humann, s'exprimait ainsi dans la première séance de la commission municipale

« Nul de nous ne reculera devant aucun sacrifice pour sauvegarder notre population, dont une partie est ruinée par des actes de brutalité sauvage. En dignes et courageux enfants de Strasbourg, nous soutiendrons tous et jusqu'au bout l'honneur de la cité.

1. Fischbach, p. 86.

Les bonnes volontés de part et d'autre furent-elles utilisées dans les reconnaissances, les sorties et sur les remparts comme elles auraient dû l'être? On ne le pense pas. Mais ce ne fut pas la faute de la garnison ni de ses officiers.

Le début, toutefois, ne fut pas brillant. Après deux sorties sans importance, qui eurent lieu le 13 et le 14 août, le général Uhrich, essayant d'entraver la construction des premières batteries assiégeantes, fit sortir plusieurs reconnaissances, une, entre autres, composée de deux bataillons, de deux escadrons, avec une batterie et deux sections de douaniers. La colonne, suivie de douze cacolets avec leurs infirmiers, s'avança vers le nord-ouest[1]. Les éclaireurs n'avaient rien signalé ; la colonne fut surprise par les Badois, qui étaient embusqués dans des taillis au bord de la route. Les soldats, tirés en grande partie des régiments de marche, ne firent pas bonne contenance. Les cavaliers tournèrent bride au premier coup de feu ; les fantassins ne furent pas plus fermes. Le colonel Fiévet, qui commandait la sortie, avait voulu ramener ses hommes en avant ; il fut blessé d'une balle à la jambe, le fourreau de son sabre fut coupé par une autre balle et une troisième frappait son cheval. Trois petites pièces de canon tombèrent au pouvoir de l'ennemi. Le colonel fut transporté dans la ville. Il avait prévenu le général Uhrich que sa troupe avait besoin de renfort. L'ordre est donné aussitôt au 87e de ligne de diriger tous les hommes disponibles vers la porte d'Austerlitz, et de se porter de là au Neuhof pour prêter main-forte à la colonne menacée. Deux compagnies, conduites par le chef de bataillon Rousseau, se rendent immédiatement au lieu fixé. Elles arrivent jusqu'au polygone et y trouvent arrêtée la colonne qu'elles supposaient en danger. Le commandant n'en pouvait croire ses yeux ; il se refuse

---

1. *Journal authentique du siège de Strasbourg*, dicté par le général Uhrich.

à admettre que ce sont là les troupes qu'on l'envoyait
secourir, et continue sa route. Un cavalier vint une
heure après lui apporter l'ordre de se replier. Il n'avait
point rencontré l'ennemi [1].

La reconnaissance du 18 montra plus de fermeté.

Le poste d'observation de la cathédrale avait signalé
au matin, du côté du nord-ouest, entre le chemin de
fer de Paris et la route de Saverne, des colonnes allemandes traînant une forte artillerie et passant par
Hausbergue pour se diriger sur Wolsheim. Ce dernier
village, situé sur une petite rivière appelée la Brüche,
à 3 kilomètres à l'ouest des ouvrages avancés et de la
porte Blanche, paraissait être le point de concentration
choisi par les troupes en marche. Le 87e fut chargé de
pousser une reconnaissance au nord et de protéger
deux cents travailleurs qui devaient abattre les arbres
gênant le tir de la place, tandis que sur une autre
partie du pourtour, en avant du 2e arrondissement de
défense, trois cents autres travailleurs feraient la même
opération. Le 87e, bien conduit par son colonel Blot,
poussa jusqu'au village de Schiltigheim, qu'il trouva
fortement occupé et barricadé [2]. La 1re compagnie du
1er bataillon avait été lancée en avant en tirailleurs ; la
6e compagnie, placée à l'entrée de Schiltigheim, à
gauche, sur la route de Wissembourg, partit de là,
dirigée par son colonel, pour faire la reconnaissance
du couvent Saint-Charles situé un peu plus loin, à
droite de la route, que l'on supposait occupé par l'ennemi ; elle était appuyée, à droite, par la 1re compagnie qui, sous la conduite du commandant Rousseau,
s'avança sur la route de Soufflenheim jusqu'à la hauteur du bâtiment de la gendarmerie. Là, s'élevait une
barricade en planches, derrière laquelle s'abritait l'ennemi, mais qu'il abandonna pour se réfugier sous un
retranchement plus fort, 60 ou 80 mètres en arrière.

1. Fischbach, p. 44, 45.
2. *Journal authentique du siège de Strasbourg.*

Un feu des plus vifs s'engagea sur ce point, jusqu'à ce que la reconnaissance du couvent étant terminée, l'ordre fut donné de se replier. On opéra la retraite en échelons, par sections, en continuant à tirailler jusqu'à la sortie du village sous le feu de l'ennemi, mais sans être poursuivi. Nous eûmes six hommes tués, un officier et dix-neuf sous-officiers ou soldats blessés [1].

Il y eut encore, le lendemain 19, un léger engagement ou plutôt des coups de fusil échangés autour du petit fort du Pâté, situé hors de la porte Nationale, à droite de la route de la Montagne-Verte, entre nos soldats qui l'occupaient, et des détachements ennemis, qui avaient essayé de le surprendre. Nous eûmes quelques hommes blessés, et l'ennemi des morts et des blessés [2].

La garde mobile prenait part à tous ces engagements et s'aguerrissait. Le même jour, 19 août, le général Uhrich dans une proclamation, la félicita, de sa bonne conduite.

Le 21, le général de Werder envoya une sommation au gouverneur. C'était la deuxième. Le conseil de défense, assemblé, rejeta toute proposition, et le général Uhrich répondit que les défenseurs de Strasbourg étaient résolus à faire passer l'assiégeant par toutes les phases, par tous les travaux d'attaque nécessités dans un siège en règle, sans tenir compte des menaces d'un redoublement de bombardement [3].

Les deux journées du 24 et du 25 août, qui furent si meurtrières pour la population et la ville de Strasbourg, ne le furent pas moins pour ses défenseurs. Le 23, l'assiégeant avait essayé de construire des ouvrages du côté de la porte de Saverne, près des bâtiments des Rotondes, et, à quelque distance, nos ouvriers avaient à exécuter des travaux nécessaires à la défense. Pour

---

1. Fischbach, p. 55, 56, 57.
2. *Ibid.*, p. 64, 65.
3. *Journal authentique du siège de Strasbourg.*

les protéger et gêner les travaux de l'ennemi, on avait envoyé en avant des fortifications un piquet de vingt douaniers, qui s'appuyait sur un piquet d'une vingtaine de gardes mobiles placés en arrière. Ces quarante hommes avaient échangé pendant la nuit des coups de fusil avec les tirailleurs ennemis, qui se cachaient dans les replis du terrain ou dans la tranchée du chemin de fer. Le colonel Blot, du 87e, vint à deux heures du matin voir les douaniers à l'œuvre. Ils continuaient à tirailler avec audace, et le colonel leur criant tout à coup : « Allons, douaniers, en avant ! » ils s'élancent, coupent et entourent un groupe de Prussiens. Neuf soldats du 34e régiment de Poméranie restèrent dans leurs mains, dont deux étaient légèrement blessés [1].

C'était une faible compensation des pertes qu'on allait essuyer dans la nuit du lendemain. Plusieurs officiers furent atteints par les feux du bombardement, entre autres le général Moreno, le commandant Caillard, du régiment de marche, les capitaines Schnéégans, de l'artillerie, et Marchand du 96e. Quarante-huit hommes de troupe furent tués ou blessés. La nuit suivante, le bombardement tua encore ou blessa cinquante hommes de la garnison, dont un capitaine d'artillerie.

A partir de ce moment, le chiffre des pertes fut à peu près uniforme : on comptait chaque jour une cinquantaine d'hommes de la garnison mis hors de combat.

Il fallait combler les vides. Le 28 août, le gouverneur prenant une résolution bien tardive, celle d'armer la garde nationale, se procura ainsi trois beaux bataillons et une batterie d'artillerie, deux compagnies, une de chasseurs, une de tirailleurs volontaires, en tout 3,000 hommes [2].

Cependant la situation s'aggravait d'heure en heure.

---

1. Fischbach, p. 79, 80.
2. *Journal authentique du siège de Strasbourg.*

Le siège était entré dans sa troisième phase, celle de l'attaque en règle combinée avec le bombardement. Le général de Werder, qui avait soin de mettre le général Uhrich au courant des événements militaires du dehors, lui fit parvenir, le 1ᵉʳ septembre, des nouvelles sur l'état des armées de Bazaine et de Mac-Mahon. Le gouverneur rassembla ce jour-là trois fois le conseil de défense à différentes heures. On était inquiet, troublé. On sentit la nécessité de redoubler d'énergie, et l'on résolut de répondre aux communications intéressées de l'assiégeant par une sortie, qui fut organisée pour le lendemain.

Vers quatre heures du matin, en effet, des détachements nombreux sortirent par diverses portes de la ville pour aller détruire les travaux de l'ennemi. Ils déployèrent une très grande ardeur, mais ils furent de très bonne heure obligés de se retirer; l'un d'eux emmena seulement cinq prisonniers.

Un plus grand effort fut tenté. Le colonel Blot, reçut l'ordre d'opérer sur le village de Cronenbourg, hors de la porte de Saverne. Il avait avec lui trois compagnies d'éclaireurs volontaires formées dans son régiment et quatre compagnies du 2ᵉ bataillon. Quatre compagnies du 1ᵉʳ bataillon étaient massées en réserve sous la voûte de la porte de Saverne et quatre compagnies du 3ᵉ bataillon à la porte Nationale. Vers quatre heures du matin, les éclaireurs volontaires du 1ᵉʳ bataillon s'élancèrent des Rotondes, et leurs tirailleurs, conduits par le lieutenant d'Arcine et le sous-lieutenant Philip, débordant la droite du village, pénétrèrent jusqu'à la rue principale, où arrivaient en même temps les éclaireurs volontaires du 2ᵉ et du 3ᵉ bataillons. Ils furent appuyés par le colonel Blot, avec la 3ᵉ, la 6ᵉ et la 4ᵉ compagnie qui, sous les ordres du lieutenant-colonel de Polhès, avait pris position à la contrescarpe du fossé de la lunette 44, voisine du champ de l'opération.

L'attaque fut vive. La colonne française pénétra jusqu'au milieu du village; mais là, se trouvant tout à coup devant des forces supérieures, qui étaient massées des deux côtés de la rue, enveloppée de toutes parts et voyant que la compagnie d'éclaireurs du 1er bataillon et de la 2e compagnie du 2e bataillon étaient refoulées à droite, elle prit le parti de se replier. Une escouade de marins chargée d'enclouer les pièces ennemies, n'ayant pu remplir sa mission, prit une part glorieuse à l'action : « les marins, avec leurs sabres d'abordage, pratiquaient autour d'eux de larges trouées [1]. » La retraite s'effectua pied à pied et sans cesser le feu. La 4e compagnie du 2e bataillon, embusquée au fossé de la lunette 44, appuya la 2e compagnie par un feu bien dirigé. La 1re compagnie du 1er bataillon fut lancée en avant, pour soutenir les troupes sur la route de Saverne qui étaient trop engagées, et en même temps la 2e compagnie prenait possession de chaque côté de la route, jusqu'à ce que la colonne tout entière se fût ralliée en arrière.

Les troupes rentrèrent dans la place à huit heures du matin, après avoir fait éprouver aux assiégeants des pertes sensibles. Pour elles, elles eurent 13 sous-officiers ou soldats tués, 71 blessés, 21 disparus. Deux officiers étaient restés sur le terrain, le lieutenant d'Arcine et le sous-lieutenant Philip, tous deux jeunes et adorés de leurs camarades.

Cette sortie fut la plus sérieuse et la dernière. Les défenseurs de Strasbourg ne devaient plus périr que sur les remparts ou dans la ville, sous le feu des batteries ennemies.

Les 4 et 5 septembre furent, nous l'avons dit, d'horribles journées. Le 4, le feu fut si violent qu'il était impossible de traverser l'esplanade qui conduit à la citadelle, sans courir les plus grands dangers. Les sol-

---

1. Fischbach, p. 114.

dats, en changeant de poste, en allant aux corvées, étaient frappés à tout instant. Un sous-officier de la garde mobile, Jules Kolb, fut tué sur l'esplanade par un éclat d'obus. Le lieutenant des pontonniers, Nicolas, fut frappé de même au moment où il pointait, pour la troisième fois, une des pièces de l'ouvrage dont il commandait la défense. Le 5, dans la caserne de la rue des Juifs, deux soldats sont tués par un obus, six blessés, mutilés et défigurés pour la vie.

Le 8 fut plus meurtrier encore. Des gardes mobiles, des soldats d'infanterie furent tués ou blessés. Un marin eut la cuisse fracassée par un éclat d'obus et mourut de sa blessure. Une bombe tombée sur un bastion y tue le capitaine des pontonniers, Epp, enfant de Strasbourg, officier plein d'avenir, et tous les sous-officiers et soldats qui se trouvaient avec lui, au nombre de huit. A l'un des ouvrages de la porte de Pierres, le capitaine des pontonniers, Desnos, vit tomber autour de lui presque tous ses hommes. Quelques heures après, le 9 au matin, le brigadier de la garde mobile, Fischer, était blessé mortellement d'un éclat d'obus, en se rendant au fort du Pâté. Au même moment, deux francs-tireurs, nommés Biot et Flack, blessés dans une sortie, étaient portés en terre, ainsi que le capitaine George Rudolf, de la garde mobile.

Du 9 au 15, il y eut comme une détente ; puis le bombardement recommença. Au faubourg de Saverne, 4 soldats furent tués par les éclats d'une bombe. Le 16, M. d'Huart, chef d'escadron du 16ᵉ régiment d'artillerie, M. de Beylié, tout jeune avocat attaché au parquet du procureur de Strasbourg, sous-lieutenant de la garde mobile, furent tués, le premier par un obus, le second par une balle.

C'est le 16 septembre que le lieutenant Darboussier, du 3ᵉ d'artillerie, ayant aperçu un drapeau ennemi planté à une saillie du glacis 44, comme signe de possession, sortit de l'ouvrage et arracha le drapeau. Il fut

assez heureux pour rentrer sain et sauf après cette
action d'éclat [1].

Le 23, le chef de bataillon de l'état-major du génie,
Ambroise Ducrot, frère du général, fut foudroyé par
un obus dans la citadelle au moment où il donnait des
ordres pour l'exécution de quelques travaux confiés
à la garde mobile. A la place même où le commandant
Ducrot venait de tomber, un jeune officier de la garde
mobile, Edmond Mathis, périssait quelques instants
après. Les francs-tireurs eurent aussi, ce jour-là, à serrer
leurs rangs. Dans la matinée du 24, la garde mobile
perdait un de ses officiers, Emile Verenet, frappé par
un obus. Le 26, il y eut encore des victimes dans la
garde mobile. M. Royer, capitaine d'artillerie, atteint
dans la matinée par des éclats d'obus mourut quelques
heures après. Il était l'ami du lieutenant Verenet.
Il avait dit la veille à ses soldats : « Verenet est mort
hier ; demain ce sera mon tour [2]. »

En retour de toutes ces pertes, faisions-nous à l'ennemi des dommages en proportion de nos efforts et de
nos moyens? Pour répondre à cette question, il faut
se transporter dans le camp allemand et interroger
l'assiégeant lui-même, en lui demandant en même
temps ce qu'il pense de ce que nous avons fait, et de
ce que nous pouvions faire.

Notre artillerie n'était entrée sérieusement dans la
période d'action que le 30 août. Vers six heures du
matin, elle engagea un feu très vif, qu'elle dut arrêter,
moins de deux heures après. Elle recommença le combat à midi, sans succès. Il en fut de même le lendemain.
Nos batteries étaient, au bout de quelques heures, ré-
duites au silence.

Le 1er septembre, découvrant de nouveaux canons,
nous dirigeâmes dans la nuit un feu violent sur les batteries prussiennes, notamment sur le front nord, avec

1. *Journal authentique du siège de Strasbourg.*
2. Fischbach, p. 205.

une activité qui, au dire de l'ennemi, aurait fait honneur à la meilleure artillerie du monde [1], et même au point du jour, nous réussîmes à faire preuve d'une certaine supériorité. Mais nous ne pûmes soutenir un combat de longue durée. L'artillerie prussienne avait une supériorité écrasante, qui s'accusait d'une manière efficace à tous les instants.

Il semble établi (c'est l'opinion de l'historien allemand), que, si la place fut peu diligente dans ses premiers préparatifs, il n'en fut pas de même quand la lutte eut été une fois engagée. On réparait pendant la nuit les dommages éprouvés dans le cours de la journée. On était attentif aux travaux de l'assiégeant ; on ne manquait pas d'ouvrir, dès les premières lueurs du jour, un feu violent d'artillerie et de fusillade sur les points où ils se révélaient.

Dans la nuit du 1er au 2 septembre, les Prussiens, en prolongeant une de leurs tranchées en voie d'exécution, s'étant trop avancés, furent criblés d'une grêle de balles, obligés de fuir en désordre et perdirent beaucoup de monde avec le lieutenant-colonel de Gayl et le colonel Hertzberg, du corps des ingénieurs prussiens, qui avaient vainement essayé de ramener les fuyards en avant [2]. A partir du 9 septembre, lorsque les batteries démontantes et à ricochets de l'assiégeant eurent accompli leur œuvre et qu'il nous fut devenu impossible même de soutenir la lutte avec nos canons de rempart, notre activité redoubla et nous essayâmes de suppléer à l'action directe de l'artillerie en concentrant un feu vertical sur la plus large circonférence possible. Nos gros mortiers de siège lancèrent incessamment leurs bombes sur les travaux de l'attaque et firent du mal à l'ennemi, en particulier dans la nuit du 18 au 19, où périt le colonel de génie badois Kirchgaëssner.

---

1. Meier, p. 11.
2. *Ibid.*, p. 11 et 12.

Le 21, lorsque le fossé de la lunette 52 eut été franchi par l'ennemi [1], nous dirigeâmes sur l'ouvrage, pour empêcher d'y construire un logement, un feu terrible, qui tua quelques hommes, entre autres le major de Quitzow du corps du génie. Dans les trois jours qui suivirent la prise des lunettes, le feu des mortiers de nos courtines ne cessa pas un instant. Dans le courant des 22 et 23 septembre nous détruisîmes à l'assiégeant un blindage dans une de ses batteries ; les parapets d'une autre furent endommagés ; une troisième eut une embrasure démolie ; deux autres virent le revêtement des poudrières traversé ; un magasin sauta avec cinq quintaux de poudre ; un sergent fut tué avec trois ou quatre canonniers. Dans d'autres batteries la terre fut labourée sur quantité de points. Ce fut tout. Quelques hommes tués ou blessés d'ici, de là ; le 23, le colonel Ledebourg, du génie prussien, reçut une blessure mortelle. Mais aucun avantage sérieux n'était possible. La marche de l'ennemi était fatale et irrésistible.

On peut juger de l'impuissance de la résistance par ce qu'écrit M. Dupetit-Thouars :

« L'ennemi nous rendait largement sept coups pour un, et nous inondait du matin au soir de projectiles de toute nature. Une même roue fut brisée six fois ; le canon lui-même fut atteint. Un seul obus prussien fit, le 16 septembre, 4 morts et 3 blessés. L'artillerie ennemie pointait admirablement ; 7 ou 8 projectiles venaient frapper dans la même embrasure. Ce n'est qu'avec des prodiges de gymnastique que nous évitions les éclats ; des factionnaires veillaient la lueur du coup et nous criaient : Casse-cou ! Tout le monde s'abritait alors, puis courait à la pièce et continuait le feu.

« Vers midi généralement le parapet était à terre. Depuis longtemps il ne restait plus rien du revêtement en pierre du front exposé aux Prussiens ; les embrasures étaient

1. Ce fossé, large de 180 pieds et profond de 14, fut passé sur un pont de tonneaux.

démolies, et il fallait cesser le feu, en attendant la nuit, pour faire un travail de Pénélope et réparer de notre mieux, avec des sacs de terre, tout ce qu'on avait démoli le jour.

« En explorant le matin, avec une longue-vue ou à l'œil nu, on était surpris des prodiges accomplis la nuit par les pionniers...

« Quand il fut reconnu impossible de continuer à lutter, avec nos 3 petits canons se chargeant par la bouche, contre les 15 ou 20 canons prussiens qui, dans un seul jour, lançaient près de 500 projectiles, les embrasures furent bouchées; on essaya de nous donner un mortier de 24 ou 27 centimètres, mais on ne réussit jamais à l'amener au but, le terrain étant trop détrempé par l'inondation en arrière de nous. On nous donna alors 4 mortiers de 15 centimètres, qui ne portent qu'à 600 mètres, et avec lesquels nous enfilions la tranchée à 400 mètres de nous.

« De leur côté, les bombes prussiennes tombaient chez nous et dans une tranchée construite par nous, en arrière, pour communiquer avec le 61e en cas de retraite. Vers la fin, nous ne pouvions plus beaucoup tirer; une balle de chassepot nous amenait en riposte quelques obus, et nous ne voulions pas augmenter inutilement le nombre des victimes. L'ouvrage ne présentait plus d'ailleurs qu'un abri très médiocre. Nous ne pouvions plus suffire à rapiécer les remparts, et la poudrière était fortement ébranlée et dut être évacuée. Toute la gauche de l'ouvrage était à découvert et enfilée par le 53e, alors aux mains de l'ennemi, de sorte que nous courions les plus grands risques pour passer par le bac, puis par le pont, au changement de garde. La perte de l'ouvrage entraînant celle des Contades ne pouvait pas être beaucoup différée [1]. »

Le dénouement était donc marqué. M. de Bismarck, qui connaissait par M. de Moltke la puissance comparée des moyens de l'attaque et de la défense, pouvait le prédire à coup sûr à M. Jules Favre dans l'entrevue de Ferrières.

Quoi qu'il en soit, avant d'en venir à ce dénouement

---

1. *Le siège de Strasbourg*, par M. Dupetit-Thouars.

si tragique, nous ne pouvons nous dispenser de faire connaître quelques incidents du siège qui sont comme les intermèdes du drame, et qui, s'ils ne pouvaient en changer ni retarder le terme fatal, eurent au moins pour résultat de soutenir et de ranimer le moral de la défense : nous voulons parler de la visite de la Délégation suisse, de la proclamation de la République et de l'entrée à Strasbourg de M. Valentin, nommé préfet du Bas-Rhin.

Le 10 septembre, le général Werder prévint par lettre le général Uhrich qu'une députation suisse se présenterait le lendemain aux portes de la ville pour offrir d'emmener la partie la plus malheureuse de la population : les femmes, les enfants, les vieillards, les malades qui voudraient accepter un asile sur le territoire de la Confédération.

La députation arriva, en effet, le 11 septembre, à onze heures et demie du matin. Un parlementaire alla la prendre en avant des lignes prussiennes. Elle était composée de MM. le docteur Boëhoner, président de la commune de Zurich, du colonel Buren, président de la commune de Berne, du docteur Bischoff de Bâle, secrétaire d'État. Un habitant de Strasbourg, M. Staehling, membre de l'ancien conseil municipal, accompagnait la députation[1].

« Une foule énorme, nous dit le *Courrier du Bas-Rhin*, s'était portée à la rencontre des délégués de la Suisse. Au milieu des débris et des décombres encore fumants du Strasbourg national, la population de Strasbourg attendait leur entrée.

« La Commission municipale, ayant à sa tête M. le maire Human, se rendit à onze heures et quart à la porte extérieure pour recevoir les délégués. Quand le pont-levis s'abaissa, toutes les têtes se découvrirent; une émotion poignante s'empara de tous les assistants. M. le maire, entouré des membres de la Commission municipale, s'avança

---

1. *Journal authentique.*

vers les délégués suisses et prononça l'allocution suivante :

« Messieurs, l'humanité, la charité chrétienne, vous amènent au milieu d'une ville ravagée au nom d'un prétendu
droit de guerre. Soyez les bienvenus et recevez l'expression
de notre profonde reconnaissance. Bien des souvenirs nous
rattachent à vous; vous venez les resserrer encore, et nous
trouvons toujours des amis dans les nobles citoyens de la
République helvétique, qui, jadis, étaient les alliés de Strasbourg, et qui, sous nos rois, n'ont jamais cessé d'être avec
la France dans les termes d'une étroite alliance. Oui, Messieurs, soyez les bienvenus dans ces jours si douloureux
pour notre cité, vous qui venez pour sauver des femmes,
des enfants, des vieillards, que n'avaient pu soustraire aux
horreurs de la guerre ni le gouverneur général de la place
ni l'évêque vénéré du diocèse.

« Rapportez à l'Europe le spectacle dont vous allez être
témoins dans nos murs, dites ce que c'est que la guerre au
dix-neuvième siècle.

« Ce n'est plus contre des remparts, contre des soldats
que le feu est dirigé; c'est contre les populations qu'elle se
fait, cette guerre; ce sont des femmes et des enfants qui
en sont les principales victimes.

« *Nos remparts*, vous l'avez vu, *sont intacts*, mais nos de-
meures sont incendiées. Nos églises, monuments séculaires
et historiques, sont indignement mutilées ou détruites, et
notre admirable bibliothèque est à jamais anéantie.

« La conscience de l'Europe du dix-neuvième siècle admet-
trait-elle que la civilisation recule à ce point de vandalisme,
et que nous retombions sous l'empire des hordes de la barbarie? Vous pourrez dire tout cela à l'Europe; mais dites
également que ces cruautés, ces dévastations, ces actes,
renouvelés des musulmans et des barbares, sont inutiles,
qu'ils n'ont point dompté nos courages, et que nous restons
ce que nous avons toujours été, ce que nous voulons toujours rester, de courageux et fermes Français, et comme
vous, Messieurs, des citoyens fidèles et dévoués à la
patrie. »

Le général Werder se rendit, dans une certaine
mesure, aux raisons d'humanité qui avaient dicté la

démarche de la Délégation. Il accepta une première liste d'émigrants dressée par la municipalité, puis une seconde quelques jours après, et 2,500 habitants purent se soustraire ainsi aux dernières misères du siège. Mais le feu de l'assiégeant ne s'arrêta pas, même durant le séjour des délégués.

Strasbourg apprit par la Délégation la Révolution du 4 septembre. Le gouverneur donna son adhésion au Gouvernement de la Défense nationale, et le fit savoir par une proclamation. La commission municipale, comprenant que son rôle était fini, donna sa démission. Une nouvelle commission, présidée par M. Küss, la remplaça. Le préfet impérialiste conserva son poste jusqu'à l'arrivée du préfet nommé par la République, M. Valentin, qui eut lieu le 19 septembre.

L'entrée de M. Valentin dans Strasbourg assiégé est un épisode qui mérite d'être raconté avec quelques détails. L'histoire de cette guerre n'en offre pas de plus beau, et, comme le disaient devant la Commission d'enquête les représentants de l'opinion unanime de Strasbourg :

« Toutes les fois qu'on parlera de Strasbourg, il faudra citer le nom et les actes de son dernier préfet français, de son préfet républicain. Le souvenir de M. Valentin restera honoré comme celui des grands citoyens des républiques passées; il a donné un noble exemple au pays : c'est un nom que la France ne doit pas oublier [1]. »

Dès le matin du 5 septembre, M. Gambetta avait fait appeler M. Valentin.

« — Strasbourg, lui dit-il, est assiégé depuis le 8 août, bombardé, investi, étroitement bloqué. Je vous annonce que vous êtes nommé préfet de Strasbourg. Partez immédiatement. Voici votre commission. »

Et, séance tenante, il écrivit le décret suivant :

« M. Edmond Valentin est nommé préfet du département

1. *Strasbourg*, par une réunion d'habitants et d'anciens officiers.

du Bas-Rhin, et le Gouvernement s'en rapporte à son énergie et à son patriotisme pour aller occuper son poste. »

Nul choix ne fut mieux inspiré, nulle confiance plus justifiée. Quelques heures après son entrevue avec le ministre de l'Intérieur, M. Valentin montait en chemin de fer se rendant à Mulhouse.

Le nouveau préfet, en se transportant d'abord à Mulhouse, espérait trouver un moyen d'entrer dans la ville assiégée ou du moins des indications qui lui permissent de le tenter avec des chances de succès ; mais, après y avoir passé quelques jours inutilement pour son dessein, il se rendit à Thann, auprès d'un de ses amis, M. Scheurer-Kestner, qu'il savait avoir des relations très étendues dans toute l'Alsace ; il pensait que personne mieux que lui ne pourrait lui fournir le moyen ou les indications dont il avait besoin.

Au premier abord, cependant, M. Scheurer-Kestner, ne lui laissa guère d'espoir. Dans sa pensée, qu'il ne cacha pas, c'était folie que de songer à pénétrer dans une ville enserrée comme l'était Strasbourg.

... « Mais comme il insistait (nous laissons parler ici M. Scheurer-Kestner), je lui rappelai qu'un de mes beaux-frères avait une usine aux portes de Strasbourg et qu'il trouverait peut-être de ce côté le moyen qu'il cherchait. Mon beau-frère, en effet, lui donna une lettre pour le directeur de l'usine, et je le fis conduire en voiture jusqu'à Colmar, après lui avoir remis deux lettres, l'une pour le docteur Faudel, de Colmar, l'autre pour l'ingénieur Gauckler. J'aurais voulu lui faire passer la nuit à Thann, pour qu'il y prît un peu de repos : je ne pus le retenir et il partit tout aussitôt pour Colmar. Là, le docteur Faudel lui fit faire dans la nuit des cartes de visite portant le nom de M. Dervent, citoyen américain ; Madame Faudel cousut dans sa manche sa commission de préfet du Bas-Rhin, précaution dont la raison n'a pas besoin d'être indiquée, et M. Gauckler lui donna un des conducteurs des travaux du Rhin pour le guider dans sa marche sur Strasbourg.

« La suite du voyage de Valentin est vraiment comme une odyssée. Arrêté une première fois à Schlestadt par les Prussiens, il se fait passer, sous le nom d'emprunt imaginé à Colmar et grâce à sa connaissance de la langue anglaise, pour un Américain qui voyage pour ses affaires. On le garde néanmoins au poste toute la nuit et, le lendemain, on le fait conduire à Kehl, où on l'embarque en chemin de fer pour Bâle. Mais à la première station il descend du train, et reprend celui de Bâle à Kehl, où il arrive à la tombée de la nuit. Là, rencontrant un batelier qui jetait ses filets dans le Rhin, il le prie de lui faire passer le fleuve. Le batelier, cependant, sous prétexte d'aller prévenir sa femme, court avertir les Allemands et revient avec des soldats. Valentin est arrêté de nouveau et remis, après interrogatoire, dans le train pour Bâle. Sans se lasser ni désespérer, il descend, comme la première fois, à la station. Seulement, cette fois, au lieu de retourner à Kehl, il se rend à Carlsrhüe et profite du pont pour passer le Rhin, puis il prend le chemin de fer de Wissembourg. A Wissembourg, il se fait connaître au maire, lui dit son dessein, et lui demande son concours, qui n'est pas refusé.

« Il y avait, le soir, à souper, chez le maire, un jeune homme, — le fils du pasteur de Schiltigheim, — qui avait un sauf-conduit prussien, grâce auquel il avait pu se rendre à Wissembourg. Valentin cause avec lui, le prie de lui indiquer le moyen de se rendre en sécurité à Schiltigheim. Pour toute réponse, le jeune homme lui montre son sauf-conduit. Valentin s'en empare aussitôt en disant : « Il appartient au préfet de Strasbourg. »

« A Schiltigheim, Valentin s'en va loger dans la maison qui était occupée par l'état-major prussien. Là, pendant plusieurs jours, renfermé par nécessité, il observe les environs autant qu'il est possible; il étudie les habitudes de l'ennemi, des sentinelles surtout ; il pouvait d'ailleurs, par une fente du plancher, qu'il n'avait pas eu besoin de pratiquer, entendre ce qui se disait et voir ce qui se faisait dans la pièce située au-dessous de la sienne, et qui était occupée précisément par l'état-major du général Werder. C'est ainsi qu'il put profiter de l'heure des repas des sentinelles pour franchir le fossé qui le séparait de Strasbourg. »

20.

Son coup d'audace lui réussit encore.

Le 19 septembre, à la tombée de la nuit, il croit l'occasion propice. Il avait remarqué que la tranchée restait inoccupée, pendant quelques minutes, au moment où l'on relevait les postes. C'est le moment qu'il choisit. Il prend sa course, parvient jusqu'à la tranchée, qu'il trouve en effet déserte, et se lance dans la plaine qui descend jusqu'à l'Aar ; mais l'ennemi ayant aperçu le mouvement des tiges de maïs au milieu desquelles il avançait en rampant, un feu terrible fut dirigé sur lui. Les batteries françaises se mêlent aux batteries prussiennes. Il continue sa route sous ce double feu, et après trois quarts d'heure des plus pénibles efforts, arrive, sans être atteint, sur le bord de l'Aar.

Tout danger n'était pas passé cependant. Il se jette dans la rivière ; sur la rive opposée les roseaux et les herbes l'empêchaient de prendre pied. Il repasse l'Aar, cherchant un endroit plus favorable. Enfin, quelques minutes après, il abordait et gagnait, par le chemin couvert, le bord du fossé inondé qui couvrait la lunette 56. Là, se jetant de nouveau à la nage, il parvint jusqu'au parapet de la lunette, sur lequel il se dressa brusquement en criant : — « France ! » Des coups de fusil rententissent : ce sont les Français qui, déconcertés par cette apparition soudaine, tirent sur lui. Mais les balles l'épargnent encore. Il fait comprendre qu'il apporte un message et demande à être conduit à l'hôtel du gouverneur.

Le lendemain matin, à la pointe du jour, un officier et quelques hommes le conduisirent au palais, pâle, fatigué, les vêtements souillés de boue. Le bruit s'était répandu dans la ville qu'on venait d'arrêter un espion ; la foule l'entourait menaçante.

C'est ainsi qu'il arrive au quartier général. Le gouverneur averti, descendit à sa rencontre. M. Valentin se retournant alors vers le commandant de son escorte :

— Veuillez, lui dit-il, annoncer au général le préfet de Strasbourg. »

Et, décousant sa manche d'un coup de canif, il présente sa commission. Le général la parcourt des yeux, et levant son chapeau :

— Monsieur, lui dit-il, je vois que le Gouvernement a bien choisi [1].

Le même jour, le nouveau préfet, ainsi installé, faisait connaître, dans une proclamation, la révolution provoquée à Paris par nos désastres, rappelait ses antécédents d'ancien représentant du Bas-Rhin à l'Assemblée nationale de 1848, son dessein de s'associer aux périls et aux privations de Strasbourg, de lutter jusqu'à la dernière extrémité pour conserver à la glorieuse patrie française un de ses plus formidables boulevards, et terminait par ces mots : — « Confiance donc, bon espoir et *Vive la République !* »

Il était trop tard !

M. Valentin n'arrivait que pour assister au dernier acte du drame, et au moins héroïque, qu'il ne dépendit pas de lui toutefois de rendre digne des premiers : car il voulait que l'on poussât la résistance jusqu'aux dernières limites du possible ; qu'on allât jusqu'au bout du devoir prescrit par les règlements militaires, comme du reste le général Uhrich s'était engagé à le faire devant lui quelques heures avant la capitulation [2].

Il nous faut donc raconter le dernier jour de Strasbourg.

Jusqu'au 26, le gouverneur avait résisté à toutes les sommations du général Werder. Le 23, il reçut une lettre du grand-duc de Bade, qui l'exhortait à se rendre en invoquant les sentiments d'humanité. Il répondit

---

1. Notice sur M. Edmond Valentin, ancien député de l'Alsace, ancien préfet de Strasbourg et de Lyon, par un électeur de Seine-et-Oise.

2. Voir une lettre écrite par M. Valentin au baron Pron le 27 janvier 1875, et publiée par le *Libéral de Seine-et-Oise*.

par une fin de non-recevoir, qui ne manquait pas de dignité, dans laquelle il laissait entendre qu'il obéirait aux lois militaires de son pays, et, le 27 il écrivait au commandant de l'armée assiégeante qu'il était « disposé à entrer en négociations pour la capitulation! »

Nous avons donné le bilan des maux de la population. L'officier allemand, si souvent cité, décrit, comme il suit, l'état des fortifications, au moment où s'ouvrait la perspective de l'assaut.

« En n'entretenant avec nos pièces qu'un feu modéré, nous pouvions lancer sur la place, dans l'espace de vingt-quatre heures, 6,000 projectiles, tous propres à éclater.

« Quant à repousser un assaut qui peut être préparé par une artillerie pareille, il ne fallait pas y songer, les assiégés n'étant déjà plus maîtres de leurs remparts... Les parapets, les traverses et abris creux étaient changés en monceaux de terre informes; les pièces y gisaient au milieu des décombres, démontées, renversées, méconnaissables. A peine pouvait-on se mouvoir sur ce qu'on appelle un boulevard ; il eût été impossible d'y amener de nouvelles pièces; enfin, les ouvrages ne pouvaient plus offrir la moindre protection à leurs défenseurs.

« Ajoutez que toute la partie de la ville située derrière le front d'attaque était en ruines, et c'est une question de savoir si l'on aurait encore pu amener des troupes par-dessus ces monceaux de ruines pour défendre la brèche.

« Enfin, et cette circonstance a certainement une grande importance, la citadelle, autrefois le dernier abri de la garnison, était dévastée comme jamais on n'a rien vu de pareil [1]. »,

Strasbourg cependant n'admettait pas encore la possibilité de la défaite. La capitulation la surprit comme un coup de foudre. Le 27, les obus avaient sifflé toute la journée. Vers cinq heures du soir, un silence subit du côté de l'extérieur, un bruit, un mouvement inusité

1. Meier, p. 26.

dans les rues. On court; on s'interroge; on s'agite : on aperçoit le drapeau blanc sur la cathédrale !

Il faut entendre ici, un témoin oculaire, qui pourtant est partout favorable au général Uhrich.

« On croit avoir mal vu, dit-il; on regarde encore. Non, ce n'est pas une erreur. On dit que c'est un drapeau indiquant qu'il y a des malades, des blessés dans la cathédrale; que c'est pour éviter que les assiégeants visent encore cet édifice. Mais alors le pavillon blanc serait orné de la croix rouge, et cette croix ne s'y trouve point. Et l'on ne tire plus !

« Ce serait donc un armistice !

« La foule s'assemble; le mouvement dans la rue est extraordinaire; il y a une fermentation violente dans tous les cœurs. On veut des nouvelles certaines.

« Quelqu'un hasarde une supposition : Serait-ce la reddition de la ville ? On crie, on insulte le téméraire. Jamais ! Résistance jusqu'à la dernière extrémité ! Un capitaine d'artillerie traverse la place Gutenberg; la foule l'entoure.

« — On a rendu la place ! crie-t-on de toutes parts.

« — Allons donc ! répond le capitaine; rendre la place ! Je compte bien mourir avant !...

« On se presse devant l'hôtel du Commerce, où siège la municipalité; on demande le maire, les adjoints; on interroge les officiers du poste de la garde nationale. Personne ne sait la vérité.

« Voici le maire qui arrive ; il paraît triste ; il ne répond pas aux cent voix qui le questionnent. Il passe à travers la cohue et entre rapidement à l'hôtel du Commerce sans avoir pu parler. Une vive émotion le domine.

« L'agitation augmente ; la foule s'accroît à chaque instant; on aperçoit des membres de la Commission municipale, des officiers supérieurs; on se précipite vers eux, et l'on apprend que le Conseil de la place, ayant reconnu à l'unanimité l'impossibilité d'une plus longue résistance, est en voie de capituler.

« Il y eut comme une révolution à la suite de cette nouvelle. Des groupes se forment, parcourent les rues en chantant la *Marseillaise;* on se précipite au quartier général, demandant des explications, menaçant de faire du désordre dans la nuit. Les francs-tireurs surtout sont exaspérés ; l'un d'eux tire un coup de fusil en l'air. On craint quelque démonstration ; les tambours de la garde nationale battent le rappel ; les bataillons se forment et circulent pour maintenir la tranquillité.

« L'effervescence pourtant se calme et la nuit se passe sans incident. La première nuit depuis bien longtemps sans canonnade, sans incendie, sans désastre. Mais on ne dormit pas... Avoir tant souffert, tant patienté pour en arriver là !... [1] »

L'émotion des soldats fut plus grande encore, s'il est possible, et ne put se contenir quand il leur fallut, le lendemain, quitter la ville, si vaillamment, si longtemps défendue, pour aller déposer leurs armes aux pieds du vainqueur ! En traversant les rues ils brisaient ces armes, les jetaient à l'eau, les lançaient contre les pavés. La foule les entourait silencieuse et triste. On sentait s'en aller des amis, des frères, des compagnons de gloire et de malheur. Des larmes coulaient de tous les yeux.

Le narrateur à qui nous avons emprunté la plus grande partie de notre historique, M. Fischbach, clôt son récit par la citation d'un article du *Journal de Genève* [2], dont voici les dernières lignes :

« Le général se rendit à Tours, où il fut justement félicité et où on le sollicita de reprendre du service. Il est superflu d'ajouter qu'il s'est loyalement refusé à violer ainsi la parole donnée, et qu'il a conservé intacts jusqu'au bout sa réputation de général et son honneur de soldat [3]. »

Non, l'histoire ne souscrira pas à ce jugement. Le général Uhrich, loin d'avoir mérité ce dernier éloge et bien moins encore les hommages répétés d'admiration qu'il reçut de Paris, de Tours, de la France entière,

1. Fischbach, p. 207 à 210.
2. Octobre 1870.
3. Fischbach, p. 248.

n'a pas même rempli son devoir légal jusqu'à la fin.

La preuve en a été établie par la Commission d'enquête. Contrairement aussi aux affirmations du rapport officiel du gouverneur, le Conseil de défense ne subit pas tout entier la défaillance de la dernière heure. Nous voulons citer à l'appui, la lettre suivante adressée le 27 janvier 1875 au *Journal de Seine-et-Oise* par M. Valentin. Elle fait la part exacte et précise des acteurs dans la scène suprême.

Versailles, le 27 janvier 1875.

« MONSIEUR LE DIRECTEUR,

« M. le baron Pron, que je vois avec quelque surprise s'associer à une polémique hostile à ma candidature, M. le baron Pron, ancien préfet du Bas-Rhin sous l'empire, croit devoir critiquer le passage suivant de ma circulaire aux électeurs de Seine-et-Oise :

« Préfet de Strasbourg en 1870, j'ai tout fait pour dis-
« puter à l'envahisseur *la province* qui se trouvait la plus
« directement menacée... »

« Il fonde sa critique sur ce fait qu'arrivé à Strasbourg le 19 septembre, alors que la reddition de la ville était imminente, je n'ai pu qu'assister passivement aux dernières convulsions de l'héroïque cité.

« M. le baron oublie que, si je ne suis entré à Strasbourg que le 19 septembre, j'étais arrivé dans mon département le 7, et il suppose que je suis resté absolument oisif dans l'intervalle.

« Telle ne paraît pas avoir été l'opinion de messieurs les Prussiens qui, après m'avoir arrêté au mépris de la capitulation, ont ouvert contre moi deux instructions, l'une à Haguenau, l'autre à Bischwiller, et m'ont tenu pendant plus de six semaines sous la menace d'une exécution imminente. Ces poursuites et cette menace se basaient sur la part que j'aurais prise à diverses expéditions des francs-tireurs d'outre-Rhin et Vosges, expéditions qui, par une sorte de fatalité lamentable, coïncidaient généralement avec ma présence sur les points dont elles partaient. M. le baron peut se renseigner, à cet égard, auprès de mon excellent compagnon de captivité, M. Ferrand, son ancien collègue du département de l'Aisne, aujourd'hui préfet de Tours, qui s'est montré infatigable dans ses efforts pour faire successivement adoucir les rigueurs exceptionnelles dont j'ai été l'objet pendant ma détention de trois mois et demi dans les casemates de la forteresse d'Ehrenbrestatein.

« Quant à la défense de Strasbourg, il est vrai que, simple administrateur civil, je n'ai pu, et cela a été une de mes grandes douleurs, que me réduire à un rôle passif; s'il en avait été autrement, si j'avais eu les pouvoirs nécessaires ou si M. le général Uhrich, au lieu de faire arborer le 27 au soir le drapeau blanc, après m'avoir affirmé le matin même que la place tiendrait jusqu'au 7 et probablement jusqu'au 9 du mois suivant, m'avait appelé, comme il l'avait déjà fait dans d'autres circonstances, dans le sein du Conseil de défense, j'aurais pu appuyer et faire prévaloir l'avis de MM. les colonels Maritz, du génie, et Mengin, de l'artillerie. Ces deux chefs de service, en présence de l'impossibilité alléguée de défendre la brèche par suite de la mise hors de combat du colonel Blot, du 87e, avaient proposé d'établir une seconde ligne de défense en arrière du canal des faux remparts, et s'engageaient à s'y maintenir avec les seules ressources de l'artillerie.

« Ces renseignements pouvaient être de quelque valeur pour le Conseil d'enquête sur la capitulation de Strasbourg, et j'étais à même de les appuyer de témoignages et de preuves irrécusables, s'il avait jugé convenable de m'appeler au lieu de se borner à la seule déposition de M. le baron Pron, mon prédécesseur. Mieux éclairé, il eût, sans aucun doute, rendu un verdict plus équitable à l'égard de la vaillante garnison, de ses intrépides officiers, et surtout à l'égard de la population héroïque qui, après tant de semaines de souffrances, d'anxiétés et de périls incessants, ne demandait qu'à les voir se prolonger encore afin de retarder, ne fût-ce que de quelques jours, l'entrée d'un conquérant abhorré. Mon dernier acte comme préfet du Bas-Rhin, mes derniers efforts ont été consacrés à apaiser sa trop légitime effervescence, à l'annonce d'une capitulation qui lui paraissait, comme à moi-même, prématurée.

« Veuillez, Monsieur le Directeur, insérer cette réponse dans

votre plus prochain numéro, et agréer l'assurance de ma
parfaite considération.

« EDMOND VALENTIN,
« Ancien préfet de Strasbourg, »

Nous causions un jour de cette lamentable histoire
avec l'amiral Fourichon, et nous rappelions le voyage
du général Uhrich à Tours :

— Et dire que le nom de cet homme figure encore sur
une de nos grandes voies de Paris ! s'écria l'amiral. »

Ce cri du cœur est une double condamnation. Le plus
coupable néanmoins n'est pas celui qui persévère dans
une admiration mal placée ; c'est celui qui l'a dérobée,
qui a surpris les hommages d'un peuple naïf et confiant parfois jusqu'à la crédulité, jusqu'à la pué-
rilité. Disons toutefois que notre admiration ne s'est pas
complètement égarée. Si le défenseur de Strasbourg
n'est qu'un faux héros, si même il n'a pas su remplir
son devoir militaire jusqu'au bout, si enfin le sentiment, la pudeur de sa situation lui a manqué à Tours,
au Conseil et dans la rue, Strasbourg au moins mérite
bien de la patrie française par ses souffrances endu-
rées avec dignité, avec patience, par la part active que
ses enfants prirent à sa défense, par cette « légitime
effervescence » qu'ils montrèrent au jour suprême et
dont nous parle le meilleur juge en fait d'honneur et
de patriotisme, son ancien préfet républicain, —
M. Valentin.

CHAPITRE IV

LA RÉSISTANCE DANS LE HAUT-RHIN

L'histoire du siège de Strasbourg, que nous avons suivie à dessein dans toutes ses phases, au risque de paraître fastidieux, nous a montré ce que peut faire le patriotisme, alors même qu'il n'est qu'imparfaitement secondé par ceux qui ont mission de le soutenir, de l'exciter, de le diriger ; mais, si méritoire que fût la résistance sur ce point, quelque honneur qu'elle fasse à ceux qui y prirent part, il y a autre chose encore à mettre à l'actif de la noble province. Si la conduite des défenseurs de Strasbourg témoigne d'une manière éclatante de son attachement à la patrie dont la for-

tune de la guerre a réussi à la séparer, la résistance
n'y fut pas, pour ainsi parler, exclusivement alsacienne :
à la population indigène se mêlait l'élément militaire,
et leurs sentiments pourraient paraître ne pas se distinguer dans l'effort commun. Pour juger bien exactement de la puissance de l'attachement de l'Alsace à la
France, il faut voir ce qui fut fait par la population
seule, dans les villes, dans les campagnes, isolées de
toute action extérieure, livrées uniquement à elles-
mêmes, ne prenant conseil que de leur volonté résolue,
de leur courage, que nous verrons plus d'une fois s'élever jusqu'à l'héroïsme.

L'empire cependant n'avait rien oublié, grâce à sa
politique égoïste et désordonnée, de ce qui pouvait
aliéner le cœur des deux départements à la mère
patrie, et leur faire tourner les yeux vers un autre côté.
Le Haut-Rhin en particulier avait été mis à l'épreuve :
il semblait que l'on se fût donné le plaisir et imposé la
tâche d'y encourager, d'y soutenir l'esprit de discorde
entre les classes, de séparer les citoyens les uns des
autres, d'irriter irrémédiablement les bons.

C'est un côté curieux de l'empire agonisant et essayant de retrouver la vie, de se galvaniser par un nouveau recours au peuple, que ce qui se pratiqua dans
le département du Haut-Rhin quelque temps avant la
déclaration de guerre de 1870. Au moment des réunions qui entourèrent le fallacieux plébiscite, — qui
devait être le dernier, — le gouvernement, fidèle à la
politique qui le faisait s'allier aux tenants de l'Internationale, avait fomenté dans presque toutes les fabriques du Haut-Rhin les plus mauvaises passions ; mais,
par surcroît, pour combattre l'influence des grands
industriels, — dont la majeure partie était libérale et
même républicaine, comme le prouva la ville de Mulhouse au plébiscite, après avoir d'ailleurs, dans tous
les temps, voté contre l'empire, — il s'unit aux cléri-
caux, rapprochant tout à la fois, dans une singulière

alliance, l'Internationale noire et l'Internationale rouge.
C'est ainsi que le général Ducrot, qui commandait alors
à Strasbourg, était l'âme d'une véritable conspiration
cléricale, sans but déterminé, peut-être, si ce n'est
celui de faire échec au libéralisme alsacien.

Quand on parcourt quelques numéros du *Volksbote*,
journal rédigé en patois alsacien par quelques curés,
l'abbé Burtz, l'abbé Braun, l'abbé Wyss, supérieur du
couvent de Riedesheim, on ne saurait avoir le moindre
doute sur l'entente dont nous parlons, sur l'alliance
du sacerdoce et de l'empire contre les industriels libéraux, contre les représentants éclairés de la révolution
en Alsace [1].

La pensée, le mouvement que nous signalons, étaient
restés ignorés du grand public, en dehors de la con-

---

1. Quelques citations suffiront pour qu'on soit pleinement édifié.

Le 26 mars, l'organe de la conspiration écrivait :

« Les fabricants ont à leurs gages des empoisonneurs qui empoisonnent
par les journaux, tandis qu'eux-mêmes empoisonnent l'air, l'eau et les
mœurs. Eux, ce sont des usuriers, des exploiteurs ; leurs écrivains sont
des demi-savants, des personnages qui ont trop étudié, des oppresseurs
du peuple, des insulteurs de la religion. »

Le 4 juin, apostrophant la presse laïque, il s'écriait :

« Vous êtes les laquais des fabricants, les valets des juifs, les créatures
des avocats. Vous êtes couverts d'or, produit de la sueur des enfants des
fabriques. »

Et le 2 juillet, s'adressant encore aux journalistes, il leur disait :

« Vous léchez les crachats des juifs et des fabricants, vous êtes des âmes
vendues aux seigneurs du coffre-fort avec l'argent volé aux ouvriers. »

La semaine suivante, arrivant aux grèves, déjà en pleine floraison, et
après en avoir fait connaître les premiers faits :

« Les journaux des fabricants, disait-il, ne parlent pas de la grève. C'est
singulier ! Ils n'ont donc pas de place dans leurs colonnes. C'est
incroyable ! Ils en ont bien lorsqu'il s'agit d'insulter l'Église catholique.
Ces grèves leur déplaisent, sans doute, parce qu'elles leur prouvent que,
sous la domination des fabricants, les ouvriers ne sont pas heureux comme
le prétendent les journaux... Les larmes des journaux sur le sort des
ouvriers sont des pleurs de crocodile. Pour les républicains, les ouvriers
sont des instruments d'ambition et de vengeance. »

Déjà, l'année précédente, à l'occasion d'une grève des mineurs de
Seraing, en Belgique, l'abbé Burtz avait écrit (no du 17 avril 1869), après
avoir raconté les faits de la semaine :

« Il est à remarquer que messieurs les tondeurs de salaires (*Lohnabz-
wacker*) de Belgique, sont des messieurs très libéraux, oui, presque aussi
libéraux que les fabricants de l'Alsace. »

trée ; mais on ne saurait les nier. Sous l'influence des agents du gouvernement, de ses sous-prefets, de ses commissaires de police, avec le concours ou la connivence du clergé, une grève s'était organisée. Elle était presque générale, et elle menaçait même de se transformer en une véritable guerre civile, sociale et religieuse, quand la déclaration de guerre y coupa court, substituant brusquement, et comme par la volonté capricieuse d'un génie malfaisant, une calamité à une autre.

Pour ceux qui suivaient le mouvement, ce fut comme un coup de théâtre. De même que le mot d'ordre qui l'avait provoqué, avait été promptement obéi, celui qui le suspendait, fut sur-le-champ mis à exécution. Le préfet, les sous-préfets, les officiers de police, les curés, tout le monde administratif changea d'attitude du jour au lendemain, comme sous le coup d'une consigne[1]. La besogne qu'on était allé chercher au dehors si étourdiment, allait absorber le zèle des sous-ordres comme la sénile activité du maître.

Il faut le dire à la louange de la population ouvrière du Haut-Rhin, le danger de la patrie commune ramena ceux qui s'étaient laissé égarer. Partout, dans toutes les classes, le même sentiment, la même résolution de résistance opiniâtre à l'envahisseur se produisirent, partout également profonds et énergiques. Dès les premiers jours, l'Alsace avait été laissée à elle-même : les troupes s'étaient retirées comme si la frontière s'était trouvée déjà reportée derrière les Vosges ; elle ne pouvait espérer que sur ses propres forces, forces purement civiles : elle ne s'en sentit que plus engagée, plus obligée à l'accomplissement de son devoir. On compterait

---

1. C'était, en effet, une consigne. Dans une petite ville du Haut-Rhin, que nous pourrions nommer, le sous-préfet, interpellé par un industriel de ses amis, qui lui reprochait l'abandon dans lequel on avait laissé les industriels qui avaient vu des bandes de grévistes envahir les fabriques, en forcer et briser les portes, en chasser les ouvriers paisibles, répondit « Que voulez-vous ? J'ai des ordres ! »

aisément ceux qui ne répondirent pas à l'appel de la
patrie française en danger. On vit de grands industriels
quitter leurs foyers, laissant leurs intérêts et ceux de
leurs familles en souffrance, les uns pour se mettre à la
tête de compagnies de francs-tireurs, — incorporés parfois sur leur demande dans l'armée régulière, — d'autres, pour aller au loin remplir des missions spéciales, le
plus souvent gratuites, à Tours, à Bordeaux, à Cette,
à Marseille. A la fin de novembre, le département était
comme vide : la population valide y existait à peine.
Les fabriques étaient fermées faute de bras. Les patrons
s'étaient chargés spontanément de subvenir, de leurs
propres deniers, aux besoins les plus urgents des familles. On savait bien, hélas ! que la résistance serait
stérile, qu'elle retarderait de bien peu l'ennemi ; il n'y
avait que des villes ouvertes là où la lutte devait s'engager ; point d'armée, point d'administration. Les rapports même entre les communes limitrophes étaient
rares et difficiles : point de chemins de fer ; les chevaux
et les voitures étaient réquisitionnés partout, ici, pour
l'armée française qui se retirait, là, pour l'armée allemande qui avançait. Le patriotisme surmonta toutes
les difficultés ; chacun voulut faire ce qu'il devait et
pouvait faire.

Le mouvement se prononça dès les premiers jours
de l'invasion. Le chef-lieu du département, à l'annonce des revers de l'armée française, fut profondément agité. Ce fut d'abord comme une sorte de
panique : les services publics sont suspendus ; les fabriques sont fermées ; on déménage les lits militaires ;
la municipalité siège en permanence ; on organise un
corps de constables volontaires pour veiller à la sécurité de la ville, et quand on apprend par une dépêche,
le 8 août, que l'armée, vaincue, se retire pour défendre
le passage des Vosges, il n'y a partout qu'un cri : « L'Alsace est donc abandonnée ! » et ce cri est moins un cri
d'alarme que d'indignation. Aussi, dès l'investissement

de Strasbourg, suivi bientôt du bombardement, alors que le danger se rapproche, on se raffermit, et les résolutions viriles se produisent. Les hommes valides de vingt-cinq à trente-cinq ans et beaucoup de jeunes gens quittent leurs familles pour s'enrôler dans l'armée régulière; la garde nationale s'organise rapidement et s'exerce avec ardeur, même avant qu'elle n'eût reçu des armes du gouvernement, qui ne lui en fournit que le 1er septembre.

Colmar d'ailleurs, longtemps avant cette date du 1er septembre, était préparé autant qu'il pouvait l'être. Il s'était formé dans cette ville, en 1868, une société sous le titre de *Société des francs-tireurs volontaires de Colmar*, laquelle fut bientôt constituée en *compagnie* sous le commandement du capitaine Eudeline. Dès le 1er août, la compagnie, forte de 75 hommes, fit le service de la place. Le 14 août, elle fut appelée à Belfort, y compléta son armement et son instruction et fut chargée, quelque temps après, le 21 août, d'observer les rives du Rhin, de Huningue à Chalampé; puis le 30, d'enlever les bateaux de transport amarrés près de Billingen, dans le duché de Bade, sur la rive droite du Rhin. Elle devait être appuyée par une brigade de douaniers et par une autre compagnie de francs-tireurs, ceux de Brisach, et elle remplit vaillamment sa mission. M. Bertin, conducteur des travaux du Rhin, fournit les barques nécessaires; le lieutenant Kœnig, passa le fleuve le 31 août, à 5 heures du matin, avec 50 volontaires de la compagnie de Colmar. Le village de Bellingen fut occupé et le télégraphe détruit sur une longueur de 200 mètres, pendant que M. Bertin ramenait les bateaux sur la rive française, non sans que quelques coups de fusil eussent été échangés d'une rive à l'autre. Ce fut là le premier acte de la campagne des francs-tireurs de Colmar, que nous retrouverons plus tard dans les Vosges avec Garibaldi.

Les gardes nationaux improvisés des environs n'agis-

saient pas avec moins d'énergie et de courage que les
francs-tireurs de Colmar. Une division badoise, forte
de 5 à 6,000 hommes, avait envahi le département,
dans les premiers jours de septembre, se dirigeant sur Brisach. Les gardes nationaux des villages
environnants se lèvent et essayent, dans un premier
combat près d'Artzenheim, d'arrêter l'ennemi. C'était
le 13 septembre. Le lendemain, un second combat se
livra près de Bisheim : 200 gardes nationaux résistent
pendant quatre heures à toute l'avant-garde ennemie ;
ils ont deux morts avec dix blessés, parmi lesquels le
capitaine des pompiers, M. Thuet, et le lieutenant de
la garde nationale de Bisheim, M. Camille Blucher.
Enfin, une troisième action plus sérieuse eut lieu le
même jour tout auprès, à Horbourg. Laissant la forteresse de Brisach de côté, la colonne badoise s'était dirigée sur Colmar, où sa marche avait été signalée dès le
matin. Une compagnie de francs-tireurs de Saint-Denis
et quelques gardes nationaux de Colmar se réunissent
pour défendre le passage du pont de l'Ill à Horbourg.

La lutte était trop inégale pour aboutir à un résultat
utile : trois gardes nationaux et un franc-tireur sont
tués ; plusieurs sont blessés [1] et ramenés dans la ville
ou recueillis dans les maisons des environs. Forcés de
battre en retraite, les autres traversent la ville et se
retirent vers les montagnes ou restent cachés chez les
habitants. Maîtres ainsi du pont de l'Ill, les Badois
mirent une batterie en position sur la rive gauche et,
après avoir lancé un certain nombre d'obus sur la ville,
qui atteignirent notamment l'usine à gaz et la maison
de santé évangélique, y firent leur entrée triomphale,
à 11 heures et demie du matin, et arrachèrent le drapeau tricolore qui flottait encore au balcon de l'Hôtel
de Ville. Cela fait, ils obligent les habitants à livrer

---

1. Il y eut six morts, en comptant ceux qui succombèrent à leurs blessures. Un monument, dû au ciseau de M. Bartholdi, a été élevé au cimetière de Colmar pour consacrer le souvenir de ces victimes de l'invasion.

leurs armes et leurs chevaux, et lancent des escouades de cavalerie dans les villages voisins pour en désarmer les gardes nationaux, puis se dirigent vers Mulhouse, où ils devaient entrer le lendemain 16 septembre à midi.

Dans cette partie du département, la résistance ne devait pas être moins honorable pour la population civile; mais avant de nous y transporter, nous devons nous arrêter un moment sur cette occupation passagère de Colmar.

Le 12 septembre au soir, le préfet du Haut-Rhin, M. Grosjean, fut avisé que le corps allemand dont nous venons de parler, se montrait du côté de Markolsheim et annonçait l'intention de marcher sur Colmar, puis de là sur Mulhouse, afin de prendre possession du Haut-Rhin, possession morale tout au moins, et de briser, s'il était nécessaire, toutes les résistances qui pourraient se produire. Le préfet avait sous la main quelques jeunes gens pleins d'ardeur et de dévouement qui s'étaient offerts à lui pour éclairer le pays tout autour de Colmar. Il les fit monter à cheval et leur prescrivit d'aller chacun de son côté, et toujours isolément afin de ne pas attirer l'attention de l'ennemi, reconnaître la colonne allemande dont la marche était signalée.

Les éclaireurs volontaires, détachés ainsi par le préfet, s'acquittèrent de leur mission avec la plus grande diligence, et non sans périls. A la nuit, il n'y avait plus de doute sur l'intention de l'ennemi : c'était bien vers Colmar qu'il se dirigeait. Mais on n'était pas fixé sur le chiffre de son effectif, que les uns portaient à six mille hommes, les autres à vingt mille, les éclaireurs étant improvisés et par conséquent peu expérimentés. Ils étaient toutefois d'accord sur ce point, que le corps qui approchait, était composé d'infanterie, de cavalerie et d'une artillerie nombreuse, comptant au moins 20 pièces de canon.

La question était de savoir s'il y avait lieu d'opposer une résistance armée. M. Grosjean fit appeler à la préfecture le maire de la ville et le commandant de la garde nationale ; il leur communiqua les renseignements qu'il possédait, et leur soumit la question. Il n'y avait pas à Colmar, ainsi que nous l'avons vu, un seul homme de troupe ; pas même un gendarme. La garde nationale n'existait que sur le papier ; elle n'était que partiellement armée et équipée. Dans de telles conditions, la résistance eût été plus qu'une folie. Le maire pria le préfet de ne pas attirer sur la ville, par une démonstration inutile, des représailles qui pouvaient être cruelles. M. Grosjean cependant, qui, avec la conscience de la situation, avait le sentiment de sa responsabilité, crut nécessaire d'avoir l'avis du commandant de la garde nationale, auquel il demanda combien il pouvait réunir d'hommes en état de combattre.

— « Il n'y en a pas deux cents, lui fut-il répondu, qui sachent réellement se servir de leur fusil ; mais, si vous l'ordonnez, monsieur le Préfet, je les conduirai se faire tuer à l'ennemi. »

La réponse était admirable de simplicité héroïque. Le préfet était digne de la comprendre.

— « Je regardai ce brave homme, nous disait-il en nous donnant ce récit ; c'était un ancien et vaillant officier de Crimée ; je vis une larme rouler de sa paupière sur sa moustache grise. Je le serrai dans mes bras. Le vieux soldat, qui avait vu trop souvent la mort de près pour la craindre, se sentait atteint dans ses sentiments les plus vifs et pleurait la gloire disparue de son drapeau [1]. »

1. Ce commandant de la garde nationale de Colmar se nommait Richard. Originaire de Soultz (Haut-Rhin), il était entré dans l'armée comme simple soldat. Il était sergent dans le régiment d'infanterie qui occupait la caserne de la Finckmatt lorsque Louis-Napoléon Bonaparte, le 30 octobre 1836, essaya de soulever la garnison de Strasbourg. C'est lui qui arrêta le prétendant dans la cour même de la caserne. Capitaine en Crimée.

Quoi qu'il en soit, on s'arrêta à une détermination vaillante, tout en restant dans les limites qu'un administrateur ne pouvait franchir sans compromettre sa responsabilité : car il y a des circonstances où l'on est tenu de mesurer le possible et de contenir les meilleurs mouvements. On décida que l'on réunirait les quelques francs-tireurs qui se trouvaient dans la ville, avec les gardes nationaux armés et en état de marcher, et que cette petite troupe qui ne comptait pas 300 hommes, se porterait sur Horbourg, s'échelonnerait sur la route en avant et en arrière du village, se disséminerait en s'embusquant dans les vignes, dans les vergers, derrière les haies et gagnerait en tiraillant, mais sans s'engager à fond, les pentes boisées des Vosges, en ayant soin de ne pas rentrer dans Colmar, où elle devenait inutile et où les Prussiens lui auraient fait à coup sûr un mauvais parti.

L'ennemi cependant était entré à Colmar ; et ici se présente un épisode, moins héroïque sans doute que l'attitude du commandant Richard, mais qui a son intérêt.

M. Grosjean, à qui l'arrivée imminente du corps allemand avait été annoncée le 12 septembre au soir, n'entendant le lendemain au matin, ni la fusillade, ni le canon, croyait à un jour de répit et était au travail dans son cabinet. Il était dix heures. Tout à coup il entend un bruit confus de voix dans l'antichambre et l'huissier ouvre la porte en s'écriant : « Les Prussiens ! Les Prussiens !! »

— « Je bondis à la fenêtre, nous dit M. Grosjean. Ils étaient là, en effet, à 50 mètres de la préfecture, arrivant par

---

il fut nommé officier de la Légion d'honneur par le commandant en chef de l'armée. Ces nominations faites à titre provisoire, comme cela a lieu dans de pareilles circonstances, furent toutes ratifiées à l'exception de celle du capitaine. Napoléon III n'avait pas oublié le sergent qui lui avait mis la main au collet.

la rue Bruat. Un jeune officier blond, de bonne mine, marchait à petits pas et seul au milieu de la chaussée ; attentif,
l'œil et l'oreille au guet, la jambe tendue et raide, crâne,
mais sans forfanterie, il sondait du regard toutes les fenêtres de la préfecture, qu'évidemment il croyait occupée.
Les hommes longeaient un à un les murs et s'effaçaient,
autant qu'ils le pouvaient, le fusil en avant, l'émotion peinte
sur la figure, les yeux ronds.

« Mon cœur se serra affreusement... C'étaient les premiers
casques à pointe que je voyais !

« Le danger était pressant, car je ne me souciais pas
d'être fait prisonnier et emmené en Allemagne. Je mis sur
ma tête un petit chapeau de feutre que j'avais sous la
main, je descendis lestement l'escalier et je franchis la
grille. Il était temps ; je n'étais pas de l'autre côté de
la chaussée, que la compagnie d'infanterie que j'avais vue
arriver par la rue Bruat prenait le pas de course, envahissait la cour d'honneur, plaçait des postes à toutes les issues
et fouillait la préfecture à fond pour trouver le Préfet, qu'elle
avait ordre d'enlever.

« Les officiers visitèrent toutes les pièces, les caves et les
combles, interrogèrent le secrétaire général, un chef de
division, l'huissier et les domestiques restés dans l'hôtel ; ils
répondirent tous qu'ils ignoraient ce que j'étais devenu.

« Il se produisit dans ce brouhaha un incident comique,
dont je ris chaque fois que le souvenir m'en revient.

« Dans ma précipitation, j'avais mis sur ma tête, comme
je viens de le dire, le petit chapeau rond qui m'était tombé
sous la main, laissant mon chapeau haut de forme sur une
table de mon cabinet. Ce chapeau portait mes initiales collées au fond de la coiffe, et pouvait être une preuve con-
vaincante de ma récente présence à la Préfecture.

« L'un des officiers allemands s'arrêta devant le chapeau,
le prit dans ses doigts, le tourna, le retourna, l'examina et
finit par demander à qui il était.

« L'huissier, mon fidèle Coulat, répondit sans hésitation
qu'il était à lui.

« — A vous ? répliqua l'officier, je l'aurais cru à votre
maître.

« — Oh ! non, monsieur le capitaine, s'il était au Préfet,
il porterait des initiales, et vous voyez qu'il n'y en a pas ;

prenez du reste la peine de regarder s'il n'est pas à ma mesure.

« Ce disant, Coulat se campa, d'un geste magistral, mon chapeau sur le chef, et sortit triomphalement en emportant la pièce de conviction. Je n'ai jamais pu comprendre comment sa tête n'avait pas disparu tout entière dans le fond de mon chapeau ; j'ai six pieds, je suis grand et fort ; Coulat est petit, mince et maigre.

« Quoi qu'il en soit, les Allemands trouvèrent que le chapeau était bien à sa place sur la tête de l'huissier, et la perquisition continua. Et j'ai souvent, depuis, félicité Coulat d'avoir eu la présence d'esprit d'arracher les initiales de mon chapeau au moment même où les Prussiens entraient à la préfecture.

« J'en reviens à moi. J'avais donc franchi la grille, j'étais à 8 ou 10 mètres des soldats, qui m'auraient mis la main sur le collet s'ils avaient su qui j'étais.

« J'avais devant moi la belle promenade plantée au milieu de laquelle se dresse le monument de l'amiral Bruat ; elle paraissait complètement déserte ; et, comme j'apercevais à ma droite et à ma gauche un cordon de troupes, il n'y avait pas d'hésitation à avoir sur la route à suivre, et je marchai droit devant moi. Je n'avais pas fait cent mètres, que je constatai que la promenade était cernée des quatre côtés.

« Je continuai ; je me trouvais à une cinquantaine de pas des soldats, quand je vis accourir à moi, les bras en l'air, une dame fort bien mise, qui me cria du plus loin qu'elle put se faire entendre :

« — Eh mon Dieu ! monsieur le Préfet, pouvez-vous me donner des nouvelles de mon mari, commandant de gendarmerie à Colmar, et me dire ce qu'il est devenu ?

« Il me fallut un énergique effort de volonté pour ne pas envoyer au diable la dame et sa tendresse conjugale ; je lui répondis néanmoins de bonne grâce :

— Votre mari se porte à merveille, madame ; il est à Munster en toute sécurité. Veuillez, je vous en supplie, ne pas élever la voix, vous pourriez me faire prendre ; on fouille en ce moment même la préfecture.

« Je saluai et me dirigeai droit par la grande allée de la promenade sur la statue du général Rapp ; je passai entre deux soldats, qui me regardèrent sans grande attention, et j'allai frapper à la porte de M. Jean Kiener. C'était une maison amie ; j'y fus cordialement reçu. Je racontai ce qui venait de se passer. Il était midi ; on se mit à table.

« J'avais hâte d'avoir des indications précises sur la force du détachement ennemi qui nous envahissait, et sur ses intentions, afin de renseigner le Gouvernement de la Défense, et je résolus d'aller les chercher moi-même.

« Je sortis vers deux heures me dirigeant sur l'hôtel de ville, où l'état-major allemand était réuni et venait de mander le maire.

« Les rues étaient pleines de troupes ; les abords de l'hôtel de ville étaient en particulier encombrés de soldats sous les armes.

« La population, de son côté, anxieuse et irritée, débordait de toutes parts.

« J'étais personnellement connu d'un très grand nombre d'habitants de Colmar, et le bruit avait couru dans la matinée que j'avais été enlevé. L'effet produit fut donc considérable quand on me vit dans les rues de la ville ; je lisais sur tous les visages la stupéfaction, et dans tous les yeux l'affection ; je sentais que tous ces braves gens avaient envie de me sauter au cou. De temps en temps, quand je craignais une démonstration qui eut pu être compromettante, je mettais un doigt sur mes lèvres, et j'étais compris ; on me laissait passer en silence.

« J'arrivai sans encombre à l'hôtel de ville ; j'entrai dans la maison qui lui fait face ; je me fis connaître au propriétaire, M. Simon Sée, et je le priai d'informer confidentiellement le maire que j'avais à lui parler et que je l'attendais.

« On m'introduisit dans un petit salon au premier étage. A travers la légère mousseline des rideaux tirés, je voyais, dans la salle du Conseil municipal, l'état-major et le maire aux prises.

« Au bout d'un quart d'heure, M. de Pexerimhoff parut ; il me serra les mains avec émotion, me dit très rapidement ce que je désirais savoir, m'informa que le commandant allemand lui avait répété à plusieurs reprises qu'il avait ordre de me faire prisonnier, me recommanda la plus extrême prudence, et prit congé pour rentrer à l'hôtel de ville, où il était attendu.

« Je remerciai M. Sée et je rentrai chez M. Kienner, d'où j'expédiai mon rapport au télégraphe de Munster par un homme sûr.

« Ma sortie avait produit un bon effet moral sur la population, mais les Allemands l'avaient apprise et en étaient irrités.

« La soirée nous réservait, à mes hôtes et à moi, un incident qui devait nous faire rire après une émotion passagère. A 8 heures 1/2, nous venions de terminer notre souper ; on frappe violemment à la porte de la maison ; M. Kienner passe la tête à la fenêtre, la rentre vivement et jette ces mots en se précipitant dans l'escalier : « Des soldats à la porte ! »

« Je glissai lestement dans la chambre à coucher, où l'on vint me prévenir que deux officiers badois, munis de leurs billets de logement, passeraient la nuit sous le même toit que moi. On les installa dans une chambre qui n'était séparée de la mienne que par un gros mur, et il est probable que nous dormîmes tous trois d'un même bon sommeil, après cette journée de fatigue et d'émotions.

« Le lendemain, 15 septembre à midi, il ne restait plus un soldat allemand à Colmar ; la brigade tout entière s'était mise en route dans la direction de Mulhouse.

« A deux heures, j'avais repris possession de la préfecture, et nous recommencions à confectionner des uniformes, des harnachements et des souliers. L'orage était passé ; ce rapide défilé de l'ennemi ne nous apparaissait plus que comme un horrible cauchemar et l'espérance restait entière ! Strasbourg ne tenait-il pas ! Bazaine n'était-il pas sous Metz avec une superbe armée ! La France n'allait-elle pas se lever à l'appel du Gouvernement de la Défense nationale et se ruer sur l'envahisseur ! !..... »

Le corps ennemi qui venait de passer ainsi à Colmar, devait rencontrer à Mulhouse les mêmes sentiments. La population, du reste, tout entière dans toutes les villes comme à l'entour, depuis le commencement de la guerre, avait, sous bien des formes et dans bien des circonstances, fait éclater son attachement au sol que l'on revendiquait.

Le 3 septembre, M. Ed. Stehelin-Scheurer, grand

industriel de Bitchwiller-Thann, capitaine commandant la compagnie des sapeurs-pompiers de sa localité,
écrivait la lettre suivante au commandant de la subdivision du Haut-Rhin à Belfort :

« Je prends la liberté, en présence des bruits qui circulent
d'un mouvement offensif dans l'intention de débloquer
Strasbourg, de me mettre à votre disposition dans le cas où
vous penseriez que des pompiers pourraient concourir à la
défense de Belfort, et par leur présence permettre de disposer d'un nombre équivalent de jeunes gens qui s'y trouvent
en ce moment.

« Je n'ose pas m'offrir avec ma compagnie pour faire
campagne, parce que je crains qu'en rase campagne un
corps composé presque complètement d'hommes mariés,
pères de famille, et commandé par des officiers peu expérimentés ne présente pas les garanties nécessaires ; mais il est
certain que pour la défense d'une place forte ils vaudraient
les jeunes gens qu'ils remplaceraient, d'autant plus que la
plupart sont d'anciens militaires.

« Je suis convaincu que le départ pour Belfort d'une seule
compagnie de pompiers en entraînerait spontanément un
nombre considérable.

« Ces compagnies ont l'avantage d'être parfaitement
équipées, d'être tout armées, assez bien instruites précisément par suite de la présence dans leurs rangs de beaucoup
d'anciens militaires et de leurs instructeurs. L'esprit de
corps y est très grand ; la discipline y serait en un clin
d'œil parfaite.

« Le désir d'être utile à la patrie est très grand et,
quoique pères de famille, tous les hommes feraient leur
devoir.

« Ma compagnie se compose de 130 hommes, dont la
moitié pourrait partir pour Belfort avec moi. Peut-être y en
aurait-il même plus, ce que je ne pourrais savoir qu'après
avoir fait un appel aux hommes de bonne volonté, appel que
je ne puis faire qu'après avoir reçu l'assurance que réellement nous pouvons rendre des services et être admis à la
défense de Belfort.

« Je crois qu'une compagnie commençant, l'élan serait
considérable partout.

« Je pourrais, si vous le désiriez, vous conduire une de mes sections pour vous faire juger du degré d'équipement, d'armement et d'instruction. Je pourrais le faire sous prétexte de chercher les cartouches que je présume qu'on nous délivrera comme on l'a fait pour la garde nationale de Thann, et les fusils pour le complément de notre garde nationale. »

Cette première lettre étant restée sans réponse, soit qu'elle ne fût pas arrivée à destination ou qu'elle se heurtât à des difficultés imprévues, M. Stehelin-Scheurer écrivit, le 13 septembre, au ministre de la guerre à Paris, le général Le Flô, en réitérant sa demande, et celui-ci n'ayant pas non plus donné de réponse par une raison trop facile à comprendre, il s'adressa de nouveau au commandant de Belfort, le 23 du même mois, en rappelant les considérations patriotiques qu'il avait exposées dans sa première lettre, en y ajoutant de nouvelles, tirées des circonstances, insistant sur l'importance de sa proposition, qui pouvait devenir un stimulant et un exemple.

« Je comprends, disait-il, qu'on répugne à employer, en rase campagne, les corps composés d'hommes mariés et pères de famille, mais ce scrupule n'existe plus lorsqu'il s'agit de défendre une place forte.

« Là le danger est moindre pour eux d'un côté et, de l'autre, lorsqu'il existe, c'est qu'on en est arrivé à un moment où toutes les considérations doivent céder devant l'urgence.

« Je me permets donc de croire que des gardes nationaux bien organisés permettraient de disposer de la plus grande partie des troupes et des gardes mobiles aujourd'hui nécessaires à la défense de Belfort.

« Quant à la solidité, à l'instruction de ces gardes nationaux, il ne me semble pas qu'il y ait à s'inquiéter, surtout si dans les nombreuses compagnies de pompiers et dans les gardes nationaux du Haut-Rhin, du Doubs, des Vosges, de la Haute-Saône, qui ont tous un égal intérêt à la conservation de Belfort, on ne prenait que les anciens militaires ou

ceux qui ont une instruction suffisante et qu'on équiperait
avec les équipements si complets des différentes compagnies
de pompiers.

« On y gagnerait, pour la défense de Belfort, des hommes
tout équipés et tout armés qui ne coûteraient à l'État que
leur solde et ne vaudraient pas moins que les gardes mobiles pour ce service, tout en permettant de disposer pour
toute autre chose des troupes et des gardes mobiles.

« Comprenant qu'il était besoin d'un premier exemple
pour entraîner les autres, je proposais d'aller immédiatement à Belfort avec une compagnie triée dans nos deux
compagnies actuelles de pompiers et de gardes nationaux.

« S'il le fallait, je m'engagerais, le terrain m'étant donné,
de construire la baraque nécessaire au logement de ma
compagnie. J'emporterais les approvisionnements nécessaires pour un temps donné, de sorte qu'outre la solde
attribuée à la garde nationale en service hors de la commune et qui est bien peu de chose, l'État n'aurait aucuns
frais, et la ville de Belfort aurait des défenseurs qui ne
vivraient pas sur ses approvisionnements en cas de siège.

« Il n'y a pas de doute que cet exemple serait suivi, et
qu'en quelques jours on réunirait ainsi un nombre d'hommes
suffisant pour permettre d'utiliser tout ce qu'il y a en ce
moment de troupes et de gardes mobiles à Belfort.

« Je pense que je pourrais de suite amener une soixan-
taine d'hommes dans ces conditions, désirant ne pas prendre
ceux qui n'auraient pas l'instruction voulue. S'il en fallait
plus, on aviserait après.

« La proportion, pour le Haut-Rhin seul, ferait du reste
déjà 12,000 hommes.

« Dans mon désir d'être utile à notre France bien-aimée,
à laquelle je sens combien nous sommes inutiles en restant
ainsi isolés chacun dans notre village et sans direction, j'ai
cru bien faire en m'adressant à vous, monsieur le général,
et je prends la liberté de vous prier de vouloir bien m'honorer d'une réponse. »

M. Stehelin-Scheurer était bien l'interprète du sentiment public par la démarche qu'il faisait auprès du
général commandant Belfort et du ministre de la
guerre. Après les escarmouches et les petits combats

dont nous avons parlé, et quelques autres, soutenus, pendant toute la durée du siège de Strasbourg, par les rares compagnies de francs-tireurs qui s'échelonnaient le long des Vosges, et qu'appuyaient souvent les gardes nationaux, l'armée ennemie s'était emparée successivement de toutes les vallées, s'imaginant sans doute qu'elle n'avait plus qu'à user du droit de conquête à l'égard d'une population dont elle se flattait d'avoir les sympathies, et à compter avec les garnisons des villes assiégées. Et c'est précisément en ce moment même, après la chute de Strasbourg, que la résistance sérieuse commença, tenace, opiniâtre, se produisant sous toutes les formes, depuis le refus des réquisitions jusqu'à la lutte à main armée.

Le conflit provoqué par les exigences de l'envahisseur en fait de réquisitions ne fut pas le moins dramatique; et on le croira sans peine, en se rappelant la conduite héroïque de M. Jean Dollfus, maire de Mulhouse, que l'on peut placer à côté des plus grands exemples de courage civil de l'antiquité.

Pour se faire une idée exacte de cette lutte et de l'acharnement qu'y mettait la population indigène surexcitée par le patriotisme et les procédés de guerre usités par l'ennemi, il convient, cependant, de reprendre tous les faits, à partir des premiers jours de l'invasion, et de suivre pas à pas les francs-tireurs et les mobiles, soit seuls, soit unis aux gardes nationaux de la contrée. Nous aurons ainsi, non pas seulement un spectacle consolant pour le patriotisme, mais en même temps aussi peut-être un enseignement. En effet, les petits combats sans nombre livrés par les corps volontaires, francs-tireurs ou gardes nationaux, montrent quels services ils auraient pu rendre, s'ils avaient été placés dès l'abord sous une direction unique et intelligente.

Le début fut des plus honorables pour nous. Le 17 août, au moment où, bien que sans armes encore, s'organisait la garde nationale de Colmar, 50 mobiles, formant un petit détachement, sortaient de Schlestadt et, bien que tout à fait novices encore, mettaient en fuite 520 cavaliers ennemis dans le val de Villé, près Saint-Maurice, leur tuaient dix hommes et faisaient quatre prisonniers. Ce succès, il est vrai, ne resta pas impuni. Les Allemands furieux revinrent en force, se ruèrent sur le village témoin de leur humiliation, lui imposèrent une forte contribution de guerre, menacèrent de fusiller un conseiller municipal qui résistait, emmenèrent trois curés prisonniers et saccagèrent le château de M. Castex, qu'ils accusaient — à tort, — d'avoir dirigé l'attaque du 17 ; mais la violence du châtiment ne servait qu'à faire ressortir l'éclat de l'échec subi.

L'invasion du Haut-Rhin, pendant le siège de Strasbourg, n'avait pour but que de désarmer les gardes nationaux, d'empêcher les jeunes de partir pour s'enrôler dans l'armée française, de se ravitailler et surtout de terroriser la population.

Les Prussiens s'entendaient merveilleusement à cette dernière besogne ; ils ne reculaient devant aucun moyen. Partout et sous le premier prétexte venu, ils frappaient des contributions de guerre sans pitié, sans proportion avec les faits qu'ils entendaient réprimer, ou prononçaient des sentences de mort uniquement en vertu de principes et de lois fabriqués par eux-mêmes. C'est ainsi que, le 17 septembre, dans le village de Muntzenheim, un poste des leurs ayant été surpris et enlevé par un détachement de la garnison de Brisach, on condamna les habitants à payer 4,000 francs le jour même, faute de quoi, leur fut-il dit, leurs maisons seraient pillées et incendiées. Le 20, il se passa quelque chose de plus grave : deux gardes nationaux qui avaient pris part au combat du 13 à Artzenheim, furent arrêtés, condamnés à mort et fusillés le jour même : l'un, le nommé J.-B. Schmitt, était officier de pompiers d'Urschenheim. Ils prétendirent vainement n'avoir commis que le crime de combattre loyalement pour la défense de leur pays ; ils avaient en même temps commis celui de violer un article du code allemand, comme le déclara clairement le général Keller, dans l'ordre du jour qu'il publia à cette occasion, et dont nous croyons devoir donner ici le texte :

« AU MAIRE D'URSCHENHEIM.

« Jean-Baptiste Schmitt d'Urschenheim a pris part, le 13 de ce mois, au combat qui a eu lieu près d'Artzenheim. Cet acte est puni de mort d'après le droit militaire allemand. Le conseil de guerre réuni hier a prononcé contre lui la peine de mort. Cette sentence a reçu aujourd'hui son exécution par les armes.

« Le commandant général, KELLER.
« Général-Major [1]. »

Et les inférieurs ne le cédaient en rien aux chefs en fait d'innovation aux lois de l'humanité et du droit international. C'est ainsi, pour citer un seul fait, que les voituriers de Colmar, requis pour transporter les armes et d'autres objets réquisitionnés dans la ville et ses environs, furent obligés d'aller jusqu'à Lahr, dans le duché de Bade, de passer toute la nuit sur pied à côté de leurs chevaux, au milieu de toutes sortes d'insultes, sans nourriture, si ce n'est un morceau de pain.

Le mois de septembre, rempli par le siège de Strasbourg, ne vit guère d'engagements dans le Haut-Rhin, en dehors de ceux que nous avons rappelés. Il n'en fut pas de même au mois d'octobre, dont chaque jour, vers la fin, fut marqué par quelque fait de guerre, quelque surprise ou quelque attaque hardie de la part des gardes nationaux ou des francs-tireurs, et aussi, bien entendu, par quelque application du code alle-

---

1. Le fait donna lieu à une protestation adressée au général Keller par M. de Reinach, commandant de la place de Schlestadt.

mand. Le 26 octobre, les uhlans étant allés faire des réquisitions à Hatstatt, la 4ᵉ compagnie des francs-tireurs du Haut-Rhin, commandée par M. Schein, les attendit au retour et leur mit huit hommes hors de combat. Le 29, la même compagnie trouve huit soldats attablés dans une auberge à Pfaffenhaffen et les enlève. Le 30, à six heures du matin, elle surprend encore l'ennemi à Eguisheim et lui fait trois prisonniers, dont un officier du génie. Le même jour, deux engagements assez vifs avaient lieu à Hatstatt et à Gueberschwyhr. Enfin le 31 octobre eut lieu l'affaire de Soultz (Haut-Rhin), et le lendemain, 1ᵉʳ novembre, celle de Cernay. Dans ces deux dernières, comme aussi dans celle de Hatstatt, il se passa des faits qui, à des titres différents, méritent d'être signalés.

Dans l'engagement du 30 octobre à Hatstatt, un franc-tireur fut fait prisonnier et pendu, dit-on, sur place. La personne de qui nous tenons la plupart des faits que nous rappelons, n'a pu que mentionner le traitement infligé au prisonnier, sans vouloir l'affirmer ; ce qui indique, pour le dire en passant, le scrupule de nos affirmations. Mais ce qui est certain, par contre, c'est la lettre suivante adressée par le capitaine Schein au commandant prussien de Colmar.

30 octobre 1876.

« Monsieur le commandant,

« Le capitaine de la 4ᵒ compagnie des francs-tireurs du Haut-Rhin a l'honneur de vous envoyer un sous-officier du génie pris ce matin par une reconnaissance. Ses blessures sont assez graves, et je crois que le pauvre garçon sera mieux chez les siens que dans la montagne. Nous avons fait deux autres prisonniers, dont un lieutenant nommé Urban.

« Je les fais conduire au général commandant : que les familles se rassurent, ils seront parfaitement traités. Les francs-tireurs du Haut-Rhin, qui ne se battent que pour la délivrance de leur pays, ont à cœur de prouver à l'armée

ennemie que, bien qu'elle les traite de bandits, il se condui-
sent en citoyens et en vrais républicains.

« *Le capitaine de la 4ᵉ Compagnie,*

« Léon Schein. »

Le contraste des deux manières de comprendre les
droits et les devoirs de la guerre ne saurait être plus
grand, et ce n'est pas le caractère français qui souffre
de la différence. Et l'on ne dira pas que l'exécution
du franc-tireur dont il s'agit, n'est donnée que comme
un bruit pareil à ceux qui se répandent sous l'empire
des impressions du moment. Ce qui se pratiqua sur
tant d'autres points du département, comme nous
allons le voir dans la suite de nos récits, et comme
nous le verrons aussi amplement plus tard, rend le fait
plus que vraisemblable.

Le 31 octobre, au matin, 300 Prussiens entrent à
Soultz (Haut-Rhin), s'établissent sur la place et font
venir le maire pour lui commander des réquisitions.
Mais à peine se sont-ils mis à leur besogne de chaque
jour, fouillant et pillant partout, que des ruelles abou-
tissant à la place part une vive fusillade. C'étaient
40 ou 50 francs-tireurs qui, cachés à l'entrée de la
ville, arrivaient et surprenaient les réquisitionnaires.
Il s'ensuivit aussitôt un engagement très vif. Les
assaillants sont repoussés après une lutte d'environ
une demi-heure; mais en se retirant ils ne cessent
pas le feu et s'en vont se poster sur les côteaux voisins au milieu des vignes. Là a lieu un second engagement plus meurtrier. Vers midi une forte colonne
ennemie était arrivée avec du canon; les francs-tireurs
avaient reçu aussi des renforts de leur côté par l'arrivée
des francs-tireurs de Paris, cette compagnie d'élite
qui se battit si souvent et dont le capitaine Braun se
montra ce jour-là d'un courage héroïque, restant
debout, sa lorgnette braquée devant les feux de
peloton, et donnant à ses soldats les ordres avec le

calme le plus admirable ; aussi le combat, repris avec une nouvelle ardeur, s'était prolongé jusqu'au soir, sans que les francs-tireurs, malgré leur infériorité numérique, pussent être débusqués de leurs positions. Les Prussiens dans cette petite affaire perdirent au moins 25 hommes et eurent 50 blessés. Restés maîtres de la ville, grâce à la supériorité de leur nombre, ils y établirent pour la nuit un détachement assez considérable, qui en partit le lendemain, non sans y laisser des traces de son passage, et emmenant, par surcroît, le maire de la ville prisonnier.

Le même jour, un autre détachement du même corps alla passer la nuit à Guebwiller et emmena également prisonnier le maire, M. Henri Schlumberger. Une sentinelle prussienne avait été désarmée pendant la nuit et un officier légèrement blessé. C'était un crime que le cas de légitime défense, d'après le droit allemand : on imposa donc la ville d'une contribution de 100,000 francs, et de plus elle eut à livrer 10 chevaux tout de suite, si elle ne voulait pas avoir à subir un bombardement immédiat. La somme payée, on ne s'en empara pas moins du maire, avec neuf notables, tenus pour responsables, qu'on traîna jusqu'au quartier général allemand de Burnhaupt, en les accablant d'avanies.

Ces procédés renouvelés des barbares ne désarmaient pas, quoi qu'on fît, la résistance ; elle s'étendait, au contraire, sous le double stimulant de l'indignation et du patriotisme. Les vallées de Thann et de Guebwiller se levèrent en masse à deux reprises différentes lorsque les Prussiens voulurent y pénétrer, et ils durent longtemps renoncer à l'idée de s'en emparer. Ce ne fut que le 10 novembre que celle de Thann fut investie. L'ennemi ne pouvait abandonner l'entreprise d'une manière définitive : cette vallée est trop importante ; elle est la plus considérable, la plus riche, la plus populeuse des Vosges, et elle livre passage dans l'intérieur de la France par le col de Bassang, à l'une de ses extrémités. Mais c'est pour cette raison même que la population mettait tant d'acharnement à la défendre.

Le 15 octobre, le sous-préfet de Belfort, télégraphiait, comme il suit, au ministre de l'intérieur et de la guerre à Tours :

« Hier quelques centaines de Prussiens se sont présentées dans la matinée à Soultz et à Guebwiller pour y faire des réquisitions.

« Une compagnie de francs-tireurs embusquée entre ces deux localités aurait tué une dizaine de Prussiens, dont un officier, et blessé une vingtaine. On dit que trois citoyens de Guebwiller ont été tués et qu'un autre aurait été emmené par l'ennemi.

« Dans l'après-midi, vif émoi patriotique dans les villes voisines.

« Gardes nationaux de Cernay et de Thann se sont dirigés sur Guebwiller, mais arrivés trop tard pour prendre part au combat..... »

Le sous-préfet de Belfort donnait, dans sa dépêche un relevé exact de la situation ce jour-là. Mais pour en avoir la physionomie complète, pour bien se faire une idée de l'émoi patriotique dont il parlait, il faut avoir entendu ce qu'en disent les témoins oculaires, ceux qui ont senti eux-mêmes l'émotion, l'exaltation patriotique qui soulevait la population. L'un deux, et des plus autorisés, M. Scheurer-Kestner, nous disait :

— « Dès qu'on apprend à Thann que les Prussiens bombardaient Guebwiller, qui est situé à 11 kilomètres de distance, immédiatement le tocsin sonne ; on bat le rappel ; tout le monde se met en branle. Les hommes valides de toute la vallée, ceux qui restaient encore dans le pays, s'arment de fusils, de lances, de faux, de tout ce qui leur tombe sous la main. Les écoliers se joignent à eux, armés de bâtons et de pistolets. Les femmes elles-mêmes se précipitent avec des haches, des serpes. Et cette troupe composée d'au moins trois mille personnes, au milieu de la garde

nationale qui forme la haie, se met en marche pour Guebwiller, ardente, enthousiaste, résolue à faire reculer l'ennemi
ou à lui faire payer cher sa victoire. Les pompiers de Bischwiller traversèrent le Ballon pour faire leur jonction avec la
garde nationale de Thann de l'autre côté de la montagne.
Heureusement que cette foule, accourue de la vallée de Thann
au secours de Soultz et de Guebwiller, ne rencontra plus
l'ennemi ; car elle aurait été balayée par son artillerie.
Mais telle était son exaltation que désespérée de cette circonstance, qui la sauvait, elle voulut se donner au moins la satisfaction de *coucher sur ses positions*, et qu'un grand nombre
d'entre eux ne reprit le chemin de leurs foyers que le lendemain [1]. »

Il n'y a rien de plus beau que la résolution patriotique dont la population de la vallée de Thann donna le
spectacle durant cette crise et dans toutes ses phases.
Quelque temps après l'événement que nous venons de
rappeler, à la fin d'octobre, elle est réveillée par le bruit
du canon. Les Prussiens bombardaient l'établissement
de M. James Gros, grand industriel, qui, malgré sa situa-

[1]. M. Keller était venu rejoindre cette colonne, dans une voiture à
deux chevaux, accompagné de M. Lefébure, tous deux en uniforme de
commandant de francs-tireurs. M. Keller prit le commandement de la
colonne lorsqu'elle fut arrivée aux environs de Wuenheim, sur la hauteur
qui domine les petites villes de Guebwiller et de Soultz. — Là, on s'arrêta et M. Keller réunit les officiers de la garde nationale qui s'y trouvaient mêlés et leur demanda ce qu'il fallait faire. — L'un d'eux, voyant
que personne ne répondait, lui conseilla d'envoyer en éclaireurs deux
hommes, l'un à Soultz, l'autre à Guebwiller afin de connaître la position
de l'ennemi et de pouvoir l'attaquer de front. Le conseil fut suivi — mais
la nuit arrivait — et cette foule énorme, répandue sur la hauteur, aurait eu
besoin d'une direction, que seul M. Keller pouvait prendre, avec l'autorité
que lui donnaient sa qualité de député et son uniforme. On comptait sur
lui pour cela. N'avait-il pas pris de fait le commandement en consultant
les officiers réunis en cercle autour de lui? Mais quand les deux émis-
saires revinrent, M. Keller était parti depuis longtemps pour s'en retourner d'où il était venu, abandonnant là cette foule désappointée, n'ayant
rien fait pour s'occuper de son retour qu'il devait lui conseiller et, au
besoin, lui ordonner, la laissant par conséquent livrée à ses propres
inspirations entre les mains de quelques officiers inexpérimentés, sans
pouvoir sur elle. Aussi fut-il lamentable, ce retour, qui dura une nuit et un
jour, et pendant lequel des imprudences mirent plusieurs fois en péril la
vie des hommes, des femmes et des enfants. — Il y eut même des gens
blessés par les balles des leurs.

tion et son âge, s'était mis à la tête d'un corps franc et
ils fouillaient avec la passion méthodique qui leur est
habituelle, les vignes environnantes, les soupçonnant,
non sans quelque raison, de cacher des francs-tireurs.
Thann, depuis plusieurs jours, était occupé par la
compagnie des francs-tireurs de Paris, commandée par
le brave capitaine Braun, qui avait établi un petit camp
retranché dans le cimetière du vieux Thann, placé en
avant de la ville, et avait désigné aux gardes nationaux
des postes de combat avec ordre de s'y rendre au premier signal. Dès que le tocsin sonne, que le bruit du
rappel se fait entendre, ils accourent tous en armes
aux endroits marqués. Le bruit du canon ennemi qui
tonne de tous côtés, les obus qui tombent aux environs, la conscience de leur petit nombre, rien ne les
arrête. Ils étaient là 600 hommes, presque tous pères
de famille : pas un d'eux ne manque à l'appel, ne
songe un instant à marchander son devoir.

Nous tenons à répéter que la conduite de cette petite
garde nationale de Thann fut en tout point admirable. Dans cette invasion de la vallée qui la souleva
avec la population tout entière, elle perdit plusieurs
hommes. Il en fut de même au combat de Grosmagny,
qui eut lieu le lendemain. Ils savaient pourtant, les
braves gens, que le sacrifice de leur vie était inutile ;
que l'Alsace était abandonnée ; qu'elle ne devait pas
compter sur l'appui des troupes régulières, et qu'elle
n'avait plus de chef autorisé pour la diriger !!!

Les places fortes de l'Alsace montraient la même
ténacité dans la résistance, et quelques-unes pous-
sèrent cette résistance jusqu'à l'héroïsme.

Le siège de Bitche avait commencé vers le milieu
d'août, immédiatement après les premiers désastres.
Le 24, cinq batteries de pièces de 12 se chargeant par
la culasse, et 4 mortiers de 60, s'étaient mis à bom-
barder la forteresse. Le 4 septembre, les assiégés
firent une sortie, où ils eurent affaire au 4e régiment

wurtembergeois et à deux bataillons bavarois, qui les
repoussèrent. Ils recommencèrent le 21 et le 29, égale·
ment sans succès. Ils furent plus heureux le 30 septembre, le 1ᵉʳ et le 3 octobre; ils détruisirent quelques batteries de l'ennemi, ainsi que des fermes qu'il
occupait [1]. Mais ce succès était payé bien cher : les
batteries bavaroises plantées sur les hauteurs qui dominaient la place, avaient fait dans la ville d'affreux
ravages. Des rues entières étaient détruites ; la plupart
des habitants avaient dû aller chercher un abri dans
la forteresse. La caserne, l'hôpital, la chapelle, situés
sur le plateau du rocher qui forme la citadelle, n'étaient
plus qu'un monceau de ruines. Le *Journal de Francfort*,
qui nous donnait la plupart de ces informations, nous
apprenait aussi que Phalsbourg opposait une vigoureuse résistance, à ce point que le corps qui l'assiégeait
avait été obligé de demander à Nancy ou du renfort
ou l'autorisation de lever le siège. Dans le Haut-Rhin,
les places de Schlestadt et Neuf-Brisach, placées dans
des conditions moins favorables, ne devaient pas prolonger la défense autant que Bitche et Phalsbourg,
puisque, au moment où nous sommes parvenus, elles
étaient peu éloignées de l'époque de la capitulation,
qui arriva pour l'une le 24 octobre et pour l'autre le
10 novembre. Mais la conduite de la population n'y
fut pas moins honorable que dans les deux places du
Bas-Rhin, ainsi qu'on peut le voir — pour ne prendre
qu'un exemple, qui suffira — dans l'esquisse rapide
que nous donnons de celle qui succomba la dernière,
c'est-à-dire de Neuf-Brisach.

Les ouvrages de cette place, une des plus belles
créations de Vauban, étaient en meilleur état que ceux
de Strasbourg ; mais pour le reste, pour ce qui dépen-
dait du gouvernement impérial, on avait à déplorer la
même insuffisance, la même imprévoyance.

---

1. Correspondance du *Daily-News*. — Lettre du 4 octobre 1870.

Au moment de la déclaration de guerre, il n'y avait dans la place que le bataillon de dépôt du 74ᵉ de ligne et un détachement du 4ᵉ régiment de chasseurs à cheval. Lorsque, au commencement d'août, la garde mobile du Haut-Rhin fut appelée à l'activité, les hommes des classes de 1865, 1866, 1867 et 1868 arrivèrent à Neuf-Brisach avec enthousiasme, les uns à pied, par groupes, les autres sur leurs longues charrettes enguirlandées de feuillages ; mais ils n'eurent pas longtemps à attendre pour reconnaître qu'ils allaient se trouver dans les conditions les plus défavorables.

Les casernes étaient insuffisantes ; il fallut affecter quelques-unes des casemates au logement de la garnison. On ne put donner aux hommes qu'un matelas et une couverture pour deux. Dès le premier jour, on s'aperçut, quand on voulut faire la soupe, que les marmites faisaient défaut. Il fallut, pour remédier au mal, réquisitionner des chaudières de buanderie et construire des cuisines en plein vent [1]. Le 5 août, commencèrent les manœuvres ; on s'y rendit en sabots et en blouses ! On mit plus tard à la disposition des compagnies et des batteries une certaine quantité d'effets d'habillement plus convenables, mais en nombre insuffisant ; les chaussures, les chemises faisaient complètement défaut à l'origine. Les compagnies qu'on n'avait pu armer que de fusils à tabatières, et seulement le 7 août, étaient obligées de se rendre, à tour de rôle, à la butte de tir. Il fallait à tout prix ménager les cartouches. Ainsi chaque homme n'usa que deux cartouches à la première école, et quatre à la seconde ; et l'exercice n'eut lieu que deux fois !

La place était sans aucun doute, par elle-même, telle qu'elle était sortie des mains de Vauban, en état de soutenir un long siège ; mais on eût dit que le gouvernement

---

1. *Neuf-Brisach. Souvenirs de siège et de captivité*, par MM. Charles Risler et Gaston-Laurent Atthalin, p. 11 et suivantes. (Paris, Berger-Levrault, 1 vol. in-8.)

impérial n'avait pas songé qu'elle pût être jamais réduite à cette nécessité.

« Avant l'arrivée de la garde mobile, nous disent MM. Risler et Atthalin, aucun des préparatifs de défense n'était commencé. A peine dans les ouvrages extérieurs quelques-unes des bouches à feu du contingent réglementaire de l'armement de sûreté se trouvaient en batterie. Les parapets étaient à réparer : les talus à recouper, les plongées à rétablir ; les plates-formes, les embrasures n'étaient pas en état ; les talus intérieurs n'étaient pas revêtus ; — çà et là seulement apparaissait une simple traverse sans abri. Les remparts du corps de place, ombragés par deux rangées de fort beaux arbres, semblaient uniquement destinés à la promenade[1]. »

Enfin, la garnison ne comptait qu'une demi-brigade du 6ᵉ régiment d'artillerie, composée seulement de 70 hommes, et la place ne possédait que 7 pièces de 24, quelques pièces rayés de 12 de siège, et 4 de campagne ! En septembre, il est vrai, les hommes de la classe de 69 arrivèrent ; les compagnies, les batteries furent renforcées ; mais il n'y avait ni uniformes, ni chemises, ni chaussures, ni moyens de couchage, et malheureusement l'incurie que nous signalons du côté du gouvernement, se retrouva plus d'une fois dans l'administration de la garnison.

Les choses sont tellement incroyables parfois, que nous sommes obligé de citer nos auteurs pour ne pas nous exposer à quelque accusation de partialité ou d'exagération. Voici ce que disent MM. Risler et Laurent-Atthalin :

« Employer à l'habillement des nouveaux gardes mobiles le drap qui dormait dans les magasins du 74ᵉ de ligne eût semblé chose toute naturelle. Cependant, bien que l'hiver fût proche, il fut décidé que les nouvelles recrues seraient habillées de pantalons et de blouses de toile bleu à passepoils et à collet rouge. C'était à les prendre pour des facteurs

1. *Neuf-Brisach. Souvenirs de siège et de captivité*, par MM. Charles Risler et Gaston-Laurent Atthalin, p. 15—(Paris, Berger-Levrault, 1 v. in-18.)

ruraux ; et c'est ainsi que les désignèrent leurs camarades plus chaudement et mieux vêtus. Ce fut seulement vers le milieu d'octobre que des effets du 74ᵉ de ligne furent distribués à ceux des soldats de la garde mobile qui n'étaient pourvus que d'un uniforme de toile : *principalement*, disait l'ordre, *à ceux dont les effets civils qu'ils portent en dessous sont dans le plus mauvais état.*

« Le problème du couchage fut résolu de la façon la plus simple. Jusqu'alors un matelas servait pour deux, désormais il servira pour quatre ; et de fait les hommes n'en furent pas plus mal couchés, car il est aussi difficile de tenir deux que quatre sur ces sortes de bourrelets.

« Les chemises manquaient ; on fabriqua des circulaires à l'adresse des maires des grands centres voisins. On fit mieux encore, on écrivit aux parents de nos soldats pour demander des envois de draps, de couvertures, de manteaux, etc. Cet appel fut entendu ; et grâce au patriotisme alsacien, grâce à des envois du préfet du Haut-Rhin, M. Grosjean, et aux dons d'un capitaine de la garde mobile, il nous arriva des effets de toute sorte, qui furent distribués dans le courant d'octobre. Le drap en magasin, précieusement conservé dans les casemates, ne servit qu'à l'ennemi [1].

« Puis commença l'instruction des nouveaux conscrits ; les malheureux souvent n'avaient que de modestes chaussures et nous n'en vîmes que trop boiter pendant toute la manœuvre dans des bottes sans semelles. On leur faisait oublier leurs ampoules en leur répétant qu'ils ressemblaient en cela aux glorieux soldats de notre grande République.

« Les ouvriers de la ville, sous la direction du maître cordonnier du 74ᵉ, travaillaient sans relâche, mais ils ne pouvaient suffire à la tâche.

« Tous les jours l'arsenal délivrait des fusils aux maires des villages voisins pour armer les compagnies de gardes nationaux qui se formaient. Malheureusement cette mesure, qui, prise dès le début de la guerre, eût pu rendre de grands services, arrivait trop tard comme bien d'autres. Les gardes nationaux n'eurent le temps ni de s'organiser ni de s'exercer [2]. »

---

1. *Documents.* — Protestation du commandant Messager.
2. *Ibid.*, p. 25 et 26.

Les hommes, en dépit du dénuement, de l'imperfection ou de l'insuffisance des ressources et de leur inexpérience, ne manquèrent pas à leurs devoirs, soit de soldats, soit de citoyens. Il faut d'abord faire remarquer que, dans le courant de septembre, la classe de 1870 tira au sort dans tout le Haut-Rhin, et qu'aucun homme ne manqua à l'appel de son nom; de plus, pendant toute la durée du siège, les nouveaux venus, comme leurs anciens, firent plus que ce que l'on pouvait attendre d'eux dans les conditions qui leur étaient faites.

Nous avons, en mentionnant la mission confiée par l'état-major allemand au général Keller de parcourir la haute Alsace pour désarmer et contenir les habitants, rappelé quelques-unes des affaires plus ou moins sérieuses qui s'ensuivirent. La petite garnison de Neuf-Brisach prit à plusieurs de ces affaires une part importante; quelquefois elle eut même à agir toute seule. Ainsi, le 13 septembre, prévenue par des paysans qui étaient arrivés à cheval annonçant une occupation sérieuse du pays, la place dirigea une reconnaissance du côté de Kuenheim, sur la route de Strasbourg.

« Quarante cavaliers sous le commandement d'un lieutenant, disent nos historiens, précédaient la colonne. Au sortir de Kuenheim, ils aperçurent un escadron de dragons badois. L'intrépide officier qui commandait nos chasseurs n'hésita pas, malgré leur nombre, à charger les dragons ennemis, et une escarmouche de cavalerie s'engagea. Le lieutenant démonta un officier badois; ses cavaliers firent un certain nombre de prisonniers. Les Badois, après avoir battu en retraite, reprirent l'offensive.

« Les chasseurs abandonnèrent à leur tour le terrain, afin d'attirer la cavalerie ennemie vers le canal du Rhône au Rhin. Notre infanterie, masquée par le talus de ce canal, était prête à faire feu. Malheureusement elle se découvrit trop tôt et les dragons badois tournèrent bride.

« Le lendemain vers cinq heures et demie, une petite troupe de gardes mobiles, de francs-tireurs et de douaniers, sous le commandement d'un lieutenant, fit une reconnaissance du côté de Kuenheim. Elle rencontra l'ennemi au nord de Biesheim et, après avoir échangé quelques coups de fusil, revint en suivant le chemin de halage du canal.

« A ce moment apparut sur la route de Strasbourg la garde nationale du village de Biesheim, chargée par des cavaliers ennemis.

« Les gardes nationaux repoussés du village, sabrés par les dragons, se repliaient du côté de la place tout en continuant à faire feu. La petite colonne de reconnaissance fit plusieurs feux de peloton sur les cavaliers qui firent demi-tour et allèrent se reformer en avant du village. Les gardes nationaux se rassemblèrent et entrèrent dans la ville, ramenant leurs blessés [1]. »

Le 18 septembre, il y eut encore une autre petite affaire à Muntzenheim. Les douaniers de la frontière du Rhin, ne pouvant plus à cette époque continuer utilement leur service, avaient été formés en deux compagnies attachées à la défense de la place de Neuf-Brisach. Quelques-uns, habillés en paysans, faisaient le service des dépêches à travers les pays occupés ou s'établissaient dans les villages, se trouvant ainsi à même de porter promptement à la connaissance de la place les bruits qui circulaient sur les mouvements de l'ennemi. Le 18, au soir, le percepteur de Muntzenheim avait apporté la nouvelle, connue par ce moyen, qu'un relai de correspondances de l'ennemi avait été installé dans ce village. On fit partir en toute hâte sur des charrettes, avec mission d'enlever ce relai, de la troupe de ligne, qui réussit dans sa petite entreprise. Le poste fut surpris. Nous fîmes quelques prisonniers, et nos soldats rentrèrent le matin dans la place [2].

_____

1. *Documents*, p. 29 et 30.
2. MM. Risler et Atthalin ne peuvent pas se défendre, en voyant les prisonniers, de faire une observation qui, hélas ! se répétait presque partout : « Les Prussiens capturés, disent-ils, faisaient par leur excellent équipement, un contraste frappant avec les pauvres soldats de la mobile : bottes fortes, sacs, gibernes, chaudes capotes, bas de laine et gants

Après la chute de Strasbourg, Neuf-Brisach eut à essuyer de plus rudes épreuves. Le 7 octobre, la place vit apparaître l'ennemi. Vers les deux heures de l'après-midi, le général de Schmeling fit demander par un parlementaire la reddition, avec menace d'un bombardement en cas de refus ; et le commandant supérieur, M. de Kerhor, ayant répondu que la place n'était nullement disposée à ouvrir ses portes, l'investissement commença ; dans la soirée il était complet. Dès neuf heures et demie, des obus éclataient sur la place d'Armes et, traversant les casernes de part en part, allaient atteindre les soldats pendant qu'ils s'équipaient, tandis qu'une grêle de projectiles s'abattait sur toutes les parties de la ville.

Il faut laisser parler encore les témoins oculaires et se pénétrer des réflexions que leur récit suggère :

« En un moment, tout le quartier compris entre la porte de Strasbourg et celle de Bâle fut en feu. L'incendie commença au Manège alors rempli de fourrage ; les obus, qui éclataient dans cette fournaise, soulevaient d'immenses gerbes d'étincelles. C'était un spectacle magnifique et terrible. On ne saurait se faire une idée des cris épouvantables que poussaient dans leur agonie les bœufs et les chevaux, dont les écuries étaient en flammes. Leurs cris, perçants d'abord, s'assourdissaient peu à peu et se transformaient en un râle qui accompagnait de ses notes lugubres les détonations de l'artillerie. C'était un effroyable concert.

« Des femmes et des enfants couraient affolés et à peine vêtus, trébuchant aveuglés par la fumée, et poussant des cris de terreur lorsqu'un obus sifflait sur leurs têtes.

« On ouvrit enfin les casemates et les habitants purent s'y réfugier.

« Les hommes cherchèrent à sauver leurs meubles ; plusieurs trouvèrent la mort ou furent gravement blessés dans leurs essais de sauvetage. Tant que dura le bombardement,

fourrés. Il n'était pas un prisonnier qui n'eût son livre de prières d'ordonnance : prière pour la faction, le repas, l'astiquage, et mieux encore prière pour faire feu et charger à la baïonnette. » (*Documents*, p. 33 et 34.)

on ne put parvenir à éteindre les incendies, car la position était intenable autour des bâtiments en flammes.

« Trois batteries légères d'artillerie allemande avaient pris position au nord-ouest de Weckolsheim, tandis que deux batteries lourdes, au nord de Wolfgantzen, appuyaient leur droite à ce village.

« La plupart des obus tombaient dans la ville ; cependant les ouvrages extérieurs en recevaient une assez grande quantité. Un certain nombre de coups étaient trop longs ; et les projectiles, passant par-dessus la ville et les ouvrages, allaient éclater dans la campagne. Notre artillerie répondit de son mieux au feu de l'ennemi.

« Le bombardement cessa vers onze heures ; le corps d'investissement n'avait pas encore été rejoint par ses colonnes de munitions. L'artillerie allemande avait tiré 15 coups par pièce, soit 450 projectiles.

« Vers minuit, l'ordre fut donné aux troupes que la générale avait appelées à leurs postes de combat, de rentrer dans la ville. Elles passèrent le reste de la nuit à transporter leurs casernements dans les casemates et à combattre les incendies. Malheureusement les pompes étaient en nombre tout à fait insuffisant.

« Un quart de la ville, dans sa partie située à l'est, fut presque complètement détruit. — L'église qui s'élevait à l'angle ouest de la place d'Armes fut entièrement criblée par les projectiles.

« La garnison éprouva une perte de 7 hommes tués et de 21 blessés.

« On est en droit de se demander si ce premier bombardement, exécuté par l'ennemi le jour même de son arrivée en vue de la place, eût été possible, si une partie de la garnison, qui comptait alors près de 5,000 hommes, eût été utilisée à défendre les positions extérieures [1]. »

Quoi qu'il en soit, ni la ville ni la garnison ne furent intimidées. Le lendemain, au matin, un nouveau parlementaire fut signalé. Les Prussiens, se souvenant qu'en 1806 leurs places fortes avaient capitulé à la seule menace d'un bombardement ou tout au moins aux

1. *Documents*, p. 43, 44, 45.

premiers coups de canon, comptaient sur une reddition immédiate : ils reçurent la même réponse que la
veille [1].

Les troupes, malgré leur mauvaise installation,
étaient bien loin d'être disposées à se rendre. Elles
redoublèrent d'activité. Tous les jours la place envoyait
quelques obus sur les patrouilles ennemies. Les francs-
tireurs de service aux postes avancés faisaient le matin
de petites expéditions vers les villages occupés, et
échangeaient des coups de fusil avec les avant-postes
prussiens. Les sorties se multipliaient. Dans l'une
d'elles, celle qui eut lieu le 14 octobre au soir, du côté
de Wolfgantzen, la garde mobile du Rhône et les francs-
tireurs qui étaient entrés d'un vigoureux élan dans les
villages et en avaient repoussé l'ennemi, eurent quarante hommes mis hors de combat et quelques-uns
faits prisonniers; mais ils infligèrent à l'ennemi, d'après
ses propres documents, une perte de trente-six hommes
et de deux officiers [2]. La conduite des troupes avait été
si honorable que, le lendemain, le commandant de
place, qui n'était pas de composition facile, fit paraître
les deux ordres du jour suivants :

« Dans la sortie du 15 octobre, tous les officiers ont fait
leur devoir. Le lieutenant-colonel commandant supérieur
est heureux de leur en témoigner sa satisfaction ainsi qu'aux
sous-officiers et soldats qui se sont bien conduits. »

« Il sera distribué à tous les hommes des troupes de la
garnison une ration de vin à titre de gratification à l'occasion des combats qui ont été livrés à Weckolsheim et à
Wolfgantzen. »

Après la capitulation de Schlestadt, qui eut lieu le
24 octobre, l'ennemi resserra le blocus de Neuf-Brisach.
Les assiégeants renforcèrent leurs troupes et pressèrent
les travaux du siège. Le mercredi, 2 novembre, jour

1. *Documents*, p. 46.
2. *Ibid.*, p. 52.

des Morts, vers sept heures du matin, commença le deuxième bombardement. Il devait durer sans interruption neuf jours et neuf nuits. La ville fut pendant cette journée, inondée de projectiles. Nous n'avions, pour répondre aux batteries allemandes, qui étaient d'un nombre et d'une qualité supérieurs, que six pièces de 24, quelques pièces rayées de 12 et des pièces lisses de 16. Dès le premier jour, le tir de l'ennemi se régularisa. Ses projectiles tombaient dans la direction de nos pièces. Ce jour-là, quelques hommes furent tués. La bonne volonté n'en souffrit pas. Les canonniers qui descendirent de garde à dix heures, demandèrent à retourner au combat dans la journée. Et ce fut la même constance jusqu'à la fin, malgré les ravages qui décimaient la population comme la garnison. Chaque jour apportait son contingent de victimes ; chaque jour aussi l'assiégeant recevait quelques ripostes terribles qui troublaient ses opérations. Ainsi, le 5 novembre, notre feu contraria jusqu'à vers dix heures du soir le renouvellement de ses batteries, et lui causa des pertes assez sérieuses pour l'obliger à renforcer et à surélever ses épaulements [1].

La journée qui suivit fut marquée par un grand malheur : la défense fut comme frappée au cœur par la mort du commandant Marsal.

« Vers dix heures du matin, nous disent MM. Risler et Atthalin, le commandant de l'artillerie, Marsal, est mortellement atteint. Un obus vient éclater à ses pieds et lui enlève le bas-ventre.

« Le commandant demande à être transporté à la porte de Strasbourg, où depuis peu était établie la direction de l'artillerie. On va prévenir l'aide-major. « Avant tout, dit-il, « allez chercher celui qui doit me succéder. » Il ne put rester à la direction ; on le porta au lazaret. Lorsqu'on le dépouilla de ses vêtements, ses entrailles tombèrent à terre. Il mourut le lendemain, entouré de ses officiers.

1. *Documents*, p. 67.

« La place était frappée d'un coup mortel. C'était grâce
à l'activité infatigable du commandant Marsal, grâce au zèle
patriotique dont il sut animer ceux qui étaient sous ses
ordres, que Neuf-Brisach s'était trouvé le jour du siège en
état d'opposer à l'ennemi une résistance sérieuse.

C'était lui qu'à toute heure on voyait sur les remparts,
allant d'un poste à l'autre. « Il ne suffit pas de donner un
« ordre, il faut veiller à son exécution, » nous disait-il souvent ; et ainsi il faisait, méprisant le danger.

« Ce grand caractère restera gravé dans notre souvenir.

« La discipline vient d'en haut. Par son énergique fermeté
le commandant Marsal eut sous ses ordres, constamment et
jusqu'à sa dernière heure, des officiers dévoués, des hommes
pleins d'entrain et de courage [1]. »

La mort du commandant Marsal fut le prélude de la
capitulation. La garnison du fort Mortier, sous l'effort
des bombes vomies des hauteurs de Vieux-Brisach, succomba le 7. Le conseil de défense donna ordre, le 8,
de noyer une partie des poudres. La garnison en fut
vivement impressionnée. Les hommes disaient : « On
a fait de l'encre pour la capitulation ! » Noyer les poudres, en effet, c'était dire qu'on renonçait à continuer
la défense [2].

La journée du 9 fut employée à la destruction du
matériel. Enfin, le 10, après trente-trois jours d'investissement et neuf jours d'un bombardement sans trêve,
la petite place de Neuf-Brisach tombait aux mains de
l'ennemi. Mais l'ennemi cette fois sut rendre justice à
qui de droit.

« Un journal de Berlin, le *National Zeitung*, dans son
numéro du 19 novembre 1870, disait : « Aucune ville n'a eu
« relativement plus à souffrir de notre meurtrière artillerie
« que Neuf-Brisach. Toute la ville, y compris les fortifications,

---

1. *Documents*, p. 69, 70.
2. *Ibid.*, p. 75.

« n'est qu'un monceau de cendres. Le système de Vauban
« a fait son temps par suite du perfectionnement de notre
« artillerie... »

« Les ravages causés par le feu de l'ennemi, disent encore
nos historiens, étaient en effet considérables. — La voûte de
la poudrière de la porte de Colmar était éventrée ; la poudrière de la porte de Bâle avait gravement souffert. Les
tours nos 3 et 5 menaçaient de s'écrouler; les portes de
Strasbourg et de Colmar étaient en ruines. Les traverses
étaient pour la plupart démolies. Les projectiles avaient
comme labouré les terre-pleins des ouvrages et haché les
arbres du rempart. Le bombes avaient creusé de véritables
vallées dans le massif des fortifications. — Quelques-unes de
nos pièces gisaient sur les débris de leurs affûts.

« La ville présentait un aspect de morne désolation. Des
quartiers entiers étaient convertis en de véritables carrières.
Des débris de meubles, et les cadavres, à demi-dévorés par
l'incendie, des bœufs et des chevaux qu'on n'avait pu faire
sortir de leurs écuries, étaient ensevelis sous des monceaux
de pierres. Les habitants erraient tristement dans les décombres. L'air était tout imprégné des exhalaisons de la poudre
et de la fumée des incendies.

« Des 280 maisons de la ville, 125 étaient irréparablement
détruites ; 140 étaient gravement atteintes ; 15 seulement
restaient intactes.

« La place possédait, nous l'avons dit, 42 pièces rayées.
Sur ce nombre, 11 avaient été démontées : 2 pièces de 24, 5
de 12 de place, 3 de 12 de siège, 1 de 4 de campagne. — Une
pièce de 16 lisse avait eu également son affût brisé. — Ces
12 pièces avaient été démontées sur les fronts 2-3, 3-4 et
4-5.

« Les documents allemands fixent à 9,330 le nombre des
projectiles tirés tant sur la place que sur le fort Mortier.

« Pendant la nuit du 10 au 11, les troupes de garde restèrent à leurs postes dans les ouvrages. Dans la ville des
patrouilles furent organisées pour prévenir tout désordre.
On se prépara au départ. La garnison devait sortir, à neuf
heures du matin, par la porte de Bâle, sur laquelle l'assiégeant n'avait pas dirigé son feu et dont les ponts-levis
étaient intacts.

« Le dernier jour que nous devions passer sur le sol de
l'Alsace française se lève sombre et triste ; le ciel est couvert, la bise âpre, glaciale et chargée de neige. Un dernier
devoir nous reste à remplir : conserver une attitude digne
et calme devant l'ennemi vainqueur. — La discipline fut
énergiquement maintenue. A huit heures du matin, les compagnies furent réunies en armes, et, après l'appel, conduites
en bon ordre sur la place d'armes, tandis que les gardes
allemandes venaient relever nos postes dans les ouvrages
extérieurs.

« A neuf heures du matin, nous défilâmes la rage dans le
cœur. — La population de Neuf-Brisach nous faisait ses
adieux au cris de : « Vive la France ! Vive la République ! »

« Nous sommes en bataille sur les glacis ; les troupes
allemandes nous font face ; — sur leurs rangs serrés et
sombres flotte le drapeau noir et blanc. — L'ennemi nous
rend les honneurs militaires ; puis, à un commandement,
les hommes jettent leurs armes avec tant de violence et de
colère, que peu d'entre elles restent intactes.

« La garnison est formée en deux colonnes.

« L'une de ces colonnes, contournant les ruines du fort
Mortier, arriva au bord du Rhin vers onze heures. Les parents
des gardes mobiles d'Alsace étaient échelonnés sur le trajet,
demandant avec angoisse des nouvelles de leurs enfants ;
ils cherchaient à les apercevoir, espérant les serrer encore
dans leurs bras ; mais les uhlans les repoussaient à coups
de lance et de plat de sabre. On traversa le fleuve sur des
barques ; à mesure que les escouades débarquaient, elles
étaient dirigées et parquées sur la place de Vieux-Brisach.
Les dernières barques passèrent le Rhin vers quatre heures ;
à cinq heures, la colonne fut mise en marche, pour ne s'arrêter qu'à une heure du matin, à Kenzingen, station de chemin de fer badois.

« La seconde colonne passa le Rhin en face de Sponeck ;
de là elle gagna la station d'Emmendingen où elle arriva
vers une heure du matin.

« Pendant cette marche nous eûmes à traverser plusieurs
villages allemands. La population ne se tenait plus de joie ;
les pompiers étaient sous les armes, les maisons étaient
illuminées ; de grands feux flambaient à l'entrée et la sortie
des villages. »

La joie du vainqueur était le plus bel éloge que l'on pût faire du courage des vaincus.

Le couronnement de la patriotique résistance de l'Alsace, c'est peut-être la conduite, sinon de Mulhouse, bien que cette ville fît noblement son devoir, mais de son principal représentant, M. Jean Dollfus.

Mulhouse, dont la population ouvrière avait aussi prêté une oreille trop complaisante aux excitations d'où naquirent les grèves, se retrouva tout entière, avec ses seuls sentiments de patriotisme, au moment de la guerre et dans le cours de toute l'invasion.

Depuis le triomphe de la Prusse à Sadowa, c'était une opinion généralement répandue dans toute la contrée qu'elle était passionnément convoitée par ses voisins d'outre-Rhin. Les Alsaciens avaient entendu bien des fois les Allemands leur prédire comme imminente l'annexion de leur pays; mais personne n'accordait créance à ces sinistres prédictions. Chacun y puisait, au contraire, de nouvelles raisons d'attachement à la France. Aussi saisissait-on toutes les occasions pour manifester ses sentiments. Ce fut une indignation universelle lorsque, le jour de la déclaration de guerre, on s'aperçut que le pays avait été laissé sans défense, que toutes les routes étaient ouvertes; et l'on n'était pas éloigné de crier à la trahison. C'étaient des transports de joie chaque fois que les troupes qui arrivaient du midi ou d'une partie de l'est pour se diriger vers Strasbourg, passaient à Mulhouse. « Elles étaient toutes choyées par notre population, » écrivait un témoin oculaire. Du reste, dans les premiers moments, nul ne songeait à douter de la fortune des armes françaises : on croyait à leur triomphe parce qu'on le désirait.

Aussi les journées de Spickeren, de Wissembourg, de Frœschwiller furent-elles pour la ville des journées de deuil. On fut loin, cependant, de désespérer; le moral de la population surprise, au lieu de s'abattre, rebondit. Des députations, à diverses reprises, se rendirent auprès des autorités militaires pour demander des armes avec l'organisation de la garde nationale ; et toutes ces démarches réitérées étant restées sans résultat, le conseil municipal crut de son devoir de protéger une population vaillante qui, se sentant abandonnée, était profondément irritée, contre des coups de tête qui pouvaient avoir des conséquences terribles. Le lundi 8 août, il fit donc afficher la déclaration suivante :

« HABITANTS DE MULHOUSE,

« Mulhouse est une ville ouverte, *dépourvue* de moyens de défense, et *totalement dépourvue* de troupes ; une résistance locale ne ferait donc qu'attirer sur notre cité les plus grands malheurs et nous exposerait à toutes les rigueurs des lois de la guerre.

« Le conseil municipal invite dès lors les habitants à s'abstenir de tout acte individuel dans le cas où les craintes d'invasion viendraient malheureusement à se réaliser.

« Le conseil municipal restera en permanence pour la protection des intérêts de la ville et compte sur le concours de tous les citoyens pour le maintien de l'ordre. »

La voix du conseil municipal fut entendue. Mais ce n'était qu'en se raidissant contre soi-même que l'on pouvait se faire à la pensée de l'impuissance à laquelle on avait été réduit. L'exaspération contre l'inepte gouvernement qui avait laissé tout le pays sans armes, sans troupes, était immense. L'annonce des nouveaux revers de nos armées y ajoutait à toute heure, et d'autant plus qu'il y avait un parti pris chez l'administration préfectorale de laisser absolument désarmée la population de Mulhouse, à cause de ses opinions républicaines. Deux appels successifs avaient été publiés dans la seconde quinzaine d'août par le préfet du Haut-Rhin, M. Salles, pour enjoindre aux anciens militaires âgés de 25 à 35 ans, célibataires et veufs sans enfants, de se rendre à Belfort. L'appel n'avait nul besoin cependant d'être réitéré. La preuve, c'est que Mulhouse demandait à grands cris l'organisation de la garde nationale sédentaire sans pouvoir l'obtenir. La politique avait mis l'interdit sur le patriotisme.

Le conseil municipal, peu sensible à l'interdiction, passa outre à la suite d'une lettre — patriotique mise en demeure et véritable appel aux armes — publiée dans les derniers jours d'août par l'*Industriel alsacien*. Le 3 septembre, on procéda donc à l'organisation de la garde nationale, et l'élection des officiers, sous-officiers et caporaux fut décidée pour le lendemain.

Cette journée du 4 septembre fut, pour la population, dans ses premières heures, comme un jour de fête. Les élections eurent lieu ; il fut décidé que les armes dont on pouvait disposer, ne seraient distribuées qu'à ceux qui avaient pris part aux élections. Le lundi matin devait se faire la distribution des armes disponibles.

— « L'enthousiasme, nous disait un témoin oculaire, était grand et solennel ; l'espoir nous était revenu ; nous pouvions enfin être en état de faire notre devoir. Nous avions nos officiers, nos sous-officiers, nos caporaux. Nous ne nous étions laissé guider dans nos choix que par des considérations patriotiques. Tel personnage considérable échouait devant le dernier venu. Un ex-caporal de la ligne, qui avait quatorze ans de services, passait pour l'épaulette par-dessus des hommes du plus grand mérite et des plus influents. Nous ne voulions être conduits que par des hommes sachant le métier et capables de nous l'apprendre. »

Mais la fin de cette journée du 4 septembre, si heureusement commencée pour Mulhouse, fut profondément attristée par la nouvelle du désastre de Sedan.

— « A midi, nous disait la même personne, l'on était souriant, plein d'espoir ; à trois heures, pas un visage sans larmes ; une douleur muette, universelle, un sentiment de rage concentrée contre le gouvernement qui déchaînait sur nous pareille calamité. Vers cinq heures, on apprit la chute de l'empire ; ce fut comme un soulagement. »

Le conseil municipal, qui, depuis le 16 juillet, siégeait en permanence, le soir même, sous le coup de l'émotion publique, adressa aux habitants la proclamation suivante :

« Concitoyens,

« Dans les circonstances où nous nous trouvons, il ne suffit pas d'armer la garde nationale, ce qui sera un fait accompli demain.

« La patrie exige d'autres efforts.

« Que tous les hommes valides, dont la présence n'est pas indispensable dans leurs foyers, volent à la défense du sol natal; qu'ils n'attendent pas un jour, pas une heure; qu'ils se rappellent qu'en 1792 un seul cri s'échappa de toutes les poitrines : Vaincre ou mourir.

« Que cette devise de nos pères soit la nôtre aujourd'hui, et, comme eux, nous sauverons la patrie. Les bureaux d'enrôlements resteront ouverts en permanence, et la ville fournira les premiers frais de route à ceux qui lui en feront la demande.

« Délibéré en conseil municipal, le dimanche 4 septembre 1870. »

Le lendemain, 5 septembre, les armes étaient distribuées; environ 1200 fusils furent répartis en 12 compagnies formant 2 bataillons, 1 par canton. C'étaient de vieux fusils à piston mêlés de quelques carabines Minié, armement imparfait sans doute, mais enfin armement, et cela suffisait.

Le jour même, il se produisit un incident qui avait fait espérer aux nouveaux enrôlés qu'ils auraient tout aussitôt à faire l'essai de leur ardeur et des armes qui venaient de leur être confiées. Vers les deux heures de l'après-midi, on voit dans les rues un gros homme, courant au grand galop d'un tout petit cheval, la tête nue, les cheveux en désordre, se dirigeant vers l'hôtel de ville. C'était un paysan de Saussheim qui demandait des secours, criant que les Allemands avaient passé le Rhin et marchaient sur Mulhouse.

L'air effaré du cavalier, sa course échevelée, ses cris répétés, son arrivée soudaine, coïncidant avec l'affreuse nouvelle du désastre, donnaient à ses paroles une apparence de vérité. On court, on se réunit; les gardes nationaux qui sont armés seulement depuis deux heures, s'assemblent cependant sans hésitation aucune. La distribution des cartouches se fait. Les deux compagnies de sapeurs-pompiers, plus familières avec les paniques, prennent les devants et par un train spécial se rendent dans la forêt de la Harth, qui paraît le lieu le plus exposé. Les gardes nationaux les ont bientôt suivies : ils se dirigent vers Kembs, Habsheim et Rixheim. Ce n'était qu'une alerte. La troupe ennemie ne se composait que de maraudeurs, et les pompiers seuls essuyèrent quelques coups de canon tirés du côté du duché de Bade. Le soir, vers neuf heures, tout le monde était rentré à Mulhouse sans coup férir. Mais l'exemple était donné. Cette sortie inoffensive, devenue néanmoins légendaire sous le nom de « bataille de Kembs, » eut pour résultat de relever le moral des campagnes et surtout de montrer aux Allemands que la ville de Mulhouse saurait résister si elle était attaquée, et qu'il faudrait plus de quatre ublans, ainsi que le disait un de nos correspondants, pour la soumettre.

L'administration de la cité, qui secondait avec le plus grand dévouement les bonnes dispositions de la population, se dit bientôt cependant que la garde nationale, malgré sa bonne volonté, serait impuissante, si elle avait à tenir tête à un corps d'armée sérieux, et que, pour s'utiliser, ce qu'elle avait de mieux à faire, c'était d'aller renforcer la garnison de Belfort. On s'adressa en conséquence au commandant du 7e corps. Quelques citoyens se rendirent auprès de lui pour l'informer que Mulhouse pouvait mettre à sa disposition deux ou trois compagnies d'hommes de bonne volonté et que la municipalité ferait toutes les dépenses, qui résulteraient de la mesure proposée. Le commandant répondit par un refus, comme on avait fait à l'égard de la proposition si patriotique et si intelligente de M. Stehelin.

La population cependant ne se lassait pas. Les conscrits de 1870 tirèrent au sort malgré le décret prussien de Saint-Avold du 8 septembre. Après l'entrevue de Ferrières, l'adresse suivante fut envoyée au Gouvernement de la Défense nationale, par l'entremise du préfet :

« L'Alsace au Gouvernement provisoire,
« La République française vient de déclarer à l'Europe qu'elle n'abandonnera pas un pouce de territoire. L'Alsace frémissante acclame cette résolution. Elle veut vivre avec la France ou mourir avec elle! »

La conduite de Mulhouse, dans le passé que nous venons de raconter, et dans le cours des événements qui devaient suivre, ne démentit pas les engagements, les élans de cette heure solennelle. Les Allemands se sont présentés deux fois dans la ville, et deux fois l'attitude soit de la population, soit de l'administration municipale fut ce qu'elle devait être.

Le 15 septembre, quelques cavaliers de la garde nationale aperçurent les avant-postes à 10 kilomètres de la ville. Le 16, au matin, la municipalité, qui avait été prévenue et qui savait qu'elle ne pouvait compter sur Belfort, voyait bien la population disposée à tout faire et prête à agir ; mais il lui était facile aussi de reconnaître, en présence d'un corps d'armée de 12 à 15,000 hommes, que la résistance était impossible et qu'elle aurait pour résultat unique de faire mettre la ville à feu et à sang. Dans cette extrémité elle jugea avec tous les citoyens de bon sens, que, pour n'avoir pas à livrer leurs armes, il fallait expédier les fusils sur Belfort, et c'est ce que l'on fit, en ayant soin de prendre des chemins détournés pour éviter toute surprise.

L'incursion ennemie, qui sans doute avait pour principal but d'agir sur le moral des troupes de Belfort, eut pour résultat unique, avec l'arrestation du rédacteur en chef du journal *l'Industriel alsacien*, M. Bernardini, dont le crime était de ne pas désespérer de la France et d'entretenir les courages, la destruction d'un pont de chemin de fer et de quelques rails jetés dans l'Ill, afin d'interrompre la correspondance entre Belfort et la ligne de Strasbourg. Mais la seconde apparition des Allemands qui eut lieu après la reddition de l'ancienne capitale de l'Alsace, eut plus d'importance et donna lieu à des actes qu'il convient, pour l'honneur du pays, d'enregistrer.

En même temps qu'on reçoit la nouvelle de la chute de Strasbourg, le bruit court qu'un corps allemand de 12,000 hommes vient occuper Mulhouse et les villages environnants. En effet, le dimanche, 2 octobre, l'ennemi se présente aux portes de la ville, commande des réquisitions, veut que les vivres lui soient livrés hors de la ville, dont il prendra possession le lendemain. Toute la population est en émoi. Le soir, vers 8 heures, on bat le rappel. L'hôtel de ville est assiégé par une foule compacte, surexcitée, pleurant de rage de son impuissance et ne sachant à qui l'attribuer. Des étrangers (la ville était, de vieille date, pleine d'Allemands), des meneurs ont répandu le bruit que le conseil municipal aurait pu défendre la ville, et qu'il ne l'avait pas voulu. Avec cette crédulité puérile, trop commune dans les mouvements populaires, on ajoute foi à leurs discours : c'est le conseil municipal qui est le coupable. En vain quelques hommes dévoués et de sens rassis défendent l'accès de la municipalité; la foule grossit, l'émeute s'exalte, des pierres sont lancées aux fenêtres de la salle où siège le conseil. Le calme ne revient, avec la juste appréciation des choses, qu'à la vue des Allemands faisant leur entrée au jour qu'ils avaient annoncé.

Le séjour des Prussiens à Mulhouse ne dura qu'une semaine ; ce fut assez pour qu'ils y fissent sentir lourdement leur passage et par les réquisitions qu'ils exigèrent, et par la brutalité qu'ils déployèrent à l'occasion d'un incident qui eut lieu au moment de leur départ.

Le vendredi, 7 octobre, ils avaient demandé qu'il leur fût livré, avant 2 heures de l'après-midi du lendemain samedi, des vivres et des rations pour 48 heures, et, de plus, le nécessaire d'une journée pour 24,000 chevaux : ce qui fut fait, et le dimanche matin ils quittaient la ville, au grand contentement de la population qui se trouvait quitte à bon marché, malgré ce qu'il y avait eu de lourd dans leurs exigences, lorsque vers 10 heures, dans la foule curieuse qui assistait à ce départ, quelques enfants se mirent à faire certains gestes familiers aux gamins de leur âge en les accompagnant de ricanements et d'expressions peu bienséantes. L'orgueil des vainqueurs fut profondément blessé, et des coups de fusils partirent de leurs rangs : ils n'avaient pas hésité à tirer sur une foule hostile sans doute, imprudente, mais désarmée. Il y eut deux hommes tués et deux blessés mortellement.

Les représailles ne devaient pas se borner là. Le lendemain 21 octobre, vers neuf heures et demie du matin, un peloton de uhlans se porte devant l'hôtel de ville. L'officier qui commandait le détachement, se rend à la salle du conseil, et là formule la réquisition suivante :

50,000 cigares ; 6,000 gilets de flanelle ; du vin en quantité suffisante ; 50,000 francs en espèces. C'était le prix de la conduite que les habitants avaient faite le dimanche aux troupes prussiennes.

Par surcroît, l'officier déclara que, si, à trois heures précises de l'après-midi, il n'était pas fait droit à la réquisition, on tirerait le canon sur la ville et qu'on réduirait en cendres un grand établissement industriel; et il désignait celui de M. Kœchlin-Schwartz.

La municipalité fut révoltée de cet insolent *ultimatum*. Elle s'était toujours trouvée au niveau des circonstances; elle ne crut pas que le moment fut venu de déchoir. Le maire, M. Jean Dollfus, se rendit sur le champ au milieu des troupes allemandes, qui se trouvaient campées à la rencontre des routes de Kingersheim et de Guebwiller, et demanda à parler au commandant en chef, le colonel Von Loë. Quand il fut introduit auprès de lui, son indignation éclata.

— «La ville, dit-il, ne satisfera pas à la réquisition que l'on a osé formuler. C'est chose indigne, qui révolte l'humanité, que de canonner une ville ouverte, que de détruire un établissement industriel comme celui qui est visé dans l'*ultimatum*. J'avais jusqu'à ce jour considéré les Allemands comme des hommes; leur conduite d'aujourd'hui les range parmi les sauvages et les bandits; ils se sont jetés hors de l'humanité. Aussi, s'écria-t-il, je regarde désormais comme une tache cet Aigle rouge que j'avais porté jusqu'ici, avec quelque orgueil, sur ma poitrine. »

Et joignant l'action à la parole, le noble vieillard arracha sa décoration, qu'il avait mise ce jour-là sans doute pour qu'elle lui servît d'introduction, et il la foula sous ses pieds devant les officiers prussiens stupéfaits.

Si l'ennemi avait été conséquent avec lui-même, M. Jean Dollfus était fusillé, et c'est ce qui rend son action héroïque, comme le sentiment qui l'inspira. Heureusement que la logique cède parfois à la réflexion et que l'humanité ne perd pas toujours ses droits, même chez ceux qui s'en sont affranchis par système. Quoi qu'il en soit, la fermeté d'attitude du maire de Mulhouse eut son effet; elle amena un grand adoucissement dans les premières exigences des Allemands, qui se bornèrent à demander un envoi de cigares, du vin et 25,000 francs en espèces.

La conduite de M. Jean Dollfus fut appréciée comme elle devait l'être. Le patriotisme de la population s'en accrut encore, s'il est possible : on voulait être digne du premier magistrat de la cité. Nous avons vu que les gardes nationaux de Mulhouse figurèrent dans les affaires de Guebwiller et de Soultz. Le 14 octobre, des Vosgiens arrivant par la ligne de Strasbourg annoncent que les Allemands marchent sur Guebwiller et que l'on se bat aux environs de Soultz. Aussitôt M. Kœchlin-Schwartz donne rendez-vous à la gare aux hommes de bonne volonté : quiconque a une arme, si pauvre qu'elle soit, se rend à son appel. Tous partent, font le coup de feu et rentrent le soir sans bruit, satisfaits d'avoir donné une nouvelle preuve de leur attachement à la mère patrie.

La Ligue de l'Est [1], dans l'ignorance où l'on se trouvait en Alsace des événements, pouvait paraître, ce qu'elle était d'ailleurs au fond, une inspiration du patriotisme. Cela suffit pour attirer les esprits. Le département du Haut-Rhin, invité par le préfet du Doubs à envoyer des délégués à la Ligue, s'empressa de faire ses choix, qui tombèrent sur les citoyens les plus honorables. La Ligue n'aboutit pas et ne pouvait aboutir. M. Challemel-Lacour, que deux des délégués étaient allés voir à Lyon, leur en démontra sans peine le danger et l'inutilité. Mais le délégué de Mulhouse eut du moins la satisfaction, à son retour, de rendre service par un autre moyen : il obtint du conseil municipal, sans la moindre difficulté, l'arrêté suivant :

« Vu le décret du 29 septembre 1870,
« Les membres de la garde nationale mobilisée sont invités à se rendre à la mairie dans le délai de vingt-quatre heures pour y chercher leur feuille de route.

« Mulhouse, 8 novembre 1870. »

1. Voir plus loin au chap. VIII.

La résolution que cet arrêté décelait, était profondément méritoire. L'ennemi occupait le pays. Il avait pris toutes sortes de mesures pour empêcher les célibataires de quitter l'Alsace. La chute de Metz aggravait la situation de la défense et en amoindrissait singulièrement les chances. Néanmoins plus de 6,000 Alsaciens se rendirent à l'appel du conseil municipal de Mulhouse. Les jeunes gens partirent tous. Ce fut la réponse de l'Alsace à la trahison de Bazaine et au grand cri patriotique de M. Gambetta.

Dans le même temps, Mulhouse, comme si son patriotisme se fût accru en raison même de nos revers, organisait, en la présence de l'ennemi (car la ville était occupée) tout un service pour envoyer des mobilisés à Lyon. Ce service se faisait par la Suisse. Dès la première semaine, mille hommes purent partir : les frais de voyage jusqu'à Bellegarde étaient payés partie par la ville, partie par des souscriptions, auxquelles les plus pauvres eux-mêmes contribuèrent. Le premier départ forma le noyau des mobilisés du Rhône. Les Allemands firent des représentations à la Suisse, et elle se vit forcée de fermer Bâle à tout envoi ultérieur. Mais tel était l'élan que rien ne put l'arrêter : les mobilisés passaient par Besançon et se rendaient à pied jusqu'à Porrentruy. C'est ainsi que se formèrent les trois légions d'Alsace-et-Lorraine de Lyon composées de 6,000 hommes environ, dont les deux tiers au moins étaient Alsaciens.

Dans le même temps aussi, malgré l'occupation, qui, d'abord intermittente, devenait continue, Mulhouse put organiser une souscription pour offrir au Gouvernement de la Défense une batterie de canons. Le comité, qui était secret, avait à sa tête M. Alfred Kœchlin-Steinbach. La souscription, dont les parts étaient de 50 centimes à 10,000 francs, donna environ 100,000 francs. L'ingénieur Beugnot, associé de la maison André Kœchlin, fut chargé de faire faire la

batterie sur le modèle du canon rayé de Reffye (n° 7).
Il passa assez longtemps dans le Midi pour en surveiller
l'exécution aux forges des chantiers de la Méditer-
ranée. Malheureusement le travail ne put aller aussi
vite que les événements [1]. Il s'achevait seulement au
moment même où la guerre finissait par la capitulation
de Paris, mais ce n'est pas à Mulhouse qu'il faut s'en
prendre des mécomptes de son patriotisme.

Ainsi, partout, à Colmar, à Thann, à Guebwiller, à
Soultz, à Mulhouse, c'est le même sentiment qui
domine, c'est la même inspiration qui agit; il n'y a
pas de plus beau spectacle et qui soit plus de nature
à nous réjouir. Nous ne voyons qu'une seule tache
au tableau; et notre impartialité, comme la vérité
historique, nous oblige à la montrer. Nous voulons parler de la conduite de M. Keller, qu'un décret du Gouvernement de la Défense nationale avait nommé colonel,
lui donnant droit de commandement sur les compagnies
de francs-tireurs alors organisées et opérant dans
la haute Alsace.

La conduite du colonel Keller tranche avec celle de
la population tout entière, sans distinction de parti ou
de religion. Les francs-tireurs surent remplir leur
devoir, nous l'avons vu dans mainte circonstance;
nous le verrons encore plus tard, lorsque nous les
retrouverons avec Garibaldi. Leur chef, seul, fut au-
dessous du sien. Devant son attitude, on se rappelle
involontairement le vers d'une vieille comédie, *Ésope
à la cour*, où le fabuliste, homme d'esprit, ayant
donné par inadvertance à un colonel de cour le nom
de « Soldat, » et l'ayant vu froncer le sourcil à cette
appellation impertinente, se corrigeait bien vite et
disait en s'inclinant, d'une façon ironique :

  « *Monsieur le colonel, qui n'êtes pas soldat.* »

---

1. A la paix, M. Grosjean fut chargé par les souscripteurs de faire don
de cette batterie à l'État en leur nom. M. Thiers accepta. Il eût été digne
de lui de la faire figurer à part dans un musée.

Mais nous ne voulons pas, pour le moment, entrer dans des développements sur ce sujet, que nous rencontrerons ailleurs. Nous ne voulons pas gâter notre admiration. Nous nous bornerons à rappeler que le 2 novembre, à huit heures vingt du soir, le colonel Denfert, qui commandait à Belfort, envoyait à M. Gambetta à Tours la dépêche suivante :

« Colonel commandant Belfort a Guerre, Tours,
et général Michel, Besançon.

« L'ennemi s'est présenté aujourd'hui pour commencer l'investissement à Giromagny et à Roppe. M. Keller n'a pas effectué le mouvement indiqué, et n'a pu inquiéter l'ennemi dans sa marche de Sentheim à Lauw, Rougemont et Giromagny. Seuls les gardes nationaux ont résisté. L'ennemi a abordé Giromagny à onze heures, avec 2 pièces de canon. Le bataillon de la Haute-Saône s'est alors replié sur Belfort sans attendre les deux compagnies de mobiles des Vosges, qui ont pu rentrer à Belfort. Une autre colonne ennemie a attaqué Roppe vers une heure. Les mobiles du Rhône ont empêché les Prussiens d'occuper le village et leur ont fait perdre au moins 150 hommes et 1 officier supérieur. De notre côté, les pertes sont faibles. — Denfert.

Il en fut dans toute la durée de son commandement comme dans l'affaire dont parle le colonel Denfert. M. Keller n'était jamais où il aurait dû être. Un de ses frères d'armes, de ses subordonnés, nous disait plus tard en quittant les Vosges, avec une autorité qui ne saurait être contestée : « Durant son commandement dans les Vosges, M. Keller n'a jamais vu un Prussien, nous l'affirmons, pas même au bout de sa lorgnette. Plusieurs de ses compagnies s'étaient battues : toutes avaient été à la hauteur de leur mission ; mais elles avaient manqué d'un chef capable, d'un chef militaire ; M. Keller était sans doute trop préoccupé de considérations étrangères à l'art de la guerre. Leur découragement fut grand, quand il leur fallut se retirer ; elles abandonnèrent, les larmes aux yeux, la rage dans le cœur, ces Vosges qu'elles auraient voulu défendre, qu'elles auraient défendues, si elles avaient été autrement commandées. »

Le colonel Denfert d'une part, en dépit de la sobriété d'un chef qui ne donne que les faits matériels, et de l'autre, un compagnon d'armes, témoin oculaire des faits et des circonstances accessoires qui en déterminent la valeur morale, nous laissent entrevoir déjà le colonel de comédie que nous mettrons plus tard en scène et en pleine lumière.

CHAPITRE V

L'INVASION EN DEÇA DES VOSGES

Evénements militaires du 13 septembre au 10 octobre. — Les confidences de
M. de Bismarck. — Les commandements régionaux de l'amiral Fourichon.
— Marche de l'invasion. — Première évacuation d'Orléans. — Conflit du
général de Polhès et de M. Pereira, préfet du Loiret. — Lettres diverses. —
Lettres de M. Cochery. — Les indiscrétions de l'état-major prussien. — Le
général Cambriels dans les Vosges. — La Normandie. — Dépêche de M. Es-
tancelin à M. Steenackers. — Lettre adressée de Nancy à la *Presse* de Vienne
(Autriche). — Soissons. — Parmain. — Saint-Quentin. — Les francs-tireurs.
— Les volontaires. — Un article du *Saturday-Review.*

Les faits de guerre accomplis ou subis dans la période
qui s'étend de l'installation de la Délégation à Tours,
jusqu'à l'arrivée de M. Gambetta, n'ont aucun intérêt
au point de vue militaire proprement dit : ils ne prendront un caractère digne d'attention, sous ce rapport,
que dans des circonstances très rares, au jour où le
général d'Aurelles de Paladine aura pris le commandement de l'armée de la Loire. Il est donc permis de
passer rapidement sur ce sujet, et de ne dire que ce
qui est nécessaire pour marquer, avec la marche et les
progrès de l'invasion, l'insuffisance des moyens de
résistance ou des hommes, pour faire comprendre aussi
ce que le patriotisme avait à souffrir du spectacle
qu'on avait sous les yeux, quel effet il produisait sur
les esprits, particulièrement dans les villes et les départements où se prononçait avec le plus d'énergie le
sentiment de la défense.

Au moment où la Délégation arrivait à Tours, les
choses étaient dans un tel état que l'invasion, en dehors

des points protégés par les places fortes du Nord et de l'Est, ne rencontrait aucun obstacle sérieux. Paris investi, rien ne pouvait arrêter son mouvement d'expansion à l'Ouest et au Sud, vers le centre. Nulle force entre l'envahisseur et la Loire; une population sans armes, sans habitudes militaires, chez laquelle l'esprit d'initiative individuelle ou collective avait été systématiquement comprimé ou paralysé. Les mobiles s'organisaient, s'armaient, s'avançaient; les francs-tireurs, les corps volontaires se levaient et marchaient aussi. Mais, à ce moment, tout était encore informe, incohérent, hors d'état de tenir solidement, d'apporter, çà ou là, un secours vraiment utile, en dépit de la vaillance native, contre un ennemi supérieur en nombre, en organisation, en armes, en discipline, et enhardi par de récentes victoires, presque miraculeuses. Peut-être eût-il été possible cependant de tirer parti du courage naturel et de l'ardeur patriotique de ces jeunes troupes, de neutraliser pour le moment les avantages de l'agresseur, si l'on avait eu quelque chef hardi, entreprenant, un guerrier de génie, ou seulement un capitaine brûlé de la flamme de 92, un Marceau, un Hoche, un Kleber. Malheureusement rien n'avait été fait pour l'éclosion de tels phénomènes, et s'en fût-il produit, que c'eût été en pure perte. Notre organisation militaire est un obstacle aux miracles improvisés. Si le génie s'y rencontre, à la bonne heure; sinon, nous sommes condamnés à nous en passer et à nous contenter de l'ordre commun, qui, si façonné qu'il soit, n'y supplée pas.

Cet état de choses dictait le plan d'action de l'ennemi.

Il faut citer, à ce propos, au moins en partie, une conversation que M. de Bismarck, qui ne se pique pas de laconisme, comme son collègue M. de Moltke, surnommé le silencieux (*der schweigsame*), eut, le 12 septembre, avec un correspondant du journal anglais *le Standard*.

QUARTIER GÉNÉRAL DU ROI.

..... Je lui demandai (à M. de Bismarck) s'il croyait que les Français défendraient Paris. — Nous ne l'attaquerons pas, me répondit-il. — Que ferez-vous alors ? — Nous y entrerons sans l'attaquer ; nous l'affamerons.

« J'alléguai qu'il faudrait 1,200,000 hommes pour investir Paris. Il m'expliqua qu'on ne l'investirait pas dans le sens même du mot, mais qu'on l'envelopperait pour couper toutes ses communications.

« — C'est le meilleur moyen, ajouta-t-il ; nous avons « 50,000 hommes de cavalerie qui répondront du reste ; *ils* « *balayeront constamment les points qui ne seront pas occupés* « *par les troupes, et pas une miette de nourriture n'entrera à* « *Paris.* Pourquoi attaquerions-nous de force et nous impo- « serions-nous d'inutiles sacrifices ? Nous trouverions dans « Paris des gens armés qui nous donneraient du mal le pre- « mier jour et peut-être le second, si nous les attaquions. Le « troisième jour, si nous les laissons tranquilles, ils devien- « dront embarrassants pour Paris même, les vivres com- « mençant à devenir plus rares..... Pourquoi nous casser la « tête contre une muraille ?

« Il parlait avec la plus grande confiance de cette ma- nière de venir à bout de Paris. Quand je lui dis que, pen- dant qu'on restera ainsi inactif, on donnera à la France le temps de former une nouvelle armée au sud de la Loire, il répondit : « Pas une armée, mais des bourgeois armés. « Nous en avons pris 1,500, de ces troupes-là, près de « Sainte-Menehould, avec un simple escadron de dragons. « Il est possible que les Français soient *de bons soldats* « *dans trois mois, mais nous ne leur donnerons pas trois* « *mois ;* et, dans tous les cas, cette soi-disant armée serait « sans officiers vraiment dignes de ce nom...

« Au sujet des projets de paix, il me dit : « Avec qui ? « Par qui ? Avec les *gentlmen* du pavé et leurs représen- « tants ? Quand je vis l'empereur, continua-t-il, après qu'il « se fût constitué prisonnier, je lui demandai s'il était dis- « posé à mettre en avant des propositions de paix : il me « répondit qu'il n'avait pas de pouvoirs pour le faire, qu'il « avait laissé à Paris un gouvernement régulier...

« Puis il me dit : « A qui la flotte doit-elle obéir ? A qui

« l'armée enfermée à Metz obéirait-elle ? Peut-être Bazaine
« reconnaîtrait-il encore l'empereur. S'il en est ainsi, et si
« nous le laissons s'échapper et se diriger sur Paris, Bazaine
« et son armée auront une valeur autrement considérable
« que les *gentlemen* du pavé et le soi-disant gouvernement.
« Nous ne désirons pas imposer à la France sa forme de
« gouvernement ; nous n'avons pas à nous en mêler... »

« J'objectai qu'il serait excessivement difficile pour le
peuple français, en ce moment, d'assurer l'expression de la
volonté nationale par les moyens ordinaires.

« — C'est leur affaire, dit-il ; nous savons ce que nous
« voulons, et cela nous suffit. »

« Cette observation nous conduisit à examiner quelles
étaient les conditions que l'Allemagne considérait comme
indispensables à la paix. Le comte désavoua toute intention de vouloir agrandir le territoire allemand par pur
amour pour les annexions. « — Ce serait une incommodité,
« dit-il, d'avoir des sujets allemands parlant le français.
« Mais, continua-t-il, c'est pour la vingt-cinquième fois
« au moins que, sous un prétexte ou sous un autre, la
« France fait la guerre à l'Allemagne. Aujourd'hui que la
« terrible maladie — son unité divisée — dont souffrait
« l'Allemagne, est radicalement guérie, nous sommes con-
« traints, avec l'aide et par la main de Dieu, d'abattre notre
« ennemi séculaire. Il serait téméraire de songer prétendre
« l'apaiser. Il ne nous pardonnera jamais de l'avoir battu ;
« même si nous lui offrions les meilleures conditions du
« monde. Il n'a jamais pu oublier Waterloo ; et c'est seule-
« ment parce que l'occasion lui a manqué qu'il ne nous a
« jamais fait la guerre à ce sujet. Il ne pouvait oublier
« Sadowa, bien que cette victoire n'ait pas été remportée
« contre lui ; et il n'oubliera jamais Sedan. Il faut donc le
« rendre impuissant. *Nous aurons Strasbourg et nous aurons*
« *Metz*, dussions-nous n'y tenir qu'une simple garnison, ou
« employer tout autre moyen nécessaire pour garantir
« notre position stratégique contre les attaques de la France.
« Nous n'avons pas besoin de son territoire pour le terri-
« toire même, mais comme *glacis* entre elle et nous. »

On pourrait le faire remarquer, la suite des événements que nous verrons se dérouler sous nos yeux, se

trouve là, présentée d'avance comme dans la perspective, avec une netteté de vision, une précision de prévoyance qui montre, d'une part, avec quelles idées arrêtées l'homme d'État prussien poursuivait la guerre, et, de l'autre, combien il avait étudié les choses et les hommes de notre pays[1]. Mais, dans toutes ces confidences à haute voix, l'idée d'une action stratégique sur la Loire, qui ne laisse pas le temps à la France d'y former une nouvelle armée, est le seul point qui nous intéresse en ce moment et que nous ayons à retenir.

M. de Bismarck ne commettait là, du reste, aucune indiscrétion. Le point qu'il marquait était clair comme la lumière du jour. Le général Le Flô et l'amiral Fourichon n'eurent qu'à ouvrir les yeux pour savoir ce qu'ils avaient à faire. Hâter la formation des armées, couvrir, ne fût-ce que dans cet intérêt, les riches contrées où l'ennemi allait nécessairement s'avancer; opérer et se ravitailler; secourir, si cela se pouvait, les places qui tenaient encore; retenir l'invasion le plus loin possible de la Loire, on ne pouvait songer à autre chose; cela était forcé et tournait en quelque sorte autour du point marqué par M. de Bismarck.

Le général Le Flô avait tracé un plan, un système de défense pour ainsi dire local, et l'amiral Fourichon avait proposé, comme pièce du système de défense, la distribution du territoire libre en grands commandements[2]. Cette idée ayant été approuvée, les généraux d'Aurelles, de Polhès, Fiereck, Cambriels, Gudin, de Lamotte-Rouge, Estancelin, furent nommés ou désignés. Les généraux d'Aurelles et Fiereck se partagèrent d'abord la région de l'Ouest; le général de Polhès eut le centre, avec le général de Lamotte-Rouge, qui fut chargé de l'organisation du 15e corps, à Nevers, Vierzon, Bourges. Une division territoriale provisoire, compre-

---

1. Ce qui ressort visiblement, surtout dans l'allusion qu'il fait, en passant et de si loin, à l'ambition de Bazaine.
2. Dépêche du 24 septembre.

nant les départements d'Eure-et-Loir, Eure, Loiret, Calvados, Manche, devait être placée dans les mains du général de division de l'infanterie de marine, Martin des
Pallières. Le général Gudin restait provisoirement dans
la Seine-Inférieure, avec M. Estancelin, qui avait été
nommé au commandement général des gardes nationales de la Normandie. Le général Espivent passa dans
le Nord.

On attendait d'excellents résultats de cette mesure[1];
et peut-être, en effet, en eût-on obtenu de tels, si,
parmi ces généraux qui avaient vieilli sous le harnais,
sauf M. Estancelin, qui était à son coup d'essai, il y
avait eu — on peut le répéter — quelque Turenne inconnu, à défaut d'un Condé ou d'un Bonaparte impossibles, capable d'avoir confiance en lui, de rompre la
défiance que le soldat avait de ses chefs et de lui-même.
Mais, cela manquant, la distribution des commandements régionaux n'était qu'une création stérile, sur
une feuille de papier. Les troupes d'invasion purent
s'avancer hardiment, presque sans coup férir, dans
toute l'étendue du triangle qui comprend la haute
Normandie, la Beauce et l'Orléanais, ayant pour objec-
tifs Rouen, Chartres, Orléans.

De ces trois villes, Orléans était le point le plus important, et auquel l'état-major prussien attachait le
plus de prix.

« Par sa position sur la rive droite de la Loire, disait le
Staatsanzeiger, journal officiel de Berlin, Orléans est un
point considérable pour l'armée qui opère autour de Paris,
par la raison que cette ville couvre ses derrières au Sud.
Mais son importance stratégique consiste surtout en ce que
les lignes ferrées de Nantes, Bordeaux, Toulouse et la ligne
centrale y aboutissent. La dernière relie Paris à Lyon par
Bourges ; de plus, Orléans communique indirectement par
Tours avec Chambéry et Brest, de sorte que l'occupation
de cette place entraîne comme conséquence le départ du

---

1. Dépêches des 24 et 25 septembre.

Gouvernement provisoire de Tours, et, dès que Chartres sera aux mains des Allemands, les trains qui amènent les soldats de marine de Brest et les troupes de Bretagne, seront totalement arrêtés.

« A ces considérations stratégiques il faut ajouter qu'Orléans et les environs ont une grande importance matérielle. La ville compte, avec les faubourgs, près de 70,000 habitants, qui jouissent d'une très grande aisance. Elle offre, si la campagne se prolongeait ou si un armistice intervenait, de vastes casernes et d'autres constructions importantes qui abriteraient les troupes allemandes. La contrée au nord d'Orléans est le grenier de Paris ; la Beauce est un des pays les plus fertiles de la France, et va fournir des ressources considérables à l'armée d'investissement de Paris, du froment, que travaillent des moulins à vapeur ou à eau, de grandes provisions d'avoine pour la cavalerie, des fruits et des légumes en telle quantité, que non seulement ils servent habituellement à l'approvisionnement de Paris, mais qu'ils sont un article de commerce extérieur. »

Indépendamment de toutes ces considérations qui attiraient les Allemands vers Orléans, cette ville était de plus comme le nid de l'œuf que M. de Bismarck se promettait d'écraser. Aussi fût-ce de ce côté que l'on se dirigea avec le plus de rapidité. La Délégation était à peine établie à Tours, que le télégraphe lui apportait des nouvelles du mouvement de l'ennemi vers la Loire. Le 21 septembre, une dépêche lui annonçait qu'il était campé près de Malesherbes ; le 22, qu'il était entré à Pithiviers ; le 23, qu'il marchait sur Nemours ; le 24, qu'il avait séjourné à Fontainebleau, se dirigeant sur Orléans avec de l'artillerie.

Nous avons vécu à Tours, pendant les trois mois que la Délégation y a séjourné, entre le découragement et l'illusion, entre la crainte et l'espérance. Cela commença dès les premiers jours. Les journaux y contribuèrent pour une bonne part.

« L'apparition des Prussiens à Pithiviers, (disait la *France*, le 24 septembre) qui avait causé une si chaude

alarme avant-hier, se rattachait bien décidément non pas à
un mouvement offensif, mais à un mouvement de retraite.
C'est à une poignée de vaincus, non à une colonne d'agres-
seurs qu'a été due cette journée de panique. Aujourd'hui
l'alerte est passée et le calme est revenu. »

Ce qui était vrai, c'est que les Prussiens auraient eu
grand tort d'opérer un mouvement de retraite sérieux
et qu'ils n'y songeaient guère. Après quelques engagements de cavalerie assez insignifiants, mais où nos
dragons et nos hussards ne s'étaient pas mal comportés,
il leur était loisible d'entrer à Orléans le 27, grâce à
l'excessive prudence du général de Polhès, qui l'avait
évacué la veille.

Il convient de s'arrêter sur cette affaire, non pas seulement à cause de son importance, mais aussi parce
qu'elle présente des incidents qui marquent notre
désarroi militaire et l'état général des esprits.

Le 27 septembre, l'amiral Fourichon, dans une dépêche envoyée par pigeon, à 3 h. 30 du soir, annonçait
la nouvelle au ministre de la guerre.

« Le général de Polhès, disait-il, télégraphie, ce matin
à 4 heures et demie, qu'après les engagements des trois
derniers jours, il est obligé d'évacuer Orléans devant les
forces supérieures de l'ennemi, dont l'infanterie s'est massée
dans les bois pendant la nuit et qui dispose de 24 escadrons
et de 15 à 18 canons. La troupe se replie sur Blois, Vierzon,
Gien ; le général n'a pas cru pouvoir engager le combat
dans les conditions où il se trouvait. »

L'amiral Fourichon se bornait à signaler le fait ; il
lui eût paru trop long, trop pénible peut-être, de dire
ce qu'il en pensait.

Nos notes portent à la date du 28 et du 29 :

« Stupeur dans la bourgeoisie. Départ précipité des habitants riches pour le Midi. On songe à transférer le siège du
Gouvernement à Toulouse, Brest ou Bordeaux. Il en a été
question au Conseil. On dit qu'au Conseil de cinq heures,

l'amiral a lu une lettre adressée au général de Polhès au sujet de sa conduite. Il le blâme énergiquement. — Dans les circonstances actuelles, aurait dit l'amiral, il faut savoir vaincre ou mourir. »

« Nous venons de lire le rapport du général de Polhès. On trépigne d'indignation. On s'étonne qu'on ne le traduise pas devant un conseil de guerre.

— Il retourne occuper, s'écrie-t-on, la forêt d'Orléans, où il n'y a plus d'ennemis... C'est du pur grotesque. »

Il est certain que l'effet de l'évacuation d'Orléans fut très vif à Tours, dans la population et dans la Délégation. Ces notes, jetées rapidement sur le papier, au moment même, sur le fait, peuvent en donner une idée. L'irritation contre le général de Polhès était universelle. On savait qu'il était en force. On se disait qu'avec un peu de résolution et de bonne volonté, il avait assez de monde pour empêcher l'événement; que d'ailleurs une ville de cette importance méritait bien qu'on osât quelque chose pour elle. On calculait l'effet moral, et l'on était atterré.

Les journaux, même les plus modérés, la *Gazette de France* exceptée, sentaient et parlaient comme le public.

« Suivant une autre dépêche, disait le *Moniteur*, les troupes ennemies qui ont entouré Orléans ne s'élevaient pas à plus de 8 ou 10,000 hommes.

« Ce seraient là les forces *considérables* devant lesquelles nos généraux auraient cru devoir se retirer, laissant à la merci des envahisseurs une ville pleine de richesses et d'approvisionnements de toutes sortes, une ville qui possédait certainement plusieurs milliers de gardes nationaux et où l'on aurait pu concentrer en quelques heures au moins 5 à 6,000 soldats, et peut-être le double de gardes mobiles, sans compter plusieurs centaines de ces brillants francs-tireurs qui promènent depuis trois jours dans Tours leur tournure guerrière et leurs uniformes pittoresques! »

Le *Moniteur*, le lendemain, revenant sur le même

sujet et se transportant dans un salon, disait, sur un autre ton :

— Je viens de rencontrer un voyageur qui arrive d'Orléans et assure que les Prussiens ne sont pas dans la ville et même qu'ils se replient sur Paris.

— Mais, dites donc, à propos, nos généraux se replient beaucoup ? Est-ce qu'ils ne pourraient pas changer de tactique, une fois par hasard ?

— Mon voyageur m'en a conté une bonne : un paysan avait pris pour des Prussiens des hussards français qui arrivaient à Orléans pour défendre la ville. Vite, il s'en va trouver le général de Polhès, auquel il décrit ces gens tant bien mal.

— Si ce sont des Prussiens ! s'écrie le général ; bien sûr ! Des Prussiens prussianisant ! Vivement, replions-nous !

— Allons donc ! Pas possible.

— Nous saurons cela demain, au juste. Mais dame ! on répète comme cela des histoires sous le manteau à propos de nos généraux.

— Dites des généraux de l'empire !

— Enfin, de ceux qui sont censés devoir nous conduire à la victoire. On m'a garanti celle-ci : il y a un mois à Alkirch, près de Belfort, quelqu'un vient, un beau soir, dire à des officiers supérieurs qui faisaient leur partie de bésigue, que les Prussiens passaient le Rhin. — Ah ! bah ! répondirent-ils ; à cette heure-ci ? — Peuh ! — Mais... — Eh ! bien, il faut en avoir le cœur net. — Et avisant l'aumônier du régiment, qui, dans un coin, lisait son bréviaire : — Çà, dites donc, vous, l'abbé, qui ne faites rien, allez donc voir un peu ce qu'il en est. »

« Le moyen de ne pas rire en France ! En France on rit si vite, surtout quand on a pleuré ! »

A Orléans, les journaux ne riaient pas. Le *Journal du Loiret*, étendant sa critique, ne s'en prenait pas seulement aux généraux qui se repliaient si aisément, mais aussi, et avec juste raison, à la population elle-même, qui ne savait pas toujours garder la dignité du malheur ou la modestie de la honte.

« Au moment où nous écrivons, disait-il, on acquiert de plus en plus la certitude qu'Orléans a été surpris ce matin par une panique non moins déplorable que la première fois.

« Quand donc finiront ces honteuses terreurs? Quand nos généraux seront-ils bien renseignés? Quand cesseront ces spectacles affligeants d'une grande cité désertée par ses défenseurs? A quoi bon les armes dont on semble vouloir nous couvrir, pour les abandonner sur les plus équivoques apparences d'une attaque?

« Cette nuit, Orléans s'est trouvé dépeuplé de ses soldats. A la nouvelle, fausse sans doute, que seize escadrons chevauchaient derrière la forêt, on a tenu un conseil de guerre; on a jugé toute résistance impossible, et, suivant le mot trouvé dans je ne sais quel sentiment de pudeur habile, on s'est replié!...

« Nous le demandons avec tous nos concitoyens étonnés : où étaient les nouvelles authentiques qui faisaient prendre ces résolutions? Pourquoi ces simulacres de défense où s'épuisent la vigueur et le courage de tout le monde, citoyens et soldats? Où donc étaient l'énergie qui donne la confiance et les exhortations qui l'inspirent?

« Ces questions douloureuses, nous avons le droit de les adresser en face d'une ville en émoi, d'une population trompée dans son espoir le plus viril, et, disons-le nettement en face d'un pays que cette désorganisation de ses forces et de ses courages déshonore et compromet.

« La vérité est que, d'après les renseignements arrivés vers midi, 6 ou 700 Prussiens seulement parcourent les environs d'Arthenay. Voilà la redoutable armée dont on a voulu, par prudence, éviter le choc formidable!

« Encore est-il sûr que ces batteurs d'estrade sont impuissants et désorientés. Hier, après le combat de la Croix-Briquet, on n'a pas trouvé une seule cartouche sur les morts, les blessés et les prisonniers qu'on a fouillés.

« Il est temps qu'on regarde en face ces fantômes d'armées. Quiconque a le cœur d'un patriote à Orléans n'aperçoit qu'avec amertume ce désordre et cette impéritie, ce va-et-vient de forces qui paraissent et disparaissent. »

L'opinion publique ne lâchait pas prise. Le nom du général de Polhès était dans toutes les bouches.

Inconnu jusqu'alors, il sortait tout à coup de son heureuse obscurité. Tous les journaux rappelaient et commentaient chaque jour sa conduite. Il voulut se justifier, diminuer et même étendre à d'autres la responsabilité, et il adressa aux journaux d'Orléans la lettre suivante, qui provoqua une vive polémique.

Orléans, 30 septembre 1870.

« MONSIEUR LE DIRECTEUR,

« Les règlements militaires nous défendent d'écrire dans les journaux et d'élever aucune polémique avec leurs rédacteurs, n'importe sur quel sujet.

« Néanmoins, plusieurs personnes honorables d'Orléans m'ayant prié de faire connaître publiquement si M. le préfet du Loiret avait assisté au conseil de guerre tenu la nuit même de l'évacuation de la ville, je crois pouvoir leur répondre par la voie de votre estimable journal.

« Ma réponse sera très courte. C'est en présence de M. le préfet du Loiret qu'après une longue délibération et sur l'avis des généraux et de tous les chefs de corps, que l'évacuation fut prononcée à l'unanimité des voix.

J'avais le droit de donner des ordres, et rien ne m'obligeait de prendre conseil de mes inférieurs ; mais dans une circonstance aussi grave, j'ai cru devoir m'éclairer de l'opinion de tous.

Recevez, Monsieur le Directeur, mes remerciements pour l'insertion de cette lettre, et l'assurance de mes sentiments distingués,

« *Le général de division,*

« Baron DE POLHÈS. »

Le préfet, mis ainsi en cause, répondait en adressant aux mêmes journaux diverses communications qui mettaient singulièrement en relief la faiblesse de vue, sinon de cœur, du général de Polhès, apportant la preuve qu'il s'était retiré devant un ennemi à peu près imaginaire, et assurément de beaucoup inférieur en nombre ; qu'il s'était laissé tromper étourdiment par des renseignements mal pris ; qu'il n'avait su, en un mot, ni ordonner, ni prévoir, déclarant enfin et concluant nettement à son remplacement immédiat.

L'accusation était accablante. Le général ne répliqua pas.

Ici, se place un incident, qui marque un des côtés les plus délicats de la situation.

Tout le monde pensait qu'il fallait à tout prix organiser la défense d'une manière énergique, arrêter les ravages et les progrès de l'invasion ; et le Gouvernement pensait comme tout le monde. Mais comment atteindre le but avec les hommes et les moyens dont on disposait? Où étaient les chefs énergiques? Et quelle certitude avait-on qu'on trouverait dans l'élément civil ce que l'élément militaire ne semblait pas pouvoir fournir? M. Cochery, ancien député du Loiret, qui jouissait dans le département d'une grande influence, était venu à Tours pour appuyer l'opinion du préfet, M. Pereira, et il avait été chargé par M. Crémieux et par M. Laurier d'activer par tous les moyens la défense dans sa région, de la stimuler, d'en prendre le direction suprême. Seulement l'amiral Fourichon ne voulait à aucun prix qu'on touchât aux droits de l'autorité militaire. MM. Laurier et Crémieux sentirent bientôt eux-mêmes que la question était grave. Si laisser les choses dans l'état, c'était heurter une opinion considérable et assumer la responsabilité du mal dont on demandait le remède de bien des côtés, donner à l'autorité civile la supériorité n'était pas sans grand péril pour la discipline et pour le but même qu'on devait se proposer. Dans sa perplexité, le Gouvernement allait tantôt d'un côté, tantôt de l'autre, aggravant tout par une indécision qui eût été sans excuse, si elle n'avait pas eu l'excuse de la nécessité.

Une lettre de M. Cochery, adressée à MM. Crémieux, Glais-Bizoin, Laurier et Steenackers, pourra paraître curieuse sous plus d'un rapport, comme pièce du procès que l'opinion faisait au général de Polhès, et parce qu'elle met au vif les préoccupations du patriotisme, et les efforts du Gouvernement pour concilier ce qui, dans la situation donnée, pouvait bien être inconciliable.

« Ad. Cochery,

« A MM. Crémieux, président du Gouvernement ; Glais-Bizoin, membre du Gouvernement ; Laurier délégué au département de l'intérieur, et Steenackers, Directeur général des lignes télégraphiques, Tours.

« Faut-il donc que le formalisme et les susceptibilités militaires arrivent à perdre complètement notre pauvre France et voulez-vous en assumer la responsabilité ? Songez à l'opinion publique qui réclame si énergiquement, à la Constituante et à l'histoire, qui apprécieront sévèrement vos scrupules.

« N'oubliez pas le point de départ de ma mission. Je suis allé me plaindre au nom du département de la direction incertaine imprimée aux opérations militaires dans le Loiret. A ma seconde visite, vous avez cru parer au danger en concentrant les pouvoirs dans une seule main et vous m'avez offert la mission de Commissaire de la défense.

« Bien évidemment vous n'eussiez pas fait disparaître les causes de mes réclamations en me donnant seulement le pouvoir de lever des volontaires. D'ailleurs toutes les personnes présentes ont défini mes pouvoirs en déclarant qu'ils étaient illimités.

« J'en appelle à M. Crémieux, à M. Glais-Bizoin, à M. Laurier, à M. Steenackers.

« L'entente était telle que je me suis immédiatement adressé au brave général qui était présent, pour lui demander de m'indiquer un bon officier général, et que je suis allé chercher l'annuaire pour faciliter ses indications.

« La pensée qui a déterminé ma nomination n'est donc pas douteuse. Je ne veux certes ni commander des armées ni faire des plans de campagne, mais je veux pouvoir *contraindre* les généraux à la défense nationale, à ne pas laisser dévaster notre département et à ne pas y laisser puiser d'énormes ressources pour l'armée qui assiège Paris.

« Que l'un de vous n'ayant pas de parti pris vienne nous

visiter. Il verrait la ville de Pithiviers trois fois occupée par les Prussiens et les habitants ne pouvant obtenir le pain de chaque jour que sur l'autorisation d'un soldat prussien. Il verrait les châteaux environnants pillés, dévastés et de longues files de voitures emportant les dépouilles des habitants, des convois énormes de moutons, de bœufs, que l'ennemi va conduire aux corps d'armée de la Prusse ; il s'assurerait que nos forces sont supérieures, mais qu'en même temps elles sont dirigées par cinq ou six généraux dont les attributions sont mal définies, que les mouvements et les ordres sont contradictoires. Il verrait enfin qu'il faut une volonté pour tirer parti de toutes nos resssources.

« C'est par une mesure semblable que la France a été sauvée en 1792. C'est la même mesure que le Gouvernement provisoire a décrétée en 1848 en nommant des commissaires extraordinaires. Le danger certes n'est pas moindre aujourd'hui.

« Vous m'avez nommé Commissaire à la Défense dans le département du Loiret. Or comment défendre sans avoir d'action sur l'autorité militaire ? Il ne faut pas donner un titre sans sanction ; vos prédécesseurs de 1792 ont su être logiques et le pays leur doit son salut.

« Vous me dites il est vrai que je conduirai les volontaires et ceux qui ne rentrent pas dans l'armée régulière. Ainsi quand je me plains qu'il n'y a pas d'unité d'action, vous voulez ajouter une nouvelle volonté qui se heurte à tant d'autres volontés ? D'ailleurs vous oubliez que, par un décret récent, les volontaires et francs-tireurs sont soumis avec juste raison aux généraux. Vous oubliez que la garde mobile est également soumise aux généraux. Je ne peux cependant pas être Commissaire de la Défense nationale sans avoir d'action sur personne !

« Je comprends la mesure, la retenue qu'on doit apporter quand on veut toucher aux choses militaires ; j'ai toujours eu l'intention de ne m'en point départir. Mais alors que vous me conifériez une mission, je n'ai pas cru que c'était une mission purement nominale.

« Je vous en conjure, ne méconnaissez pas la misérable situation du Loiret, n'oubliez pas les fautes énormes que je vous ai fait toucher du doigt et que je défie qu'on conteste en ma présence, et ne prolongez pas surtout un état

de choses qui engagerait gravement votre responsabilité.
J'attends votre réponse. »

Quoi qu'il en soit de l'incident, comme des observations patriotiques de M. Cochery, et pour revenir au
général de Polhès, il n'y avait qu'une voix contre lui.
L'opinion publique le poursuivait de tous les côtés, et
prenait texte de sa défaillance pour soupçonner tous
les généraux et pousser le Gouvernement dans la
voie des mesures révolutionnaires. On peut voir dans
la *Gazette de France*, comment on tranchait la question dans les réunions publiques à Tours[1]. Ce qui
achevait d'accabler le général de Polhès et donnait
raison à M. Cochery, ce fut le succès du général
Royau, à Toury, succès que M. Cochery annonçait par
la dépêche suivante adressée à MM. Crémieux, Glais-
Bizoin, Laurier et Steenackers :

« Hier, enfin, par mes instances, on a fait marcher 6,000
hommes environ contre 7,000 Prussiens à Toury. Après un
engagement, les Prussiens ont reculé. Aujourd'hui ils éva-
cuent Pithiviers ; ils sont encore à Malesherbes. Je supplie
les généraux d'occuper Pithiviers, bien que Malesherbes
soit instantanément évacué par l'ennemi. Ce qui arrive est
la justification complète de mes réclamations. Si l'autorité
militaire n'avait pas tant tardé, un arrondissement tout
entier n'aurait pas été complètement ravagé. »

Le même jour, M. Cochery, écrivait la lettre suivante, qui achève le tableau :

« Orléans, 6 octobre 1870.

« MON CHER STEENACKERS,

« Pourriez-vous me dire en confidence quelle est ma situation et ce que je dois faire ?
« A Tours, on me donne dimanche des pouvoirs illimités,
on oublie d'indiquer l'action sur la partie militaire, je ne
dis pas la direction, ce qui serait bien différent.

1. Numéro du 9 octobre.

« Un conflit s'élève.

« Je fais mardi matin une longue dépêche télégraphique dont vous avez reçu un exemplaire. Je demande une réponse.

« On garde un silence prudent.

« Je comprends le motif. Mais que vais-je faire ?

« J'irai de l'avant le plus possible. Je donnerai mon concours à l'autorité militaire. Mais jusqu'à quel point puis-je aller sans être désavoué ou sans l'être trop ?

« Vous comprenez la situation ; je vous demande un conseil confidentiel.

« Vous ne sauriez imaginer ce que l'on pourrait faire avec un peu de bonne volonté. Six mille Français ont marché à Toury contre sept mille Prussiens. Ceux-ci ont pris la fuite presque sans combat. Or nous avons 24,000 hommes de troupes dans le département, tandis que l'ennemi n'en possède pas 8,000. Il serait donc facile de le chasser au moyen de colonnes mobiles [1]. »

Oui, il aurait fallu marcher dans la voie indiquée, attaquer et ne pas attendre, pousser des pointes hardies contre l'ennemi, que nos défaillances seules enhardissaient à s'éloigner de sa base d'opérations. On ne le fit pas : la mollesse, l'excessive prudence prévalurent dans la force organisée, quand le plus simple bon sens conseillait l'audace.

Si nous avons insisté sur l'affaire d'Orléans, c'est qu'elle montre dans tout son jour l'état de désarroi du moment. Une armée qui se forme à la hâte, un général sans ressort et sans confiance, myope d'esprit et de cœur, un Gouvernement qui voit le mal et qui ne peut y apporter remède dans la crainte de l'aggraver, qui s'agite dans de bonnes intentions stériles, l'indignation impuissante des bons citoyens, des retours du courage naturel et du vieil honneur dans les soldats et dans les chefs, retours rapides, éphémères, parce qu'il n'y a rien autour d'eux qui les soutienne, les exalte, ou parce que l'idée des désastres subis a, par avance, tout stupéfié,

---

1. Nous donnerons dans le second volume le texte des dépêches échangées entre M. Gambetta et M. Cochery lors de la première occupation d'Orléans.

tout frappé de paralysie, voilà ce que nous voyons ; et nous le notons avec quelque détail, parce que tout cela se retrouve plus ou moins, durant la période que nous parcourons, sur presque tous les points de l'espace occupé ou menacé par l'ennemi. Car, au milieu de ces conflits, de ces défaillances, de ces réactions de l'opinion surexcitée, l'invasion poursuivait son cours. Elle s'avançait sur les Vosges ; elle avait entamé la Picardie et la Normandie en même temps qu'elle occupait l'Orléanais et la Beauce. A la fin de septembre et au commencement d'octobre, le télégraphe, chaque jour, presque à toute heure, annonçait quelque progrès de l'envahisseur.

Notre intention n'est pas de suivre la marche de l'invasion, de marquer chacun de ses pas, ni de parler longuement de la force ou de la faiblesse des obstacles qu'elle surmontait. Nous voudrions seulement montrer, en nous transportant sur des points divers du cercle étendu qu'elle embrassait, quelques-uns des essais de résistance qu'elle rencontra.

La chute de Strasbourg avait été pour M. de Bismarck, écho sans doute de l'état-major prussien, une occasion nouvelle de faire au public ses confidences stratégiques. *La Correspondance provinciale*, son organe semi-officiel, écrivait le 5 octobre, dans sa *Revue des événements militaires :*

« Les troupes, devenues disponibles par suite de la prise de Strasbourg, et la 4ᵉ division de réserve concentrées près de Fribourg, ont la mission d'occuper la haute Alsace, Mulhouse, Colmar, de cerner et de prendre Belfort, Schlestadt et Neufbrisach. Cette tâche accomplie, ce qui ne se fera pas longtemps attendre, ces troupes pénétreront dans l'intérieur de la France.

« Dans les marches en avant, opérées jusqu'à présent vers la Loire, vers l'Ouest et l'Est, on n'a pas trouvé d'indice de nouvelles forces françaises considérables. Il devient de plus en plus improbable que les Français réussissent à former les deux nouvelles armées qu'ils ont projetées. »

Il n'y avait aucune indiscrétion à faire ces révélations. Tout le monde savait qu'il s'agissait, dans l'état-
major allemand, d'une part, de presser le siège de Metz,
de faire tomber toutes les places fortes de l'Est, et,
d'autre part, de s'avancer, avec la masse des forces
rendues ainsi disponibles, pour enserrer les armées
nouvelles de la France, que l'on savait en formation,
pour les écraser, s'il se pouvait, avant qu'elles fussent
des troupes capables d'une ferme et opiniâtre résistance. Les opérations s'activèrent dans ce sens. La
moitié de l'artillerie de siège fut dirigée de Strasbourg
sur Metz. Verdun n'avait été jusque-là qu'investi; le
siège régulier commença. On envoya devant Phalsbourg
des renforts de troupes et de la grosse artillerie venant
aussi de Strasbourg. On pressa l'attaque des autres
places fortes, Bitche, Neufbrisach et Schlestadt, dont
les deux dernières, comme nous l'avons vu, devaient
bientôt succomber.

Notre conduite se trouvait par là toute tracée. Il
fallait faire durer la résistance des places, délivrer
l'Alsace, s'il se pouvait, sinon, tenir le plus longtemps
possible dans les Vosges, fatiguer l'ennemi, inquiéter
sa marche, couper ses communications.

Le préfet du Haut-Rhin, répondant à la proclamation
de la Délégation après l'entrevue de Ferrières, avait dit
que l'Alsace était prête à tous les sacrifices et qu'elle
se lèverait en masse quand elle se verrait appuyée par
des armées régulières. Pour répondre à cette espérance
et retenir le plus longtemps possible l'invasion au delà
des Vosges, le général Cambriels fut envoyé dans cette
région avec le plus de troupes régulières qu'il avait été
possible de réunir. Le général Cambriels était un des
officiers les plus brillants de l'armée : brave, fort ami du
soldat, encore dans la force de l'âge, vigoureux et plein
d'ardeur, tel qu'on pouvait espérer qu'il ne serait pas
au-dessous de sa mission. Mais il avait été blessé par un
projectile sur le sommet de la tête à la bataille de

Sedan; il était mal entouré, facile au découragement, peu fait, dans l'état où il se trouvait, pour lutter avec constance contre des difficultés sans cesse renaissantes. Ses troupes n'avaient que le nom de troupes régulières: elles manquaient de solidité, de cohésion. La condition du soulèvement national de l'Alsace, espéré par le préfet du Haut-Rhin, était impossible, dans les conditions souhaitées. Les Vosges ne pouvaient pas plus être efficacement défendues que les places fortes ne pouvaient longtemps résister ou apporter par leur résistance, si longue qu'elle eût pu être, quelque secours à la défense.

La dépêche que le général Cambriels adressait le 6 octobre, au moment même de son arrivée, donnera une idée exacte de notre situation dans ces contrées, du peu de solidité des hommes, de leur bonne volonté impuissante, du peu de fond que l'on pouvait faire sur la résistance des Vosges, dans l'état actuel des forces chargées de les protéger; et en même temps elle nous permettra de prévoir que les places de l'Alsace, une fois tombées ou simplement annulées, l'invasion se déployerait sans obstacle de ce côté, comme elle le faisait vers la Seine et la Loire, pareille à une marée que rien n'arrête.

Les places de l'Alsace ne faillirent pas. Mais les résistances, si méritoires qu'elles fussent, n'avaient que le mérite de la résistance même. Il aurait fallu qu'elles fussent secondées du dehors, et elles ne l'étaient pas; elles ne pouvaient pas l'être d'une manière efficace.

« Je suis arrivé, disait le général, avant-hier à Épinal. Dupré était arrivé la veille avec sa brigade, moins les zouaves et les chasseurs à pied, malheureusement 48 heures trop tard. Saales était occupé par les Prussiens. Cette occupation a déterminé l'évacuation de Raon-l'Étape. Hier matin, Dupré s'est porté en avant avec sa brigade et a rejoint les mobiles qui étaient en position ce matin. Il s'est porté à la rencontre de l'ennemi, l'a attaqué à 8 heures 1/2 ; le com-

bat a été terminé à 4 heures. Il n'a pas été avantageux pour
nous ; cependant on n'a pas abandonné les positions du
matin ; nous avons eu beaucoup de blessés.

« Dupré est blessé, ainsi que bon nombre d'officiers. Je
ne puis vous donner des détails ; je n'en ai reçu aucun.
Je viens de prescrire de mobiliser la garde nationale, et
j'essayerai avec celle d'Épinal et la légion romaine, que
j'attends cette nuit, de rallier le petit corps d'armée.

« Je ne sais ce que je pourrai faire pour mon compte, car
je serai obligé d'aller au combat en voiture, ma blessure
s'étant rouverte depuis deux jours par suite de fatigues
énormes ; je laisse ici le colonel de gendarmerie commandant la subdivision avec les habitants seulement, puisque
j'enlève la garde nationale. Je ferai de mon mieux. Toujours même désordre dans le combat ; veillez maintenant à
envoyer quelqu'un pour m'aider ; il est pénible que l'on
n'ait pas pu tenir plus grand compte de mes demandes. Au
moment de fermer je reçois une dépêche du colonel de la
mobile, qui s'est replié sur Bruyères et qui dit : « Attaque
« imminente ; sommes harrassés et démoralisés. »

Sur d'autres points de la zone pénétrée par l'inondation allemande ou qu'elle menaçait, la résistance
n'obtenait pas de résultats plus heureux, alors même
qu'elle était le plus honorable pour le patriotisme de
troupes improvisées en face de l'attaque immédiate et
soudaine.

On avait eu une bonne nouvelle, le dernier jour de
septembre, d'un côté qui jusqu'alors ne nous en avait
envoyé que de mauvaises. Vers minuit, M. Estancelin
adressait à Tours la dépêche suivante :

COMMANDANT GÉNÉRAL ESTANCELIN,

A STEENACKERS, Directeur général des lignes télégraphiques, Tours.

« Hier, à la tête d'un bataillon de la garde nationale
sédentaire de Rouen, de la garde à cheval de cette ville, et
des compagnies d'éclaireurs du Havre et d'Elbeuf, j'ai
poussé une forte reconnaissance au delà de Mantes dans la
direction de Paris.

« L'ennemi avait occupé, la veille, les villages que nous traversions ; il se retirait vers la droite et, sauf quelques légères escarmouches des éclaireurs lancés en avant, nous n'avons rien eu de sérieux, mais l'effet a été immense au milieu des populations, et le réveil du sentiment patriotique s'accentue chaque jour.

« AMITIÉS, ETC. »

Mais ce ne fut qu'un feu de paille ; le lendemain il ne restait aucune trace de la flamme qui avait brillé un moment à nos yeux.

Cependant, autour du général Estancelin, l'esprit de résistance, même dans les couches profondes et désarmées de la population, se ranimait ou s'entretenait, soit par l'exemple des francs-tireurs, soit par l'excès des maux dont les réquisitions l'accablaient.

Il en était de même partout où l'invasion pénétrait. Un exemple entre mille nous montrera, par l'infiniment petit même des détails, à quel point d'exaspération l'esprit de la population était porté. La *Presse* de Vienne publiait une lettre qui lui était adressée de Nancy le 17 octobre :

« La population devient de plus en plus irritable, moins encore dans les villes que dans les environs, où les campagnards, poussés en partie par le désespoir, parce qu'on leur a tout pris, et en partie par la haine et le fanatisme, résistent à chaque occasion aux Allemands, et ne reculent pas même devant des mesures violentes quand il s'agit de réquisitions. Je vais transcrire le rapport d'un de nos médecins, qui a conduit un transport de blessés des champs de bataille de Beaumont et Sedan à Nancy. Le transport se composait d'environ 200 hommes. Le médecin avait été investi du pouvoir d'un commandant et on lui avait donné une escorte de quatre hommes de la landwehr bavaroise.

« — Un jour que nous étions en marche, écrit ce médecin, mes malades se plaignirent d'avoir faim. Nous étions partis à sept heures du matin et il était deux heures ! Nous n'avions plus de vivres, et il était de mon devoir de tâcher de m'en procurer dans une localité voisine. Je galopai en

avant et ordonnai à deux des quatre hommes de la landwehr
de me suivre. Arrivé au village, je demandai le maire et je
le fis chercher par mes deux soldats. En attendant, je re-
commençai à inspecter un peu le village pour voir s'il n'y
avait rien qui pût m'être utile. N'ayant que quelques blessés
gravement atteints, qui avaient besoin d'une nourriture
spéciale, mon attention se fixa sur une bande d'une trentaine de canards pacifiquement accroupis devant une
grange.

« Je descendis de cheval, entrai dans la maison avec les
meilleures intentions, et déclarai que je désirais acheter
quelques-uns des canards au prix qu'on exigerait. La femme
se leva comme une furie et m'abreuva des plus ignobles
injures; à la fin, elle s'arma d'une broche très effilée avec
laquelle elle se jeta sur moi. Je ne pus m'empêcher de rire,
mais je tirai tranquillement mon sabre et la frappai vigoureusement sur l'épaule droite. Elle s'élança dans la rue en
criant et en hurlant et mit en émoi tout le village.

« Je remontai à cheval et retournai à mon point d'arrivée,
où se trouvaient déjà le convoi entier et aussi le maire. Je
déclarai à ce dernier que j'avais besoin de viande, de pain
et de vin pour mes blessés; mais il me répondit qu'il n'avait
rien, et que d'ailleurs il ne voulait rien donner aux chiens
allemands! Si je voulais avoir quelque chose à manger, je
devais aller le chercher moi-même; quant à lui, il n'était
pas mon domestique!

« Sur mon ordre, il fut arrêté immédiatement par mes
soldats, et je lui déclarai que j'étais forcé de l'emmener à
cause de sa résistance contre une autorité militaire. Je
laissai un de mes hommes auprès de lui, le fusil armé; je
commençai mes recherches avec mes trois autres soldats
et les trois étudiants qui servaient d'aides. Nous trouvâmes
du pain, du café, du beurre, des fruits conservés, mais pas
de viande. J'ordonnai de prendre un jeune bœuf, pour
lequel je remis au propriétaire un bon de payement. Je fis
tout charger sur une voiture destinée à cet effet.

« Tout à coup nous entendîmes un bruit infernal; les
cloches du village sonnaient le tocsin. Nous, de notre côté,
croyant qu'un incendie venait d'éclater, nous retournâmes
en toute hâte auprès de nos gens pour continuer notre
marche et pour nous ouvrir le passage. Nous vîmes alors

des paysans armés de fourches et de bâtons et voulant
délivrer leur maire ; un d'eux avait déjà pris mon cheval
par la bride pour l'emmener. Je m'élançai sur lui, et après
l'avoir terrassé par un coup de sabre, je sautai à cheval et
je me jetai, mon sabre dans la main droite, mon revolver
dans la main gauche, au milieu des paysans, criant que
s'ils ne s'éloignaient pas immédiatement je tirerais sur
eux.

« C'était jeter de l'huile sur le feu. Un grand gaillard
prit mon cheval par la bride, et ne lâcha prise qu'après que
je lui eus coupé avec mon sabre la moitié de la main, et
que je lui eus fait une blessure terrible à la tête. Cela jeta
la terreur parmi la bande, et mes soldats ayant aussi joué
de la baïonnette et blessé un certain nombre d'hommes, la
bande se dispersa bien plus vite qu'elle ne s'était réunie. Je
fis effectuer en toute tranquillité notre départ, et dans la
ville voisine, où il y avait une garnison de Wurtembergeois,
je remis en bonnes mains le maire et les trois paysans prisonniers et fis tuer le bœuf pour l'apprêter, à la grande satisfaction de mes blessés. Pour mes blessés les plus gravement
atteints, mes trois étudiants et moi, je fis rotir les canards
que j'avais pris devant la grange, que j'avais voulu payer
et qui ont été le point de départ de toute cette affaire. Cet
incident prouve que nous avons à lutter contre la vengeance
et la méchanceté, surtout dans les localités qui ne sont pas
occupées par nos militaires. »

Mais quelque chose de plus sérieux se passait vers le
Nord, à Soissons, à Parmain et à Saint-Quentin.

On nous écrivait de Soissons le 29 septembre :

«Depuis samedi l'ennemi s'est présenté en nombre dans les
faubourgs de la ville. On a organisé des sorties, et sur leur
demande les artilleurs de Lille, 12e et 14e batteries, en ont
fait partie le lundi 26. Tous nos enfants rivalisaient de zèle :
les officiers avaient entraîné le public ; l'un des maréchaux
des logis de la 14e batterie, assez grièvement indisposé,
avait quitté l'infirmerie pour venir au feu. On est sorti des
portes vers deux heures du soir ; la 12e batterie, capitaine
Franchomme, avait l'ordre de protéger la retraite, si cela
était nécessaire. Conduite par le lieutenant de Renty, elle

s'est déployée en tirailleurs, appuyée par l'infanterie de la mobile et du 15ᵉ de ligne, et a forcé l'ennemi à battre en retraite.

« Le lieutenant Druez, de la même batterie, à la tête des volontaires de Soissons, protégeait la sortie en mitraillant l'ennemi, qui a éprouvé des pertes assez sensibles. La garnison de Soissons n'a eu que des pertes insignifiantes. Nous assistons depuis trois jours à un spectacle grandiose et triste en même temps. Les faubourgs brûlent sur un long parcours. Soissons s'élèvera bientôt au milieu d'une plaine [1]. »

La place de Soissons, bien différente de celle de Laon, qui capitula malgré la fermeté du préfet M. Ferrand et grâce à l'extrême et honteuse faiblesse du général Thiramin, opposa à l'ennemi une résistance des plus honorables. La garnison ne se composait que du dépôt du 15ᵉ de ligne, d'un bataillon de mobiles et de trois batteries de l'artillerie des bataillons mobiles du Nord, 4,000 hommes environ. Ces troupes étaient jeunes, sans instruction militaire; elles n'avaient jamais vu le feu. L'artillerie était insuffisante; mais le commandant de la place, le lieutenant-colonel d'état-major, M. de Noue, était un homme énergique. Sommé de se rendre, il répondit qu'il s'ensevelirait plutôt sous les ruines de la ville. Il ne tint pas littéralement sa parole: mais il prolongea la défense jusqu'à ses dernières limites, fit plusieurs sorties, harcela sans cesse l'ennemi, détruisit plus d'une fois ses ouvrages et ce fut seulement après 37 jours de siège, lorsqu'une brèche de 30 à 40 mètres eut été faite à l'un des bastions, que l'assaut fut devenu inévitable, et devant une supériorité numérique écrasante, qu'il céda [2]. Les pompiers seuls et la commission municipale manquèrent à leur devoir. L'esprit bonapartiste les dominait.

Il n'en fut pas de même à Parmain, à Saint-Quentin;

1. *Moniteur*, 9 octobre.
2. Les Prussiens étaient au nombre de 20,000 hommes.

tout le monde y fit ce que partout ailleurs l'on aurait dû faire.

A Parmain, petit village séparé de l'Isle-Adam, par la rivière de l'Oise, M. Capron, ne pouvant se contenir à la vue des pillages commis par les Prussiens, réunit quelques amis autour de lui. Au nombre de vingt-huit, ils résolurent de ne pas laisser passer l'ennemi sans le combattre. Le 22 septembre, les troupes allemandes se présentèrent : on les accueillit par une fusillade vigoureuse. Revenues quelques jours après en plus grand nombre, elles furent également repoussées. Ce ne fut que le 29 septembre qu'elles réussirent à avoir raison de ces hommes héroïques : les Prussiens avaient reparu au nombre de quinze ou seize cents et avec une artillerie formidable.

La résistance de Saint-Quentin n'est pas un épisode moins intéressant. Le 9 octobre, le préfet de l'Aisne, M. Anatole de la-Forge, envoyait à Tours la dépêche suivante :

« L'attaque des Prussiens, commencée à dix heures du matin, a été repoussée avec une ardeur admirable par la garde nationale, les pompiers, les francs-tireurs et la population de la ville. La barricade du faubourg d'Isle a été défendue pendant cinq heures, et elle est encore occupée par de vaillants citoyens qui se comportent au feu comme de vieux soldats. Nous avons perdu dix hommes tués ou blessés.

« Les pertes de l'ennemi ont été plus grandes.

« Nous avons fait 12 prisonniers. Parmi les morts, on parle de 2 officiers prussiens. Hier soir, j'ai été légèrement blessé à la jambe.

« Saint-Quentin donne un bon exemple aux villes ouvertes. Chacun ici fait son devoir. »

Tout était vrai dans cette dépêche. M. Anatole de la Forge en arrivant à Saint-Quentin avait déclaré à la commission municipale qu'il était résolu à résister, et qu'il fallait sur-le-champ prendre des dispositions en conséquence. Il se rencontrait avec les sentiments de la population. On fit sauter les ponts, on éleva des barricades, et la garde nationale se mit en mesure d'attendre l'ennemi. Celui-ci se présenta le 8 octobre. C'était le jour de marché : la ville était remplie de paysans. Tout à coup le tocsin tonne, le tambour bat la générale ; on avait appris que les Prussiens, favorisés par la brume et par l'épaisseur des bois où ils s'étaient glissés, étaient parvenus jusqu'aux portes du faubourg d'Isle. On court aux armes. Une barricade défendant l'entrée du faubourg en arrière du pont qui conduit à la ville et qu'on avait coupé, tient l'ennemi en échec. M. Anatole de la Forge s'y transporte ; il anime les combattants. La fusillade dura deux heures. Les Prussiens se replièrent dans les rues transversales, puis se retirèrent après avoir incendié un moulin. Le préfet était blessé à la jambe, comme il l'annonçait par sa dépêche. Le lendemain il adressa à la garde nationale la proclamation suivante :

« Le préfet du département de l'Aisne, délégué de la Défense nationale, félicite la garde nationale, les pompiers et les francs-tireurs de leur vigoureuse résistance. Jamais vieilles troupes n'ont montré au feu plus de sang-froid et de décision que les vaillants défenseurs de la ville dans la journée du samedi 8 octobre 1870.

« Cette date prendra place dans l'histoire de la cité, à côté de sa glorieuse défense de 1557. La France, si douloureusement éprouvée, verra que les citoyens de la ville de Saint-Quentin, ville ouverte, n'ont pas dégénéré, et qu'ils reçoivent aujourd'hui l'invasion prussienne comme leurs pères ont reçu jadis l'invasion espagnole.

« Honneur donc aux gardes nationaux, aux pompiers, aux francs-tireurs ! Ils ont tous, ainsi que la population de Saint-Quentin, bien mérité de la patrie.

« A Saint-Quentin, en l'hôtel de la Préfecture, le 9 octobre 1870.

« ANATOLE DE LA FORGE. »

C'est surtout par les francs-tireurs que la résistance prenait la forme et le caractère du tempérament national et commandait l'attention. Il ne se passait pas de jour où les journaux et les dépêches n'eussent à raconter quelque chose de leurs faits et gestes. Le 27 septembre au soir (car nous ne voulons pas sortir des limites d'une période déterminée) on nous annonçait d'Épinal que l'ennemi, ayant attaqué le jour même Raon avec des canons, avait été repoussé par le 2e bataillon de la Meurthe et quelques compagnies de francs-tireurs et de gardes nationaux. Le 1er octobre, un peu avant cinq heures du matin *les francs-tireurs de la Seine*, qui avaient quitté Tours la semaine précédente, avaient une rencontre avec les Prussiens, à Saint-Peravit-la-Colombe. Deux escadrons de cavaliers, uhlans et cuirassiers blancs, s'avançaient avec précaution sur une route bordée de vergers. Les francs-tireurs, au nombre de cinquante environ, se déployèrent en tirailleurs et engagèrent le feu avec beaucoup d'ensemble. L'action dura à peu près deux heures. Les Prussiens avaient cinq morts et une vingtaine de blessés. Nous n'avions qu'un seul blessé, le nommé Fregne, engagé la veille, ancien sous-lieutenant de la mobile [1].

Le 30 septembre on écrivait de Tours au *Siècle*, à Poitiers :

« On signale l'attitude de la garde nationale de Châteaudun. Bien que cette ville soit complètement ouverte, surtout du côté de la Beauce, quelques compagnies se sont portées au-devant de l'ennemi. Les autres ont dépavé la ville et font des barricades au son du tocsin. Quand on a su qu'on était décidé à se défendre à Châteaudun, toutes les gardes nationales placées entre cette ville et Vendôme se sont mobilisées d'elles-mêmes pour arriver à la rescousse, et, quand elles ont été sûres que l'ennemi s'éloignait, elles ont fait le service d'éclaireurs tout le long de la route. »

Pour éviter d'entrer dans des détails qui seraient

---

1. *Le Moniteur* du 5 octobre.

infinis, nous citerons un article publié par la *France*,
sur les francs-tireurs, à l'occasion du décret qui les
soumettait à la disposition du ministre de la guerre.

« Il eût été fâcheux, disait le journal, que cette situation
nouvelle faite aux francs-tireurs eût été de nature à amortir
leur élan. Nous voyons heureusement qu'il n'en est rien ; la
guerre des francs-tireurs continue, et nous nous en félici-
tons, car c'est la bonne dans les circonstances actuelles.

« Après la désorganisation qui a suivi nos premiers
désastres, et en attendant que les nouvelles armées, levées
à la hâte, puissent se former et se concentrer, la guerre des
francs-tireurs était une nécessité ; elle a déjà rendu de précieux services.

« Presque tous leurs engagements ont été heureux. On
peut s'en convaincre en lisant les dépêches d'hier et d'aujourd'hui. A Saint-Laurent-de-Caux, sur la route d'Orléans
à Blois, les francs-tireurs de la Dordogne et d'Indre-et-
Loire arrêtent deux reconnaissances ennemies et leur infligent une perte d'une cinquantaine d'hommes, tués, blessés
ou faits prisonniers. A la suite de l'affaire de Le Volle-
en-Roi, dans la forêt de Fontainebleau, les francs-tireurs
de Paris, aidés des gardes nationaux volontaires, dégagent
Melun, où l'administration française a pu rentrer : ce sont
des francs-tireurs qui ont tenu en échec, pendant plusieurs
jours, l'ennemi devant Châteaudun.

« ... Ces faits, en se multipliant, prennent une importance considérable. Cette guerre irrégulière, outre qu'elle
harcèle et inquiète l'ennemi, l'émiette en détail, contrarie
ses approvisionnements, l'oblige à ne marcher que par
grandes masses, a encore un autre avantage : elle prépare
la guerre régulière, en familiarisant ceux qui s'y livrent avec
le feu de l'ennemi, en munissant nos armées d'éclaireurs
dont elles manquent, en répandant partout l'esprit de résistance[1]. »

L'esprit de résistance dont parlait la *France*, a-t-il
été tout ce qu'il pouvait, tout ce qu'il devait être ? Les
francs-tireurs, les gardes nationaux, les volontaires

---

1. Numéro du 18 octobre.

ont-ils joué complètement le rôle qui leur appartenait
et que les circonstances leur imposaient? Le Gouvernement n'aurait-il pas pu, de son côté, ouvrir un champ
plus vaste à la guerre de partisans de manière à
donner le temps à l'armée régulière de se former, de
s'armer, de se discipliner, de trouver des chefs capables de la guider? Ne s'est-on pas trop hâté de mettre
en mouvement des troupes hâtivement organisées? N'y
aurait-il pas eu plus d'avantage à ne faire la grande
guerre qu'après un essai prolongé de la petite? Quelle
que soit la solution que l'on donne à ces questions, le
patriotisme de la France n'est pas atteint. Il faut entendre ce qu'en disaient les étrangers, et surtout à
quelles causes ils en attribuaient les défaillances.

Vers le même temps, une grande revue anglaise, *The
Saturday Review*, publiait l'article suivant :

« A mesure que montait la marée de la panique, les
habitants des villages, des villes, prenaient la fuite. Nancy
s'est rendu à une poignée de soldats; une centaine de Prussiens ont pris possession de Lunéville, importante garnison
de cavalerie. Ce n'est qu'à Épernay que le peuple lui-même
a résisté à l'ennemi[1]. Partout ailleurs, les Prussiens eux-
mêmes ont été surpris et inquiets de l'absence de résistance.
Les termes de leurs proclamations aux habitants des cantons envahis exprimaient des appréhensions qui ont été
étrangement déçues. Il y a eu des murmures au sujet des
réquisitions, des malédictions proférées à voix basse, de la
consternation sur les visages, mais peu ou point d'actes de
violence ouverte.

« Tout cela paraît surprenant au premier abord, surtout
quand il s'agit d'une nation aussi fière que la nation française; cela cependant est facile à expliquer. Rien ne serait
plus injuste que de l'imputer à un manque de courage
chez le peuple. Sa conduite n'a été que la conséquence naturelle, nécessaire, de la politique de son gouvernement. Pendant dix-huit ans, les Français ont été soumis, réduits à

---

1. Des paysans coupaient les fils électriques près d'Epernay, ce qui fit
frapper la ville d'une contribution de 200,000 francs.

l'obéissance passive des brutes. Non seulement on leur a demandé, on les a forcés de tout confier à l'empereur, le grand entrepreneur du salut public, qui a fait du salut de la nation, comme du tabac et du service des postes, un monopole du gouvernement. Le peuple a été désarmé, la garde nationale écrasée, paralysée[1], la presse bâillonnée, la discussion publique châtiée par des persécutions officielles, sinon par des peines légales et directes. Une jambe engourdie par des bandages tyranniques et le manque forcé d'exercice, ne recouvre pas tout de suite ses forces et son élasticité.

« Cependant, même avant le désastre de Sedan et la chute de l'Empire, il y eut des signes que ce n'était là qu'un état de transition, et que déjà le peuple commençait à se réveiller de sa stupeur. Il n'était pas fait pour rester impassible sous le poids d'événements aussi terribles.

« D'un bout de la France à l'autre, la partie active et robuste a été prise pour remplir les rangs des combattants. L'industrie, le commerce sont paralysés. La nation tout entière tressaille, sous le coup de cette grande convulsion. Il est temps qu'elle se réveille tout à fait; car la maladie, à demi-morale, à demi-physique dont souffre la France, a poussé des racines jusqu'au cœur du pays, et n'en sera pas arrachée par le simple procédé qui consiste à gratter des N sur les murs ou à briser des couronnes de plâtre et des aigles de bronze. »

Quoi qu'il en soit des causes bien multiples qui avaient favorisé le progrès de l'invasion, le réveil qui pouvait en arrêter le cours, et dont le journal anglais marquait quelques symptômes, était devenu manifeste après l'entrevue de Ferrières; il s'était même traduit, comme nous venons de le voir, par quelques faits des plus méritoires. Nous allons raconter ce que fit l'administration de la guerre, de son côté, pour seconder l'élan de la nation et l'activer.

---

1. Le journal anglais aurait dû dire, *supprimée.*

CHAPITRE VI

LE MINISTÈRE DE LA GUERRE SOUS L'AMIRAL
FOURICHON

Etat des forces militaires en province au milieu du mois de septembre 1870. — Dépêches de Chaumont, Rouen, Alençon, le Havre, Besançon, Nimes, Castres. — M. de Freycinet. — Le général Martin des Pallières. — Le général Lefort. — Décrets sur l'armement, les cadres, les gardes mobiles, les francs-tireurs, les régiments de marche. — Circulaire sur la discipline. — Décret sur les cours martiales. — Fonctionnement de la loi. — *Le Bulletin de la Réunion.* — Nouvelle citation du général Martin des Pallières. — Les critiques du ministère de la guerre. — Le *Moniteur*, son plan de campagne, la dictature militaire. — Les imaginations d'un capitaine de vaisseau. — Le plan du général Le Flô. — Dépêche optimiste. — M. Crémieux, ministre de la guerre.

La France entière connaît les rapports de la Commission d'enquête et de la Commission des marchés rédigés par l'Assemblée nationale, qui jettent une si vive et si triste lumière sur la haute administration militaire de l'Empire et sur l'état de nos forces au moment où Napoléon III courait sa dernière et terrible aventure [1]. On a donc aisément, et par cela seul, une

1. Comme contraste de l'imprévoyance du gouvernement impérial, il faut dire ce que faisait la Prusse dans la prévision de la guerre, ainsi que l'apprend une dépêche de M. Rothan à M. de Moustier :

« Les approvisionnements et les munitions s'accumulent dans les places fortes, les travaux sont poussés dans les arsenaux avec une activité fébrile, les crédits sont dépassés, tout ce qui rentre au Trésor passe aux dépenses militaires. On organise la landwehr dans les nouvelles provinces, et on la réorganise dans les anciennes. Suivant les données les plus récentes, les forces totales de la Confédération du Nord sur le pied de guerre s'élèveront à huit cent quatre-vingt-douze mille hommes et, en y ajoutant les contingents du Midi, on obtiendrait un total de un million cent mille hommes et de vingt-quatre mille cent officiers, tandis que la France ne pourrait mettre sur le pied de guerre que quatre cent seize mille hommes, tous les dépôts compris. J'ajouterai qu'on médite un nouveau plan de mobilisation, que déjà l'on dresse les listes et les tableaux relatifs

idée de ce que pouvaient être les ressources de nos arsenaux et de nos casernes après les désastres si rapidementaccumulés de Wissembourg, de Reichshoffen, de Forbach et de Sedan.

En ce moment, tous les moyens de défense nous manquaient, les petits comme les grands, les grands comme les petits ; et il n'y aurait que justice à dire, pour renverser le mot fameux du maréchal Lebœuf, que nous manquions même de boutons de guêtres. Les preuves, hélas ! surabondent.

Quelques dépêches antérieures au 4 septembre peignent la situation.

« *16 août. La Fère de Sedan. — Commandant d'artillerie à colonel directeur artillerie, à La Fère.* — Pas de caisses. Impossible de m'en procurer. Peux pas embarquer en wagons. Répondrai de rien. Peux pas expédier à Saint-Quentin, Châlons, etc. Attendrai caisses ou nouveaux ordres. »

« *18 août. Maréchal de Mac-Mahon à Guerre.* — Prière de m'envoyer en double les feuilles collées sur toile de la carte de France au 80 millième... et la carte des étapes de France. »

Sept jours après, le 25 août, le commandant du 12e corps télégraphie de Rethel au ministre de la guerre :

« Je vous prie avec instance de me faire envoyer des cartes aux réserves, à la landwehr et aux chevaux, et qu'on se propose de les communiquer, dès qu'ils seront prêts, aux autorités qui participent au recrutement. On veut qu'en cas d'une mobilisation ordonnée par le roi, tout le monde soit prêt et que, du général en chef au sergent-major, et du président de province au secrétaire d'arrondissement, personne n'ignore le concours qu'il aura à prêter pour que tous les rouages de l'armée entrent en mouvement dès que le mot de mobilisation sera prononcé. On espère qu'avec ce nouveau plan l'armée entière pourra être mobilisée en deux jours et concentrée quelques jours après. On pourrait alors, au premier signal, jeter plus de deux cent mille hommes sur nos frontières... La Prusse veut évidemment pouvoir, le cas échéant, nous gagner de vitesse ; elle espère compenser la supériorité qu'elle reconnaît au soldat français par la rapidité de ses mouvements et par la force numérique. Elle se flatte qu'en arrêtant ses combinaisons à l'avance et non pas sous le coup des événements, elle pourra s'assurer tous les avantages de l'offensive et porter la guerre sur notre territoire. »

(*République française* du 2 septembre 1882).

du pays dans lequel nous opérons. Ces cartes sont indispensables dans les états-majors, et les généraux de cavalerie en ont un besoin urgent pour leurs reconnaissances. »

« *Maréchal de Mac-Mahon à Guerre.* — Le corps du général de Failly sera tout entier à Châlons demain. Son artillerie de réserve a été expédiée de Chaumont sur Paris. Son parc est à Langres, *et ne l'a jamais rejoint, faute d'attelages.* »

18 *août. Metz. Intendant militaire à Guerre.* — Personnel de santé et d'administration devient de jour en jour plus insuffisant. Envoyez aussi d'urgence du matériel pour deux hôpitaux temporaires et des médicaments. Il nous faudrait dix caissons d'ambulance et quatre de pharmacie. *Les instruments de chirurgie manquent.*

« 27 *août. Melun de Montereau.* — *Capitaine commandant à général, Melun.* — Mon général, j'ai ici 200 mobiles de Melun et 200 qui arrivent à l'instant de Provins, tous *sans cartouches...*

« 27 *août. Melun de Meaux. Commandant à général, Melun.* — *Je n'ai pas de cartouches;* je ne vois donc pas par quel moyen je pourrai combattre l'ennemi... »

Avec les troupes de l'entrée en campagne et les mobiles qu'on était parvenu à armer et réunir, on aurait pu mettre en ligne tout d'abord à peine 300,000 hommes ; mais les échecs de Douai, de Mac-Mahon, de Frossard, de de Failly, la capitulation de Sedan, l'immobilisation de Bazaine à Metz ne laissaient rien au 4 septembre entre les mains du Gouvernement de la Défense. Le plus clair de nos forces était le corps du général Vinoy et les 80 ou 100,000 mobiles qu'allait diriger le général Trochu.

Pour compléter cet édifiant tableau il faut rappeler quelques-uns des faits constatés et officiellement établis par le rapport de M. Deusy sur les comptes du ministère de la guerre du 1ᵉʳ juillet au 4 septembre 1870, rapport dont la Chambre des députés a voté la publication le 16 juin 1877 et dont on aura une idée par la série des questions suivantes :

« N'est-il pas vrai qu'alors que le maréchal Lebœuf,

ministre de la guerre, annonçait officiellement au pays que la France pouvait disposer d'un effectif de 647,172 hommes, armée active et réserve comprise, l'ensemble des troupes qu'on a pu opposer aux Allemands n'atteignait d'abord que 200,000 hommes, et n'a jamais pu dépasser 250,000 hommes après l'arrivée de tous les contingents divers?

« N'est-il pas vrai qu'il manquait à l'armée, au jour du danger, 162,186 combattants, sur lesquels la nation était en droit de compter?

« N'est-il pas vrai que, quand le Trésor public payait la nourriture et l'entretien de 108,694 chevaux, il s'est trouvé, dès l'origine de la lutte, qu'il en manquait sur ce nombre 36,707!

« N'est-il pas vrai que, quand le maréchal Lebœuf annonçait au pays que la France possédait 10,000 canons de campagne, il faisait entrer en ligne de compte des tubes de bronze remontant à Louis XIV, dont il n'y avait aucun moyen de se servir? En réalité, il n'y avait que 2,376 canons munis de leurs accessoires et réellement disponibles. Il n'a jamais figuré que 154 batteries dans les états de l'armée du Rhin.

« N'est-il pas vrai que, sur les 3,350,000 fusils existant dans les arsenaux, il n'y en avait guère qu'un million qui pût être opposé au nouveau modèle employé par les Allemands? Tout le reste consistait en vieilles armes inutiles que l'on continuait à faire figurer sur le papier.

« N'est-il pas vrai que les chassepots n'avaient que 120 coups par arme, et que, par suite, dès le lendemain de l'ouverture des hostilités, les munitions de guerre devaient complètement faire défaut?

« N'est-il pas vrai que nos principales places fortes étaient complètement désarmées, privées de canons, sans munitions, sans approvisionnement?

« N'est-il pas vrai que l'intendance générale se trouvait littéralement prise au dépourvu; qu'elle n'avait ni matériel, ni équipage, ni personnel secondaire, ni subsistances, ni objets d'habillement et de campement, ni ambulances, ni infirmeries?

« Et voilà ce que les bonapartistes ne voulaient pas laisser constater à la face du pays et de l'Europe. Heureusement aujourd'hui le rapport est là; il fait foi. »

Ainsi, le 4 septembre, la France était littéralement désarmée. Le corps du général Vinoy et les mobiles de province purent, dans la quinzaine qui suivit l'affaire de Sedan, arriver à Paris, plus ou moins pourvus. Le reste du pays était dans le plus complet dénuement. Il n'y avait hors de Paris que les hommes des Dépôts, les soldats, en petit nombre, échappés aux désastres et les quelques régiments, faibles d'effectifs, qu'il fallut faire venir d'Afrique. Il faut avoir vu les choses de près pour y croire. Jamais nation en pareille crise ne fut prise aussi misérablement au dépourvu.

Lorsque le 16 septembre, la Délégation du gouvernement s'installa à Tours :

« Il n'existait plus, dit M. de Freycinet, un seul régiment d'infanterie ni de cavalerie ; il n'y avait que des hommes en assez grand nombre, il est vrai, dans les dépôts, mais sans aucun commencement d'organisation. L'artillerie était nulle ; on ne comptait, à ce moment, dans toute la France, que *six pièces* prêtes à entrer en ligne ; les autres manquaient de leurs attelages, de leur personnel, et beaucoup même de leurs affûts [1]. »

Nous entendrons Gambetta dire à son arrivée à Tours, et ce fut là sa première parole, que « ce qui a fait défaut après la honteuse capitulation de Sedan, ce sont les armes. » C'est là en effet ce qu'il y avait de plus lamentable dans ce déficit de toutes choses, ce qu'il y avait de plus inquiétant pour le succès définitif. Aussi voyons-nous l'attention se porter avec passion de ce côté. A peine installée, la Délégation est de toutes parts pressée, harcelée. On lui envoie dépêches sur dépêches, délégués sur délégués pour avoir des armes. Après la proclamation de la guerre à outrance lancée par la Délégation, ce fut en quelque sorte une rage. Comme on l'a vu par quelques-unes des dépêches qui ont été citées ailleurs, il n'y eut qu'un cri : « Des

---

1. De Freycinet. *La guerre en province*, page 7 (10e édition).

armes! Nous n'avons pas d'armes; envoyez-nous des armes. »

Le préfet de la Haute-Marne disait dans sa dépêche du 22 septembre :

« Trop de lenteur dans l'armement des départements voisins de la guerre. Grand mécontement des populations à ce sujet... J'ai envoyé de tous côtés pour acheter des armes: point de réponse ni d'avis. »

Et dans sa dépêche du 30 septembre :

« Nous avons dans les environs des compagnies franches très bien organisées; mais il leur manque des fusils. Je reçois tous les jours des demandes d'armes. Je n'en ai pas à donner. »

Nul ne se doutait de la pénurie, qui était immense.

Le 28 septembre, un général de division envoyait cette dépêche au ministère de la guerre :

« Les deux bataillons du Gard viennent d'arriver à Rouen dans un dénuement complet. Ils manquent de tout. Leurs fusils à percussion, distribués presque au moment du départ, sont, pour la plupart, hors de service; cheminées et chiens cassés; pas de grands ressorts. Ces deux bataillons ont un effectif de 3,400 hommes. Le bataillon de la Loire-Inférieure, mieux organisé pour l'habillement, est dans le même état pour les armes. Toutes ces troupes arrivent sans munitions, et je n'ai dans les magasins que très peu de cartouches appropriées à leur armement. »

Le 1er octobre, Rouen demande encore des cartouches. Le Havre de même : il s'y trouve 2,400 hommes sans munitions.

Il y avait à Besançon 6,716 gardes nationaux mobiles, 3,491 du Doubs, 1,944 du Jura, 1,231 des Basses-Alpes. Ceux du Doubs et du Jura avaient pu être habillés, armés et équipés. « Ceux des Basses-Alpes n'étaient ni armés ni équipés[1]. »

_____

1. Dépêche du 1er octobre.

On écrivait d'Alençon le 3 octobre : « Nous n'avons que 6,400 fusils pour armer 30,000 gardes nationaux, dont 10,000 au moins sont déjà mobilisés. »

Des dépêches, déjà citées, ont fait connaître ce qu'avaient dit tout d'abord les préfets du Gard, de l'Ain, de l'Ardèche, de la Savoie, de la Haute-Garonne, etc., au sujet de la pénurie des armes et des réclamations pressantes des populations.

Cette pénurie était telle qu'on était obligé de se refuser aux moindres demandes. Une dépêche de Castres, adressée à M. Albert Méry au ministère de l'Intérieur, pour être mise sous les yeux du ministre, réclamait vainement 45 chassepots pour une compagnie de francs-tireurs, et 45 chassepots, c'était assurément peu de chose. Mais le ministre eût été fort en peine de les donner en ce moment. Le gouvernement et ceux qui avaient accès auprès de lui, étaient chaque jour assaillis de demandes du genre de celle qu'on envoyait de Castres à M. Albert Méry : elles rencontraient presque toujours la même fin de non-recevoir.

Les cadres, l'instruction, la discipline ne laissaient pas moins à désirer que l'armement. Cela n'a pas besoin de démonstration. Et pour ne parler que de la ruine de la discipline, elle était fatale. Comment le moral de l'armée ne se fût-il pas ressenti des désastres qu'elle avait subis, du vide immense fait dans ses rangs et dont la cause était si fréquemment attribuée au commandement supérieur ?

Ce qu'il y a non pas de plus grave, — il n'y a rien de plus grave que cela — mais d'aussi grave, c'est que la Délégation, par suite des illusions de paix de la première heure qui avaient trouvé accès jusque dans le Gouvernement, était privée en grande partie des moyens de réparer le mal. Le personnel administratif manquait. Plusieurs services ou n'étaient pas représentés, ou avaient été confondus dans les mêmes mains. Un simple sous-intendant militaire portait la charge de tous les services administratifs, l'équipement, les subsistances, etc., etc. Les neuf directions n'en formaient plus que trois, et le personnel de celles-ci était encore considérablement réduit. « En somme, dit M. de Freycinet, à qui nous empruntons ces détails, pour faire face à un labeur qui, par suite des événements, allait être quatre ou cinq fois plus grand, on avait en main un levier quatre ou cinq fois plus petit. » Il y a plus. « A ce personnel si exigu le nécessaire même manquait, » ajoute M. de Freycinet. On n'avait à Tours ni les dossiers de l'armée, ni les cartes de l'état-major. Pour ce qui est des cartes, non seulement on n'en possédait pas pour en envoyer aux armées en campagne, mais l'administration centrale elle-même en manquait pour suivre les opérations engagées. Ce détail nous fût donné au moment où il fut question de former le Comité de cinq membres destiné à remplacer l'amiral Fourichon, démissionnaire. C'est là une des raisons qui empêchèrent la formation du Comité. Ce fut là du moins une de celles qui empêchèrent M. Gent, M. Steenackers et d'autres d'y entrer. On comprend qu'on déclinât une telle responsabilité, quand le secrétariat général de la guerre était dans l'impossibilité de disposer même d'une carte routière de la France[1].

Si l'on veut se faire *de visu* une idée de l'état des troupes en ce moment, qu'on lise cette page du livre du général Martin des Pallières.

« C'est le 20 septembre 1870, dit-il, que commença à Bourges l'organisation de la 1re division du 15e corps de l'armée de la Loire, par deux compagnies de chasseurs à pied, auxquelles vinrent se joindre successivement un bataillon fort incomplet de tirailleurs algériens, le 29e de marche et deux batteries d'artillerie. Ces troupes, ainsi que le 12e régiment de mobiles (Nièvre), bien que dépourvues de tout et n'ayant pas leur cadre complet d'officiers, furent envoyées à Orléans pour s'opposer aux premières attaques

1. De Freycinet. *La guerre en province.*

de l'ennemi sur cette ville. Le reste de la division se formait à Nevers, point sur lequel furent dirigés peu à peu le 18e mobile (Charente), les diverses compagnies destinées au 4e bataillon de marche des chasseurs à pied, deux batteries d'artillerie, le 38e de ligne venant d'Afrique, un bataillon d'infanterie de marine, le 1er regiment de zouaves de marche; en tout, environ 25,000 hommes.

« A mon arrivée à Nevers, le 28 septembre, je trouvai ces troupes dans le plus misérable état.

« Le 18e mobile, logé dans divers établissements de la ville, était vêtu de blouses et de mauvais pantalons d'étoffes où le coton dominait, avec des chapeaux de paille ; il attendait d'Antibes, où était son dépôt, les effets d'habillement, d'équipement et d'armement, dont il manquait absolument.

« Les chasseurs étaient à peu près équipés.

« Les deux batteries d'artillerie, dont une de mitrailleuses, se composaient d'artilleurs, ignorant, pour la plupart, le maniement du canon.

« En résumé, chaque jour amenait de nouveaux détachements destinés à former les différents corps de la division ; mais, à l'exception du 38e de ligne et des troupes de la marine, tous arrivaient avec des équipements incomplets, des fusils sans aiguille, pas de nécessaires d'armes, une seule paire de souliers. »

C'était donc une lourde charge qui était imposée par les événements à l'amiral Fourichon. Aussi ne s'y pliait-il pas sans peine, et il lui fallait lutter à tout instant contre lui-même, se gourmander sans cesse pour ne la pas jeter par terre. Il se cabrait sous le faix. M. Crémieux, qui fut ministre de la guerre du 12 au 16 septembre avant l'arrivée de l'amiral, nous dit dans sa déposition :

« Jusqu'au jour où l'on a envoyé Fourichon et Glais-Bizoin, j'ai été seul ministre à Tours, même pour la guerre. Or, avocat, j'étais bien peu compétent pour diriger ce ministère, quoique je ne visse pas la France engagée comme elle l'a été plus tard. Mais je trouvai, en arrivant à Tours, des hommes marquant dans l'armée, les généraux Lefort, Véronique, Lamotte-Rouge et le brave major-général Borel. Je

leur dis : « J'ai besoin de vous; c'est moi qui viens vous
« demander et qui me ferai un devoir d'écouter vos con-
« seils; dirigez-moi, présentez-moi les décisions qui sont
« nécessaires. » Seulement, comme j'engageais ma responsabilité, je ne donnais ma signature qu'après un examen,
qui était toujours pour moi une instruction [1]. »

M. Crémieux ne pouvait guère faire autrement. Et
ainsi fit aussi l'amiral Fourichon. Il s'en rapporta aux
hommes spéciaux qu'il trouva au ministère de la guerre,
et, sauf quelques points importants, il se déchargea du
fardeau sur le général Lefort.

Le général Lefort était-il à la hauteur de ces fonctions d'organisateur et de ministre dirigeant de la
guerre dans les circonstances extraordinaires où l'on
se trouvait? On ne le croyait pas à ce moment.

« Il s'y prend pour former l'armée de la Loire, disait-on,
comme s'il était au camp de Châlons, en pleine paix, avec
tous les services bien organisés à sa disposition. Il a une
profonde vénération pour les règles établies et pour les
hommes parvenus par les voies hiérarchiques. Les généraux sont parfaits, par cela seul qu'ils sont généraux. »

Ce qui est incontestable, c'est que toute critique, en
Conseil, si inoffensive qu'elle fût, toute mise en sus-
picion des hautes capacités militaires de MM. de Polhès,
Lamotte-Rouge, Uhrich, etc., le mettait en fureur. Il
est difficile de pénétrer au fond de la pensée des hommes, et nous tenons à ne rien hasarder. Mais il semble
bien que le général Lefort faisait de l'administration
militaire comme on fait un métier, consciencieusement
sans doute, doucement aussi, et, comme on dit vulgai-
rement, sans se faire trop de bile. Il tenait peu du reste
au poste qu'il occupait. La responsabilité lui pesait
presque autant qu'à l'amiral. Nous lisons dans nos
notes :

« Aujourd'hui le général Lefort, harcelé plus que de cou-

---

[1]. *Commission d'enquête, déposition des témoins*, t. I, p. 581.

tume par le directeur général des lignes télégraphiques, lui a jeté le ministère à la tête. On a ri ; mais M. de Chaudordy, plus sérieux, a relevé la balle au bond. « Ma foi ! si le direc- « teur des télégraphes faisait à la guerre ce qu'il fait chez « lui, les choses n'en iraient pas plus mal. »

Cet incident, auquel nous n'attachons qu'une impor- tance purement anecdotique, prouve peut-être moins contre l'administration et le général Lefort qu'elle ne montre les impatiences du temps (impatiences, hélas ! bien légitimes), et les préventions que l'esprit de routine soulève toujours en temps de crise et de révolution. Le général Lefort travaillait à sa façon, mais il travaillait ; et le ministère de la guerre, avec le concours de la Commission d'armement, dont la direction était confiée à M. Le Cesne, et de M. Cazot, secrétaire général au ministère de l'intérieur, qui avait dans ses attributions la garde nationale mobile et la garde nationale séden- taire, peut offrir à la critique des résultats insuffisants sans doute, mais moins méprisables qu'on ne le croyait alors.

Pour parler d'abord de l'armée régulière, on prit à la marine ce qu'on crut possible d'en tirer sans trop la désorganiser. On fit venir les réserves d'Afrique. On vida les dépôts, on rallia les débris de Sedan, on pressa le départ des mobiles, on fit adopter un décret sur les cadres[1]. On régularisa la position des officiers de la garde mobile attachés à des états-majors ou employés comme officiers d'ordonnance aux armées[2]. Les com- pagnies de francs-tireurs furent reliées à l'armée[3] ; leur solde réglée. Des régiments de marche furent orga- nisés. On réussit ainsi à former, en moins d'une semaine, un noyau d'armée sur la Loire.

On déployait une grande activité au ministère de l'intérieur pour le même objet. Un décret du 29 sep-

1. Décret du 23 septembre 1870.
2. Décret du 28 septembre 1870.
3. Décret du 22 septembre 1870.

tembre chargea les préfets d'organiser immédiatement
en compagnies de gardes nationaux mobilisés, outre
les volontaires, tous les hommes de 21 à 40 ans, non
mariés ou veufs sans enfants, et les troupes ainsi formées, étaient mises à la disposition du ministre de la
guerre. Un autre décret du même jour étendait les
attributions de la Commission d'armement de manière à ce qu'elle pût donner une plus vive impulsion
à ses opérations. C'était à M. Cazot que revenait le
soin de poursuivre et de surveiller l'exécution de ces
décrets et la tâche n'était pas facile : il fallait, d'un
côté, stimuler ceux des maires qui ne prêtaient
qu'un zèle assez tiède à la défense, calmer l'ardeur des
autres et les impatiences des préfets qui réclamaient
des armes à cor et à cris, et qu'il était impossible de
satisfaire[1]. M. Cazot ne s'y épargnait pas[2], non plus
que M. Le Cesne qu'il avait pour collaborateur dans
une partie de sa tâche, comme président de la Commission d'armement.

La question de l'armement était si importante que
la Délégation n'avait pas voulu s'en reposer uniquement sur l'administration de la guerre pour ce grand
objet. Dès son arrivée à Tours, elle avait institué une
commission spéciale composée de MM. Jules Le Cesne,
président, Durangel, Charles Le Cesne, Marqfroy,
colonel Thoumas, Bayret, Mayer, Thomas et Toussaint; et elle avait tout aussitôt ouvert plusieurs crédits
considérables à son profit[3]. Un décret du 20 septembre
portait de 10 à 16 millions la somme affectée à ses
opérations pour le concours de l'industrie privée. Un
décret du 22 inscrivait pour le même objet un crédit
additionnel de six millions au budget extraordinaire
des Travaux publics, et le lendemain 23, le crédit

---

1. Voir la dépêche de M. Laurier à M. Delpech, 5 octobre 9 h. matin,
et la dépêche du 3 octobre au préfet de Rouen, 11 h. 5 matin.

2. Voir la circulaire du 1er oct. 1870 adressée par M. Cazot aux préfets
(*Moniteur* du 4 octobre).

3. Le premier crédit de 10 millions avait été décrété le 13 septembre.

de 16 millions ouvert par les décrets antérieurs du 13 et du 20 septembre, était élevé à 23 millions. Enfin, le 29 septembre, il était décidé qu'il serait pourvu d'urgence à l'ouverture des crédits jugés nécessaires par la Commission, et d'ores et déjà on mettait à sa disposition, ce qui avait été fait, 25 millions par prélèvement sur le crédit de 50 millions affecté à l'organisation des gardes nationales sédentaires. La commission pouvait ainsi aller de l'avant et poursuivre, sur une base solide, l'œuvre qui lui était confiée. Le fit-elle? Fut-elle à la hauteur de sa grande mission? Nous reviendrons à cette question plus tard ; nous ne voulons qu'en dire un mot en passant.

Parmi les attaques qui ont été dirigées contre l'administration de la guerre, nous trouvons en premier lieu celles qui sont relatives à l'armement. Il y en a de tous les côtés. Plusieurs ont été excessives ; quelques-unes n'ont pas été réfutées, par exemple, celles de M. Coré, ingénieur civil très compétent, qui fut plus tard chargé d'une mission concernant l'armement [1]. La Commission d'armement elle-même n'a pas toujours été épargnée et nous ne parlons pas des critiques des adversaires qui sont presque toujours passionnées, et, par conséquent injustes ; nous parlons de celles des amis. Ainsi, M. Toussaint, ingénieur civil, comme M. Coré, et, de plus, membre de la Commission, ne fut pas toujours satisfait soit des lumières, soit de l'activité de la direction. Il avait été chargé d'une mission à la manufacture de Saint-Étienne, et ayant besoin d'un modèle de canon Krupp, il s'était adressé à la Commission dont il faisait partie. On lui répondit : « Il n'y en pas en France ; nous allons en faire venir de Constantinople ! »

—« Il n'y avait pas besoin d'aller si loin, nous disait M. Toussaint. J'envoyai deux de mes amis en Suisse, et, quelques jours après, j'avais mon modèle. Si je

---

1. Voir son rapport adressé au ministre de la guerre, le 7 décembre 1870.

m'en étais rapporté à la Commission, je risquais fort de voir la guerre terminée avant d'avoir été servi, de n'avoir les violons qu'après la noce ! »

Le reproche allait bien plus directement à l'adresse de l'administration du gouvernement déchu, qui n'avait pas eu la prévoyance de munir ses arsenaux d'échantillons des engins de guerre, déjà fameux et répandus partout, de son ennemi le plus voisin et le plus redoutable ! L'administration de la guerre alors en fonctions à Tours n'y était pour rien : la Commission surtout était hors de cause. Qui eût été surpris, d'ailleurs, de rencontrer des habitudes de routine ou quelques mauvaises volontés individuelles dans l'administration et de ne pas trouver dans une commission, nouvellement installée, une connaissance exacte de tous les détails? Il y a des choses inévitables. Chacun faisait de son mieux. On activa le travail à Saint-Étienne, à Tulle, à Châtellerault. On recevait des offres de vente, soit de l'intérieur [1], soit de l'étranger, qui, assurément, ne restaient pas sans réponse. Mais la fabrication, si hâtive qu'elle eût été, ne pouvait se trouver en mesure, au bout de deux semaines, de pourvoir à tous les besoins. Les marchés, les expéditions, le transport des armes ne pouvaient pas non plus se faire en un jour. Pour être au niveau des exigences de toute heure (car les demandes arrivaient à toute heure), il aurait fallu pouvoir supprimer le temps et l'espace. On se faisait bien des illusions au dehors ; il y en avait au sein même du Gouvernement. M. Laurier écrivait le 5 octobre à M. Delpech, préfet des Bouches-du-Rhône, qui lui demandait des armes : « J'espère que d'ici quinze jours nous aurons cent mille chassepots sur le dos des Prussiens. » M. Laurier trompait M. Delpech, parce qu'il se trompait lui-même. Ce n'était pas dans l'intervalle de quelques jours qu'il était possible de corriger les effets d'une incurie de plusieurs

---

1. Dépêches du 2 et 3 octobre de Bourg, Digne et Boulogne.

années. Là est la vérité, et c'est là ce qui explique et excuse bien des choses.

Il faut revenir à l'amiral Fourichon, indiquer son vrai titre, la marque de son ministère de quelques jours, qui est sa sollicitude pour la discipline et ce qu'il fit pour la relever. La lettre du général Trippard au maire de Tours[1] a pu faire sentir où l'on en était venu. Il fallait arrêter le mal, qui était d'autant plus redoutable qu'il s'attaquait à de jeunes troupes, déjà prévenues, et que le commandement n'avait pas été exempt de défaillances.

Le 23 septembre parut une première circulaire adressée aux préfets maritimes, où, en rappelant l'importance de la discipline, on recommandait de mettre sous les yeux des officiers, sous-officiers et soldats « les règles posées dans le préambule de l'ordonnance du 2 novembre 1833 sur le service intérieur des corps de troupes. » C'était répondre à une préoccupation générale[2]. Aussi le même jour, le ministre de la guerre rédigeait-il une circulaire sur le même objet et qui s'adressait à l'armée tout entière, sauf les volontaires, lesquels devaient, du reste, y être plus tard enveloppés. Voici le texte de ce document :

« A MM. les généraux, commandant les divisions et subdivisions territoriales et actives; les chefs de corps de toutes armes de l'armée active; les chefs de corps de la garde nationale mobile.

« Messieurs, des rapports qui m'ont été adressés me signalent des actes d'indiscipline chez les inférieurs, et chez les supérieurs des défaillances dans le commandement.

« Il importe, dans un moment où la France est appelée à déployer toute son énergie pour chasser l'étranger, que l'armée donne l'exemple de la discipline, et que les diverses autorités militaires, ainsi que tous ceux qui exercent un commandement quelconque, exigent et obtiennent de leurs

1. Voir chap. II.
2. Voir le *Moniteur* du 26 septembre 1870.

subordonnés le respect le plus complet et l'obéissance la plus absolue.

« Pour atteindre ce résultat, les chefs de tous grades ne doivent pas hésiter à signaler les infractions commises par leurs inférieurs, afin que, s'il y a lieu, ceux-ci soient livrés à la juridiction militaire.

« Il me paraît, d'ailleurs, utile de remettre d'une manière spéciale sous les yeux de l'armée les peines attachées aux crimes et délits militaires. Je désire donc qu'il soit exactement donné lecture, ainsi que le prescrit le règlement, aux troupes sous vos ordres, de la nomenclature de ces peines, laquelle est, du reste, insérée dans le livret de chaque homme.

« Je vous rappellerai qu'aux termes de l'article 11 de la loi du 1er février 1868, la garde nationale mobile est, dès sa mise en activité, assujetie à la discipline et aux lois militaires. La même lecture devra donc être faite aux troupes de la garde nationale mobile.

« Je ne saurais trop insister, Messieurs, sur les recommandations qui précèdent, et auxquelles j'attache une très grande importance. Les résultats qui d'ordinaire peuvent s'obtenir par un effort continu, doivent être aujourd'hui immédiatement atteints. Il faut que chacun trouve dans son initiative, dans le sentiment de son devoir, dans son dévouement à la patrie, les moyens d'arriver au but que se propose la présente circulaire.

« Recevez, Messieurs, l'assurance de ma considération la plus distinguée.

« *Le vice-amiral, ministre de la guerre par intérim,*

« FOURICHON [1]. »

Cette circulaire était une bonne inspiration et d'autant plus louable que, ne se bornant pas à parler des actes d'insubordination des inférieurs, le ministre mentionnait hardiment les défaillances du commandement. Mais c'est le décret sur les cours martiales, sur la répression immédiate des crimes et délits commis en

---

1. *Moniteur* du 29 septembre 1870.

campagne, qui mérite d'être rappelé et même loué sans
réserve. La discipline, nécessaire dans tous les temps,
l'est surtout dans les grandes crises. Il ne faut pas trop
présumer des hommes, comme cela arrive souvent
parmi nos amis. Le patriotisme lui-même a besoin
d'être aidé : il ne supprime pas la nature humaine. La
loi martiale édictée par l'amiral Fourichon, où l'on
sentait, sous la signature du ministre de la guerre, la
main du ministre de la marine, était nécessaire. Si elle
ne nous a pas donné la victoire, elle a beaucoup contribué à la fermeté d'attitude de nos armées de province. C'est ce qui en fait une date et comme un monument dans l'histoire de ce temps.

Comme toutes les lois martiales, elle édictait les
peines les plus sévères contre tout manquement au
devoir. Ce qui lui donnait un caractère particulier,
c'est qu'elle était d'application immédiate, c'est qu'elle
frappait la faute au moment où elle venait de s'accomplir : ce que la législation subsistante ne faisait pas,
comme le disait expressément l'un des considérants
du décret du 2 octobre, que la Délégation signa tout
entière avec le ministre de la marine. Qui sait, pour le
dire en passant, si cette loi, établie à Paris, n'aurait pas
changé le cours de nos destinées?

Sans doute la discipline seule ne ramène pas la victoire, pour prendre le mot du *Moniteur* : ce n'est pas
d'elle seule non plus que dépend la force des armées,
comme le disait un des considérants du décret sur les
cours martiales : la discipline est un des éléments
essentiels de cette force, une des conditions vitales d'un
organisme profondément compliqué; elle n'est pas tout
l'organisme. Il n'en faut pas moins reconnaître que le
décret du 2 octobre est un des meilleurs qui soient
sortis de la Délégation de Tours. Il convient d'ajouter
qu'il a produit d'excellents résultats.

Pour avoir une idée de ces résultats, il suffit de lire
ce qu'en ont dit des témoins oculaires autorisés, comme

l'auteur de l'article du *Bulletin de la Réunion*[1] sur l'organisation et le fonctionnement des cours martiales dans
une des divisions de l'armée de la Loire, et un passage
du livre du général Martin des Pallières.

L'auteur du *Bulletin* analyse le texte du décret et
en apprécie les diverses dispositions article par article ; puis il continue :

« A la 10e division, le jugement a souvent eu lieu le jour
même du crime ou du délit. Le plus grand nombre de
troupes possible assistait aux exécutions. Les jours de repos,
on y convoquait une partie des bataillons des cantonne-
ments voisins. La troupe défilait devant le cadavre du sup-
plicié.

« Le spectacle du châtiment, suivant, à quelques heures
de distance, la faute, produisait une impression profonde
sur ces jeunes troupes ; mais, dans les premiers jours, cette
impression ne fut pas durable. Peut-être croyait-on que le
régime des cours martiales ne subsisterait pas.

« Ainsi, après trois exécutions à mort se succédant en
quinze jours environ, il se produisit le fait suivant :

« En revenant de la dernière exécution avec sa compagnie, un lieutenant remarquant un soldat dont l'arme était
rouillée, ordonna à celui-ci de la nettoyer. Le soldat fit
d'abord la sourde oreille, puis se fâcha et finalement chargea
son arme et eût tué le lieutenant, sans l'intervention de
sous-officiers. Le fait fut signalé le même jour, à dix heures,
au général ; en même temps, le colonel du régiment de
l'accusé faisait amener celui-ci au quartier général et y
envoyait les témoins. A une heure, la cour s'assemblait ; le
soldat fut condamné à mort et fusillé le lendemain avant le
départ.

« Disons que la répression implacable et rapide de la cour
martiale finit par donner de bons résultats. On ne vit plus
le soldat se mettre en état de révolte ouverte, injurier les
chefs et les menacer de mort. Un officier, se rendant d'un
cantonnement à un autre, ne fut plus exposé à une balle
tirée par un maraudeur sur n'importe qui, ou tirée malheu-

1. Numéro du mois d'avril 1875.

reusement aussi quelquefois avec l'intention la plus criminelle.

« Quelques militaires traduits devant la cour martiale
furent acquittés; mais il est à remarquer qu'il ne se retrouva
ensuite parmi eux aucun récidiviste...

« La plupart du temps, leurs regrets, leurs larmes, leurs
prières, leurs supplications, étaient leur seul moyen de
défense, car les faits étaient patents et de quelques heures
à peine.

« Nous devons dire aussi que les condamnés à mort ne
se sont jamais, soit en raison de la rapidité du châtiment,
soit en raison des mesures prises, présentés devant le peloton d'exécution avec un air scandaleux de bravade.

« Nous estimons qu'il n'y a pas, en campagne, de moyen
plus propre à maintenir la discipline dans les armées françaises que les cours martiales telles qu'elles fonctionnaient
dans les armées de province pendant l'hiver de 1870-71.
Comme ce fonctionnement est peu connu et a été moins
général qu'on ne le pense, nous avons cru que quelques
détails sur ce sujet seraient utiles. Ils donneront à nos
camarades qui ne firent pas partie des armées en question,
une idée des moyens que durent employer ceux qui eurent
charge de maintenir des troupes de recrues sans cadres
suffisants et sans instruction militaire, en rase campagne et
pendant un hiver des plus rigoureux, en face d'armées vic-
torieuses et pourvues de tout ce qui est nécessaire pour
combattre.

« C'était, du reste, le moyen douloureux qu'avaient dû
employer nos pères, lors de l'invasion; ce fut à lui qu'ils
durent et la discipline et la victoire. »

Le général Martin des Pallières rend le même témoignage dans son chapitre sur l'état de sa division de
l'armée de la Loire que nous avons rappelé plus haut.
Après avoir opposé à l'état des troupes tel qu'il était
au moment de son arrivée à Nevers le 28 septembre,
l'aspect qu'elles présentaient un mois après, l'ordre
parfait des marches au laisser aller du passé, et montré « les soldats marchant à leur rang, sans chants ni
cris, les officiers à leur place, veillant avec sollicitude

à prévenir l'allongement des colonnes, » il ajoute :

« Je dois dire que l'installation des cours martiales fut un puissant auxiliaire pour arriver à ce résultat, qui contrastait singulièrement avec celui de la campagne de Sedan, où l'on vit les traînards de l'armée assez nombreux et assez audacieux pour exécuter le pillage en règle de la gare de Reims, dans laquelle étaient accumulés des approvisionnements considérables, et défier insolemment les officiers qui tentaient de les ramener dans le devoir.

« Chaque batterie d'artillerie fut pourvue, à demeure pour toute la campagne, d'une demi-compagnie de soutien, environ 100 hommes, qui ne la quitta plus; des volontaires pris dans son sein furent de suite exercés à la manœuvre, pour aider et remplacer au besoin les servants tués ou malades.

« Une compagnie d'éclaireurs de 150 hommes fut chargée de grouper autour d'elle et de maintenir dans le devoir les corps francs qui étaient adjoints à la division, d'appuyer avec eux nos avant-postes de cavalerie, qui ne devaient jamais perdre l'ennemi de vue ; enfin, de nous mettre au courant du service de nos grand'gardes, qu'elle tint toujours en éveil....

« Au bout de six semaines, en voyant défiler cette division sur la route d'Orléans, il eût été impossible de s'apercevoir que ces troupes avaient si peu de service.

« En passant en voiture, car je ne pouvais encore monter à cheval, sur le flanc de cette longue colonne qui marchait en ordre et en silence sur deux rangs, les officiers et sous-officiers à leur place, laissant à peine derrière elle quelques fiévreux du 38e qui revenait d'Afrique, dont les forces trahissaient la bonne volonté, je me demandais si c'etait bien là les mêmes hommes qui, un mois auparavant, à Nevers, criaient, se révoltaient et ne connaissaient aucun frein. »

On ne pouvait pas apprécier dans l'opinion, à la date où nous sommes, les résultats que nous venons de présenter. Les lois et les règlements peuvent s'improviser; il faut du temps pour qu'ils donnent leurs fruits. Aussi les critiques, les accusations, les défiances même s'accumulaient-elles autour du ministère de la guerre. On ignorait le dénuement profond qu'avait rencontré la Délégation, le travail qui se faisait dans les bureaux, les difficultés de toutes sortes qui l'entravaient: et l'ignorance, surtout quand elle a pour se couvrir une bonne cause, est toujours bien prompte à attaquer.

Dans un groupe qui se réunissait presque chaque soir à la préfecture à Tours, où la Délégation, y compris l'amiral, avait toute sympathie, sans aucun adversaire systématique, un ancien officier, depuis longtemps éloigné du service, adressait devant nous de vives critiques à l'administration de la guerre et exposait, en même temps, quelques-unes de ses idées personnelles sur le grand sujet des préoccupations du moment. C'était dans les premiers jours d'octobre, après la défaillance inexplicable du général de Polhès à Orléans.

« On ne fait rien, disait-il, ou l'on ne fait rien de ce qu'il faudrait faire. A-t-on seulement le sentiment de la situation, soit ici, soit à Paris? Elle commande impérieusement des moyens extraordinaires, et l'on patauge dans les mêmes errements.

« Que veut-on? Est-ce la paix? Est-ce la guerre? Si c'est la paix, que l'on traite alors au plus vite; si c'est la guerre, qu'on soulève la nation tout entière; car ce n'est que par un effort gigantesque, pareil à celui de 93, plus puissant encore, que nous pouvons repousser un ennemi grandi par nos sottises au delà de tout ce que nous pouvions craindre, au delà de tout ce qu'il pouvait espérer.

« En vérité, c'est à se suspendre à son espagnolette, quand on pense à ce qui se fait, à ce qui s'est fait depuis vingt jours, long espace par le temps qui court, et à ce qu'on continuera de faire sans doute.

« Vit-on jamais, en aucun temps, dans l'histoire des guerres de ce monde, accumuler toutes les forces vives du pays, comme l'a fait le général Trochu, dans une ville que l'on sait devoir être infailliblement investie? A-t-on jamais vu un gouvernement mettre, de gaieté de cœur et de dessein prémédité, des centaines de kilomètres entre lui et la nation, s'isoler du théâtre de l'action principale ou s'y faire remplacer par des comparses ou des impuissants?

« Cela seul donne la mesure des hommes chargés de nous défendre et de nous gouverner.

« Vous parlez d'un comité d'action (on commençait déjà à parler de la démission possible de l'amiral); à la bonne heure, si vous y mettez des hommes énergiques, comme Gent, Le Cesne et quelques autres; mais vous y mettrez sans doute aussi Glais-Bizoin, Crémieux peut-être. Or, pensez-vous que ceux-ci aient une plus large envergure et une serre plus ferme que l'amiral et le général Lefort? Demandez-leur seulement de dissoudre l'état-major et l'intendance, de placer à côté de la direction le contrôle, de se constituer en comité de salut public préparant les opérations militaires conjointement avec les généraux, en surveillant les opérations par lui-même ou par ses délégués, de se constituer aussi en cour martiale jugeant les faits et gestes des chefs, y compris le comité lui-même et ses délégués, ou simplement encore de chercher des hommes en dehors de leur sacerdoce de mandarins, — toutes mesures, cependant, sous lesquelles vous périssez, — et vous verrez quels cris de mélusine vos bonshommes pousseront, sous le prétexte que ce n'est pas sous le feu de l'ennemi que l'on transforme ses armes et que l'on se met à la recherche de l'inconnu.

« Mais je viens à l'amiral Fourichon et à son lieutenant, le général Lefort. Ce n'est pas à eux, je le reconnais, qu'il faut demander de mettre la cognée à l'arbre sacré de la hiérarchie, de jeter au feu la vieille machine administrative. Ne peuvent-ils pas du moins avoir une conception d'ensemble, un plan général d'opérations, un système arrêté de défense?

« Or où voyez-vous quelque chose qui ressemble à cela?

« Le plan nécessaire est tout tracé; il est d'une simplicité primitive; un enfant jouant aux soldats le trouverait. Par suite de la position de Bazaine à Metz et de la situation faite à Paris, il y aurait folie à opérer directement contre l'ennemi. Couper ses communications; le prendre par son point faible, les ravitaillements; s'attacher avant tout à tenir le quadrilatère compris entre Langres, Belfort, Schlestadt et Épinal; faire la guerre nationale, une immense

chouannerie, voilà ce qu'il nous faut. Point de batailles
rangées : le jour où nous y viendrions, nous serions perdus.
Mais quand je parle de chouannerie, qu'on ne s'imagine pas
que je remplace l'inertie par l'anarchie, que je laisse chacun
faire à sa tête ou à sa guise; non pas, s'il vous plaît. Cette
masse que j'utilise, je la discipline; je l'enserre dans un
système. A chaque bande, la liberté du détail; oui, mais je
coordonne les bandes selon les règles de l'art et des capacités reconnues; je relie ces bandes à un plan combiné, en
raison des besoins de l'attaque, de la retraite ou du ravitail-
lement. Qu'on ne s'imagine pas non plus que je jette au
rebut le vieil instrument tout entier : je conserve ce qui est
bon ; j'y prends ce qui se peut s'accommoder à mon but.
Pour tout dire, l'armée nationale se composera de deux
éléments, les troupes de ligne, d'une part, et les partisans,
de l'autre. Ceux-ci iront à l'avant; les troupes occuperont
les positions derrière les partisans, les appuieront, leur ser-
viront de réserve, si bien que par l'action combinée des uns
et des autres, l'ennemi, coupé de sa base, obligé de dissé-
miner ses forces à droite et à gauche pour se ravitailler,
étouffé dans le vide qui sera fait autour de lui dans la zone
la plus étendue possible, n'aura plus qu'à se replier à son
tour. La grande guerre, où la science joue le principal rôle,
nous a trahis. Faisons la petite, celle où chaque homme a
sa valeur : c'est le nôtre. Nos pères, en Vendée, l'ont su faire
contre la France : faisons-la contre l'étranger . »

Ces critiques ne sortaient pas de notre cabinet. Mais,
les critiques, les accusations même ne se renfermaient
pas toujours dans le huis clos, et ce n'était pas seulement
à nos côtés que l'on traçait des plans de campagne.
La population s'irritait des lenteurs des préparatifs.
Dans l'ignorance où l'on était du véritable état des
choses, on ne cessait de harceler le Gouvernement de
plaintes, de murmures, de doléances. Le préfet de
Montpellier écrivait le 27 septembre :

« Je dois vous signaler que les populations s'étonnent
qu'une grande mesure ne soit pas prise pour enlever les
hommes et les porter en face de l'ennemi. On se dirait, dans

nos régions, en pleine paix, ce qui décourage les populations, qui sans cela seraient pleines d'entrain et d'enthousiasme et ne demandent qu'à marcher. Les dépôts s'organisent comme en temps normal et comme si rien ne pressait. Les instructions manquent, les armes et munitions surtout; plus un seul fusil, plus une cartouche pour les gardes nationales. Je ressens, en vous télégraphiant, l'impression générale. »

L'impatience était partout : elle gagnait jusqu'aux plus modérés. Le *Moniteur*, qui était bien loin de tout sentiment de malveillance à l'égard de l'amiral Fourichon, donnait place dans ses colonnes à un plan de guerre à outrance qui laissait loin derrière lui, non pas seulement le plan de notre ami, mais les emportements héroïques de la Convention, et devenait une critique indirecte du ministère de la guerre.

Nous reproduirons le plan de campagne du *Moniteur*. Il nous transportera sur les lieux, et en vérité, cela en vaut la peine.

L'écrivain nous introduit de nouveau dans le salon de Chesnay-les-Tours; on y parle de la guerre et entre autres choses d'une marche hardie de M. Estancelin, commandant général des gardes nationales de la Normandie vers Nantes, et de la panique qu'elle aurait causée parmi les Prussiens au point de leur avoir ôté «la velléité d'aller fourrager les campagnes de ce côté [1]. »

— Oui, tout cela est bien, faute de mieux, reprit Mme d'A...

— Faute de mieux? ma tante... et que voulez-vous donc qu'on fasse de plus?

— Je voudrais qu'on organisât la défense nationale du pays, et qu'on ne laissât pas se perdre en stériles démarches les efforts individuels.

— Vous avez cent fois raison, ma mère, s'écria Charles ***. Si l'on y prend garde, tous ces corps disparates qu'on a laissés se créer, seront plus nuisibles qu'utiles et ruineront le pays sans le sauver.

1. Nous aurons l'occasion plus tard et trop souvent de réduire à leur valeur toutes ces nouvelles.

— Mais où est la tête organisatrice? reprit L...; j'ai beau chercher, je ne trouve rien ici, à Tours, à côté de nous. On prend des demi-mesures, en veux-tu, en voilà, et pas une mesure d'ensemble. Ainsi, tenez, au *Moniteur* de ce matin il y a un décret qui mobilise les gardes nationales, — bonne chose! et un décret qui subordonne les compagnies de francs-tireurs à la même discipline que les gardes mobiles, — encore une bonne chose! Puis un rapport de l'amiral Fourichon, où il est dit qu'il faut maintenant enfermer les Prussiens qui cernent Paris dans la zone ravagée qu'ils se se sont faite, couper leurs convois de vivres, les harceler de cent façons, — meilleure chose encore! Mais tout cela manque de lien, d'ensemble, qui transforme les paroles en mouvement, en fait...

— Que voulez-vous dire! demande Charles ***.

— Mon Dieu! Que pour rendre tout cela efficace... il faudrait carrément et tout de suite envoyer par toute la France un ordre général de prise d'armes, et spécifier que les gardes mobiles et les gardes nationales — armées ou non — puissent à tel quantième se trouver à tel rendez-vous. Comme cela vous formerez cette fortification vivante avec laquelle vous entourerez les Prussiens; autrement non.

— Mais celles qui ne seraient pas armées?

— Auraient des pelles, des pioches et des cognées, et feraient des fossés, des redoutes, abattraient des arbres pour barricader les routes; d'autres qui ne savent pas manier suffisamment les armes ou n'ont que de mauvais fusils, s'avanceraient la nuit vers les avant-postes et tireraient en l'air, donnant l'alarme, éveillant l'ennemi.

— Mais c'est vrai! dirent avec ensemble les censeurs.

— Oui reprit madame d'A...; on utiliserait ainsi toutes les populations qui se lèvent, tous ces hommes jeunes et vieux qui mettent leur sang et leur chair au service de la patrie. Quelquefois il nous prend une immense mélancolie en les voyant défiler si divers et si dispersés de but et d'action. Est-ce donc là notre France, me dis-je? Car c'est la France que je vois en eux, piteuse, ruinée, démembrée!... [1].

Il ne faudrait pas croire que ces projets désespérés

---

1. Le *Moniteur*, n° du 4 octobre 1870.

de défense, qui rappellent les nations barbares, et qui sont sans doute plus à leur usage qu'à celui des peuples civilisés, n'eussent place et créance que dans les salons ou dans l'imagination d'une femme d'esprit. Nous avons entendu plus d'une fois un homme du métier, un capitaine de vaisseau, qui fut plus tard chargé du commandement d'un camp, nous parler sérieusement de cette *fortification vivante* de madame d'A..., s'étonnant, avec une naïveté qui donnait à sourire, qu'elle ne se fût pas formée dès les premiers jours, qu'elle ne fût pas sortie de terre toute armée et frémissante, pour enserrer, d'un mouvement universel et concentrique, l'ennemi téméraire qui foulait le sol sacré, ou du moins qu'on ne l'eût pas décrétée ! Et son étonnement croissait, quand on se permettait de lui dire que de pareilles choses ne se décrètent pas ; que la *muraille vivante* se lève toute seule, quand elle se lève ; qu'il n'y a pas de puissance au monde, en dehors d'elle-même, qui puisse opérer un tel miracle, et que peut-être aussi ne faut-il pas, pour que le miracle s'accomplisse, que la muraille ait devant elle une autre muraille également vivante, en chair et en os, et ayant sur elle l'avantage d'être blindée de toutes parts et d'avoir été poussée en avant par le bras d'airain de la fortune !

Mais revenons sur un terrain plus ferme, à ce qui était possible et praticable. Nous ne prétendons pas rappeler tous les plans de campagne qu'enfantaient en ce moment l'imagination et le patriotisme, et par conséquent toutes les critiques dont le ministère de la guerre était l'objet. Ce que nous tenons à dire, c'est qu'au temps même où ces conceptions plus ou moins grandioses ou chimériques, ces critiques directes ou indirectes se produisaient, le ministre de la guerre avait entre les mains un plan, et que ce plan répondait en partie au moins à ce qu'il y avait de sérieux et de pratique dans les autres, qu'il sortait, à un certain degré, de l'ordinaire et du convenu, reproduisant, sauf la conception stratégique du quadrilatère de Langres, Belfort, Schlestadt et Épinal, les principales idées de notre ami, telles qu'il nous les exposait de vive voix et qu'il devait les soumettre au comité d'action, si ce comité était parvenu à se former.

Le 27 septembre, le général Le Flô adressait de Paris, par un des derniers envois du câble noyé dans la Seine, la dépêche suivante à son délégué, l'amiral Fourichon.

« Vous ne pouvez songer à opposer, à présent, aux corps prussiens si puissamment organisés, nos corps qui manquent encore d'une suffisante cohésion. Mais harceler sans cesse et sans trêve les détachements, les empêcher de s'étendre, restreindre le champ de ses réquisitions, menacer ses communications, l'obliger ainsi à se dégarnir devant Paris, l'inquiéter jour et nuit, partout et toujours, voilà le but à atteindre de votre côté.

« De cette guerre de chicanes, de chouannerie, vous passerez insensiblement, au fur et à mesure de l'accroissement de vos forces, à des opérations plus sérieuses, susceptibles de se relier plus directement avec la défense de Paris, objet capital de vos méditations et de toute votre action.

« Aider à la défense de Paris, c'est couvrir la France.

« Même objet à poursuivre en Normandie et dans les Ardennes, dont vous me parlez.

« Attirez à vous du monde, et du monde selon vos ressources d'armement.

« Employez vigoureusement votre cavalerie, mais par détachements de régiments, d'escadrons même, selon la valeur des chefs. Une division réunie ne servirait à rien et ne rendrait pas le quart des services d'un régiment bien commandé.

« Gardez toujours une forte réserve de troupes organisées des trois armes.

« A l'Est, vers Belfort, le général Cambriels, intelligent et hardi, doit avoir pu déjà entrer en campagne. Il doit pouvoir disposer d'un colonne mobile de 12,000 hommes au moins. Qu'il manœuvre avec prudence, mais avec audace aussi. Il faut arriver là à couper les chemins de fer de l'ennemi, qui sont ses vraies lignes d'opération. Couper seulement une de ses communications avec l'Allemagne serait une victoire. C'est, de ce côté, la grande œuvre à poursuivre. Qu'il jette des corps francs, en enfants perdus, partout...

« Poussez ferme à la fabrication des armes et des munitions. Il faut couvrir la France de fer.

« Maintenez les meilleures relations avec l'autorité civile. Votre mutuel concours est indispensable à la prompte organisation de nos forces.

« Général Le Flô. »

Ce plan ne fut jamais exécuté. Il arrivait en pleine crise, au moment du conflit si aigu de l'autorité civile et de l'autorité militaire ; et c'est à peine si l'amiral eut le temps de l'étudier. Le 2 octobre, il donnait sa démission, déjà annoncée depuis quelques jours ; le 3, le *Bulletin officiel* publiait le décret suivant ;

« La Délégation du Gouvernement de la Défense nationale, siégeant à Tours,

« Décrète :

« Vu la démission donnée par le vice-amiral Fourichon de ses fonctions de ministre de la guerre *par intérim*,

« M. Crémieux, garde des sceaux, ministre de la justice, reprend les fonctions de ministre de la guerre *par intérim*.

« Fait à Tours, le 3 octobre 1870.

« Ad. Crémieux, A. Glais-Bizoin, L. Fourichon. »

Le court ministère de l'amiral Fourichon, — que l'on ne pouvait considérer qu'au point de vue administratif, puisqu'aucun plan d'opérations n'avait été exécuté — aurait donné des résultats considérables dès la fin de septembre, si l'on s'en rapportait à une dépêche de la Délégation envoyée par pigeons à Paris le 1er octobre. Cette dépêche disait :

« Notre seule et unique préoccupation est d'activer l'orga-

nisation des forces destinées à débloquer Paris. Tout ce qui
se fait à cet égard donne le meilleur espoir. L'action des
villes et des départements, poussant en avant les forces
qu'ils ont organisées par leur initiative, se combine avec
ardeur avec celle des contingents militaires qui forment
désormais deux armées comprenant chacune 80,000 hommes, l'une sur la Loire, et qui va s'avancer sur Paris, l'autre
ayant pour centre..... Du côté de....., on réunit également
un troisième groupe, composé de forces régulières, de
mobiles et de volontaires.

« La situation de Bazaine continue à être excellente.
L'attaché militaire de...., qui vient de parcourir les villes où
se concentrent nos troupes. a été surpris du nombre considérable d'hommes bien armés et bien équipés, et surtout de
l'artillerie, qu'on supposait ne plus exister. La légion française et les zouaves sont arrivés de Rome, par les soins de
notre ambassadeur, et vont former un solide appui tout
prêt à marcher [1]. »

Non; il y avait là plus d'une exagération : la Délégation se faisait illusion ou voulait faire illusion au
Gouvernement, par le désir louable sans doute, excusable du moins, d'agir sur les esprits. Les deux armées
de 80,000 hommes que la dépêche montrait comme
déjà formées et toutes prêtes à marcher sur Paris,
n'étaient encore qu'à l'état d'ébauche, et le troisième
groupe que l'on réunissait, n'existait que sur le papier.
Pour avoir l'état exact des choses il faut lire la dépêche expédiée dix jours après par l'amiral à son
délégué à Paris pour être mise sous les yeux du général Le Flô, et qui donnait, entre autres informations
les suivantes :

---

[1]. Ce fragment de dépêche fut publié et affiché à Paris par le Gouvernement avec ce commentaire : « Ces nouvelles n'ont pas besoin de commentaires, disait-on : elles sont la récompense de la noble et fière attitude de
Paris et de ses défenseurs ; elles doublent notre courage ; elles fortifient
notre constance ; elles nous montrent comme un sérieux espoir le jour où
notre main rencontrera celle de nos frères des départements à travers les
lignes ennemies, cédant enfin sous un effort commun.

« Vive la France! Vive la République!

« Le 15e corps d'armée comptera dans six jours 70,000 hommes. Les fusils modèle 1860 sont insuffisants. La consommation de cartouches dépasse la production. Le matériel d'artillerie vaut mieux que vous ne croyez. La défense de l'Ouest est bonne avec Fiéreck. Il y a un régiment de mobilisés par brigade. Les zouaves pontificaux se recrutent. Cambriels tient campagne, renforcé de la brigade Dupré. L'ennemi est supérieur. Le 16e corps d'armée aura trois divisions d'infanterie, une de cavalerie, en tout 45,000 hommes, trois pièces par 1,000 hommes, trois batteries mitrailleuses. Deux divisions sont déjà formées. »

Ce n'était donc pas 160 mille hommes que l'on pouvait mettre en mouvement ; on pouvait compter tout au plus de 80 à 90 mille hommes : et encore ce n'était pas le 1er octobre, mais seulement le 16 qu'ils auraient pu entrer en campagne. Un tel résultat cependant n'était pas à dédaigner. Il constituait un noyau d'armée qui, incapable encore de vaincre, pouvait résister, sauver l'honneur des armes, si on parvenait à rencontrer des hommes capables d'inspirer quelque confiance aux troupes et d'en avoir aussi un peu pour leur propre compte.

On a laissé entendre que ces résultats, quels qu'ils soient, auraient été tout autres, si le ministère de la guerre s'était placé dans le courant du sentiment national. Le général Lefort a dit en effet devant la Commission d'enquête :

« Qu'en commençant l'organisation du 15e corps il ne prévoyait guère qu'il serait appelé à prendre part aux opérations militaires.

« C'est dans cette pensée, ajoutait le général, que je disais au ministre de la guerre :

« Cette armée n'est peut-être pas destinée à agir effica-
« cement ; mais je regarde son organisation comme indis-
« pensable : elle aura un effet moral considérable non
« seulement sur les défenseurs de Paris, mais sur les
« populations du midi et du centre, qui sentiront qu'il y a
« une armée française entre elles et les Prussiens. J'ignore

« quel en sera le chiffre, mais nous la ferons aussi forte
« qu'il nous sera possible ; et si, comme nous l'espérons
« tous, Paris doit être délivré dans quelques mois, eh bien,
« alors nous aurons du moins une armée (j'espérais pou-
« voir la porter à 200,000 hommes) qui pourra, lors même
« qu'elle n'aura pas tiré un coup de fusil, peser dans la
« balance, si nous devions être appelés à traiter de la paix. »

Et l'on a tiré de ce langage des conclusions défavorables, et l'on a dit qu'une telle pensée, qui n'était pas
seulement celle du général Lefort, mais celle de l'amiral Fourichon, n'était pas faite pour donner aux
affaires l'impulsion qu'elles demandaient [1]. Certes,
nous sommes de l'avis du général Chanzy, qui disait :
« Quand on se bat il faut avoir confiance. » Oui, la
nécessité de la lutte une fois reconnue, il faut l'aborder avec confiance : on s'expose, autrement, tout en
faisant soi-même son devoir avec ardeur, à le faire
faire tièdement aux autres. Mais en est-il de même
quand il s'agit d'un effort d'un ordre tout différent et
qui ne demande que du bon vouloir, de l'activité, du
patriotisme ? Nous laissons à d'autres à résoudre de telles
questions. Que, sous le coup même des événements,
le patriotisme s'égare dans ses impressions et ses opinions, qu'il porte sur les actes des jugements témé-
raires, qu'il en tire des conjectures fâcheuses ou sinistres ; qu'il s'écrie, comme le fit la *Gazette de France*,
en apprenant le remplacement de l'amiral par M. Crémieux au ministère de la guerre : « Pauvre France ! [2] »
cela peut se concevoir et jusqu'à un certain point
même se pardonner. Plus d'un d'entre nous ne s'en
est pas fait faute. Mais, à distance, lorsque le feu de
la lutte s'est éteint, l'ardeur de la passion doit s'éteindre à son tour et faire place au sang-froid, à la sérénité
de l'esprit, à l'impartialité des jugements. Que l'amiral Fourichon et le général Lefort n'aient pas eu con-

1. Carra et Lenoir, page 25.
2. Numéro du 4 octobre 1870.

fiance, ce qui est vrai, ce n'est pas cela qui a allangui leur action; ce qui leur a manqué, ce qui a manqué à beaucoup d'autres, c'est une puissance d'activité en rapport avec les circonstances, c'est la force de rompre avec les habitudes des temps ordinaires, quand on était placé dans une situation extraordinaire. Il faut dire la vérité. Ils portaient le poids des fautes que nous avons signalées au commencement de ce chapitre; ils le sentaient et ne pouvaient qu'en être accablés. Et qui donc n'en a pas été accablé?

CHAPITRE VII

LA POLITIQUE INTÉRIEURE DE LA DÉLÉGATION
JUSQU'AU 9 OCTOBRE

La principale préoccupation du Gouvernement, après celle de l'invasion et des moyens matériels de la combattre, était celle de la convocation d'une assemblée.

M. Jules Simon dit dans ses *Souvenirs du 4 septembre.*

« Le 4 septembre, tout le monde, dans le Gouvernement, voulait les élections ; le 8, on se divisa par moitié. Ceux qui étaient pour l'ajournement n'ajournaient plus à long terme : ils demandaient cinq semaines ! Quelques jours après, ayant reçu des départements des nouvelles moins alarmantes, il leur parut possible d'aller plus vite. C'est un de ceux qui avaient le plus insisté, le 8 septembre, pour la date du 16 octobre, qui, huit jours après, proposa et fit adopter la date du 25 septembre pour les élections municipales et du 2 octobre pour les élections politiques. Le 23, autre revirement, et cette fois en sens inverse : par un vote unanime, toutes les élections furent ajournées. Que s'était-il passé? L'investissement de Paris, le combat de Châtillon avec le douloureux incident que l'on connaît : une partie de l'armée avait lâché pied devant l'ennemi. Un bataillon de mobiles, le 11e, avait refusé d'occuper un poste qui lui semblait dangereux. Le moral s'en allait. Ce n'était pas le moment de mettre la France aux voix.

« La Délégation de Tours prit de son côté la même détermination et l'annonça au pays par les deux proclamations suivantes... »

M. Jules Simon cite ensuite ces deux proclamations, qui suivirent l'échec de l'entrevue de Ferrières.

A prendre à la lettre ce que dit M. Jules Simon de la détermination de Tours, ce serait, de son propre mouvement, qu'on y aurait ajourné les élections. Cela n'est pas tout à fait exact : la Délégation, bien qu'elle fût depuis longtemps favorable à l'ajournement des élections municipales et par suite des élections générales, ne faisait que répéter ce qui se faisait à Paris.

Il faut distinguer deux périodes dans la politique pratiquée à Tours avant l'arrivée de Gambetta : celle qui précède la rupture des communications régulières entre la province et la capitale, et celle qui la suit. Dans la première, la Délégation, après avoir combattu le décret du 6 septembre, s'y soumet et s'occupe de procéder à son exécution ; dans la seconde, elle se sépare complètement de Paris, et, tandis qu'à l'Hôtel de Ville on maintient indéfiniment l'ajournement, elle, prenant une résolution contraire, quelques jours après sa déclaration de résistance à outrance, elle décrète d'elle-même la convocation d'une Assemblée constituante.

Il convient de marquer nettement ces deux périodes avec les motifs qui déterminèrent, dans l'une et dans l'autre, la conduite de [la Délégation.

Deux considérations de premier ordre avaient dans le principe décidé le Gouvernement à faire les élections politiques et municipales ; il fallait d'abord légaliser la Révolution, pour ôter tout prétexte aux hostilités et aux prétentions de l'intérieur et ne pas paraître avoir oublié au pouvoir les principes que l'on avait professés dans l'opposition[1] ; il fallait ensuite, comme le disait Gambetta, « donner à la République, vis-à-vis l'Europe, la consécration du suffrage de la nation[2] ».

La Délégation, en quittant Paris, avait sur la question la même manière de voir que l'Hôtel de Ville et inclinait du côté des élections : à peine fût-elle en province que son sentiment changea par suite de ce qu'elle apprit de l'état des esprits. Les préfets qui lui paraissaient le plus en mesure d'être bien renseignés, M. Larrieu à Bordeaux, M. Testelin à Lille, M. Guépin à Nantes, M. Frédéric Morin à Mâcon, M. Durel à Tours, jugeaient les élections désastreuses, et n'en voulaient à aucun prix. Le 18 septembre, une réunion de préfets et de délégués d'une vingtaine de départements, présidée par M. Glais-Bizoin, à l'insu il est vrai de M. Crémieux[3], avait eu lieu à Tours. La question des élections municipales y avait été agitée : tout le monde en demanda avec instance l'ajournement. C'était se prononcer en même temps contre la Constituante. Quelques-uns (M. Testelin écrivait dans le même sens) admettaient bien « la nécessité de la Constituante immédiate, » mais avec des conditions dont quelques-unes étaient inadmissibles ou impossibles. La Délégation, pressée ainsi et en quelque sorte

---

1. Dépêche de Gambetta du 17 septembre.
2. Dépêche de Gambetta du 25 septembre.
3. Déposition de M. Crémieux, t. I, p. 602-603.
4. Dépêche de M. Testelin du 17 septembre.

ahurie, épouvantée, transmettait les objections qui
lui étaient présentées, au Gouvernement central, et
les appuyait avec la plus grande énergie. M. Crémieux
écrivait le 18 septembre à Gambetta, au sujet des
élections municipales :

« Songez, ami, que, faute d'avoir été préparée, notre
chère patrie, dès cette guerre odieuse, a été jetée dans
l'abîme. Puisque nous ne sommes pas prêts, pourquoi donc
livrer cette terrible bataille à l'intérieur? Je comprends le
2 octobre. Mais ne le faites pas précéder des élections municipales. »

C'était dans l'intérêt de la défense, au nom du
patriotisme et de la République que M. Crémieux
repoussait les élections municipales n'admettant qu'à
titre de concession les élections à la Constituante.
Cependant Gambetta résista et maintint son programme tout entier, les élections politiques et les
élections municipales, qui étaient, comme il le disait
avec raison, « le préalable obligé d'élections libres
pour la Constituante[1]. »

La Délégation se rendit, de guerre lasse, sans être le
moins du monde persuadée.

« Tous les préfets, disait-elle, se plaignent des élections
municipales, mais, sur vos ordres réitérés, nous les avons
maintenues quand même[2]. »

Et l'on sent bien qu'elle n'agissait que malgré elle et
avec répugnance, en lisant la proclamation qu'elle
adressait aux départements, le 23 septembre, en con-
voquant les électeurs : l'accent de la conviction y
manque en dépit du bon sens qui l'a dictée.

Voici le texte de cette proclamation :

« Électeurs, en vous appelant ainsi à la hâte dans vos
comices, le Gouvernement de la Défense nationale a voulu

1. Dépêche du 19 septembre, 9 h. 45 m. matin.
2. Dépêche du 23 septembre, 4 h. 30 m. soir.

vous mettre en possession de la première de vos libertés, si audacieusement violée pendant dix-huit ans par tous les agents serviles d'un pouvoir dont le chef, après s'être lâchement livré, a non moins lâchement livré notre brave armée aux Prussiens, nous laissant en face d'ennemis acharnés à la ruine de notre pays.

« Autrefois, l'élection des conseillers municipaux pouvait se faire d'après des considérations d'intérêt purement local; mais, dans les circonstances actuelles, il est impossible qu'elle n'ait pas un caractère politique.

« Ces élections seront la première signification faite à l'ennemi que, mettant de côté toutes les opinions chères à chacun, nous nous donnons fraternellement la main pour conserver la seule forme de gouvernement qui nous donne la force de le chasser.

« En 1850, M. Thiers disait à l'Assemblée législative, avec l'accent d'une profonde vérité : « Conservons la République, « c'est le gouvernement qui nous divise le moins. »

« Aujourd'hui, nous disons tous : Conservons la République, c'est le seul gouvernement qui nous unisse devant l'étranger qui souille et dévaste notre sol. — Quel est, en effet, le prétendant qui oserait s'asseoir actuellement sur un trône dont la chute a été si rapide et si ignominieuse?

« Pour tout homme de bonne foi, ne serait-ce pas la guerre civile, c'est-à-dire la patrie livrée à l'étranger? Républicains de la veille, républicains du lendemain par la force des choses, amis des dynasties déchues, unissons-nous donc pour appeler au sein des conseils municipaux les plus éclairés, les plus indépendants et les plus résolus à maintenir la République, gage à la fois d'union entre nous et de la délivrance de notre pays. »

Nous étions destinés à vivre à Tours au milieu des changements à vue. La proclamation avait été expédiée par le télégraphe à 1 heure 25 minutes du soir. Quelques heures auparavant, une dépêche de Paris[2] faisait pressentir l'ajournement des élections à la Constituante. A 2 heures 45 minutes, une autre dépêche

1. Séance du 15 février.
2. Expédiée à 8 h. 50 m. matin

annonçait que l'ajournement de toutes élections était décidé. L'entrevue de Ferrières avait tout changé.

Il est facile de voir, par ce rapide exposé, deux choses : d'abord que la Délégation n'agit pas spontanément dans la question des élections, comme semble le penser M. Jules Simon, et ensuite que ce n'est pas à une défaillance des zouaves de Châtillon que l'ajournement de la Constituante doit être attribué. Pour parler seulement de ce dernier point, il n'est pas exact de dire que le moral de la France s'en allait avec celui d'une troupe surprise un moment et affolée. Il y avait là un accident, fâcheux sans doute, de mauvais augure, si l'on veut, explicable cependant, local et particulier en quelque sorte, qui ne pouvait que peser bien peu dans la balance à propos d'une résolution aussi grave. Ce qui explique cette résolution, c'est que les élections devenaient inutiles et que toutes les objections faites contre elles restaient, dès qu'on ne voulait plus traiter. Il n'y avait plus à se préoccuper de donner au Gouvernement nouveau, vis-à-vis de l'Europe, la confirmation du suffrage de la nation, dès qu'il ne s'agissait plus que de combattre.

Quoi qu'il en soit, la proclamation était lancée; le mouvement électoral avait déjà commencé, et nous devons épuiser la période où il s'est accompli.

M. Làurier avait déjà préparé et envoyé une circulaire aux préfets, avant que la décision contraire de Paris fût parvenue à Tours.

Nous eûmes la primeur de la circulaire électorale de M. Laurier, qu'il nous lut dans notre cabinet avant de l'expédier par le télégraphe. C'était, si nos souvenirs ne nous trompent pas, dans la matinée du 22 septembre. Nous marquons la date, car la circulaire ne parut que le 24 dans le *Bulletin officiel*, c'est-à-dire après la publication du décret qui ajournait les élections.

M. Laurier lisait comme il parlait, c'est-à-dire très bien. Nous lui fîmes compliment. La circulaire était d'une belle venue : elle disait bien ce qu'elle disait ; elle est même, sur bien des points, un excellent programme politique, et elle est peu connue. Pour toutes ces raisons, nous la reproduisons dans son entier.

« ÉLECTIONS DE L'ASSEMBLÉE CONSTITUANTE.

« *Circulaire à MM. les préfets de la République.*

« MONSIEUR LE PRÉFET,

« La France, rendue à elle-même, va pourvoir à ses destinées. Le suffrage universel est convoqué pour l'élection d'une Assemblée constituante ; jamais question plus grave ne fut posée dans des temps plus douloureux. C'est une raison, entre toutes, pour que la France soit consultée avec honneur et probité...

« Ce n'est pas à dire pourtant que vous n'ayez pas à entretenir les électeurs sur leurs devoirs et à les éclairer. Les pratiques de la candidature officielle ont exercé une action si démoralisatrice, le suffrage universel a subi une si longue et si étroite servitude, que, dans plus d'un cas, vous aurez à le rappeler au sentiment et à l'usage de la liberté. En un mot, vous vous appliquerez à faire justement le contraire de ce que faisait le gouvernement déchu.

« En même temps et en dehors des enseignements que comporte cette comparaison, vous aurez soin d'apprendre aux électeurs ce que valait ce gouvernement et ce qu'il leur a coûté. Vous ne cesserez d'attirer leur attention de ce côté, de manière à les rendre tout à fait compétents et capables de voter en connaissance de cause. Pendant dix-huit ans, pendant l'agonie du dernier règne, on a menti au pays. Il est temps que la lumière se fasse et que les cœurs se redressent. Il le faut d'autant plus, que, en maint endroit, les partisans de l'Empire osent rejeter sur nous la responsabilité des maux dont ils ont accablé la patrie. C'est là une calomnie que vous ne devez pas tolérer.

« L'Empire, par un coup de force, avait mis la main sur le pays. Il avait tout pris, tout confisqué, la liberté d'abord, en promettant la gloire. Cherchez où est la gloire, maintenant ; où est aussi la prospérité matérielle, contre laquelle plus d'un avait cru pouvoir troquer sa conscience et sa

dignité? Tout a disparu dans le grand naufrage, et c'était
justice, car rien ne pouvait survivre à l'avilissement des
âmes. Aujourd'hui, nous n'apercevons plus autour de nous
que le désastre, le deuil, l'indiscipline, la patrie en lam-
beaux. Voilà la France que l'Empire nous a faite. C'est là
un ordre d'idées absolument exact et que vous ne devez pas
craindre de suivre jusque dans ses détails. Il faut que vous
appreniez aux électeurs qui l'ignorent, que vous rappeliez
à ceux qui l'ont oublié, que l'Empire a tout pu, qu'il a tout
voulu, tout corrompu autour de lui, en vertu même de son
principe. Insistez particulièrement sur la situation militaire,
devenue si poignante. Dites et proclamez que, pendant dix-
huit ans, chaque année, la France a livré au gouvernement
de l'empereur plus d'un demi-milliard et plus de cent mille
hommes pour la défense du pays, et que, à un moment
donné, cette France, si grande quand Bonaparte l'a saisie,
s'est trouvée ruinée, perdue, sans ressources, dans un état
de détresse incomparable. Appelez sur ces plaies toute
l'attention du pays, faites-lui voir le fond du gouffre où il a
roulé. C'est principalement dans les campagnes qu'il convient de dire ces choses et de les démontrer ; c'est là qu'il
faut qu'on sache que chaque mort d'homme, chaque écu
qu'on paye et que l'on payera, a pour cause les dix-huit
années d'Empire qui nous ont souillés, et que nous autres,
nous n'intervenons dans ce désordre de l'armée, des finances
et du reste, que pour établir un bilan nécessaire, comme
des liquidateurs et des syndics.

« En disant ces choses, vous devez aussi éclairer et rassurer tout le monde sur les intentions du nouveau Gouvernement. Efforcez-vous de faire la sécurité ; vous n'avez pas
de meilleur moyen de fonder la République.

« La République, sortie d'une révolution sans tache et qui
restera telle, est désormais la seule forme de gouvernement
qui puisse rétablir la grandeur, la fortune et la moralité du
pays. En 1848, les classes moyennes l'ont essayée sans
loyauté ; elles peuvent voir où cet abandon les a conduites.
Ces expériences profiteront à tous les partis. Dites donc et
répétez incessamment que notre République est un gouvernement d'ordre, qu'entre l'Empire et nous, c'est l'Empire
qui était anarchique. Démontrez que le suffrage universel
appelle indispensablement la République. Faites compren-

dre en même temps que la flexibilité du Gouvernement
républicain est la garantie de sa solidité, en ce qu'elle
lui permet de suivre, sans se briser, et en s'y adaptant, tous
les mouvements de l'opinion publique. Loin d'être anarchique, un semblable régime est la seule expression possible
de l'ordre et de la civilisation. A ceux qui le nieraient, vous
montrerez du doigt les États-Unis d'Amérique.

« Voilà le terrain sur lequel vous tâcherez d'attirer à vous
toutes les conciliations, toutes les bonnes volontés, tous les
courages. Nous tenons à ce que le pays sache bien que la
République n'entend ni faire mal, ni faire peur, que nous
accueillerons toutes les adhésions et même tous les repentirs, mais en marquant aussi que, si nous sommes résolus
à être généreux, nous sommes décidés à n'être pas dupes.

« Je vous recommande surtout de vous tenir en défiance
contre les exigences et les suggestions des partis extrêmes.
Nous ne devons écouter ni ceux qui nous ont perdus en
arrière, ni ceux qui nous perdraient en avant. Aux uns
comme aux autres nous laisserons la pleine liberté ; mais,
entre les deux, le Gouvernement gardera l'équilibre et main-
tiendra le respect de la loi.

« Les partis extrêmes sont d'ailleurs bien moins à craindre
qu'on ne pense ; ils ont leur raison d'être et leur utilité dans
l'ensemble des opinions, pourvu qu'on ne les laisse pas
devenir usurpateurs et tyranniques. A cela nous tiendrons la
main sans rigueur, mais avec fermeté. Les réactionnaires
incorrigibles doivent savoir que les temps de la liberté sont
venus et que leurs intrigues ne prévaudront pas contre elle ;
ceux des nôtres qui constituent l'avant-garde si brave et si
vaillante de l'opinion républicaine comprendront que, à peine
de tout compromettre et de ne pas être suivis, ils doivent
ralentir le pas, modérer leurs espérances les plus légitimes,
agir politiquement, et ne point demander à la République
de produire tous ses fruits sur l'heure et le jour même de
son implantation. La pratique des choses ne comporte pas
de tels miracles. Il n'en est pas moins certain que la République, une fois fondée et consolidée, implique dans la
matière sociale, un progrès continu, et que ce progrès sera
d'autant plus maître de son terrain et garanti contre les
compétitions rétrogrades, qu'il sera accompli avec modération et par étapes.

« Telles sont, Monsieur le Préfet, les idées générales sur lesquelles vous devrez régler votre conduite politique et vos discours, particulièrement à l'occasion des élections de l'Assemblée constituante. Nous traversons des événements pleins de périls de toute sorte, où, avec les meilleures intentions, on est exposé à commettre bien des fautes. N'en commettons du moins aucune que d'honnêtes gens ne puissent avouer. Il est bien rare qu'un acte politique quelconque, à côté de certains avantages, ne présente pas certains inconvénients. Mon sentiment est que, dans la crise présente, le plus grand intérêt, celui devant lequel il convient non pas d'abdiquer, mais de classer et de subordonner les autres, consiste à attirer la confiance autour de nous, à la maintenir chez ceux qui nous connaissent, à l'inspirer à ceux qui ne nous connaissent pas. C'est ainsi que nous fondrons la République, en dehors de toute pression, de tout excès, comme il sied à des hommes qui ont profité des renseignements contemporains et qui savent que, si la vraie liberté est faite de beaucoup d'ordre, le véritable ordre est fait de beaucoup de liberté.

« Le Directeur général du personnel et du cabinet, délégué au département de l'Intérieur.

« CLÉMENT LAURIER. »

Tours, le 23 septembre 1870.

M. Laurier a dit ces paroles devant la Commission d'enquête, en parlant du point de vue politique où il se plaça au 4 septembre, au moment où Gambetta le chargea de la direction générale du personnel de l'intérieur : « Pour moi, ma première préoccupation fut celle-ci : nécessité de donner satisfaction à l'opinion du jour, et en même temps nécessité de ménager l'opinion du lendemain, la première étant forcément excessive, mais, à raison de son intensité, ne devant pas durer ni servir de règle pour le gouvernement du pays.

« Sans être encore bien vieux, ajoutait-il, je sais par expérience que, dans les grands cataclysmes sociaux, il existe comme un double mouvement, celui de la Révolution qui agit à l'extrême avant, et celui de la Réaction qui agit à l'extrême opposé : ce sont comme les deux marées contraires. »

C'étaient ces principes qui avaient dicté la circulaire. L'auteur essayait de donner satisfaction à l'opinion du jour, tout en ménageant l'opinion du lendemain, et de nager, pour ainsi dire, entre les deux marées contraires. Ce qu'il y avait certainement de plus hardi dans son langage — et cela ne paraîtra pas bien téméraire aujourd'hui — c'est ce qu'il disait de « l'essai peu loyal » de la République fait en 1848 par les classes moyennes. Aussi sa circulaire fut-elle peu discutée. Le *Moniteur* releva, sans y insister, le trait décoché contre les classes moyennes. La *Gazette de France*, qui avait toujours besoin de harceler la République et ses représentants, chicana à propos du vote au canton, prétendant, avec trop de mauvaise foi pour être prise au sérieux, que M. Laurier parodiait l'Empire et employait les mêmes procédés de pression administrative. Le *Français* ne fut pas plus honnête.

Une omission grave cependant aurait pu être signalée. Comment M. Laurier s'y prit-il pour ne pas dire un mot aux électeurs de la question qui dominait tout, qui était présente partout, la question de la défense, et qu'il ne lui soit pas venu à la pensée que tout le reste était secondaire, que toutes les dissertations les plus sensées, les plus spirituellement dites sur les avantages et les inconvénients des partis extrêmes, par exemple, sur la République ouverte, *aimable*, comme on a dit plus tard, paraîtraient non pas seulement des lieux communs, mais des anachronismes, des subtilités hors de saison, qu'il ne s'agissait, en un mot, que de la patrie envahie et de la nécessité de repousser l'envahisseur? Il est vrai que ce n'est ni le *Français*, ni la *Gazette de France*, malgré leurs noms patriotiques et nationaux, que cet oubli pouvait choquer. Là était cependant le vrai défaut de la circulaire. Elle avait, de plus, celui d'être trop longue pour la patience du public et trop sage pour avoir prise sur lui. Rien n'y vibrait des passions du moment. Ce qu'elle disait de l'Empire, quoique très juste et très bien dit, ne rachetait pas la flamme absente. On était en 93, et l'on parlait comme on l'aurait fait si l'ennemi avait été à Berlin et non sur la Loire, comme si nous n'avions eu qu'à faire tranquillement notre choix entre la République radicale et la République conservatrice!

Le public ne se trompait pas, lui, sur la situation et sur ce qui la dominait. Ce qu'il y a de plus remarquable, de plus digne d'être noté, en effet, dans cette première période, c'est l'unanimité d'adhésion, tacite ou déclarée, accordée au Gouvernement. Il ne s'éleva que des protestations isolées, à peine bégayées, contre la République, et nulle part les candidats, soit orléanistes, soit légitimistes, soit bonapartistes, ne songèrent à déployer le drapeau de la monarchie. Le Gouvernement de la Défense était partout accepté dans les professions de foi, comme il l'était dans la nation.

Le duc d'Aumale avait été un des plus nets dans ses déclarations. L'Agence Havas résumait de cette manière, dans une dépêche de Bruxelles, à la date du 28 septembre, sa circulaire électorale : « D'Aumale accepte candidature dans la Charente à Constituante. — Programme d'Aumale : adhésion au gouvernement qui combat, négocie. — Adhésion future au gouvernement choisi par la Constituante. — Paix honorable, liberté, ordre, probité. »

Le prince de Joinville, qui posait sa candidature dans la Charente-Inférieure, n'avait pas un autre langage.

« Le but est simple, disait-il dans le passage le plus saillant de sa circulaire. Aider ceux qui, par la guerre ou par la paix, s'efforcent de débarrasser la France de l'invasion étrangère. Concourir à la formation d'un gouvernement *honnête* qui, sous n'importe quelle forme, assure l'ordre et la liberté. »

Les conservateurs qui étaient le moins portés vers la République, ceux que nous avons vus et que nous voyons encore aujourd'hui lui faire une guerre si acharnée, sans se prononcer pour ses candidats, les ménageaient ou ne se montraient pas trop hostiles. Le *Français*, leur coryphée, le plus important et le plus significatif, en même temps, des organes de la réaction, parce qu'il n'a pas le caractère exclusif que donne un nom de dynastie, — la couleur d'une cocarde visible, — enregistrait les candidatures républicaines sans trop oser les combattre. Il parlait sans colère de M. Victor Lefranc, même de M. Esquiros ; il les voyait entrer dans l'arène sans protester, tandis qu'il en excluait M. Émile de Girardin comme indigne.

« M. Émile de Girardin, disait-il, renonçant à fonder un journal, est allé poser sa candidature en Vendée. L'ancien rédacteur de la *Liberté* est un des principaux actionnaires fondateurs des chemins de fer de cette région, et c'est à ce titre qu'il sollicite les suffrages des électeurs de l'Ouest. Nous croyons qu'il faudrait autre chose pour représenter la Vendée, qui n'oubliera pas la part prise au plébiscite et à la politique belliqueuse par M. Émile de Girardin, et qui trouvera aisément pour personnifier ses croyances et ses idées, des hommes plus sûrs que l'utopiste et changeant publiciste.[1] »

C'était, avant tout, les hommes plus ou moins compromis avec le régime déchu que l'on repoussait. La plupart des candidats s'accordaient sur ce point avec le *Français* et M. Laurier. Les hommes nouveaux, aussi bien que les anciens, les inconnus comme ceux qui occupaient le pouvoir, tenaient le même langage, et cela sur les points du territoire les plus éloignés les uns des autres : l'Empire était l'ennemi commun, l'ennemi public.

Il est difficile au parti incolore et d'apparence équivoque, si puissant cependant alors, dont le *Fran-*

1. Numéro du 24 septembre.

çais est l'organe accrédité, de montrer de la constance dans une politique purement nationale. Ainsi, dans l'article même que nous venons de rappeler, après avoir signalé les candidatures de MM. de Falloux, de Cumont, Augustin Cochin, dont la signification était trop nette pour avoir besoin d'être définie ou pour pouvoir être déguisée, il disait, en mentionnant celle de M. Lefèvre-Pontalis jeune, alors profondément inconnu :

« A Chartres, M. Amédée Lefèvre-Pontalis, frère du député de Pontoise, est porté avec beaucoup de chances de succès. Nous avons sa circulaire sous les yeux; elle est inspirée par le sentiment le plus ferme et le plus éclairé de la situation. C'est bien, comme il le dit avec justesse, *à une restauration morale de la France* qu'il faut songer en même temps qu'au pansement de ses profondes blessures matérielles. La patrie est à refaire, et M. Lefèvre-Pontalis est de ceux qui pourraient y travailler avec le plus d'efficacité. »

Les évêques parlaient le même langage que M. Lefèvre-Pontalis et entraient dans la lutte avec le même drapeau. L'évêque de Luçon, interprète de tous ses collègues, rappelait, il est vrai, à ses diocésains « qu'il n'est permis ni aux catholiques, ni au clergé de se désintéresser de ce qui regarde la patrie ; mais ce qui le préoccupait, ce semble, avant tout, c'était moins le salut du pays, compromis par l'invasion victorieuse, que cette restauration morale qui tenait tant au cœur de M. Amédée Lefèvre-Pontalis.

« Pour ce qui est des élections, disait l'évêque, *le devoir de tous* est d'y participer avec la conscience d'une grande obligation à remplir, car l'Assemblée constituante aura une grande mission à accomplir. Il ne s'agit de rien moins que de refaire le *tempérament moral* et politique de la France. Il faut pour cela des hommes droits, éclairés, énergiques, honnêtes, dégagés de tout intérêt propre, dévoués au pays dont il faut assurer la prospérité, et aimant la religion, qui fut toujours la gardienne de l'ordre, de la propriété, de la vraie liberté. »

La politique que nous avons vue s'essayer à Versailles sous les noms divers d'*ordre moral*, de *péril social*, etc., etc., et dont le *Français* est le principal instrument, cette politique néfaste dont le 16 mai a été le suprême effort, était là, au fond de l'article que nous rappelons, comme dans le mandement de, l'évêque; on la sentait sous les voiles dont les circonstances l'obligeaient encore à se couvrir. Nul doute non plus que la passion politique ne fût au fond de toutes les candidatures patronnées par ce journal, et des recommandations épiscopales, publiques ou secrètes. Mais ce n'était pas la passion du *Français* et de ses amis qui remuait l'opinion. C'est à peine si elle l'effleurait. Le mouvement électoral était non pas politique, mais national, exclusivement national. Le *Français* l'appelait, dans un passage du même article, « un grand mouvement d'opinion. » Rien de moins exact, dans le sens où ce journal l'entendait, dans le sens de « cette régénération morale » dont parlait, avec tant d'à-propos, M. Amédée Pontalis. Ceux qui avaient le plus à cœur le relèvement moral de la France, qui songeaient le plus à refaire la patrie, songeaient avant tout à la sauver. Il ne s'agissait pas de rebâtir la maison, mais d'en expulser l'envahisseur.

Écoutons le *Moniteur* :

« L'élection d'une Assemblée constituante est un événement si important qu'il tiendrait tout le pays en émoi si une préoccupation plus puissante ne détournait les esprits vers d'autres pensées. L'idée que les Prussiens parcourent en maîtres le quart de notre territoire, et qu'ils ont mis le siège devant Paris, ne laisse qu'une place secondaire aux questions politiques. Avant de savoir comment nous serons, nous voulons savoir si nous serons, et quoique nous trouvions tous au fond de notre cœur une foi indomptable dans le salut de la France, nous ne pouvons pas ignorer que les envahisseurs ont d'avance désigné comme leur proie deux de nos plus belles provinces et jusqu'à cette ville de Metz qui depuis trois siècles est le boulevard de la France. Le soin de la défense passe donc aujourd'hui avant toute autre considération. Les citoyens sont plus pressés de courir aux armes qu'au scrutin [1]. »

Et le lendemain, parlant de la circulaire de M. Laurier, après avoir élevé des doutes sur la possibilité des élections, il ajoutait :

« Aussi ne saurions-nous nous étonner beaucoup si le gros public, tout en reconnaissant la haute et estimable pensée qui a décidé le Gouvernement à procéder immédiatement à l'élection d'une Assemblée constituante, tout en rendant hommage aux loyales intentions que témoigne M. Laurier et aux excellents conseils qu'il donne aux administrateurs placés sous ses ordres, ne peut s'empêcher de murmurer tout bas qu'une bonne victoire sur les Prussiens ferait encore bien mieux leur affaire. »

Là était la vérité, comme aussi le devoir des bons citoyens. Les circulaires électorales les plus pénétrées de cet esprit de conservation sociale ou d'ordre moral, dont le *Français* se posait dès lors comme le meilleur représentant, mettaient au premier plan, sachant qu'il n'y avait pas d'autre chance de réussir que de se placer dans le courant national, le souci de la défense. Nous avons vu ce que disaient le duc d'Aumale et le prince de Joinville. Nous voulons montrer encore ce que pensait dans les Vosges M. le duc de Bellune, et, à une autre extrémité du pays, un personnage bien différent, M. de Chaudordy.

« Le nom que mon grand père m'a légué, disait le duc de Bellune dans les premiers paragraphes de sa circulaire, signifie défense nationale, que ce soit celui de Victor en 1792, ou celui de Bellune en 1814.

« Il doit avoir surtout cette signification dans les Vosges.

« C'est pourquoi je le présente aux suffrages de mes compatriotes.

---

1. Numéro du 24 septembre 1870.

« Pour le moment il me servira de profession de foi.

» Pour l'avenir, je ne saurais avoir, en politique, d'autre passion que celle du bien public. »

De son côté, M. de Chaudordy écrivait ce qui suit dans sa profession de foi aux électeurs du Lot :

« ..... Toute ma vie porte le caractère d'une grande indépendance ; ce sera là toujours ma devise.

« Quant à la forme du gouvernement, la France en a tant essayé sans pouvoir jouir du repos, que la meilleure me paraît être celle que le pays se donnera dans la libre expression de ses volontés.....

« Mon ambition, en ces douloureux moments, est uniquement d'être de quelque utilité pour rendre le bonheur et la victoire à notre chère France. »

Comment, dans une telle disposition d'esprit, qui était à peu près générale, le mouvement d'opinion dont parlait le *Français*, eût-il existé? Le mouvement électoral lui-même était extrêmement modéré. A vrai dire, ceux qui auraient été disposés à y porter le plus d'ardeur et de passion, n'étaient pas toujours convaincus qu'une Assemblée pût faire ce que les circonstances demandaient. La plupart des journaux des départements partageaient l'opinion indiquée par le *Moniteur* ou se prononçaient très énergiquement contre la convocation hâtive d'une Assemblée. Nous avons vu ce que pensaient les préfets. Presque partout, opinion politique à part, on sentait moins le besoin de constituer un gouvernement nouveau que de soutenir celui qui existait, et de le seconder dans la tâche qu'il avait entreprise. On craignait que l'Assemblée ne fût livrée aux luttes des partis et que la défense n'en fût profondément affaiblie. Nous voyions beaucoup de monde en ce moment, fonctionnaires, anciens députés, délégués des départements de France et d'Algérie, des points les plus divers du territoire. Il aurait fallu bien peu de perspicacité pour prendre le change, en les écoutant, sur le véritable état de l'opinion.

Parmi les hommes les plus rapprochés des opinions du *Français*, ou même de la *Gazette* et de l'*Union*, il en est plus d'un qui, dans cette question, partageait l'avis des républicains. L'*Espérance* de Nantes s'était prononcée pour l'ajournement., M. Keller, ancien député de l'Alsace, y applaudissait dans une proclamation adressée à ses compatriotes.

« Mes chers compatriotes, disait-il, les élections sont ajournées; j'applaudis à cette mesure; car en ce moment la guerre seule doit nous occuper.

« L'ennemi, ne mettant plus de bornes à son insolence, ose exiger l'annexion de l'Alsace et de la Lorraine. Il demande qu'on lui livre notre héroïque cité de Strasbourg, dont quarante jours de bombardement n'ont pu lui ouvrir les portes.

« A ces conditions, il n'y a qu'une réponse à faire avec le Gouvernement de la Défense nationale : *Guerre à outrance.*

« Lors même que, de nouveau, vous m'auriez offert vos suffrages, je vous aurais dit : les meilleurs votes sont les coups de fusils.

« Vous donc, tous, qui jusqu'à présent, m'avez entouré de votre confiance, dévouez-vous à l'œuvre sainte à laquelle je vous convie. N'ayons plus qu'une seule pensée : la délivrance du pays. »

Le décret du 24 septembre, qui suspendait le mouvement électoral, fut donc généralement approuvé. Nous voyions, nous pouvons le répéter, beaucoup de monde en ce moment à Tours ; nous rencontrions peu de personnes d'un avis contraire à celui de M. Keller. Les mécontents étaient bientôt à bout d'arguments. Dans le parti républicain, il n'y avait d'opposant que le petit groupe des logiciens à outrance, des intransigeants, comme on dit aujourd'hui, ou des ambitieux qui n'avaient pas pu prendre place dans le Gouvernement.

Les légitimistes étaient divisés ; les bonapartistes gardaient un silence prudent.

Il faut dire, pour être juste, que la faveur que rencontrait parfois auprès des républicains l'idée d'une Constituante, et le regret qu'ils éprouvèrent de l'ajournement, provenait surtout du désir de fortifier le Gouvernement. L'idée d'un comité consultatif, d'une sorte de grand conseil, formé des délégués des grandes villes, des anciens députés, des notables, se présentait quelquefois aux esprits, qui y souscrivaient comme à un moyen terme, ayant les avantages d'une Assemblée sans en avoir les inconvénients. Un de nous en parlait devant M. de La Monneraye, député légitimiste, mais légitimiste modéré et sensé, qui n'y répugnait pas.

La Délégation, cependant, crut devoir revenir sur le décret et convoqua les collèges électoraux pour le 16 octobre.

Que s'était-il passé dans ce court espace de six jours qui pût motiver ce revirement, d'autant plus surprenant que c'était par abnégation, par le désir de rester d'accord avec Paris qu'on s'était décidé à appliquer le décret du 6 septembre? La rupture du câble noyé, détruit par les Prussiens dans la nuit du 27 septembre. Tours, se trouvant tout à coup complètement isolé de Paris, se troubla et sentit toute sa faiblesse.

M. Laurier ne se faisait pas illusion. Il n'était pas dans son tempérament de se faire valoir. Son esprit et son scepticisme le sauvaient des prétentions de la suffisance et de l'orgueil. Il écrivait, le 5 octobre, à M. Delpech, préfet des Bouches-du-Rhône :

« MON CHER AMI,

« Votre dépêche m'a navré ; c'est moi qui suis obligé de vous envoyer des encouragements quand j'aurais tant besoin d'aide et d'appui. Si mes amis du midi ne m'aident pas absolument, je succombe sous le fardeau. Vous ne vous imaginez pas ce que j'ai à faire et ce que je fais [1]..... »

1. Dépêche du 5 octobre.

Le fardeau, il est vrai, était lourd, et chaque jour, chaque heure l'aggravait. Les mauvaises nouvelles arrivaient à tout instant. Strasbourg venait de succomber. L'Orléanais était envahi. L'ennemi menaçait Tours, qu'il était même question d'abandonner pour se transporter soit à Bordeaux, Clermont ou Toulouse. Marseille, Lyon, Toulouse semblaient vouloir se détacher et n'obéir qu'à regret. Les ligues du Midi et du Sud-Ouest étaient inquiétantes. De graves conflits s'élevaient entre l'autorité militaire et l'autorité civile, qu'on ne savait ni comprimer ni apaiser. On était, en outre, harcelé chaque jour par un flux et reflux de démarches contraires, par les intrigues, les menées d'anciens députés, de journalistes influents, qui, pour des raisons diverses, voulaient donner une autre assiette au pouvoir.

Ce qui n'était pas non plus sans importance, c'était l'audace de la réaction, surtout de la réaction bonapartiste, qui, un moment écrasée sous le poids de nos revers, renversée par le mouvement national, si éclatant dans les villes, s'était peu à peu ranimée et avait grandi dans les campagnes, où les fonctionnaires impériaux, maires, juges de paix, agents de toute sorte, se remuaient et travaillaient à faire échec à la défense.

On recevait à tout propos, sur ce sujet, les dépêches les plus navrantes.

« Les fonctionnaires sont plus que tièdes, presque hostiles et me créent des embarras, disait M. Pierre Lefranc, préfet des Pyrénées-Orientales. Plusieurs maires par moi révoqués refusent de rendre leur écharpe et menacent les républicains de Cayenne. L'ignorance des paysans est navrante[1]. »

« Le conseil municipal de Toulon, disait le maire de cette ville, voit avec un profond regret que le successeur de l'amiral Chopart inspirera, à cause de son dévouement sans bornes au pouvoir déchu, plus de confiance encore aux

---

1. Dépêche du 8 septembre.

ennemis de la République; que sous ce nouvel administrateur les rapports entre les pouvoirs civils et militaires seront
paralysés comme par le passé, et que par conséquent
l'œuvre de la Défense nationale sera plus que jamais entravée[1]. »

« La réaction bonapartiste, disait le préfet du Puy-de-
Dôme, s'organise par les juges de paix. Il faut absolument
un procureur général énergique à Riom, ou il faut m'envoyer
pouvoir pour révoquer ces fonctionnaires[2]. »

Les préfets de la Loire, des Hautes-Pyrénées, de la
Gironde, de la Haute-Garonne, de la Lozère, des Landes,
du Nord, tenaient le même langage. Comment ne pas
se sentir défaillir lorsque, des départements les plus
engagés dans la République, on recevait des dépêches
comme celle que le préfet de la Loire envoyait à Tours,
le 16 septembre? Cette dépêche, qui est des plus curieuse
comme expression de l'esprit public et des moyens de
l'améliorer, renferme ce passage :

« Dans la Loire comme dans les départements voisins, les
ennemis de la République se livrent déjà aux manœuvres
de 1848, faux bruits, insinuations perfides contre le gouvernement. Ils usent de tout, prédisent des revers, et osent
même dire en public et au prêche qu'il vaudrait mieux être
prussien que républicain. Ils prennent la tolérance pour
la faiblesse. Ce sont toujours nos mêmes ennemis obstinés. »

Le mal n'était pas partout aussi grave; mais il existait partout et paraissait presque aussi accablant à
ceux auxquels on le signalait, qu'à ceux qui le dénon-
çaient.

Ce que la Délégation avait sous les yeux, à Tours,
n'était pas fait non plus pour donner de l'assurance et
contre-peser les influences du dehors. D'abord, il
ne s'y trouvait pas un seul journal qui fût entièrement au Gouvernement de tous ceux, en assez

1. Dépêche du 29 septembre.
2. Dépêche du 19 septembre.

grand nombre, qui s'y imprimaient. L'*Union libérale* lui apportait un concours sincère, mais indépendant et modéré. Le *Moniteur*, était plus indépendant encore dans son concours et plus réservé, bien que loyal et nettement prononcé pour la défense. La *France*, sans être hostile, était souvent hésitante et frondeuse. Tous les autres étaient des adversaires avérés et poursuivaient un but politique particulier, qu'ils paraissaient placer bien au-dessus de l'intérêt de la défense.

« Le *Constitutionnel*, disait le correspondant du *Siècle*, à défaut de Bonaparte adopterait les d'Orléans ; il manœuvre en conséquence et donne, quand il le faut, quelque coup de pied à la République. — Le *Français* flotte entre le comte de Chambord et le comte de Paris : en les attendant, il trouve mauvais tout ce qui se fait. — La *Gazette* et *l'Union* sont en campagne pour chasser les Italiens de Rome et la République de France : elles appellent Dieudonné Chambord le sauveur providentiel. — L'*Indre-et-Loire* n'ose plus appeler Napoléon III le père du peuple ; mais cependant son rédacteur en chef, Ladevèze-Cassagnac, n'a pas perdu tout espoir de restauration[1]. »

La Délégation ne pouvait pas songer à trouver dans l'administration municipale plus d'appui que dans les journaux. Si elle n'était pas hostile, elle était indifférente et ne faisait que strictement ce qu'il fallait pour ne pas être remplacée par une commission municipale. La population valait mieux ; « malheureusement (c'est encore le correspondant du *Siècle* qui parle), l'administration municipale ne fait rien pour développer son patriotisme. »

Le parti républicain était partagé dans ses sympathies pour la politique de la Délégation. Les réunions publiques étaient le seul moyen d'action dont il disposât, et elles ne tournaient pas toujours au profit du

---

1. *Le Siècle*, nᵒ du 6 octobre.

Gouvernement. M. Crémieux, qui s'y montrait quelquefois, non sans y prendre la parole, y était toujours
applaudi ; mais il lui arrivait parfois d'y entendre des
choses qui ne lui plaisaient qu'à demi. Le 30 septembre,
dans une réunion nombreuse, à laquelle il assistait, et
où on lui demanda le changement du maire et des
adjoints, il résista et essaya de convaincre l'auditoire
de l'excellence de sa politique, que l'on accusait d'être
trop modérée : il ne réussit pas à persuader. Il avait
parlé avec son éloquence ordinaire de la nécessité de
s'unir, de faire appel à tous les courages, à tous les
dévouements, pour repousser l'invasion : on lui répondit que le but serait plus sûrement atteint par une politique plus énergique et plus résolue.

« Oui, sans doute, lui dit un orateur, nous ne devons
avoir qu'une pensée à l'heure actuelle ; nous ne devons
songer qu'à chasser l'ennemi de notre territoire. Mais votre
politique n'en prend pas le chemin : vous n'obtiendrez la
délivrance qu'en créant l'enthousiasme, en faisant diriger
le mouvement par les républicains purs, de foi ancienne et
éprouvée. S'il se trouve parmi nos adversaires politiques des
hommes assez bons citoyens pour faire céder l'esprit de parti
aux inspirations du patriotisme, tant mieux ; qu'ils marchent
avec nous ; mais que ce soit la République qui sauve la
France. L'Empire a corrompu la nation et a appris à mettre
l'intérêt privé au-dessus de l'intérêt public ; il a fomenté les
appétits, gouverné par eux et pour eux. Les intelligences
ont été abaissées, les caractères assouplis ou écrasés ; toutes
les croyances élevées, toutes les convictions sincères ont été
redoutées et écartées. Dans les masses, on a tourné toutes
les aspirations du côté du bien-être ; on n'a voulu que des
complaisants dans les fonctions publiques et au pouvoir. Et
l'on laisse tout en place !... Tous les ressorts de la machine
sont usés ou pourris, et l'on ne veut rien y changer ! Ce sont
les instruments de la servitude qui vont commander nos
armées, qui gouvernent nos villes !

« Non, ce n'est pas ainsi que l'on fait de la grande politique, qu'on se trouve au niveau des grandes crises. Ce n'est
pas la Convention qui aurait hésité à porter la révolution

dans un personnel aussi compromis, qui aurait ménagé des administrations gangrenées et secrètement hostiles !

« Qu'on y songe, ajoutait-il ; si vous n'êtes pas un Gouvernement de résolution et d'initiative hardie, tout est perdu. En face du danger national, vous n'êtes rien, si vous ne savez pas être un gouvernement révolutionnaire qui exalte les âmes et enlève les courages. Ayez le sentiment de votre force et de votre mission : vous verrez alors se grouper autour de vous ceux-là mêmes qui sont indifférents ou ennemis. Les hommes longtemps soumis à la force prennent toujours la modération pour de la faiblesse, et quand ils ne craignent pas, ils méprisent. »

On conçoit qu'au milieu de tant de difficultés, d'adversaires si nombreux, d'amis si exigeants, le Gouvernement de Tours fût troublé et cherchât quelque part un appui.

Le jour même où la Délégation se décidait à convoquer une Assemblée, nous rencontrions M. Marion, ancien député, au moment où il sortait de chez M. Crémieux. On parla, entre autres choses, des élections. « Le Gouvernement a enfin pris son parti, nous dit M. Marion. Je quitte Crémieux ; il me dit qu'il lui fallait un point d'appui, et qu'il ne pouvait le trouver que dans une Assemblée. »

Nous le savions de reste.

C'est aussi ce que disait M. Laurier, dans sa dépêche du 3 octobre, à M. Delpech.

« Les élections sont pour nous le principal élément de la Défense nationale. Par elles, nous acquerrons l'autorité qui nous manque... En dehors d'une Constituante, nous ne pourrons jamais inspirer à la France l'énergie dont elle a besoin. Rappelez-vous que le plus grand effort national de notre histoire a été fait par la Convention. Donnez-nous un point d'appui pareil, sans cela nous ne pourrons rien, ni intérieurement, ni extérieurement. »

La Délégation livrait à tout le monde son secret.

Dans les crises comme celles où l'on se trouvait, il n'y

avait que deux choses possibles : gouverner avec son parti ou abdiquer. La Délégation préféra abdiquer.

M. Crémieux a donné devant la Commission d'enquête, en ce qui le concerne, les raisons de son abdication, du désir qu'il avait de remettre entre les mains d'une Assemblée le pouvoir qui lui pesait, ou plutôt il en a donné une raison unique, son aversion pour la dictature[1]. M. Laurier n'est pas allé chercher si haut, bien qu'il dise pourtant qu'il n'est pas ce qu'on appelle en démocratie un autocrate, mais un libéral. Il avait voulu, dès les premiers jours, et en cela il voyait juste, que la Délégation envoyée en province fût un gouvernement fort[2]; et il sentait bien que celui dont il faisait partie n'était pas un gouvernement fort. Parlant de MM. Crémieux, Glais-Bizoin, Fourichon, il disait : « Ce triumvirat n'avait pas la qualité maîtresse essentielle que je viens de dire, l'*autorité*[3]. » Il ne faisait pas avec moins de facilité et de franchise les honneurs de sa personne :

« La France n'entendait pas être gouvernée par MM. Crémieux, Glais-Bizoin, Fourichon et Laurier! Elle nous aurait peut-être acceptés dans un rôle plus effacé, mais comme acteurs principaux du drame, elle ne voulait pas de nous[4]. »

M. Laurier a pu le croire; mais, en vérité, ce n'était pas la faute de la France. Ce qui est plus certain, c'est que si la France ne voulait pas de MM. Laurier, Fourichon, Glais-Bizoin et Crémieux, elle ne voulait pas davantage d'une Assemblée. M. Laurier a exprimé une opinion contraire devant la Commission d'enquête. Selon lui, l'opinion publique appelait à grands cris une Constituante. A n'entendre que ce que disaient à Tours les journaux réactionnaires, les anciens députés, pour

1. *Dépositions*, t. I, p. 578.
2. *Ibid.*, t. II, p. 13.
3. *Ibid.*, t. II, p. 14.
4. *Ibid.* t. II, p. 14.

la plupart candidats officiels, qui s'y trouvaient, quelques républicains mécontents, et au sein du Gouvernement M. Marc Dufraisse, qui a donné longuement, comme nous le verrons plus tard, les raisons de son opinion, M. Laurier disait vrai. Il se trompait, si par l'opinion publique il entendait l'opinion des villes. Lyon, Marseille, Toulouse, Grenoble, Toulon, Montpellier, Bordeaux, Cette, Nîmes, Nantes, Rennes, Brest, Lille, Poitiers, Saint-Etienne, le Mans, Clermont, Angers, etc., etc., ne voulaient à aucun prix des élections. Les préfets de l'Hérault, du Puy-de-Dôme, de la Loire, de la Manche, de la Vendée, de la Vienne, du Gard, du Rhône, etc., avaient applaudi au décret du 24 septembre, qui les avait ajournées. Leur opinion ne changea pas dans la semaine, comme celle de la Délégation. « Pas d'élections ! s'écriait M. Bertholon, ou nous livrons la France aux Prussiens ! » — « Je veux douter encore de cette mesure, » répondait le préfet de la Vendée à l'avis qu'il recevait de la convocation des électeurs pour le 16 octobre.

Il ne faudrait pas croire qu'il n'y eût à penser ainsi que les esprits soi-disant exaltés ou placés dans des milieux violents et échauffés. M. Albert Christophe, préfet de l'Orne, envoyait, le 9 octobre, une dépêche remarquable, que nous citons à cause du caractère de l'homme, de l'esprit de son département, et parce qu'elle exprime, avec une rare justesse, la raison d'ordre supérieur et de patriotisme qui défendait de mettre la France aux voix.

« A mon avis, il n'y a pas à hésiter, disait M. Christophe, il faut prononcer l'ajournement. L'opinion n'est pas suffisamment préparée ; on ne doit pour le moment songer qu'à la défense. Quand la République aura chassé les Prussiens, elle sera fondée. Les élections lui donneront alors des appuis ; elles ne lui créeraient guère en ce moment que des adversaires. La réaction agit sourdement, mais avec ardeur ; ses agents ont encore conservé du crédit dans nos campagnes. Chaque soldat qui revient de Sedan, lui enlève des voix par la meilleure des propagandes. Aucune résistance d'ailleurs aux mesures du Gouvernement. Toutes ont été acceptées, notamment la mobilisation, avec un courage qui grandit et se manifeste de plus en plus chaque jour. Faire des élections à la Constituante, c'est jeter, sans nécessité aucune, le trouble et la désorganisation dans la défense. »

La question était délicate; nous ne dirons pas que c'était manquer de patriotisme que de désirer la convocation d'une Assemblée. Il y avait en ce moment à Tours bien des gens qui la demandaient, dans l'intérêt même de la défense, en dehors de toute considération d'intérêt personnel ou de parti. La raison qui pesait sur M. Crémieux, sur M. Laurier, sur M. Fourichon, agissait aussi sur eux, en sens inverse : le Gouvernement sentait sa faiblesse; on sentait la faiblesse du Gouvernement. Nous eûmes l'occasion de causer, le même jour, sur ce sujet, avec des hommes politiques d'opinion différente, MM. de La Monneraye, Tassin, Pascal Duprat, Houssard, etc.; ils étaient tous d'accord sur la nécessité d'une convocation immédiate d'une Assemblée. Était-ce l'esprit de parti qui les faisait parler? L'esprit de parti divise; il ne conduit pas, dans des questions de cette importance, à des conclusions convergentes. Était-ce intérêt d'ambition, le désir d'avoir un rôle dans la terrible partie qui se jouait? Que M. Pascal Duprat songeât à prendre place dans une nouvelle Convention, on peut le croire. Mais comment supposer que M. Tassin pût aspirer au rôle d'un Montagnard, ou même M. Houssard et M. de La Monneraye à celui d'un Girondin?

L'un de nous trouve dans ses notes, à la date du 24 septembre, ces lignes :

« M. Houssard sort de mon cabinet. — Sa fureur est grande parce que les députés ne sont pas appelés à seconder le

Gouvernement de la Défense. Il s'imagine qu'ils auraient une action sur les populations et aideraient à les soulever. »

Et, à la date du 9 octobre :

« M. Houssard me demande s'il est vrai que la Constituante soit ajournée. Sur ma réponse affirmative : « Eh bien, tant mieux, me dit-il (il pensait tout le contraire il y à douze jours); nous allons enfin avoir un gouvernement! »

Nous ne citons pas ces propos pour marquer les contradictions, mais leur cause. Du 24 septembre au 9 octobre, la situation était changée : Gambetta allait arriver. Cela suffisait pour modifier la manière de juger des hommes qui voyaient les choses sans parti pris. Ce n'était pas tant la dictature qui offensait dans les mains de la Délégation que son impuissance à s'en servir.

Le Conseil, par les raisons que l'on sait, et que l'on trouve amplement développées dans la déposition de M. Marc Dufraisse[1], avait décidé, dans sa séance du 29 septembre, presque au moment où il apprenait la nouvelle de la chute de Strasbourg, la reprise des élections. Le surlendemain, 1er octobre, le décret de convocation était communiqué par le télégraphe à tous les départements libres.

Nous ne citerons pas le texte du décret, ni la proclamation qui l'accompagna : il ne s'y trouve rien de remarquable. Il est nécessaire seulement de dire un mot sur l'effet de la mesure, qui fut précisément tout le contraire de ce qu'on avait attendu. On avait en vue l'union, la concorde entre tous les partis; car d'où pouvait venir le point d'appui que l'on cherchait, que l'on espérait, si les esprits étaient divisés? Or, le résultat immédiat, qui fut visible tout aussitôt, ce fut d'ouvrir toute large la carrière aux partis, d'aviver leurs prétentions, de jeter même la division parmi les républicains,

---

1. *Dépositions*, t. IV, p. 422.

de mécontenter les grandes villes, d'affaiblir et d'ébranler ce qui était le plus ferme soutien, le véritable point d'appui du Gouvernement de la Défense.

Nous n'insistons pas sur l'opinion des villes. Il suffira de rappeler l'effet produit à Lyon : cela donnera une idée du reste.

Le décret était parvenu à Lyon le 1er octobre dans la nuit. Le lendemain, le conseil municipal prenait une délibération, qui était adressée au Gouvernement dans la dépêche suivante :

Lyon, 2 octobre, 10 h. 40 m. soir.

« CONSEIL MUNICIPAL A GOUVERNEMENT DE TOURS

« Considérant que la France entière est occupée en ce moment de l'organisation de la défense nationale et n'a pas le temps de se préparer à faire des choix suffisamment étudiés pour faire les élections, le 16 octobre :

« Considérant qu'il importe de constater l'union de la France entière autour du Gouvernement de la Défense nationale en obligeant l'ennemi de traiter de la paix avec lui; que, du reste, la paix pourra se traiter avec d'autant plus de chance que la France sera mieux armée pour appuyer son gouvernement :

« Le Conseil émet le vœu pressant que les élections constituantes soient renvoyées après la guerre[1]. »

M. Laurier a dit, à l'appui de son opinion sur les élections :

«D'accord avec M. de Chaudordy, j'ajoutais :... Les élections sont nécessaires encore et encore plus peut-être pour la conduite des relations extérieures; nous cherchons des alliances, des interventions : nous avons envoyé M. Thiers courir l'Europe, et au nom de qui? Au nom de quoi? Au nom d'une Révolution. Mais une Révolution n'est pas un gou-

---

1. Les préfets, en grande majorité, presque tous, pensaient ainsi : l'expression de leur opinion était quelquefois piquante autant que juste : « Élection le 16, ineptie! Présence de 600,000 ennemis ; absence de 600,000 jeunes gens. » — (Nice, dépêche du 1er octobre.)

vernement ; on traite au nom d'un gouvernement ; on ne traite pas au nom d'une Révolution[1]. »

M. Laurier, répondant au conseil municipal de Lyon, par une dépêche adressée à M. Challemel-Lacour, ajoutait aux autres raisons qui avaient décidé le Gouvernement, des considérations tirées des nécessités de la politique extérieure. Mais, en vérité, cet argument extrinsèque était la plus inconcevable des illusions, pour ne pas dire un argument d'avocat aux abois, qui ne pouvait pas avoir une autre apparence aux yeux du conseil municipal de Lyon. Tout le monde savait, que ni la Prusse, ni l'Europe n'auraient changé d'attitude parce que nous aurions eu une Assemblée au lieu d'une dictature ; que la Prusse n'aurait rien retranché de ses prétentions et que l'Europe n'en aurait pas moins persévéré dans sa politique d'égoïsme ou d'impuissance.

Il faut savoir regarder les situations en face : on n'est pas un homme politique, ni même un diplomate sans cela. Or, après l'entrevue de Ferrières et le mouvement d'opinion qu'elle avait provoqué, la situation ne montrait que la guerre. Il n'y avait donc qu'une chose à faire, — la guerre, — qu'une préoccupation à poursuivre, — celle de la bien faire, de trouver les moyens de la faire. Une Assemblée pouvait ne pas la vouloir, et c'était alors la France divisée, Paris d'un côté, la province de l'autre ; ou elle pouvait la vouloir, mais sans y concentrer toutes ses pensées, en permettant à l'esprit de parti de pénétrer dans son sein ; et c'était rendre la guerre impossible ou déplorable et livrer la province à l'anarchie, en la plaçant au sein de l'Assemblée.

Ce qui montre, pour ne parler que de l'intérieur, ce qu'il y avait, en effet, d'illusion dans l'esprit du Gouvernement, c'est l'attitude tout à fait imprévue qu'al-

1. *Dépositions*, t. II, p. 15.

laient prendre les meneurs du parti légitimiste, et la recrudescence d'antagonisme qui allait éclater entre les partis.

Le comte de Chambord, la première fois qu'il prit la parole après nos revers, avait ajourné toute pensée de prétendant et déclaré qu'il fallait sauver *à tout prix l'honneur de la France et l'intégrité de son territoire.*

La lettre est belle et mérite d'être rappelée.

« ... Au milieu de toutes ces poignantes émotions, disait le prince, c'est une grande consolation de voir que l'esprit public, l'esprit de patriotisme ne se laisse pas abattre et grandit avec nos malheurs.

« Je suis heureux que nos amis aient si bien compris leurs devoirs de citoyens et de Français. Oui, avant tout il faut repousser l'invasion, sauver *à tout prix l'honneur de la France, l'intégrité du territoire.*

« Il faut oublier en ce moment tout dissentiment, mettre de côté toute arrière-pensée ; nous devons au salut de notre pays toute notre énergie, notre fortune, notre sang.

« La vraie mère préférerait abandonner son enfant plutôt que de le voir périr. J'éprouve ce sentiment, et je dis sans cesse : Mon Dieu, sauvez la France, dussé-je mourir sans la revoir !...

« HENRY. »

C'était, dans un langage différent, le programme du Gouvernement de la Défense et une sorte d'invitation à se grouper autour de lui, sinon à se rallier à son drapeau. Rien de personnel, rien du prétendant : aucune allusion à ses droits et à son passé. Tout était abnégation et patriotisme.

Le jour même où la *Gazette de France* publiait ce manifeste du comte de Chambord, et comme pour le confirmer en le commentant, un de ses rédacteurs les plus autorisés, M. Léopold de Gaillard, écrivait ces lignes :

« Et maintenant aux Prussiens ! C'est le seul cri, le grand devoir, c'est la terrible nécessité du moment. Tout le reste

n'est que chimère, sotte vanité ou trahison. L'Empire
détruit, on a relevé la République. La République, soit! Si
elle doit nous débarrasser de l'étranger.

« Au jour du suffrage universel, *qui sera sans doute le lendemain de la paix*, nul gouvernement ne saurait se présenter
au peuple avec un titre plus irrésistible que la victoire
ramenée sous nos drapeaux et le Prussien chassé de
France.

« Pour sauver le pays, pour nous sauver tous, il faut
commencer par ne plus combattre entre nous ; il faut rester
unis ou périr.

« Ainsi comme vient de le dire la belle proclamation du
Gouvernement provisoire à l'armée, pas de triomphe de
parti! Il n'y a, hélas! de vainqueur en France que le roi de
Prusse! »

La *Gazette*, par l'organe de M. Léopold de Gaillard,
formulait d'un mot le programme qui avait prévalu
dès le premier jour à l'Hôtel de Ville et qui s'était
renouvelé après l'entrevue de Ferrières. Il allait même
au delà, puisqu'il ne voulait en appeler au suffrage
universel qu'après la paix, « après le lendemain de la
paix, » comme il disait.

Quinze jours ne se sont pas écoulés que l'on se
ravise. Paris est investi; la Délégation est isolée, entou-
rée de difficultés qu'elle semble hors d'état de surmonter : le moment est venu. Les organes favoris du
prétendant publient une note-manifeste, qui ne ressemble en rien à la lettre précédemment publiée et
met à néant les commentaires patriotiques de M. de
Gaillard. On y fait dire au prince que « son cœur
généreux et patriotique s'exalte en pensant que c'est
à lui peut-être, si la Providence vient à l'aider, que
doit être confié l'honneur de sauver notre malheureuse
patrie. » Puis quelques jours après, lui-même entre en
scène, et lance le 9 octobre le manifeste suivant :

« Français, vous êtes de nouveau maîtres de vos destinées.

« Pour la quatrième fois, depuis moins d'un demi-siècle, nos institutions politiques se sont écroulées, et nous sommes livrés aux plus douloureuses épreuves.

« La France doit-elle voir le terme de ces agitations stériles, source de tant de malheurs? C'est à vous de répondre.

« Durant de longues années d'un exil immérité, je n'ai pas permis un seul jour que mon nom fût une cause de division et de trouble ; mais aujourd'hui qu'il peut être un gage de conciliation et de sécurité, je n'hésite pas à dire à mon pays que je suis prêt à me dévouer tout entier à son bonheur.

« Oui, la France se relèvera, si, éclairée par les leçons de l'expérience, lasse de tant d'essais infructueux, elle consent à rentrer dans les voies que la Providence lui a tracées.

« Chef de cette maison de Bourbon qui, avec l'aide de Dieu et de vos pères, a constitué la France dans sa puissante unité, je devais ressentir plus profondément que tout autre, l'étendue de nos désastres, et, mieux que tout autre, il m'appartient de les réparer.

« Que le deuil de la patrie soit le signal du réveil et des nobles élans. L'étranger sera repoussé, l'intégrité de notre territoire assurée, si nous savons mettre en commun tous nos efforts, tous nos dévouements et tous nos sacrifices.

« Ne l'oubliez pas, c'est par le retour à des traditions de foi et d'honneur que la grande nation, un moment affaiblie, recouvrera sa puissance et sa gloire.

« Je vous le disais naguère : gouverner ne consiste pas à flatter les passions des peuples, mais à s'appuyer sur leurs vertus.

« Ne vous laissez pas entraîner par de fatales illusions. Les institutions républicaines, qui peuvent correspondre aux aspirations des sociétés nouvelles, ne prendront jamais racine sur notre vieux sol monarchique.

« Pénétré des besoins de mon temps, toute mon ambition est de fonder, avec vous, un gouvernement vraiment national, ayant le droit pour base, l'honnêteté pour moyen, la grandeur morale pour but.

« Effaçons jusqu'au souvenir de nos discussions passées,

si funestes au développement du véritable progrès et de la vraie liberté.

« Français ! qu'un seul cri s'échappe de votre cœur : « Tout pour la France, par la France et avec la France. »

« HENRY. ».

« Frontière de France (Suisse) 9 octobre 1870. »

Le comte de Chambord, si l'on admet chez les princes que le devoir varie avec l'intérêt et qu'il y a pour eux une morale spéciale, était, en parlant ainsi, dans son droit et dans son rôle. Il est permis aux légitimistes de le prétendre; il leur serait même permis de dire que l'entrée en scène du prétendant et sa volte-face politique n'ont rien changé au courage des Charrette et des Cathelineau sur les champs de bataille; mais, il est bien évident que le manifeste ne pouvait pas avoir pour résultat de fortifier la Délégation, de lui donner le point d'appui qu'elle cherchait dans la convocation d'une Assemblée constituante. L'Assemblée eût été le rendez-vous de toutes les compétitions, de toutes les prétentions, et très probablement l'occasion de toutes les violences, où le faible Gouvernement de Tours eût été écrasé entre les extrêmes.

Il y a bien des raisons en faveur de cette conjecture.

Dans le temps où le comte de Chambord, quittant son attitude patriotique de la première heure, proposait si malencontreusement le drapeau de la légitimité comme un gage de conciliation, le parti républicain, le plus décidé dans le sens de la défense, et qui avait sans .cesse à la pensée le souvenir de la Convention, publiait, de son côté, son manifeste, qui semble une protestation et une réponse. La Ligue du Sud-Ouest, rédigeait le 10 octobre, l'écrit suivant qu'elle envoyait immédiatement à Tours :

,« Ligue du Sud-Ouest.

« Comité de Salut public.

« Commission exécutive.

« *Aux citoyens membres du Gouvernement de la Répu*
blique.

« CITOYENS,

« A l'occasion des élections de la Constituante, le parti
républicain de la Haute-Garonne a élu cent soixante-quinze
délégués qui ont créé un comité central. Inspiré par
le sentiment des devoirs civiques à remplir, le Comité
vient, à l'unanimité, de déclarer qu'il se constituait en
permanence. Désireux d'augmenter sa puissance dans l'intérêt de la République, il s'est mis en rapport avec les
comités des départements voisins. La Ligue du Sud-Ouest
est constituée; son Comité de Salut public est créé. Quelle
est leur ligne politique? Elle est tracée en entier dans le
programme acclamé par le Comité dans sa séance du 7 octobre par les dix candidats à la Constituante.

« 1º Les candidats s'engagent à affirmer, soutenir et
défendre la République, une et indivisible; au péril de leur
vie ;

« 2º A mettre *hors la loi tous les prétendants* [1] ;

« 3º A marcher, comme délégués, à la tête des armées,
pour la défense nationale, suivant en cela l'exemple glorieux
de nos pères en 92 ;

« 4º A traiter et résoudre les questions sociales au mieux
des intérêts de la classe ouvrière ;

« 5º A séparer l'Église de l'État ;

« 6º A rendre compte aux électeurs du mandat qui leur a
été confié.

« Citoyens, les ennemis de la République ne cachent plus
leurs aspirations; ils s'efforcent de déconsidérer les hommes
du pouvoir et de jeter sur eux le mépris. En face de la République on relève le drapeau de la Monarchie. C'est donc la
guerre civile que l'on suscite en présence de l'ennemi, dont
on s'efforce ainsi de préparer le triomphe.

« Plus d'hésitations, plus de demi-mesures! Les promesses
faites aux délégués de Toulouse n'ont pas encore été réali-

1. Ces mots étaient soulignés dans le texte.

sées. Votre pouvoir est celui de la dictature dans l'intérêt du salut public.

« Il faut en user sans faiblesse. Les vrais républicains sont debout : eux seuls sont votre appui réel. Ne sommes-nous point en communauté parfaite d'idées avec vous? Nos décisions obtiendront toujours votre adhésion, car elles auront pour fondement le maintien de la République une et indivisible.

« De séparation, il n'y en a pas de possible entre nous; vous serez, en effet, de grands citoyens, et vous vous tiendrez constamment à la hauteur du mandat héroïque que la France vous a confié.

« La situation de la nation est la même que celle de 1792. Songez à ce que firent nos pères. Puisez vos enseignements dans les exemples qu'ils nous ont donnés, et faites comme eux, en répondant aux attaques passionnées dont vous êtes l'objet : Qu'importe notre mémoire, pourvu que la *France et la République soient sauvées!*

« Notre fortune, notre sang, nous vous les offrons.

« Salut et fraternité.

« Les membres de la commission exécutive du Comité de Salut public de la Ligue du Sud-Ouest :

« Cousin, Calvet (Antoine), Mulé (Antonin), Leygues. Valette, Calès, Bayard, Pégot-Ogier, Thévenin, Sarrans, Grillou, Caveillier, Gaubert aîné, Bastié, Laserres, Reilhe, Calvet aîné, Esparbès, Soulé, Chambard, Boudin, Latrille, Abeille, Mariande, Rodelèze, Dardieu, Mathieu, Cavallier, Gringault, Izar.

« Fait au Capitole, à Toulouse, le 10 octobre 1870. »

M. Laurier a dit devant la Commission d'enquête :

« Je fus vivement attaqué, auprès du Gouvernement, auprès de Gambetta lui-même, pour ce qu'on appelait la mollesse avec laquelle j'avais dirigé les affaires en son absence. Ce qu'on qualifiait ainsi, je me permettrai de l'appeler devant tous, quoique je n'entende nullement faire mon propre éloge, de la conciliation, de la sagesse, sagesse qui, d'ailleurs, n'était guère méritoire, puisque, à mon point de vue, c'était une nécessité[1]. »

1. *Dépositions*, t. II, p. 16.

La politique que qualifie ainsi M. Laurier, et qui n'était pas la sienne propre, qui était aussi celle de la Délégation tout entière, pouvait être de mise, elle était même légitime autant que nécessaire avec la dictature; elle n'eût pas été possible sous le régime d'une Assemblée. La conciliation ne saurait être efficacement pratiquée que par un gouvernement fort. Ce que M. Laurier appelle de la sagesse, eût été de la folie avec une Assemblée. Le point d'appui qu'il cherchait ne pouvait être donné à gauche, sans manquer à droite, et réciproquement. La force dont il sentait si vivement l'absence dans son cabinet à Tours, aurait éclaté dans le sein d'une Assemblée, et de quelque côté qu'elle fût venue, elle aurait tourné contre le Gouvernement. Ceux qui appelaient ouvertement ou secrètement les prétendants, et ceux qui les mettaient hors la loi, se seraient-ils rangés également et avec la même complaisance autour de lui? Personne ne pouvait le croire. Il aurait donc fallu opter, et l'option, c'était la ruine même de la politique de sagesse et de conciliation dont parle M. Laurier. La guerre civile pouvait naitre, en outre, du rapprochement d'adversaires armés de principes si opposés, tandis qu'en les tenant à distance on avait grande chance de l'éviter. Si, le pouvoir, dans des mains qui se sentaient à tout instant défaillir et ne demandaient qu'à s'ouvrir pour le laisser tomber, ne pouvait être qu'un pouvoir insuffisant, au moins n'était-il pas complètement stérile, et il eût été peut-être dangereux, pour le but que l'on paraissait vouloir atteindre, en tombant dans d'autres mains.

Un des membres du Gouvernement fournit contre l'opinion que nous signalons, un argument, dont nous n'abuserons pas, mais qui mérite d'être mentionné. Nous voulons parler de la circulaire que M. Glais-Bizoin adressait à ses électeurs des Côtes-du-Nord.

Voici le texte de ce document:

Tours, 6 octobre 1870.

« MES CHERS CONCITOYENS,

« Je voudrais bien aller en personne vous demander l'honneur de vous représenter à l'Assemblée constituante; mais un devoir qui m'impose un des plus lourds fardeaux qui puissent être départis aux forces et au courage d'un homme politique m'enchaîne à Tours. Ce devoir, c'est de garantir notre pays de toutes discordes civiles à l'origine de nos nouvelles institutions républicaines, si spontanément et si unanimement acclamées comme les seules possibles pour maintenir l'union de tous les Français, devant un ennemi acharné à notre ruine.

« Cette union, au milieu de nos désastres, est un grand bienfait de la Providence et le gage certain que la patrie sera bientôt délivrée. Elle le sera, soyez-en sûrs; c'est la tâche à laquelle s'est voué sans relâche le Gouvernement de la Défense nationale.

« Oui, notre chère et malheureuse patrie, si malheureuse par les fautes d'un homme qui l'a sacrifiée à son ambition, sera délivrée avant peu. Votre impatience, que je comprends, voudrait qu'elle le fût déjà; mais le Gouvernement tient à ne porter que des coups assurés. De grandes et solides armées ne s'improvisent pas. Cependant, grâce à nos efforts, j'ose affirmer que, dans quelques semaines, deux armées de deux cent mille hommes et, probablement, de trois cents, nos réserves non comprises, se composant des gardes nationales sédentaires et mobilisées et accrues de l'effectif des dix classes de 25 à 35 ans, c'est-à-dire de plus de deux cent mille hommes; ces armées, dis-je, seront debout et en état de marcher à la délivrance de Paris, ou, pour mieux dire, de la France elle-même. Voilà, mes chers concitoyens, ce qui me retient à Tours.

« Mais que pourrais-je vous apprendre? Vous me connaissez depuis longtemps... C'est à vous de juger si vous me croyez encore digne de l'honneur de faire partie de la prochaine Assemblée constituante, devant laquelle se débattront les plus grandes questions de l'ordre social, mais dont la première, en ce moment suprême, est, ne l'oublions pas, de rejeter un insolent ennemi au delà de nos frontières.

« A. GLAIS-BIZOIN,

« *Membre du Gouvernement de la Défense nationale.* »

L'excellent homme parle de grandes armées sorties
de terre, pour ainsi dire, à sa voix, et puis du grand
bienfait de l'union, qu'il attribue à la Providence, sans
s'apercevoir des contradictions qu'il accumule, et qui
sont autant d'arguments contre la convocation d'une
Constituante, contre tout changement apporté à l'état
de choses existant. Car, si la France doit avoir dans
quelques semaines, comme il le dit, deux grandes
armées de trois cent mille hommes, soutenues de puis-
santes réserves, presque aussi nombreuses, si le Gouvernement a par lui-même, sans autre appui que son
patriotisme et celui des bons citoyens, réussi à créer,
d'un côté, de si grandes forces, et si, de l'autre côté, il
a pu aider la Providence à maintenir l'union entre les
citoyens, à quoi bon renoncer à une politique si efficace et si féconde, mettre à l'épreuve le patriotisme
dans une assemblée où les plus grandes questions
sociales peuvent se mêler fatalement à celle de la
défense ? A quoi bon tenter enfin la Providence, à qui
il ne déplaît pas non plus sans doute qu'on s'en tienne
aux moyens qui lui ont jusqu'ici réussi?

Nous ne voulons pas, nous le répétons, abuser des
innocentes exagérations de M. Glais-Bizoin. Le Gouvernement n'avait pas réalisé les prodiges qu'il lui plaisait
d'étaler aux yeux de ses compatriotes, qui sans doute
en durent être éblouis. Mais, ainsi que nous l'avons vu,
il avait fait quelque chose. Le grand argument qu'ont
fait valoir auprès de la Commission d'enquête à l'appui
de leur opinion en faveur d'une Assemblée, M. Laurier
et M. Marc Dufraisse, c'est cette idée qu'ils n'avaient
pas l'autorité suffisante pour demander, et obtenir
de la France les hommes et l'argent nécessaires pour
poursuivre la guerre ; et l'argument ne vaut rien. C'est
l'honneur de la France que, même ayant affaire à un
Gouvernement faible, elle n'eût pas, un seul moment
songé à lui refuser quoi que ce fût pour la défense.
Son titre de Gouvernement de la Défense suffisait, et

lui donnait toute autorité. La France ne lui demandait que de vouloir, que d'avoir confiance en lui-même. Il est vrai que la confiance ne se commande pas.

Les partisans de la guerre étaient livrés à de cruelles perplexités, surtout ceux qui, comme nous, voyaient de près les défaillances du Gouvernement. La résistance paraissait difficile avec lui, et elle nous paraissait perdue sans lui. On était également effrayé de son isolement et du point d'appui qu'il désirait. Aussi l'aspiration secrète était-elle pour la concentration des pouvoirs dans une main puissante et ferme.

Une dépêche adressée le 7 octobre à M. Lecesne par un de ses amis, M. Dufour, du Havre, disait : « Urgence absolue d'un chef énergique concentrant tous les pouvoirs. Le département, envahi, succombera fatalement si la même désorganisation continue. Agissez promptement : le salut public est là[1]. »

Nous pensions comme M. Dufour, et nous l'avions dit plus d'une fois à Paris.

Le lendemain, ce chef qui était demandé et qu'on n'attendait guère, mais que nous pressentions et que l'un de nous avait souvent réclamé, arrivait et envoyait d'Amiens à Tours la dépêche suivante :

« Amiens, 8 octobre, 5 h. matin.

« Le membre du Gouvernement, ministre de l'intérieur, à Délégation, Tours.

« Je suis à Amiens après être sorti de Paris en ballon. Je pars pour Tours par Rouen. Je suis chargé par Gouvernement de dépêches et instructions graves, dont je vous fais connaître une, extrême urgence : le décret du 1er octobre 1871, qui maintient l'ajournement des élections à la Constituante. Je vous ai envoyé de nombreux exprès porteurs de la minute de ce décret. Je le transcris ici pour qu'il y soit donné exécution immédiate :

---

1. Dépêche du Havre, 7 octobre, 8 h. 30 m. soir.

« Le Gouvernement de la Défense nationale, vu la dépêche de la Délégation de Tours, en date du 29 septembre parvenue le 1er octobre au Gouvernement, portant fixation au 16 octobre des élections pour l'Assemblée constituante ;

« Vu le décret du Gouvernement en date du 23 septembre et le décret conforme de la Délégation de Tours, ajournant lesdites élections ;

« Attendu que la résolution nouvelle de la Délégation ne peut être que le résultat d'une méprise et qu'elle est en opposition avec le décret du Gouvernement de la Défense nationale, seul obligatoire, et que d'ailleurs elle est d'une exécution matériellement impossible dans vingt-trois départements et nécessairement incomplète dans les autres ;

« Décrète :

« Art. 1er. — L'ajournement des élections générales est maintenu jusqu'au moment où elles pourront se faire sur toute la surface de la République,

« Art. 2. — Toutes opérations accomplies en violation du présent décret seront nulles et de nul effet.

Art. 3. — Le présent décret sera porté à la connaissance de tous les départements.

« Fait à l'Hôtel de Ville de Paris, le 1er octobre 1870,

« Général Trochu, Jules Favre, Gambetta, Ernest Picard, E. Arago, Garnier-Pagès, Jules Simon, Rochefort, Pelletan.

« A bientôt,

« Léon GAMBETTA. »

L'impression produite par l'arrivée de Gambetta fut immense. La question de la Constituante fut un moment oubliée. Elle reparaîtra bientôt, il est vrai, à propos de celle de l'armistice, mais sans réussir encore à s'imposer aux esprits. Il faudra de grands revers, de grands mécomptes pour qu'elle trouve un parti pour l'accueillir et la faire accepter.

Mais n'anticipons pas. Nous n'en avons pas encore fini avec la première période de la Délégation : nous avons à parler notamment des difficultés, des dissentiments intérieurs qui avaient pesé si lourdement sur la résolution prise par la Délégation de Tours de chercher un point d'appui en dehors du concours unanime du parti républicain et de l'adhésion patriotique de la nation.

CHAPITRE VIII

LES LIGUES ET LES COMMISSAIRES DE LA DÉFENSE

Origine des comités de défense et des ligues. — Rapidité de leur développement.
— La Ligue de l'Ouest. — M. Carré-Kérisouët. — M. de Talhoüet. — Premières difficultés. — Grave dépêche de M. de Talhoüet. — Délibération du
comité de Niort. — Opposition des préfets. — Le comité de défense de Lyon et
la Ligue du Sud-Est. — M. Challemel-Lacour. — La *Gazette de France* et
M. de Sugny. — Résolutions de la Ligue du Midi. — La Ligue du Sud-Ouest.
— Oraison funèbre de la Ligue par M. Duportal. — M. Marcou et M. Delsol.
— Les terreurs de M. Laurier. — Les commissaires de la Défense. — Les
comités et les commissaires de la Défense. — M. Larrieu, préfet de la
Gironde. — Dépêche du préfet du Gers. — Les préfets et les commissaires
généraux. — M. Lisbonne, préfet de l'Hérault. — Conflit de M. Albert Grévy
et de M. Ordinaire, préfet du Doubs. — M. Cochery et M. Testelin. — Embarras du Gouvernement. — Difficultés de la situation.

M. Gambetta avait dit, dans une circulaire du 6 septembre adressée aux administrateurs provisoires et aux
préfets :

« La défense du pays avant tout ! Assurez-la, non seulement en préparant la mise à exécution, sans retards ni difficultés, de toutes les mesures votées sous le régime antérieur,
mais *en suscitant autour de vous les énergies locales*, en disci-
plinant par avance tous les dévouements afin que le Gouvernement puisse les mettre à profit pour les besoins du pays,
Toute votre administration se réduit pour le moment à
déterminer le grand effort qui doit être tenté par tous les
citoyens en vue de sauver la France. »

Les comités de défense et les ligues, qui ne furent
que le développement des comités de défense, avaient
leur principe dans cette partie de la circulaire du
6 septembre et dans le sentiment qui l'avait dictée.

Le pays répondit à l'appel qui lui était fait, avec un rare empressement : sur certains points même, il le devança, par exemple, à Clermont, à Bordeaux. Pour les comités de défense, ce fut comme une traînée de poudre. Les chefs-lieux de département commencèrent ; les arrondissements, les cantons, les communes suivirent. Les unions départementales et régionales ne se firent pas avec moins de rapidité. A la fin de septembre, les ligues couvraient d'un immense réseau presque toute la surface du territoire.

La Gironde et l'Auvergne furent les premières contrées qui songèrent à grouper ensemble les comités et les moyens de défense de divers départements. M. Larrieu, préfet de la Gironde, envoyait, le 9 septembre, au Gouvernement une dépêche par laquelle il demandait — la considérant, disait-il, comme une mesure de la plus haute nécessité — la nomination immédiate d'un commissaire général du Sud-Ouest avec pleins pouvoirs pour organiser la défense dans les départements de la Gironde, des Landes, des Basses-Pyrénées, de la Dordogne, de la Charente et de la Charente-Inférieure. Le même jour, le comité de Clermont devenait le centre de la défense pour les trois départements du Puy-de-Dôme, de la Haute-Loire et du Cantal. Le comité devait rayonner du chef-lieu aux arrondissements, de ces derniers aux cantons, et des cantons aux communes[1]. Mais ce groupement de forces ne constituait pas encore la ligue ; il en était à peine une ébauche. Il faut passer en Bretagne pour lui trouver son véritable caractère d'organisation régionale et fédérative, et aussi de tendance plus ou moins prononcée à l'autonomie.

M. Carré-Kerisouët, député des Côtes-du-Nord, poussé par M. de Talhouët, député de la Sarthe, ancien ministre de l'Empire, fut le promoteur de la première ligue, qui porta le nom de Ligue de l'Ouest. M. Carré-

---

1. Dépêche du 18 septembre.

Kerisouët était un esprit hardi, entreprenant, qui aimait à agir et à paraître. L'idée d'une union de toutes les forces de la Bretagne était faite pour lui sourire. Son nom, sa position, ses antécédents, ses relations dans le pays lui donnaient l'espoir de la mener à bien. Aussi s'y attacha-t-il avec grande ardeur. Arrivé à Rennes, il communique son idée, qui, accueillie au premier moment avec un certain enthousiasme, s'étend bientôt à toute la région de l'ouest, embrassant les 13 départements d'Ille-et-Vilaine, Côtes-du-Nord, Finistère, Morbihan, Loire-Inférieure, Vendée, Deux-Sèvres, Maine-et-Loire, Sarthe, Mayenne, Manche, Orne et Calvados. La chose prit si bien et si vite qu'une réunion générale eut lieu à Rennes le 16 septembre et que la ligue fut tout aussitôt constituée, pour ne pas dire bâclée.

M. Blaize, préfet d'Ille-et-Vilaine, expédiait en effet, le lendemain, à Tours, une dépêche qui annonçait que la *Ligue de l'Ouest* était organisée; que le général en chef nommé par le gouvernement en était le président né; que M. Carré-Kerisouët était chargé de procurer des armes; que des membres de la ligue feraient tous leurs efforts pour obtenir des fonds des conseils généraux de leurs départements respectifs. Le préfet terminait en disant que les treize préfets des départements ligués assistaient à la réunion de Rennes avec le comte Daru et M. Carré-Kerisouët.

Toutes les ligues ont été des illusions. Elles n'ont pas vécu; elles ne pouvaient pas vivre. C'est à peine si elles pouvaient naître. Elles étaient inutiles, faisant double emploi avec notre système militaire, dont le jeu régulier suffisait à la tâche, si cette tâche était uniquement l'armement du pays; elles pouvaient être dangereuses, si le hasard les mettait entre les mains de chefs militaires ambitieux ou d'un parti puissant et hostile au Gouvernement. Mais la Ligue de l'Ouest avait des raisons particulières pour avorter. Les autres ligues, com-

prenant un parti à peu près unique, le parti républicain,
n'avaient à compter qu'avec le Gouvernement, qui
pouvait avoir des raisons de ne pas les redouter pour
elles-mêmes, les voyant plus ou moins animées de son
esprit ; la Ligue de l'Ouest, où les noms de M. le comte
Daru, de M. le marquis de Talhouët se trouvaient mêlés
aux noms des Carré-Kerisouët, des Guépin, des Ricard,
avait de plus à compter avec tous les partis et se trouvait par là exposée à des dissensions intérieures, à
des défiances, à des incompatibilités d'humeur, qui
devaient rendre le divorce inévitable. Comment faire
marcher ensemble, attelés au même char, les républicains ardents et les anciens ministres de l'Empire, les
irréconciliables et les anciens candidats officiels, ceux-ci
en butte à tant de préventions et tout chargés encore
des plus terribles responsabilités? La tentative était
tellement vaine qu'elle avorte dans le berceau même
de la ligue; car c'est à Rennes qu'eut lieu le premier
déchirement. Le comité de défense de cette ville, qui
avait été comme l'embryon de la ligue, qui, dans la
ferveur première, s'était improvisé sur la base de
l'union ou plutôt de l'effacement provisoire des partis,
ne parvint pas même à se constituer sérieusement. Le
conseil général d'Ille-et-Vilaine, invité par le préfet à
désigner six membres pour en faire partie, avait présenté MM. Rouxin et de La Guistière, anciens députés
officiels, et M. de La Durantais, maire de Bray, légitimiste, orléaniste et bonapartiste tout ensemble. Le préfet fut obligé de les récuser devant les clameurs de
l'opinion publique. Or, le comité de défense, c'était la
pierre angulaire de l'édifice, lequel s'écroulait, sitôt
qu'elle était ébranlée.

Mais l'entente eût-elle été possible à Rennes, que la
ruine serait venue d'un autre côté. La prétention que
l'on avait eue de mettre la ligue entre les mains d'un
commissaire, muni des pleins pouvoirs civils et militaires, avait un caractère tellement exorbitant qu'elle

ne pouvait pas ne pas rencontrer d'obstacle, soit du côté du Gouvernement, soit dans le sein de la ligue elle-même. Et c'est ce qui arriva. M. de Talhouët avait eu l'idée d'adresser aux comités la dépêche suivante :

« Rennes, le 28 septembre, 9 h. 50 m. matin.

« Président des comités de défense nationale, Caen, Saint-Lô, Alençon, le Mans, Laval, Angers, Saint-Brieuc, Nantes, Vannes, Quimper, Niort, Napoléon-Vendée.

« La Ligue de l'Ouest demande un homme pour diriger la défense de son territoire et venir en aide à Paris dans la mesure du possible ; nous manquons de généraux pour remplir cette haute mission. A défaut de général, nous vous prions de nommer un commissaire général muni de pleins pouvoirs civils et militaires pour les treize départements de la Ligue de l'Ouest ; il faut qu'il soit actif, énergique, intelligent, dévoué et sympathique au pays ; par ce moyen nous croyons qu'il est encore possible d'organiser la défense, mais nous ne voyons plus d'autre parti à prendre et nous pensons qu'il n'y a pas une minute à perdre.

« De Talhouët, membre du comité d'Ille-et-Vilaine.

« Le Comité d'Ille-et-Vilaine demande si les autres comités. de la Ligue sont d'avis d'envoyer cette dépêche au Gouvernement à Tours. »

On devine l'accueil que pouvaient faire les esprits un peu sérieux à une pareille idée, innocente et naïve, on peut le croire, par le sentiment qui la dictait, mais grave aussi et dont le succès, s'il avait été possible, était plein de périls. Ce fut sur toute la ligne comme une protestation indignée.

Le comité de Niort, présidé par M. Ricard, comprit tout de suite l'énormité de la proposition Talhouët. A peine la dépêche lui fut-elle parvenue, qu'il adressa aux comités de la ligue une contre-dépêche, dont il convient aussi de donner le texte :

« Niort, 29 septembre 1870, 4 h. 25 m. soir.

« Président comité Défense Niort, aux présidents comité défense nationale Caen, Saint-Lô, Alençon, le Mans, Laval,

Angers, Saint-Brieuc, Nantes, Vannes, Quimper, Napoléon-Vendée.

« Nous reconnaissons qu'il faut tout demander à l'initiative patriotique de chaque département, organiser immédiatement la mobilisation de nos gardes nationales qui marcheront en avant et en même temps la défense locale de notre sol. Jamais nous ne consentirons à organiser en dehors du Gouvernement une ligue de treize départements nommant eux-mêmes leur commissaire général et l'investissant de pleins pouvoirs civils et militaires. Nous protestons donc énergiquement contre la proposition de M. de Talhouët et nous demandons au Gouvernement de Tours de s'opposer à cette tentative funeste. ».

L'exemple de M. Ricard fut suivi partout. Les préfets, à défaut d'esprit politique, auraient senti, à la lumière seule de leur dévouement pour la République, les inconvénients d'une association pareille.

« Ne vous laissez pas circonvenir par la Ligue de l'Ouest, disait M. Guépin, préfet de la Loire-Inférieure, à M. Glais-Bizoin [1]. Cette ligue est fort peu républicaine. Elle va vous demander la nomination d'un commissaire muni de pleins pouvoirs civils et militaires pour treize départements. Ce serait folie de l'accorder. »

Le Gouvernement fut assez avisé pour ne pas commettre la folie. La circulaire du comité de défense de Niort aurait suffi pour l'en détourner. La ligue mourut ainsi avant de naître. Nous verrons l'idée d'une association des forces de l'ouest reparaître, avec l'armée de Bretagne, mais dans des conditions toutes nouvelles, et sans aucun des inconvénients dont la pensée seule l'avait d'abord fait avorter.

Les autres ligues, de l'est, du sud-est, du midi, du sud-ouest, du plateau central, ont eu à peu près la même destinée que celle de l'ouest ; seulement leur existence a été moins courte et un peu plus agitée,

1. Dépêche du 28 septembre.

excepté celles de l'est et du plateau central, qui ne
comportent pas d'histoire, et celle du sud-est, qui se
confond avec celle du midi.

La Ligue de l'Est fut à peine une ébauche. L'enthousiasme patriotique (pour rappeler le mot du général
Espivent) était très vif à Lyon. Dès le 5 septembre,
un comité de la guerre s'était formé [1]. Ce comité,
frappé de l'insuffisance du général Espivent, avait
demandé et obtenu son éloignement. Le général
Mazure, son successeur, ne parut pas offrir plus de
garanties. On voulait des armes, et le général n'en
donnait pas. Il est vrai de dire qu'il en eût été fort
empêché; mais la passion ne veut pas d'obstacles.
Il s'ensuivit un conflit, dont le nœud se trouva dans
la question de la subordination de l'autorité militaire
à l'autorité civile. La question était grave. On ne pouvait pas espérer l'emporter de haute lutte. De là l'idée
de s'adresser à d'autres comités de défense pour former
une association, afin de peser sur le Gouvernement et
de constituer une ligue dont le siège eût été à Lyon.

Le conseil municipal, qui était entré dans les vues
du comité de la guerre, invita, le 19 septembre, les
conseils municipaux de la région à s'entendre avec
lui et à envoyer à Lyon un ou plusieurs délégués « avec
pleins pouvoirs, disait-il, pour former un comité de
défense. »

L'invitation ne fut pas partout accueillie favorablement; cependant, le comité de Lyon, que présidait
alors M. Ferrouillat, reçut chez lui, place Bellecour, le
28 septembre, des délégués d'un grand nombre de départements, Isère, Ardèche, Saône-et-Loire, Doubs,
Côte-d'Or, Loire, Drôme, Hautes-Alpes, Aude, Allier,
Haute-Loire, Tarn, et délibéra avec eux sur la constitution de la ligue ou comité régional de défense. La
ligue devait être placée sous la présidence et la direc-

---

1. Dépêche du 10 septembre.

tion du commissaire extraordinaire du Rhône. Ses décisions, prises d'accord avec le commissaire extraordinaire pour l'organisation des forces de la région, seraient exécutoires, dans tous les départements représentés au comité régional. A cet effet, les préfets de chacun des départements auraient été investis de pouvoirs extraordinaires pour vaincre, s'il y avait lieu, les entraves qui pourraient provenir de l'autorité militaire[1].

La ligue, ou plutôt le comité de Lyon (car la ligue ne fut jamais formée) entrait dans une voie périlleuse, plus périlleuse encore peut-être que celle où s'était arrêtée la Ligue de l'Ouest ; car elle élargissait le conflit et elle énervait l'organisation de l'armée, qu'elle frappait à la tête. C'était une révolution au milieu d'une révolution et en pleine invasion ! Mais, si grave que fut une telle tendance, cela ne veut pas dire que Lyon ou son comité eût une arrière-pensée politique et sociale sous prétexte de défense et qu'on y eût un seul moment l'intention de s'isoler du Gouvernement, comme on s'est plu trop souvent à le répéter, même parmi nos amis.

A propos de la Convention que, suivant la Commission d'enquête, l'*Internationale* aurait voulu constituer à Lyon ou dans toute autre ville du midi, dans le but, « vu l'impuissance de la France administrative, » de s'adresser à la France naturelle, à la France du peuple, « pour sauver sa liberté et celle de l'Europe entière par un soulèvement immense en dehors de toute organisation officielle et de toute centralisation gouvernementale, et en même temps d'accomplir « l'émancipation sociale du prolétariat, » M. Challemel-Lacour a dit dans sa déposition devant la Commission d'enquête :

« Je crois que c'est là le point de départ, et que c'est autour de cette idée que se sont groupés les hommes qui, déses-

---

1. Dépêche du 29 septembre.

pérés de l'inertie du Gouvernement de la Défense nationale, étaient frappés de son impuissance et assurés qu'il ne ferait rien.

« La Ligue du Midi est donc, selon moi, le fait d'un certain nombre d'hommes voulant constituer une France méridionale afin d'établir dans le midi une forteresse du socialisme. Je ne me serais associé à rien de pareil. La perspective de deux Frances au moment où un tiers du sol était envahi me faisait frémir. Aussi, de toutes les manières, par mes paroles publiques et par toute ma conduite, j'ai tout fait pour paralyser la Ligue du Midi, quand elle a pris corps.

« Ce n'est pas à Lyon, qu'elle a pris corps, c'est, je crois, à Marseille. Mais c'est à Lyon qu'on voulait la réunir. Car le moyen d'étendre et d'affermir la Ligue du Midi, et il était certain, c'était de convoquer à Lyon les délégués des conseils municipaux des localités dans lesquelles la République était maîtresse. Je fus informé de la première arrivée de ces délégations qui venaient en grand nombre.

« Je m'arrangeai pour les voir avant qu'elles entrassent en communication avec les délégués lyonnais. Parmi ceux-ci il y avait des membres du conseil municipal, et le conseil municipal était acquis à la chimère de la Ligue du Midi. Je vis tour à tour moi-même ces délégations. Je leur dis toute ma pensée et beaucoup s'en retournèrent avec l'idée de ne plus faire partie de la Ligue du Midi. »

M. Challemel-Lacour est une autorité. Aussi le texte que nous reproduisons, s'il n'était pas commenté, pourrait-il faire illusion sur la part que prit Lyon dans le mouvement de la Ligue du Midi. Non ; ni le comité de défense de Lyon, ni le conseil municipal, si séduit qu'il fût par la chimère de la ligue, n'allaient jusqu'aux extravagances qui, dans la pensée de M. Challemel-Lacour, donnèrent naissance à l'association. Ce qu'il dit, ne s'applique avec justice qu'à l'élément exotique qui était venu se mêler au comité de défense et défigurer la pensée mère de l'union régionale ou l'ébauche d'association qui s'était faite à Lyon. La vérité et aussi la véritable pensée de M. Challemel-Lacour se trouvent dans sa dépêche du 2 octobre, où il disait au Gouvernement :

« Les délégués des départements du midi, réunis à Lyon pour constituer les comités de défense, s'étonnent de n'avoir pas reçu de réponse à leur dépêche du 30 septembre, vous demandant votre autorisation et patronage. Retournez cette dépêche et répondez. La pensée est bonne, sans péril. »

Ceux qui avaient songé, à Lyon, à faire partie de la ligue, qui caressaient, pour reprendre l'expression de M. Challemel-Lacour, la chimère de la Ligue du Midi, n'avaient pas eu un seul moment la pensée de constituer une France méridionale pour établir dans le midi une forteresse du socialisme. Ils songeaient à la défense, rien qu'à la défense, qu'ils croyaient compromise par « l'inertie du Gouvernement de la Défense nationale » selon les mots de M. Challemel-Lacour. L'idée seule, du reste, exprimée par ces mots, le désir de suppléer à « l'inertie du Gouvernement de Tours, » contredit absolument la pensée de scission prêtée au conseil municipal. Celui-ci n'avait incliné du côté de la Ligue du Midi que parce qu'il espérait y trouver contre l'invasion une force qui lui paraissait manquer ailleurs. Et la population tout entière de Lyon était, sur ce point, en conformité de sentiments avec le conseil municipal. Quand Cluseret et ses amis tentent le mouvement à Lyon, ils échouent misérablement.

Nous n'en sommes plus aux surprises avec la Commission d'enquête. Une chose toutefois mérite d'être signalée encore dans un des rapports de M. de Sugny, où l'épouvantail du socialisme est relevé et agité avec une ardeur nouvelle, qui doit faire sourire le rapporteur lui-même, aujourd'hui que la fièvre de la peur de 1871 s'est sans doute calmée. M. de Sugny veut retourner contre le patriotisme de Lyon cette tentative de la Ligue du Midi dont nous parlons, cette pointe audacieuse si promptement arrêtée, et il

raconte l'incident le plus caractéristique de la crise,
de la manière la plus dramatique, la plus émouvante,
mais aussi de telle façon qu'il est clair comme le jour
que, si la tentative échoue, c'est précisément parce
qu'elle se heurte au patriotisme.

Le préfet était prisonnier de la faction. A la suite
de plusieurs réunions où les propositions les plus
extravagantes de la Ligue du Midi s'étaient étalées
avec la complaisance ordinaire des temps de révolution, mais dont l'inspiration principale n'était, après
tout, qu'une réaction du patriotisme affolé, il y avait
eu, à Lyon, le 28 septembre, une grande manifestation publique dirigée par un énergumène nommé
Saigne. Une longue colonne d'ouvriers, conduite par
Saigne, qui, « tête nue et les cheveux en désordre, portait un drapeau rouge à franges d'or, » avait envahi la
place des Terreaux, et s'était rendue maîtresse de la préfecture. Saigne, du haut du balcon, avait jeté à la foule
des paroles incendiaires. Cluseret, qui était à sa droite,
avait été proclamé par lui « général en chef des armées
révolutionnaires et fédératives du midi de la France. »
Voilà donc le socialisme vainqueur, selon M. de Sugny.
Mais, tout à coup, la scène change ; et c'est M. de Sugny qui nous raconte la péripétie :

« L'élan de la population fut admirable, dit-il ; près de
40,000 hommes coururent aux armes.

« La garde nationale débouchait sur la place des Terreaux
et se formait en carré au moment où Cluseret qui se
tenait pour assuré de la victoire, disait à la foule : « Je viens
de faire la Réaction prisonnière ; le Peuple est désormais
son maître ! »

« Les bataillons de la Croix-Rousse arrivent presque au
même instant.

« Saigne et Cluseret croyaient pouvoir compter sur eux ;
ils les accueillent avec des cris de triomphe, mais les bataillons ne se laissèrent pas entraîner. En un instant, les envahisseurs de la préfecture sont balayés.

« Les chefs s'esquivent comme ils peuvent : et M. Challemel-Lacour délivré descendit sur la place et fut acclamé par toute la garde nationale. »

Ce qui achèverait, s'il était besoin, la démonstration, ce qui exclut toute préoccupation de socialisme et de scission de la tentative d'union régionale dont l'initiative fut prise par le comité de Lyon, c'est la dépêche suivante que ce comité adressait à la Délégation le 1er octobre[1], dépêche qui était vue et approuvée par M. Challemel-Lacour.

« Le comité régional de défense, siégeant à Lyon, disait la dépêche, regrette vivement de n'avoir pas de réponse à sa dépêche du 28[2]. Il insiste pour que le Gouvernement donne à ses décisions, quand elles seront prises d'accord avec le préfet du Rhône, récemment investi de pleins pouvoirs, force exécutoire dans tous les départements représentés dans le comité.

« Cette mesure aura pour résultat certain de donner à l'organisation de la résistance dans toute la région sud-est une unité et une énergie qui peuvent seules la sauver des périls toujours croissants dont elle se voit menacée.

« Loin de songer à s'isoler de l'action centrale, le comité ne veut que la fortifier, en activant l'organisation des moyens de résistance pour les remettre à sa direction.

« Le commissaire extraordinaire du Rhône approuve la demande du comité. Le Gouvernement ne voudrait pas encourir le reproche d'avoir failli à sa mission en refusant à tout une région une mesure d'où peut dépendre son salut. »

Il n'y a là ni sécession, ni subordination de l'idée nationale à l'idée socialiste. M. Challemel-Lacour put, ce jour-là, donner sans se compromettre et sans rien compromettre, son autorisation.

La *Gazette de France*, dans son numéro du 2 octobre, consacrait un long article aux troubles de Lyon et à la

---

1. Dépêche de 1 h. 30 m. soir.
2. Cette dépêche a été citée plus haut.

Ligue du Midi, où, après avoir raconté à sa façon la tentative du général Cluseret et du gentilhomme russe M. Bakounine, si rapidement étouffée, elle disait :

« La Révolution, qu'on a tentée à Lyon, n'était d'ailleurs que l'exécution d'un plan imaginé par les clubs démagogiques du sud-est, plan dont l'exécution entraînerait au pied de la lettre le démembrement de la France. Une Ligue du Midi s'est formée sous les yeux des préfets, qui n'ont pas osé s'y opposer. Le but apparent de cette ligue est la défense du pays ; le but réel, l'organisation de la démagogie. »

La *Gazette* se trompait : elle renversait deux fois la vérité des choses. Le but réel de la ligue, celui que poursuivait l'immense majorité de ses membres était, non pas l'organisation de la démagogie, mais bien la défense, que l'on ne séparait pas, il est vrai, du maintien de la République. La preuve de l'illusion de la *Gazette* se trouvait précisément dans ce qui venait de se passer à Lyon, dans cette tentative de l'*Internationale*, dont le triomphe avait été à peine d'une heure.

C'est le malheur des grandes crises que les mauvaises passions s'y mêlent aux bonnes, que l'esprit de parti et l'esprit d'intrigue s'y ajoutent pour les aigrir, les irriter, les exploiter. De même que la *Gazette de France* et ses amis croyaient l'occasion bonne pour relever le drapeau de la légitimité, de même Cluseret et ses amis essayaient de tourner les passions du patriotisme au profit de leurs ambitions et de leurs doctrines. La Ligue du Midi, considérée non pas dans son passage à Lyon et sa tentative si rapidement avortée, mais en elle-même et dans le foyer de sa plus grande agitation, a pu se prêter assurément aux accusations, puisqu'on voit un homme comme M. Challemel-Lacour partager, au moins quelques instants, les illusions de la *Gazette ;* mais les illusions ne tiennent pas, lorsqu'on étudie le mouvement avec soin dans l'ensemble de ses partisans, non dans quelques personnalités bruyantes et tapageuses mises en évidence, lorsqu'on le suit dans ses origines, dans sa marche, et qu'on se rappelle le caractère et les antécédents de ses chefs officiels, les sentiments auxquels ils s'adressèrent pour le provoquer et le soutenir, ainsi que les circonstances au milieu desquelles il s'était produit et fortifié.

Le point de départ de la Ligue du Midi se trouve dans la constitution du comité de défense, organisé à Marseille, le 9 septembre, sous la présidence de M. Marie fils, que M. Esquiros, dès son arrivée, avait nommé colonel de la garde nationale. Le comité, tout local au début, n'avait pas tardé à devenir départemental : c'était le mouvement naturel et qui se rencontre partout. Son rôle n'était pas autre non plus que celui des comités de même nature : il donnait son opinion sur les moyens de défense, indiquait les mesures qui lui paraissaient les meilleures, consultait la Délégation dans ses plus grandes audaces. Son rôle toutefois changea peu à peu, et, la fermentation croissant avec les périls, quand arriva l'investissement de Paris, quand on fut menacé d'être isolé et livré à soi-même, on en vint naturellement à des prétentions plus hautes, à des attributions plus étendues, et jusqu'à la tentation de se substituer à l'action du Gouvernement, non avec l'intention, le dessein prémédité de s'y soustraire, mais d'y suppléer. Dès le 14 septembre, dans la prévision d'un isolement jugé inévitable, et avant que l'on connut le départ de la Délégation pour Tours, le comité de défense et le conseil départemental, réunis en séance extraordinaire, avaient pris les résolutions suivantes :

« Attendu que la marche de l'ennemi sur Paris semble indiquer l'insuffisance de la protection que le pouvoir central peut donner aux départements envahis ;

« Attendu qu'il est urgent que tous les départements puissent prendre les mesures les plus énergiques pour voler au secours de la capitale ;

« Nous prions les membres du Gouvernement provisoire

35.

de vouloir bien nous indiquer d'ici trois jours une ligne de
conduite pour la défense nationale, et, à défaut, de nous
laisser à cet égard toute notre liberté d'action. »

Et MM. Esquiros, Labadie, le maire, le conseil départemental, le comité de défense, les délégués du conseil
municipal avaient voté la délibération à l'unanimité.

Il est clair que, s'il y avait là le germe d'une scission, la divergence ne portait pas sur l'essentiel, qui
était la défense. Cela est si vrai que l'autorité militaire
elle-même, qui avait refusé d'abord de s'associer à
l'action du comité, et qui d'ailleurs ne l'avait fait que
par une raison ou un scrupule de convenance hiérarchique[1], s'était décidée à s'écarter dans l'intérêt supérieur du salut public. « Le général Darricau, écrivait
M. Esquiros, le 17 septembre, a fini par s'entendre
avec le Comité de Défense nationale, qui déploie une
grande activité[2]. » De même que M. Esquiros n'avait
jamais eu l'intention de se séparer de Paris, de même
le commandant de Marseille n'eut jamais non plus la
tentation arrêtée de se séparer de M. Esquiros. Le général Darricau, après avoir écrit sa dépêche du 24 septembre, où il dit que son dévouement succombe dans
la lutte, et supplie le ministre de la guerre de le relever
de son commandement, n'en reste pas moins à son
poste; il n'en prend pas moins part aux séances du
comité, où sont arrêtées les résolutions que nous avons
fait connaître, et à celles qui suivent, où la Ligue du
Midi est constituée.

C'est qu'en effet le langage qui fut tenu dans la réunion du 18 septembre, d'où est réellement sortie la
Ligue du Midi, si inquiétant qu'il pût paraître à des
hommes de gouvernement, n'avait rien du caractère de
révolution sociale signalé par la *Gazette de France* au
moment même, et plus tard par M. de Sugny. Tout

---

1. Dépêche du 15 septembre.
2. Dépêche du 17 septembre, 8 h. 55 m. matin.

ce qu'on y dit, se rapportait à la défense exclusivement.

« Les départements voisins, écrivait M. Esquiros, nous ont demandé de se rattacher à nous pour l'action commune, pour la défense du pays. Ce que nous voulons, ce n'est pas former une association politique méridionale en dehors des autres régions de la France. La République doit rester une et indivisible. Mais, vu les circonstances, il y a lieu à former une sorte de confédération provisoire qui nous permettrait d'agir de concert. Le midi pourra peut-être sauver le nord, si nous unissons les forces des départements du midi ; si Paris venait à succomber, il faudrait qu'il y eût encore une France derrière Paris... C'est une défense régionale et provençale que nous voulons former. »

Et le procès-verbal ajoutait :

« L'Assemblée tout entière donne son adhésion la plus complète aux motifs qui ont amené la convocation de cette réunion [1]. »

Après l'entrevue de Ferrières et la proclamation de la Délégation, la ligue prit un corps et se constitua. Elle comprenait des délégués des départements du Rhône, de l'Isère, de la Drôme, du Gard, de l'Ardèche, du Var, de Vaucluse, des Hautes-Alpes, des Alpes-Maritimes, de la Loire et de la Haute-Loire. Son organisation s'était faite avec une extrême rapidité. Elle avait un comité exécutif et un comité de finances. Le comité exécutif était chargé spécialement des affaires militaires : il se composait de MM. Marie, Bonvalier et Brissey. MM. Beaume, Tardif et Genson étaient aux finances. MM. Gustave Naquet, Rouvier et Brochier étaient chargés de la correspondance et de la rédaction. La haute direction de la ligue appartenait à M. Esquiros. Il présidait le comité central, c'est-à-dire le comité de la ligue, qui se réunissait deux fois par semaine à l'hôtel de la préfecture. C'était un tout

---

1. *Enquête parlementaire*, p. 256.

complet, une sorte de gouvernement. Le programme
du 18 septembre resta néanmoins tout entier. Ce gouvernement n'entendait pas se séparer du Gouvernement
central, couper en deux ce que ses chefs avaient appelé
la République une et indivisible. L'élément socialiste
qui s'agitait autour de lui, l'affectait à peine, et n'avait
lui-même, en ce moment, quelque faveur que parce
qu'il prenait le visage ou le masque du patriotisme,
concourait à la défense ou réussissait à le paraître.

Rien de plus grave, rien de plus dangereux, — ce
n'est pas nous qui le dissimulons, — que le premier
manifeste, par lequel la ligue annonçait sa constitution, et dont voici la teneur :

« Nous faisons un appel à tous les citoyens de la France.

« Que, dans les réunions publiques, les plus dévoués et les
plus courageux préparent le peuple à appuyer les efforts de
la Ligue du Midi.

« Que de ces réunions partent des délégués pour stimuler
le patriotisme des populations et leur faire comprendre le
péril.

« Que *les autorités civiles, militaires et administratives aient
le patriotisme d'abdiquer toutes leurs prérogatives,* causes de
conflits regrettables ; qu'elles sachent bien que nous ne voulons pas nous soustraire à l'action du pouvoir central, mais
au contraire l'aider par nos libres efforts, l'alléger par notre
initiative.

« Les autres régions imiteront l'exemple que leur donne
le midi.

« Il y va du salut de la France et de la République. »

Rien de plus grave, nous le répétons ; mais, cela
ne change rien à nos conclusions. Si la ligue était
un péril, elle n'était pas une forteresse de l'*Internationale ;* elle était une machine de guerre dressée contre
l'étranger. Que la machine fût maniée par des mains
violentes plutôt qu'habiles ; que des passions mauvaises
se mêlassent aux bonnes chez ceux qui l'avaient
montée et qui voulaient la faire mouvoir ; qu'on voulût

en frapper en même temps la réaction et l'étranger, cela n'est pas contesté : elle n'en était pas moins ce qu'elle était, une machine de guerre, et si elle se tournait contre la réaction, c'est qu'elle voyait en elle un auxiliaire plus ou moins conscient de l'envahisseur.

Ce point dégagé, nous arrivons à la Ligue du Sud-Ouest, qui eut deux centres : l'un à Toulouse, et l'autre à Carcassonne, et qui se personnifie dans deux hommes : M. Duportal et M. Marcou.

La ligue de M. Duportal naquit dans les mêmes conditions et les mêmes circonstances que celle du Midi. Le comité de défense de Toulouse fut un des premiers établis. « J'organise un comité de défense, disait M. Duportal, dans sa dépêche du 11 septembre. » Et il s'était mis aussitôt résolument à l'œuvre.

Le 14 septembre, le comité prenait déjà les résolutions suivantes :

1º Une commission prise dans le sein du comité, est chargée de former de nouveaux cadres comprenant : les citoyens de 25 à 35 ans appelés par la loi du 14 août 1870 ; ceux que les lois en vigueur rangent dans l'une ou l'autre garde nationale et les volontaires valides de tout âge non compris dans les deux cas précédents :

2º Une seconde commission assurera l'armement de ces nouveaux cadres ;

3º Une troisième commission mettra à exécution les mesures financières propres à assurer la fabrication ou l'achat d'armes et de munitions, provoquera la création de nouveaux comités et se mettra en rapport avec ceux qui existent déjà dans le midi. »

Il est inutile de dire que de là à la formation d'une ligue il n'y avait pas loin. Tout était en germe dans ces résolutions : la ligue et son autonomie. Il ne fallait qu'une occasion pour qu'elle s'organisât. Le résultat de l'entrevue de Ferrières en offrit une en quelque sorte forcée. Aussi, le 24 septembre, M. Duportal faisait-il appel aux préfets de la Vendée, des Deux-Sèvres, de la

Vienne, de l'Indre, de la Creuse, du Cantal, de la Lozère, de l'Hérault, du Gard, des Bouches-du-Rhône, du Rhône, de la Charente-Inférieure, de la Charente, de la Haute-Vienne, de la Corrèze, du Lot, de l'Aveyron, du Tarn, de l'Aude, des Pyrénées-Orientales, de l'Ariège, du Tarn-et-Garonne, de la Dordogne, de la Gironde, de Lot-et-Garonne, du Gers, des Hautes-Pyrénées, des Landes et des Basses-Pyrénées. Il invitait les comités de défense de chacun de ces départements à envoyer un délégué à Toulouse, le mercredi 28 septembre, « à l'effet d'établir, disait-il, une entente commune au sujet des mesures à prendre pour contribuer à la défense nationale. »

Ainsi, la ligue, dans le projet de M. Duportal, aurait embrassé plus de trente départements : elle débordait sur la Ligue du Midi et sur celle de l'Ouest ; elle les auraient absorbées, si elle avait pu se constituer, en même temps qu'elle eût absorbé le Gouvernement ; mais elle ne fit que s'agiter dans le vide.

Il en fut de même de la Ligue de Carcassonne, qui n'a été que l'écho, la suite, une sorte de reprise de celle de Toulouse, avec M. Marcou, au lieu de M. Duportal.

C'est surtout de la Ligue du Sud-Ouest qu'il faut dire qu'elle eut plus d'ambition que de valeur, plus d'apparence que de réalité. Son existence a été obscure, et même assez peu bruyante. Quand, finalement, elle a péri de langueur, après n'avoir fait ni bien ni mal, son auteur a pu dire d'elle qu'elle avait fait « un fiasco sans conséquence [1]. » Elle n'a eu d'importance que par les anathèmes dont l'a chargée cette malheureuse Commission d'enquête, qui a pris si souvent pour de gros navires les plus petits bâtons flottants. La personnalité tapageuse, exubérante, excentrique de M. Duportal se prêtait admirablement aux déclamations des rapporteurs de la Commission d'enquête, et l'honnêteté de

1. Dépêche du 28 novembre.

M. Marcou ne suffisait pas, si incontestable qu'elle fût, pour amortir les foudres des terribles Fouquier-Tin-villes de l'Assemblée de Versailles. Mais M. de Sugny, d'un côté, M. Delsol, de l'autre, ne sont pas parvenus, malgré leurs déclamations, à donner le change sur le véritable caractère des ligues soit du sud-est, soit du sud-ouest. M. Delsol a rivalisé en vain d'éloquence avec M. de Sugny dans son rapport sur la Ligue du Sud-Ouest pour la faire passer aux yeux du monde pour une baliste dressée contre l'ordre social. Après avoir cité une phrase du journal de M. Marcou, *la Fraternité*, qui écrivait, à l'occasion d'un projet de congrès, de constitution « des États généraux » du midi, que cette Assemblée aurait pour mandat d'« aider à la défense nationale et d'étouffer la réaction dans son berceau » il a beau dire que le but de la ligue désirée par la *Fraternité* était essentiellement politi-que[1]; il ne saurait réussir à persuader. La preuve même qu'il donne, la phrase de *la Fraternité* qu'il cite comme pièce à l'appui, tourne contre lui; et, c'est là pourtant la pierre angulaire de son fantastique édifice! Malgré tout, il reste établi que la Ligue du Sud-Ouest, comme toutes les ligues, compte tout simplement parmi les symptômes de la fièvre patriotique dont le pays était agité, et sans laquelle rien de pareil n'eût été pos-sible.

Mais c'est par cela même, c'est parce qu'elle avait ce caractère, que le Gouvernement se trouvait placé vis-à-vis d'elle, soit à Tours, soit à Paris, dans une situa-tion extrêmement délicate. Non seulement les comités de défense avaient été provoqués par lui, s'étaient for-més sous ses auspices, mais les ligues, qui n'en étaient que le développement, comptaient, dans le Midi sur-tout, les amis les plus ardents, — amis incommodes quelquefois, mais sincères, — de la République. Les

---

1. *Journal officiel,* 11 juillet 1872.

approuver était impossible ; les condamner ouvertement était dangereux. Il n'y avait qu'un moyen de les supprimer ou de les paralyser, c'était de démontrer aux bons citoyens qui s'étaient laissé séduire à leur chimère, qu'elles étaient inutiles, en imprimant à la défense une impulsion énergique qui donnât satisfaction au patriotisme ; c'était de gouverner, — de gouverner avec son parti —, de planter fièrement, aux yeux de tous, l'étendard de la défense et du Gouvernement qui la personnifiait. Malheureusement tout le monde n'était pas à la hauteur de cette tâche.

M. Laurier a montré, devant la Commission d'enquête, une sincérité bien propre à désarmer la critique. Il n'a rien dissimulé des ennuis que causaient les ligues à la Délégation en général et à lui en particulier, ni du sentiment de son impuissance à leur égard [1]. Il avait trop d'esprit pour ne pas en apprécier les dangers, et il n'avait pas assez d'autorité pour les « mâter, » comme il disait en parlant d'elles. Il essaya d'abord de les apaiser, en les caressant. Il approuva le comité régional de Lyon, par une dépêche du 5 octobre, ce qui, du reste, était absolument sans péril. Il alla plus loin, il donna un bill d'indemnité à cette même Ligue du Midi qui lui causait de si cuisants soucis. Il écrivait, le 28 septembre, à M. Rouvier :

« Je vous remercie au nom du Gouvernement et en mon nom personnel de tout ce que vous avez fait, vous et vos amis pour la Défense nationale et pour la République. Ordonnez et coordonnez votre union des départements ; introduisez dans tout ce qui touche à la guerre une forte discipline. Le salut est là, pas ailleurs. »

Mais la marée montait, « ce courant de l'extrême avant » dont M. Laurier nous parlait ailleurs. De plus en plus assourdi du bruit qui lui en arrive, et aussi quelque peu effrayé, il s'en voit déjà submergé. « De

---

1. *Dépositions*, t. II, p. 14.

toutes parts on organisait la désorganisation, » s'écrie-t-il avec un reste d'émotion du moment, devant la Commission d'enquête. La dépêche adressée à M. Rouvier n'était qu'une concession, un gâteau jeté au monstre pour l'apprivoiser et l'arrêter un moment jusqu'à l'arrivée de cette Constituante sur laquelle on comptait pour le dompter[1]. Seulement, il faut rendre justice à M. Laurier ; tout en reconnaissant les inconvénients des ligues et en s'en effrayant beaucoup, il n'a jamais songé à calomnier le mouvement d'où elles procédaient ; il en discernait très bien le véritable mobile, la noble et pure inspiration, à travers les passions étranges qui s'y mêlaient et qui en ont entièrement voilé le caractère aux yeux de la Commission d'enquête.

Quoi qu'il en soit, tel était l'état des choses et des esprits, tel l'ahurissement qui régnait à Tours, que, de quelque côté que l'on se tournât, les difficultés s'offraient en foule, « difficultés insurmontables » pour la Délégation, — c'est M. Laurier qui nous le dit, — et qui s'engendraient en quelque sorte les unes des autres : témoin l'histoire des commissaires généraux ou spéciaux de la défense.

Les commissaires de la défense naquirent des mêmes causes que les comités et les ligues.

Dans l'état où la Révolution du 4 Septembre avait trouvé les conseils municipaux et les conseils généraux, qui étaient, en grande majorité, grâce à la candidature officielle, inféodés au régime déchu, la création des comités de défense était une idée juste et dont on était en droit d'espérer des fruits. Il suffirait, pour le prouver, de rapporter la dépêche que M. Larrieu, préfet de la Gironde, adressait le 28 septembre à la Délégation de Tours.

« Le comité de défense de la Gironde demande avec instance au Gouvernement, disait-il, d'appeler immédiatement, vu

1. *Déposition de M. Laurier*, t. II, p. 15.

l'urgence, les hommes non mariés de 25 à 35 ans, de la
classe de 1870 afin de les faire exercer même sans armes. Si
l'administration de la guerre manque d'instructeurs, le préfet
de la Gironde se chargera d'en fournir en utilisant soit les
gendarmes, soit les anciens sous-officiers... Des baraque-
ments sont établis au camp de Saint-Médard, pour douze
cents hommes. »

Les comités suppléaient les conseils municipaux dans
tout ce qui se rapportait à la défense. Ils pouvaient au
besoin donner des indications , des conseils utiles,
signaler les ressources du pays et les moyens d'en tirer
parti. Mais ce n'était pas assez : le temps était précieux :
les heures étaient comptées, pour quelque affaire que
ce fût. Les comités étaient éloignés des préfets; il
pouvait être bon qu'il y eût entre eux des intermédiaires
pour les unir et les rapprocher. De là les commissaires
de la défense, spéciaux ou généraux, selon le plus ou
moins d'étendue de leur champ d'action, ou encore
selon qu'ils étaient en rapport avec les préfets ou le
Gouvernement. La charge des préfets était extrêmement
lourde. Les commissaires pouvaient l'alléger, en se
transportant sur les lieux, dans les départements où
l'administration rencontrait des difficultés particulières, en suscitant les énergies locales, pour rappeler
le mot de la circulaire du 6 septembre, partout où ils
avaient une influence personnelle, et, dans certains
cas, en agissant soit sur les conseils municipaux, soit
sur les conseils généraux pour obtenir des subsides.
L'institution du commissariat avait donc la même
valeur que celle des comités dont elle dérivait; mais,
il faut le dire, elle avait des inconvénients, qui tenaient
à l'état de l'opinion, à des préventions, à des préjugés,
et qu'aggravait le caractère indéfini de ses attributions
et de ses pouvoirs.

M. Montanier, préfet du Gers, adressait au ministre
de l'intérieur, à Tours, une dépêche ainsi conçue :

« Qu'est-ce au juste, qu'un commissaire de la Défense?

Quelles sont ses fonctions, ses attributions? Je crains que vous n'ayez créé un rouage nuisible [1]. »

M. Montanier pouvait avoir raison dans bien des cas. L'institution des commissaires était sur une pente où il était facile de glisser.

L'autorité militaire était suspecte presque partout. Quand on ne l'accusait pas de trahison, de conspiration, comme le faisait M. Testelin, commissaire général pour les trois départements du Nord, du Pas-de-Calais et de la Somme, on l'accusait d'inertie et d'incapacité. La défiance était telle que les meilleurs esprits en étaient atteints. Cela devenait une contagion. Nous avons vu avec quelle énergie le comité de défense de Niort, qui agissait sous l'influence de M. Ricard, son président, résistait à la prétention élevée par la Ligue de l'Ouest d'avoir à sa tête un général muni de tous les pouvoirs civils et militaires. M. Ricard n'avait pas été sans comprendre les dangers qui pouvaient résulter de la concentration de tous les pouvoirs sur une même tête, dans les graves circonstances où se trouvait le pays; seulement, dès que la concentration se faisait au profit d'un personnage civil, les dangers échappaient, et le jour même où le comité de Niort repoussait la proposition de la Ligue de l'Ouest, il demandait au Gouvernement de donner les pleins pouvoirs civils et militaires à des commissaires pour organiser la défense dans deux ou trois départements réunis, ajoutant que, pour son compte particulier, le comité demandait cette organisation immédiatement pour les trois départements de la Vendée, de la Charente-Inférieure et des Deux-Sèvres[2]. On eut dit que rien n'était plus simple, que tout cela allait de soi, que les dangers de l'ignorance ou de l'incompétence ne comptaient pas auprès de ceux de l'ambition ou que les commissaires civils

1. Dépêche du 7 octobre.
2. Dépêche du 29 septembre.

avaient nécessairement des grâces d'état. Ce qui contribuait à l'illusion, c'étaient sans doute aussi les souvenirs des terribles commissaires de la Convention, dont les imaginations étaient alors hantées, et qui n'étaient pas faits non plus pour déplaire au patriotisme. On voulait les imiter. On ne se bornait pas au rôle tracé par Gambetta aux comités de défense et par suite aux commissaires. On ne voulait pas seulement susciter les forces locales, mais encore les diriger, faire marcher les généraux, leur commander impérieusement la victoire.

Cette disposition d'esprit, qui n'était que trop naturelle dans la situation, se marqua bien vivement dans une réunion publique, composée de près de 1,500 personnes, qui eut lieu à Tours le jeudi 7 octobre, et où fut prise à l'unanimité, la résolution suivante :

« L'assemblée, tout en reconnaissant le patriotisme et les bonnes intentions du Gouvernement, trouve que les mesures qu'il prend pour chasser l'ennemi, ne sont ni assez promptes ni assez vigoureuses, et qu'elles ne répondent pas à la gravité des circonstances. »

La réunion décidait en conséquence qu'il y avait urgence à demander à la Délégation de nommer immédiatement des commissaires extraordinaires dont l'énergie fût connue, avec mission d'organiser et de hâter partout la défense ; et elle nomma à cet effet quinze délégués, qu'elle chargea d'aller porter sa résolution à M. Crémieux. Celui-ci, comme toujours, entra dans la pensée qui lui était soumise, et l'approuva de tout cœur ; mais sa réponse ne donna pas pleine satisfaction.

« Toutes les fois, avait-t-il dit, que la population ou du moins un groupe aussi considérable de citoyens demanderont des commissaires extraordinaires, le Gouvernement en enverra, comme il l'a déjà fait pour plusieurs départements. »

Un citoyen fit remarquer que la réponse était plus habile que concluante, que les commissaires extraordinaires n'étaient désirés ni par les généraux ni par les préfets, par la raison que les uns comme les autres tenaient à tout subordonner à leur pouvoir et que, quant à la population, elle n'y prenait pas garde.

La remarque de ce délégué était, sur bien des points, judicieuse. Il y avait dans l'institution demandée une double occasion de conflits presque fatale et inévitable. Il était presque aussi difficile, en effet, aux commissaires d'éviter les conflits avec les préfets qu'avec les généraux.

Les ligues avaient rencontré assez peu de faveur auprès des préfets. Nous avons vu ce que pensaient de la Ligue de l'Ouest les préfets de la Loire-Inférieure et des Deux-Sèvres, M. Guépin et M. Ricard. Ceux de la Haute-Vienne, du Var, de la Vienne, de Vaucluse, des Basses-Alpes, des Alpes-Maritimes n'y étaient pas moins opposés. Lorsque la Ligue du Midi invita les préfets des départements qui y avaient adhéré, à se réunir à Marseille ou à s'y faire représenter par des délégués pour nommer un commissaire général[1], plusieurs refusèrent. Quelques-uns motivèrent ou firent motiver leur refus. M. Esménard du Mazet, préfet des Basses-Alpes, fit mieux que de refuser : il engagea ses confrères, par une dépêche d'un style énergique, à répondre, comme il faisait lui-même, par une fin de non-recevoir absolue[2]. Chose qui pourra paraître singulière, l'institution des commissaires généraux et spéciaux fut encore peut-être plus mal vue, au moins de quelques préfets. Qu'on lise, par exemple, la dépêche où M. du Mazet s'attaquait à la fois à la Ligue du Midi et aux commissaires généraux, dépêche qu'il adressait à ses collègues des départements circonvoisins et au ministre de l'intérieur à Tours, et dont voici le texte :

1. Dépêche du 2 octobre.
2. Dépêche du 3 octobre.

« Digne, 3 octobre 1870, 12 h. 57 m. soir.

« Pour éviter toute équivoque, je crois devoir préciser le sens de ma réponse au préfet de Marseille, relativement à la Ligue du Midi. Évidemment l'idée de cette ligue est excellente en elle-même, mais la façon dont ses promoteurs s'y sont pris pour l'organiser, nous obligent à deviner sous leurs belles protestations patriotiques un piège tendu à notre bonne foi et à notre dévouement à la patrie. Pour qui est bien au courant de ce qui se passe à Marseille, il n'est pas douteux, en effet, que les organisateurs de cette ligue n'ont eu en vue qu'un intérêt personnel, que la satisfaction de leur ambition. S'ils nous demandent d'envoyer des délégués pour élire un commissaire général, c'est qu'ils ont la certitude qu'un des leurs sera nommé à ce poste important, c'est là leur unique pensée. Vous comprenez que la nomination de ce commissaire général, outre qu'elle serait faite en dehors du Gouvernement et que par suite elle constituerait une grave atteinte à son autorité, que nous devons tous nous attacher à faire respecter, serait fatalement la cause de conflits regrettables et pourrait en dernière analyse allumer tout simplement la guerre civile dans nos départements.

« Effectivement les promoteurs de la Ligue du Midi n'ont-ils pas eu l'impudence de proclamer eux-mêmes, dans leur manifeste, que tous les pouvoirs constitués devaient s'annihiler devant les déclarations des directeurs de la ligue? Nous ne pouvons donc pas prêter la main à une combinaison qui au fond n'est rien moins que séditieuse et qui serait, pour notre pays et le Gouvernement, la source des plus sérieux embarras et des plus grands dangers. C'est cette conviction profonde qui m'a inspiré l'attitude que j'ai prise vis-à-vis de la Ligue du Midi, attitude que je vous supplie de prendre à votre tour.

Le Gouvernement, qui pensait comme M. Esménard du Mazet, fit néanmoins spontanément ou sans difficultés quelques nominations privilégiées. M. Boysset eut à s'occuper à titre de commissaire général de l'organisation de plusieurs départements de l'est. M. Cochery eut le même titre pour le Loiret, M. Albert Grévy, pour

le Jura et les départements voisins, M. Marion pour les
départements de l'Isère, des Hautes-Alpes, de la Savoie
et de la Haute-Savoie, etc., etc.

Ces nominations furent à peu près les seules qui
furent favorablement accueillies des préfets, sauf celle
de M. Grévy, qui, comme nous l'allons voir, donna lieu
à un conflit. Tandis que M. Pereira, à Orléans, acceptait
volontiers le concours de M. Cochery, nommé commissaire extraordinaire; que M. Frédéric Morin, à Mâcon,
agréait M. Charles Boysset avec cette réserve, qui
n'était pas sans sagesse, que le commissaire aurait la
direction de la défense et le préfet l'administration[2];
que M. Duportal s'accommodait de M. Lissagaray, les
préfets de la Gironde, des Alpes-Maritimes, de l'Hérault, des Hautes-Pyrénées, de Vaucluse, des Basses-
Alpes, du Gard, de la Drôme, de la Loire-Inférieure,
du Doubs, d'autres encore, élevaient à tout instant des
réclamations. Il y en avait même qui s'irritaient plus
des commissaires généraux que des ligues. Il faut lire
ce qu'écrivait à M. Cazot, M. Lisbonne, préfet de
l'Hérault, lorsqu'il fut question de la nomination de
M. Alphonse Gent comme commissaire général du
Midi.

« J'apprends avec surprise, disait-il, que le préfet de Vaucluse a proposé au Gouvernement le citoyen Gent, comme
commissaire général du midi. Je proteste, pour ma part
contre une nomination semblable que rien ne justifie, et qui
aurait, à mon avis, des inconvénients tels que je n'hésiterais
pas à me retirer, si elle était prise. Vous recevrez probablement les mêmes indications des préfets de l'Aude, du Gard
et des Pyrénées-Orientales. Réponse télégraphique pour me
fixer sans délai[2]. »

M. Crémieux, disait le 3 octobre en s'adressant à
MM. Esquiros et Delpech que la création des commis-

---

1. Dépêche du 26 octobre.
2. Dépêches du 26 septembre 1 h. 50 m. soir.

saires généraux avait de graves inconvénients surtout
dans leur région du sud-est. Les inconvénients étaient
partout, et c'était sous tous les climats et toutes les
latitudes que l'on trouvait des préfets réfractaires.
Le Doubs, le Jura ne se prêtaient pas plus aux transac-
tions qu'exigeaient nécessairement des pouvoirs si voisins et pour ainsi dire connexes. Le conflit le plus
accentué qui se soit produit, a eu lieu dans ces départements mêmes et entre gens qui semblaient être le
mieux en état de s'entendre.

M. Albert Grévy est un esprit parfaitement honnête,
dont le patriotisme ne pouvait être suspect; M. Ordinaire, un honnête homme, de tempérament pacifique,
qu'il était difficile de soupçonner d'ambition. Cela ne
les empêcha pas d'entrer en lutte, en pleine crise, et
de donner au Gouvernement de grands ennuis. Le
préfet écrivait à Tours, le 6 octobre, que le commissaire à la défense excédait ses pouvoirs, qu'il
serait cause de grands désordres s'il était maintenu,
qu'il avait formé un parti pour s'emparer du préfet et
qu'il était urgent d'aviser[1]. Quelques heures après,
M. Grévy répondait par la dépêche suivante :

« J'ai accepté, sur vos instances, la mission de commissaire
de la Défense nationale dans le Doubs, le Jura, la Haute-
Saône. Le préfet du Doubs, M. Ordinaire, conteste mes pouvoirs par un article signé de lui et me fait attaquer dans
son journal. Il prétend que je n'ai pas le droit de demander
aux préfets un rapport relatif à la Défense nationale. Ce
mauvais vouloir, causé peut-être par les témoignages publics
de satisfaction que la ville de Besançon m'a donnés à mon
retour, peut avoir de graves inconvénients. Vous m'avez
offert des pleins pouvoirs. Eh bien, pour couper court à
tout conflit, je vous les demande aujourd'hui, en laissant,
bien entendu, les préfets à leurs postes. Pour remplir ma
mission, il me faut un titre indiscutable. L'autorité militaire

---

1. Dépêche du 6 octobre, 4 h. 50 m. soir.

et les deux autres départements y mettent plus de bonne grâce. Les choses allaient bien. »

M. Grévy revenait à la charge le lendemain et pressait la réponse du Gouvernement, menaçant de donner sa démission s'il n'avait pas la haute main sur les préfets dans tout ce qui concernait la défense nationale :

« Mon rôle serait impuissant et ridicule, disait-il, et l'ennemi approche. Petites intrigues et impuissance à la préfecture. Si je ne peux marcher qu'avec le préfet, qui ne marche pas, je me retire. Le préfet de la Haute-Saône a envoyé un rapport, qui a été refusé par M. Ordinaire [1]. »

M. Laurier aurait voulu rapprocher les deux parties, laissant entendre toutefois que le commissaire avait pu agir en dehors du préfet. M. Albert Grévy, par une dépêche du même jour 7 octobre, 4 heures 20 minutes du soir, répond aussitôt qu'il n'a pris aucune mesure sans le préfet ; qu'il lui a demandé simplement des renseignements ; que le préfet lui a dénié même le droit de le faire ; et, que de plus, il l'a fait dire par le journal de la préfecture ; et il ajoute : « Mon titre me donne ici une immense responsabilité ; mon pouvoir étant nul ou incertain, je cesserai ce soir mes fonctions. » C'était ce qu'eût demandé M. Ordinaire, qui, faute de mieux, voulait avoir la main sur le commissaire général, comme on le voit par trois dépêches envoyées à Tours le 8 octobre, l'une adressée à M. Leven, chef du cabinet du garde des sceaux [2], que l'on priait d'agir auprès de M. Crémieux, et les deux autres à M. Crémieux lui-même et au Gouvernement, auprès duquel M. Albert Grévy était accusé d'être mené par « un homme d'émeute, » d'agiter la population, de compromettre l'ordre intérieur et les intérêts de la défense,

1. Dépêche du 7 octobre, 2 h. soir.
2. Dépêche du 8 octobre, 2 h. 38 m. soir.

et contre lequel il était urgent de conférer au préfet
« des pouvoirs supérieurs[1]. »

Le Gouvernement donna raison à M. Albert Grévy,
qui l'en remercia par une dépêche pleine de bon sens
et de sagesse[2]. Mais M. Ordinaire ne se rendait pas
encore : il tenait avec une opiniâtreté de montagnard
à ses pouvoirs supérieurs. Il traitait avec la plus grande
légèreté celles des dépêches de la Délégation dont la
communication lui était faite par M. Grévy; il faisait
même publier un article contestant et discréditant les
pouvoirs du commissaire général, et celui-ci, pour en
finir, fut obligé de demander au Gouvernement qu'on
lui définît ses pouvoirs dans une formule précise, qu'il
rédigea lui-même, où il se faisait la part du lion, et
s'investissait de tous les pouvoirs[3].

On touchait à l'anarchie. Personne ne connaissant,
du premier coup, les limites de ses pouvoirs et chacun
prenant pour mesure l'excellence de ses intentions,
tout le monde y trouvait une raison suffisante pour
étendre aussi loin que possible le cercle de ses attributions.

Mais la question la plus ardue qui sortit de la situation, fut celle des rapports de l'autorité militaire et de
l'autorité civile. Harcelée, tiraillée en tous sens, la
Délégation, toutes les fois que cette question se présentait, ne savait où donner de la tête. Tout d'abord,
elle hésitait, tâtonnait, ne savait quel parti prendre,
et, quand elle avait pris un parti, elle ne savait pas jusqu'à quelle limite elle s'était avancée ou avait reculé.
MM. Crémieux, Glais-Bizoin et Laurier penchaient pour
le civil; M. Fourichon tenait pour le militaire et était
inflexible. Les premiers cédaient devant les obsessions
des comités, des ligues, des délégués, des préfets, qui
voulaient la subordination du militaire; puis, l'obsti-

1. Dépêches du 8 octobre, 11 h. matin, 4 h. 50 m. soir.
2. Dépêche du 8 octobre, 9 h. 45 m. soir.
3. Dépêche du 9 octocre, 8 h. 15 m. matin.

nation de M. Fourichon les faisant réfléchir, après avoir donné d'une main, ils retiraient de l'autre. L'anarchie était dans le Gouvernement même.

On aurait pu croire que l'équilibre instable qui en résultait, se fût arrêté le jour où l'amiral Fourichon avait laissé le champ libre, par sa démission, à MM. Crémieux, Glais-Bizoin et Laurier. Il n'en fut rien. La question résolue pour un cas particulier, à Lyon, à Besançon, restait tout entière et renaissait à tout instant. La Délégation reculait devant une solution définitive. Si elle se résignait à donner des pouvoirs illimités à M. Challemel-Lacour et à M. Grévy, elle hésitait à le faire pour d'autres. Son instinct de Gouvernement lui disait que s'aliéner l'élément militaire, ce n'était pas se compromettre (elle faisait bon marché d'elle-même), mais compromettre la défense, la défense ne pouvant se passer de la force organisée ni de la discipline, dont la condition essentielle est le respect de l'autorité, et l'autorité ne pouvant être respectée en bas, lorsqu'elle est suspecte en haut.

Rien ne montre plus clairement les embarras du Gouvernement dans cette situation et les scrupules qu'éprouvait la partie civile de la Délégation à trancher nettement la question relative aux commissaires généraux de la défense, que la position qui avait été faite à M. Cochery comme commissaire général du Loiret. Le terrain paraissait si glissant qu'on n'osait s'y poser de pied ferme. On avait pris parti pour Lyon, le 28 septembre. M. Cochery, le 6 octobre, réclamait une solution; et on se gardait de lui accorder ce qu'on venait de faire! Ce qu'on avait jugé bon pour le Rhône, on le refusait pour le Loiret. Le Gouvernement ne savait comment gouverner; il ne savait pas même se laisser aller à la dérive. M. Cochery n'avait eu qu'à se louer des chefs militaires avec qui il avait eu affaire dans son département. Mais quand il en était autrement, comment s'y prendre à l'égard des mauvaises volontés auxquelles les prétextes ne pouvaient manquer dans des circonstances aussi troublées, aussi terribles?

La situation était sans issue. Ici, le Gouvernement oscillait, allait tantôt du côté des généraux, tantôt du côté des commissaires; là, les commissaires succombant à la peine, de guerre lasse, menaçaient de se retirer : on se rappelle les dépêches de M. Testelin du 7 octobre.

Pour essayer d'échapper autant que possible aux difficultés, la Délégation prit deux mesures : elle décida qu'il n'y avait pas urgence de nommer des commissaires généraux de la Défense; qu'il ne serait nommé que des commissaires départementaux, et dans les départements qui en demanderaient; que, dans plusieurs départements limitrophes', les commissaires départementaux et le préfet s'entendraient, dans les questions de la défense, « sauf à les relier plus tard entre eux, disait une dépêche adressée à MM. Esquiros et Delpech, s'il y avait utilité, en nommant un commissaire général pour la région [1]. » Elle décida enfin, deux jours après, le 4 octobre, la formation d'un comité auquel toutes les attributions du ministre de la guerre seraient transportées [2].

Les deux mesures, prises *in extremis*, paraissaient être de quelque importance. Il est douteux pourtant qu'elles eussent donné les résultats qu'on en attendait. Le principe des conflits restait, puisque les attributions des commissaires n'étaient pas définies. On y songea vainement au Conseil; on ne put aboutir. Quant au comité de la guerre, où M. Laurier croyait avoir trouvé le moyen de subordonner l'élément militaire [3], il n'est pas davantage certain qu'il eût réussi à plier à ses vues les mauvaises volontés, s'il était parvenu à se former.

Le cercle se rétrécissait ainsi chaque jour autour de

1. Dépêche du 3 octobre.
2. Dépêche du 5 octobre, 9 h. 30 m. matin.
3. Dépêche du 5 octobre, 9 h. 30 m. matin.

la Délégation ; elle était menacée d'étouffer dans une atmosphère d'anarchie, où tout s'aigrissait, s'échauffait, tournait contre elle, ses amis comme ses adversaires, les instruments nouveaux comme les anciens, les pouvoirs que la Révolution avait créés, et ceux qu'elle avait trouvés debout. Les difficultés naissaient des difficultés et des moyens que l'on inventait pour les résoudre ou les surmonter. Les comités de défense, se substituant en partie aux conseils municipaux et aux conseils généraux, les commissaires généraux ou spéciaux de la Défense prenant une part des attributions des préfets et des chefs militaires, les ligues naissant de l'impuissance réelle ou supposée du Gouvernement, et les commissaires généraux, des inquiétudes du Gouvernement à l'égard des ligues, il ne pouvait résulter d'un tel état de choses, même en supposant les bonnes volontés particulières ou générales, que des chocs, des tiraillements, des conflits sans solution raisonnable.

On le sait, le Gouvernement espérait sortir de la situation dont nous présentons ici un des côtés les plus tristes, par la grande porte de la Constituante. M. Laurier vient de nous le dire à propos des ligues. M. Crémieux, à l'occasion d'un incident relatif aux troubles du Midi, écrivait aussi de son côté au procureur général d'Aix :

« Je télégraphie à Esquiros ma tristesse et mon mécontentement. Il m'a semblé que je dois laisser passer ce détestable orage que j'espère bientôt conjurer. Nous convoquons aujourd'hui, pour le 16, les collèges électoraux. Nous aurons une Assemblée qui sera le Pouvoir définitif, et nous pourrons diriger toutes les excentricités contre l'ennemi de la patrie et dominer la situation[1]. »

M. Crémieux et M. Laurier se faisaient illusion. Il s'en faut que le remède sur lequel ils comptaient, eût supprimé le mal. Les excentricités que M. Cré-

1. Dépêche du 30 septembre, 4 h. 30 m. soir.

mieux espérait conjurer par la convocation de l'Assemblée constituante, auraient été remplacées par d'autres excentricités plus dangereuses. Le conflit entre les pouvoirs n'aurait fait que s'étendre et grandir. Il n'aurait pas existé seulement entre les pouvoirs subordonnés, mais entre les pouvoirs dont tous les les autres relèvent; l'anarchie n'eût pas été seulement à côté et au-dessous; elle eût été au-dessus. Les difficultés auraient peut-être disparu pour M. Crémieux et pour M. Laurier; mais M. Crémieux, M. Laurier et le Gouvernement dont ils étaient les chefs, auraient disparu avec elles.

Au risque de se répéter, il faut bien le dire, ces difficultés n'étaient pas toutes le fait du Gouvernement; elles avaient leur principe ailleurs que dans sa politique et dans la situation à laquelle il avait à faire face. Si la France n'avait pas été liée pendant de longues années à un gouvernement qui avait tout ramené à lui; si ce gouvernement n'avait pas fait une guerre insensée et criminelle, qui n'était ni nécessaire ni nationale, le pouvoir à qui il léguait sa déplorable succession, n'aurait pas trouvé après sa chute tant de divisions, tant de partis, — un parti de la paix et de la guerre, — des pouvoirs suspects ou douteux, des généraux compromis dans les accidents de la politique et soupçonnés de mettre un homme au-dessus de la patrie. Si, pendant ces vingt ans de dictature, la vie publique n'avait pas été de fait supprimée ou faussée, la France n'aurait pas été prise ainsi au dépourvu après les désastres de son chef. L'usage de la liberté lui aurait fait partout des autorités préparées de longue main pour la lutte, agissantes, capables de jouer le rôle que remplissent dans certains pays l'aristocratie et le clergé, et nous aurions eu des hommes en état de les suppléer là où elles auraient manqué, et de susciter ces énergies locales sur lesquelles le ministre de l'intérieur avait compté, où il avait espéré trouver une réserve de la force organisée, si cruellement décimée, une ressource suprême après la défaite. La France ne doit pas oublier que c'est l'Empire qui l'a empêchée de se sauver, après l'avoir perdue.

Ce qui va suivre ne fera que mettre encore plus en lumière cette triste et instructive vérité. Le renfort que recevra la Délégation par l'arrivée de Gambetta, la politique plus ferme qui se montrera, l'impulsion plus vigoureuse qui sera imprimée à la défense, ne pourront prévaloir contre les fatalités d'un passé irréparable, contre le poids des folies accumulées pendant si long-temps sur la tête du pays au dedans et au dehors.

FIN DU PREMIER VOLUME.

TABLE DES MATIÈRES

INTRODUCTION

CHAPITRE I

LA DÉLÉGATION DE TOURS

FIN DE LA TABLE DES MATIÈRES.

Paris. — Imp. E. CAPIOMONT et V. RENAULT, rue des Poitevins, 6.

Extrait du Catalogue général de la BIBLIOTHÈQUE-CHARPENTIER

13, RUE DE GRENELLE-SAINT-GERMAIN, 13, PARIS
à 3 fr. 50 le volume

P. LANFREY

Histoire de Napoléon Ier. (Tomes 1 à 5.)	5 vol.
Études et Portraits politiques	1 vol.
Histoire politique des Papes	1 vol.
Essai sur la Révolution française	1 vol.
L'Église et les Philosophes. (Notice par M. de Pressensé.)	1 vol.

ANATOLE LEROY-BEAULIEU

Un Empereur. — Un Roi. — Un Pape	1 vol.

MASSERAS

Un Essai d'Empire au Mexique	1 vol.

ALFRED MICHIELS

Histoire secrète du Gouvernement autrichien	1 vol.
L'Invasion prussienne en 1792, et ses conséquences	1 vol.

OCTAVE NOEL

Études sur l'Organisation financière de la France	1 vol.

PIERRE VICTOR

Les Évangiles et l'Histoire	1 vol.

JOSEPH POLLIO et ADRIEN MARCEL

Le Bataillon du 10 août. — *Recherches pour servir à l'histoire de la Révolution française*	1 vol.

JULES SOURY

Jésus et les Évangiles	1 vol.

CHARLES LOUANDRE

La Noblesse française sous l'ancienne Monarchie	1 vol.

JEAN WALLON

Le Clergé de Quatre-vingt-neuf	1 vol.
Un Collège de Jésuites	1 vol.
Jésus et les Jésuites	1 vol.

Paris. — Imp. E. CAPIOMONT et V. RENAULT, rue des Poitevins, 6.